U0782444

“十三五”国家重点出版物出版规划项目

20 世纪中期云南少数民族社会历史调查实录

第八卷

民族语言调查（二）

主　编◎申　旭
副主编◎肖依群

云南人民出版社

图书在版编目（CIP）数据

20世纪中期云南少数民族社会历史调查实录. 第八卷, 民族语言调查. 二 / 申旭主编 ; 肖依群副主编. -- 昆明 : 云南人民出版社, 2023.4
ISBN 978-7-222-21684-6

Ⅰ. ①2… Ⅱ. ①申… ②肖… Ⅲ. ①少数民族—民族历史—社会调查—云南—20世纪 Ⅳ. ①K280.74

中国国家版本馆CIP数据核字(2023)第017130号

责任编辑 郭木玉 溥 思
特约编辑 周元晖
助理编辑 巫孟连
装帧设计 石 斌
责任校对 文永清 明 珍
费 珺
责任印制 代隆参

20 世纪中期云南少数民族社会历史调查实录

第八卷
民族语言调查（二）

主 编◎申 旭
副主编◎肖依群

出 版 云南人民出版社
发 行 云南人民出版社
社 址 昆明市环城西路609号
邮 编 650034
网 址 www.ynpph.com.cn
E-mail ynrms@sina.com
开 本 787mm × 1092mm 1/16
印 张 31.5
字 数 726千
版 次 2023年4月第1版第1次印刷
印 刷 昆明瑆煋印务有限公司
书 号 ISBN 978-7-222-21684-6
定 价 500.00元

云南人民出版社微信公众号

写在前面

一

2019年1月，我在5卷本《秘境——云南民族濒危影像记忆》的开篇“写在前面”中写道：

编成本套图书前后历经10个月，而搜集、梳理和研究云南民族影像资料，则自我来云南工作以后直到退休，花费了整整30年的时间。

在2016年出版的《云南民族调查史料钩沉（1950—1965）》开篇“前言”中，我曾写下这样一段话：出版本书最主要的目的，就是将我们20多年来搜集到的云南民族调查史料的相关内容和目录公之于世。这些史料绝大部分至今尚未公开出版，也很少为有关部门和专业研究人员所使用，很多人甚至不知道其存在。而这些珍贵的云南民族调查史料，正是中华人民共和国建立初期党的民族政策在西南边陲得以良好贯彻执行的确切依据，也是部分民族政策基于民族调查而制定的最好见证。如果要总结新中国民族工作的“云南现象”和“云南经验”，了解云南民族团结进步、边疆繁荣稳定的历史发展轨迹，这些史料则是其中最早和最重要的组成部分。

编纂《秘境——云南民族濒危影像记忆》丛书，我们有着同样的初衷。“为了明天而收集昨天”，则是我们的终极目的。

2020年1月，《20世纪中期云南少数民族社会历史调查实录》（后文简称《实录》）的选编工作正式启动。

我们对于20世纪中期云南少数民族文献史料和影像资料的搜集是同步进行的，因而编纂《实录》和编纂《秘境——云南民族濒危影像记忆》一样，有着同样的初衷和终极目的，两套图书同为“历史记忆”，一为文字，一为图片，相互观照，彼此成就。5卷本《秘境——云南民族濒危影像记忆》于两年前编定，即将面世，而《实录》的编辑和出版事宜肇始于2012年，至今已8年有余。其间不断大费周折与各方机构、多个部门商谈切磋，多次按照要求提交情况说明、申请报告、策划方案、出版计划、经费预算；曾接到过项目已获批准的通知，也见到了权威机构的立项文件，但结果都无从言说，令人身心俱疲、感喟不已。2015年，我在《云南民族调查史料钩沉（1950—1965）》（云南人民出版社2016年版）一书的“前言”中写道：

2004年，我们策划并出版了《见证历史的巨变——云南少数民族社会发展纪实》一书，全书分为4卷，即社会发展卷、生产劳作卷、生活习俗卷和文化艺术卷，书中提供了1480幅珍贵的历史照片，是我们搜集、整理云南民族调查资料的阶段性成果。之后在继续查找、搜集和购买各种云南民族调查资料的同时，我们在极为困难的条件下，阅读了全部能够找得到和看得到的云南民族调查资料，并开始着手辨识和系统分类整理工作，计划将其部分陆续公开出版。由于经费等多方面的原因，这项工作至今仍在进行之中，因而先将云南民族调查资料的主要情况和一万多份史料的目录编成《云南民族调查史料钩沉（1950—1965）》一书，抛砖引玉，希冀有更多的人来关注和研究新中国建立初期云南各民族的发展历程，也期望有更多的人去抢救和保护云南民族调查资料，少存遗憾，给后人留下一笔不可多得的精神财富。

来到“十三五”收官之年，《实录》史料的辨识、分类、整理、选编和出版进程步入快速前行的轨道。

二

20世纪中期云南少数民族社会历史调查资料，主要包括以下几个方面的内容：

1. 民国时期的调查资料；
2. 中共云南省委边疆工作委员会的调查资料；
3. 云南省民族事务委员会的调查资料；
4. 云南省民族工作队的调查资料；
5. 中央民族访问团西南民族访问团第二分团的访问调查资料；
6. 云南民族识别研究组的调查资料；
7. 云南民族语言调查组的调查资料；

8. 全国少数民族社会历史调查中的云南民族调查资料；

9. 为贯彻执行民族政策，配合中央、云南省有关方面的各项工作，云南省各专区、自治区（州）、县、市、区、乡以各种组织形式进行的调查资料。

《实录》中民国时期的调查资料收录较少，范围也不甚广，目的仅在于使阅读者和使用者对1950年前后阶段云南少数民族的基本情况和发展进程有一个连续性的概念，不致截然割裂开来，重点仍聚焦于1950年云南解放以后各方面所发生的重大变革，并以1956—1964年的调查资料最为集中。因1956年开始的全国少数民族社会历史调查，包括云南在内的大部分地区在1965年时已基本结束，《民族问题三种丛书》的编写工作又因“文化大革命”的来临而陷于停顿状态，《实录》内容的时间下限也就确定在1966年“文化大革命”开始以前。

提起“云南民族调查”，人们首先想到的就是始于1956年的全国少数民族社会历史调查，即人们通常所说的“全国民族大调查”。实际上，早在1941年8月，中国共产党就做出了《中共中央关于调查研究的决定》，对中国社会各阶层进行调查研究。在1956年全国少数民族社会历史调查开始之前，中央人民政府先后派出了中央民族访问团西南民族访问团第二分团、云南民族识别研究组和云南民族语言调查组前往云南进行各项访问调查，中共云南省委边疆工作委员会、云南省民族事务委员会、云南省民族工作队等也对云南省解放初期各方面的情况做了大量的调查研究工作，为云南省少数民族身份和种类的最终确认、云南边疆民族地区社会经济的发展和中央民族政策的制定、贯彻执行奠定了坚实的基础。

从1956年开始，中国历史上第一次有组织、有计划进行的全国少数民族社会历史状况科学调查，系由毛泽东倡议、彭真负责。当时明确了调查工作由全国人民代表大会民族委员会主持，成立了由全国人民代表大会民族委员会主任委员刘格平、中央民族事务委员会副主任刘春和中央民族学院副院长费孝通组成的调查领导小组，在全国人民代表大会民族委员会成立了调查办公室。1956年4月，全国人民代表大会民族委员会制订了民族调查规划，拟定筹建云南、贵州、广西、西藏等地区少数民族社会历史调查组，计划在4—7年内基本弄清楚各主要少数民族的社会经济结构和阶级情况。当年就组织了云南、四川等地8个调查组，抽调了民族学家、社会学家、历史学家、经济学家以及社会科学研究人员、民族工作干部、大专院校师生参加。对云南各民族的调查，至“文化大革命”以前基本结束。据不完全统计，20世纪50—60年代云南民族调查资料初步整理出万余种，总字数在1亿字以上；整理档案资料和文献摘录数百种，计2000多万字；录制少数民族社会历史科学纪录片7部，拍摄各民族照片数万幅，还搜集了一批少数民族历史文物。

中国少数民族社会历史调查及其资料的整理、出版时间前后长达数十年之久。这是新中国成立以来唯一的一次大范围、全方位的少数民族调查，丰富的材料比较详细、忠实地记录下了各民族历史和现状，是非常可贵的第一手材料，为我国少数民族身份、种类的识别和确认提供了科学依据，培养了新中国第一批民族学家和人类学家，为中国少数民族的社会发展和新中国民族学、人类学的奠基与成长发挥了举足轻重的作用。就最终确定少数民族种类最多的云南省而言，民族识别和调查做得最好，民族工作尤为仔细和认真，民族政策的贯彻和落实最到位，调查资料数量及保留较多，内容也极为丰富，因而显得尤为弥足珍贵。

《实录》所说的“云南少数民族调查资料”即指上述各项调查的文献、提纲、记录、报告、总结、信件、照片、纪录片文本、研究成果、纸质文物等各类历史资料，以及20世纪50—60年代铅印的云南民族调查资料。

20世纪50—60年代，全国人民代表大会民族委员会云南少数民族社会历史调查组、中国科学院民族研究所云南民族调查组和云南省少数民族社会历史研究所等部门和研究机构编辑铅印的调查资料，由于封面一律为白色，故又被称为“白皮书”。

云南民族调查资料白皮书总共印刷了多少种，目前尚不得而知。到目前为止，我们收藏到58种，涉及云南25个世居少数民族中的14个，即彝族、哈尼族、白族、傣族、傈僳族、拉祜族、佤族、纳西族、景颇族、布朗族、阿昌族、怒族、德昂族、独龙族等。其他11个少数民族没有涉及，原因和可能性有3点。

1. 当时进行的少数民族社会历史调查主要是为撰写各少数民族简史、简志提供资料，具体分工的方法是：一个民族若同时分布在若干省区，则由分布该民族人数最多的省区负责撰写，其他省区负责该民族的社会历史调查，并把调查资料提供给承担撰写任务的省区。云南配合贵州、广西等省区撰写任务而进行调查的少数民族共有8个，即蒙古族、回族、藏族、苗族、壮族、布依族、瑶族、水族等。

2. 普米族、基诺族和满族3个民族被识别和确定为单一民族的时间较晚。普米族于1961年被确定为单一民族，而基诺族直到1979年才被确定为单一民族。当时普米族和满族两个民族的调查资料已经初步整理，但未被列入白皮书，而基诺族尚被称为攸乐人，其调查资料则被列入彝族的内容范畴。

3. 某些民族的调查资料，也许已经收入白皮书，只是我们尚未见到。

通过阅读白皮书，并将其与云南民族调查资料手稿及后来公开出版的国家民委

《民族问题五种丛书》之《中国少数民族社会历史调查资料丛刊》中的云南部分进行对照，简而言之，白皮书的价值主要体现在以下4个方面。

第一，《中国少数民族社会历史调查资料丛刊》没有全部收录白皮书的内容。仅举一例如下。

中国科学院民族研究所云南省少数民族社会历史调查组、云南省少数民族社会历史研究所办公室在《四川及云南昭通地区彝族社会历史调查资料》（彝族调查资料之二，1963年5月10日）白皮书的“说明”中写道：

> 因为编写《彝族简史》的需要，中国科学院民族研究所云南省少数民族社会历史调查组与云南省少数民族社会历史研究所于1960年2月至5月，至四川凉山彝族自治州和西昌地区以及羌族地区进行了调查。此次调查中，以云南大学历史系方国瑜教授为首的20多位师生，也作为调查组的成员参加了工作。本资料就是以此次调查的一部分专题材料为主，包括云南昭通地区毗连四川凉山的有关部分调查而成的。

《四川及云南昭通地区彝族社会历史调查资料》白皮书共收录四川、云南有关彝族的调查16篇。20世纪80年代，在出版国家民委《民族问题五种丛书》之《中国少数民族社会历史调查资料丛刊》时，云南省编辑组编辑了一本《四川广西云南彝族社会历史调查》（云南人民出版社1987年版），但未收录任何一篇该白皮书中的调查资料。

第二，云南民族调查资料白皮书主要来自当年的调查手稿，但现今部分手稿已不存在或很难寻觅，白皮书就成为当时调查最真实的记录。

截至目前，我们已粗读过1万多份尚未系统整理和公开出版的云南民族调查资料，大多为复写本、刻印本、油印本和抄本，表明这些资料并非孤本，其中部分曾经内部印刷，部分已经编入白皮书或《中国少数民族社会历史调查资料丛刊》。例如，《思茅　玉溪　红河傣族社会历史调查》编者指出：

> 本集共收集孟连傣族历史文献译文、社会调查资料及景谷、元江、新平、金平、红河各县调查材料共十七篇，其中八篇曾由中国科学院民族研究所云南民族调查组、云南省民族研究所以内部资料形式铅印过。[①]

① 云南省编辑组编：《思茅　玉溪　红河傣族社会历史调查·后记》，国家民委民族问题五种丛书之一《中国少数民族社会历史调查资料丛刊》，云南人民出版社1985年版。

《傣族社会历史调查》（西双版纳之十）编者指出，该集收入的资料中，“《勐海县勐混区曼蚌乡傣族农村公社和家族组织调查》一文，曾见于云南省历史研究所的内刊”①。《傣族社会历史调查》（西双版纳之三）编者指出：

本集收入的译稿，都是1954年至1955年间收集的有关西双版纳宣慰使司和各勐的史料，大部分在五十年代作内部资料刊印过。《傣族宣慰使司地方志》，是傅懋勣教授和刀忠强同志在1953年翻译的，我们根据中共西双版纳州委档案科和省历史研究所的复写本和油印本，选用了其中几节。《防火的通告》《宣慰使侍卫轮流执勤牌》等五篇，均选自省历史研究所的手抄稿，没有译者署名，只在卷内目录“调查写作年月”栏中注明“1954年”。这些稿件均请当年西双版纳傣族社会联合调查组翻译小组主持工作的刀国栋同志过目，认定确系这个小组的翻译稿。②

《傣族社会历史调查》（西双版纳之六）编者指出：

本集共收入十二篇调查资料，其中《勐遮傣族社会经济情况调查》和《勐遮傣族农民内部的封建等级调查》两篇，在六十年代初期作为内部资料铅印过。其余各篇原件，除了《版纳勐遮景真傣族社会历史情况调查》存中共西双版纳傣族自治州州委档案室外，均存省历史研究所。③

《傣族社会历史调查》（西双版纳之七）编者指出：

本集收入了景糯、勐很、勐旺、景董以及象明的调查资料共十四篇。收入的这些资料原件，除《景糯傣族社会经济情况调查》《勐旺傣族社会经济调查补充材料》《勐旺曼练景寨调查》《勐旺曼扫寨调查》存中共西双版纳傣族自治州州委档案科外，其他各

① 云南省编辑组编：《傣族社会历史调查（西双版纳之十）·后记》，国家民委民族问题五种丛书之一《中国少数民族社会历史调查资料丛刊》，云南民族出版社1987年版。

②《民族问题五种丛书》云南省编辑委员会编：《傣族社会历史调查（西双版纳之三）·后记》，《中国少数民族社会历史调查资料丛刊》，云南民族出版社1983年版。

③《民族问题五种丛书》云南省编辑委员会编：《傣族社会历史调查（西双版纳之六）·后记》，《中国少数民族社会历史调查资料丛刊》，云南民族出版社1984年版。

件均存省历史研究所。[①]

《傣族社会历史调查》（西双版纳之八）编者指出：

本集收入勐罕、勐笼、勐养和勐景哈、勐宽等五个勐的调查资料十二篇。……除上述外，其余各篇五十年代的油印本，原件存省历史研究所。[②]

仅仅要弄清楚这些原件现今是否还存世，其中哪些作为内部资料刊印过、哪些曾收入云南民族调查资料白皮书、哪些已收入《中国少数民族社会历史调查资料丛刊》、都进行了哪些删节和修改等，都不是一件简单容易的事情。

第三，《中国少数民族社会历史调查资料丛刊》遗漏了太多白皮书原有的信息。

白皮书大多有"前言"或"编后记"，如1958年2月13日全国人民代表大会民族委员会云南民族调查组、云南民族研究所《1956年12月至1957年6月云南西盟卡瓦族社会经济调查总结报告·卡瓦族调查材料之一》（全国人民代表大会民族委员会办公室编，1958年3月）白皮书的"编辑前言"：

自 1956 年 12 月至 1957 年 6 月，我组、所 3 个田野调查组分别调查了德宏州南部景颇族 6 个点，西盟县卡瓦族 6 个点，碧江县傈僳族 2 个点，贡山县四区独龙族 3 个点，碧江、福贡、贡山三县怒族 3 个点。在过去调查的基础上，进一步调查研究了这五族地区的生产力、生产关系、阶级分化、政治及家族制度、意识形态及生活习惯和社会主义改造中的问题。但我组、所初创之际，全部干部都是生手，受过资产阶级社会学、民族学一定的影响，几次批判又软弱无力；尤其对马列主义学习不深，不善于正确地进行阶级分析，特别是对过渡时期两条道路斗争的认识不明确，因此五族调查材料在目前社会主义改造与生产大跃进两个高潮中不能够全部说明问题，就是阶级分化与社会主义改造中的矛盾问题，组、所内干部意见也不一致，尚不能得出准确结论。

上述五族调查，原始材料 164 万字，景颇族社会、经济、政治、意识形态及历史的专题材料 38 万字，五族各点的综合材料 50 万字，卡瓦与景颇两族的综合材料 51 万字，

① 云南省编辑组编：《傣族社会历史调查（西双版纳之七）·后记》，国家民委民族问题五种丛书之一《中国少数民族社会历史调查资料丛刊》，云南民族出版社 1985 年版。

② 云南省编辑组编：《傣族社会历史调查（西双版纳之八）·后记》，国家民委民族问题五种丛书之一《中国少数民族社会历史调查资料丛刊》，云南民族出版社 1985 年版。

五族 5 个总结材料共 30 万字。另收集文物 193 件，摄拍照片 900 张，可供研究参考。

办公室编印资料 150 万字，这是研究边疆各民族社会经济的基础。争取文史馆、参事室及云大教师多人协助，抄录明清两代云南及东南亚民族史料 400 余万字，翻译外文著作中的云南及东南亚民族资料 120 万字，对于明清以来各民族历史关系研究有参考价值。

五族田野调查材料及总结材料，尚须较长时间修改才能付印。就是五族 5 个总结材料，合计亦达 30 万字，不便领导同志看阅。为便于领导同志在百忙中以短时间看阅我组、所调查研究情况，特将五族调查材料各写成 2000—4000 字的总结提要。

该书的“编后记”除了告诉我们该书的编辑者是云南少数民族社会历史调查组、云南省少数民族社会历史研究所，校阅者是张凤岐以外，还讲述了此次调查的基本情况：

1956 年 12 月至 1957 年 6 月，我组在西盟瓦族自治县对马散、永广、中课、翁戛科、岳宋等 5 个瓦族寨子进行了重点调查，并对该县其他少数民族（拉祜族、傈僳族、“罗缅”）进行了某些调查。我们的调查是在过去调查材料的基础上进行的，过去的材料给了我们帮助和启发。

在调查过程中，是在思茅地委会、澜沧边工委会、西盟工委会和西盟瓦族自治县筹委会以及西盟各区委会的具体领导和帮助下进行的，并得到当地驻军的大力协助。

由于我组同志多是初次参加调查工作，缺乏农村工作经验，理论水平不高，因而我们的调查是很肤浅的、不全面的，有些材料还须复查，有些论点还值得商榷。

云南民族调查组第一分组

1957 年 12 月　昆明

《1956年12月至1957年6月云南西盟大马散卡瓦族社会经济调查报告·卡瓦族调查材料之三》（全国人民代表大会民族委员会办公室编，1958年3月）白皮书除了“前言”以外，还有“编者说明”和“编后记”。全国人民代表大会民族委员会云南少数民族社会历史调查组、云南省少数民族社会历史研究所撰写的“编者说明”主要讲述了此次调查的时间、地点和内容：

全国人民代表大会民族委员会云南少数民族社会历史调查组第一分组于 1956 年 11 月至 1957 年 7 月，到云南西盟卡瓦族自治县（筹备委员会）在卡瓦族的 6 个点（大马散、岳宋、永广、中课、翁戛科、龙坎）进行了社会经济和历史的调查工作。大马散是分组的调查重点，在这里调查历时 7 个多月之久，写成了这个调查报告。

本册包括大马散寨卡瓦族的概况、经济［包括农业（生产力：生产工具、生产技术、劳动力的使用、产量。生产关系：生产资料占有、劳动组织与分工、合种、土地买卖、雇工、债务、蓄奴），手工业及副业，商业］、社会历史（历史、政治、军事、物质生活、家庭、婚丧、宗教、科学文艺、文教卫生）和大马散农业生产合作社情况。第一分组试图在几年来地、县委调查的基础上，进一步调查研究了大马散卡瓦族的生产力、生产关系、阶级分化、政治及家族制度、意识形态及生活习惯和社会主义改造的问题。大马散是西盟卡瓦族的腹心地区，保留本民族的固有特点较多些，代表面较宽，所以，在这里进行实地调查就能了解西盟腹心地区卡瓦族的特点。

自从 1957 年冬至 1958 年春省委提出苦战三年改变我省的面貌以来，西盟大马散卡瓦族与全省各族人民一样，掀起了生产大跃进和合作化大跃进的高潮，两个高潮互相推动，使大马散卡瓦族起了亘古未有的大变化，如猎头之俗已在大跃进中停止；许多落后习惯已完全改变。本调查报告由于调查时间的限制性，有些卡瓦族在前进中所存在的矛盾和问题，在 1956—1957 年夏调查时还没有暴露出来，或尚未发现。因此当时调查研究的认识与今天卡瓦族大跃进中生动活泼的局面，容或有不全面不深透之处。但作为了解大马散卡瓦族生产和合作化大跃进以前的实际情况，仍然有参考价值，特刊印出来，以供各方研究之助。

“编后记”则提供了整理者的分工情况：

我组在马散调查中得到中共西盟工委会、西盟瓦族自治县筹委会及马散区委会的大力帮助，区上的同志们更提供了许多材料，特此致谢！本报告的整理者是：顾宗振同志负责“概况”“生产资料占有”“劳动组织与分工”“合种”，杨炳炎同志负责“生产力”“手工业及副业”“文教卫生”，沈琼英同志负责“土地买卖”“雇工”“大马散农业生产合作社情况”，李仰松同志负责“债务”“物质生活”，黄宝璠同志负责“蓄奴”“商业”，徐志远同志负责“历史”“军事”“姓氏与父子连名制度”“科学文艺”，傅懋斐同志负责“政治”“家庭”“婚丧”“宗教”。

云南民族调查组第一分组

1957 年 12 月　昆明

国家民委《民族问题五种丛书》云南省编辑委员会编的《佤族社会历史调查（一）》[①]将该册的标题改成了《西盟大马散佤族社会经济调查报告》，删去了《1956年12月至1957年6月云南西盟大马散卡瓦族社会经济调查报告》白皮书中的“前言”“编者说明”和“编后记”。

云南民族调查资料白皮书的“前言”“编辑前言”“说明”“编辑说明”“编后记”为我们提供了丰富和宝贵的云南民族调查组的信息，但在公开出版《中国少数民族社会历史调查资料丛刊》时大多被删去，留下了太多的缺憾，其中部分也许已经无法弥补。

第四，《中国少数民族社会历史调查资料丛刊》几乎对所有收录进白皮书的内容进行了修改或删节。

鉴于上述，《实录》将收录部分白皮书的内容，主要包括3个方面：一是《中国少数民族社会历史调查资料丛刊》没有收录的文稿，二是《中国少数民族社会历史调查资料丛刊》虽然收录但删改过多的文稿，三是《中国少数民族社会历史调查资料丛刊》仅做了部分收录的文稿。《实录》对于部分白皮书文稿的收录，如果能找到原稿，即以原稿为准；如果无法找到原稿，则以白皮书为准。

三

《中国少数民族社会历史调查资料丛刊》云南部分，收录的不仅是1956年开始的“全国民族大调查”中云南的民族调查资料，而且包括部分1950年至1955年中央和云南省有关部门所做的各项云南民族调查的资料。例如，1958年5月云南少数民族社会历史调查组在《西双版纳傣族社会经济史料译丛》“前言”中写道：

中央访问团第二分团，中共云南省委边疆工作委员会，云南省民族事务委员会，各地、县委，各民族工作队及其他部门和民族工作干部，几年来对云南各少数民族地区的社会经济情况曾进行了许多调查工作，搜集了大量资料，这些资料是此次调查研究的基础。现特委托中共云南省委边疆工作委员会研究室、云南省民族事务委员会、我组参加其工作，将上项资料分别整理编辑；全国人民代表大会民族委员会并指定我组负责刊印出来，

① 《民族问题五种丛书》云南省编辑委员会编：《佤族社会历史调查（一）》，《中国少数民族社会历史调查资料丛刊》，云南人民出版社1983年版。

以供我组作为调查研究的基础材料及各有关部门和民族工作的参考。[①]

在该书的“编者说明”中，编者又写道：

在解放后几年民族工作基础上，1954年九十月间，中共云南省委边委、省委宣传部与省民委先后派去工作组，会同思茅地委联络组与西双版纳工委调查组，并选拔当地傣族干部20余人，共同组成近70人的调查工作队，展开了景洪、勐海、勐遮、勐腊、勐捧等版纳的傣族社会调查工作。在进行调查工作中，也广泛地搜集过去西双版纳宣慰使司和各勐公私所藏的傣文抄本进行翻译，编成本书。[②]

另外，如《中国少数民族社会历史调查资料丛刊》收录的云南民族识别等方面的资料，调查时间也都在1956年“全国民族大调查”开始以前。

云南民族调查资料最初计划用来编写《民族问题三种丛书》，即《中国少数民族简史》《中国少数民族简志》《中国少数民族自治地方概况》。1978年党的十一届三中全会以后，中央决定将《民族问题三种丛书》扩成《民族问题五种丛书》，增加了《中国少数民族语言简志丛书》和《中国少数民族社会历史调查资料丛刊》。《民族问题五种丛书》中的前4种已于20世纪80年代前后基本出版完毕，第五种即《中国少数民族社会历史调查资料丛刊》，作为国家民委《民族问题五种丛书》之一，于20世纪80年代前后全国共出版143册。其中，云南部分由云南人民出版社和云南民族出版社共出版73册，约计3000万字，册数和字数均约占全国出版总量的一半。国家民委《民族问题五种丛书》修订本于2009年由民族出版社出版，合计为86种147册，其中《中国少数民族社会历史调查资料丛刊》云南部分，虽然《崩龙族社会历史调查》不再单独出版，但是加上民族出版社1990年出版的《基诺族普米族社会历史综合调查》1册，仍为73册。

国家民委《民族问题五种丛书》之《中国少数民族社会历史调查资料丛刊》的编纂工作始于1979年。费孝通曾回忆说：“我是1950年到贵州的，从那年开始就搞民族调查。在这以前，什么叫少数民族，我们也不大清楚。通过中央访问团的几次调查，搜集到不少资料，了解了有些什么民族。……总之，过去30年的民族调查工

① 全国人民代表大会民族委员会办公室编：《西双版纳傣族社会经济史料译丛·傣族调查材料之一·前言》，1958年5月。

② 全国人民代表大会民族委员会办公室编：《西双版纳傣族社会经济史料译丛·傣族调查材料之一·编者说明》，1958年5月。

作，国家是花了钱花了力的，各个民族都出了力。我们搞了不少资料，数量很大。可是，这一大批资料很多都不在了，在‘四人帮’横行时损失了。据我所知，贵州烧得很厉害，一卡车一卡车的资料拉去烧掉了，别的地方也损失了不少。这样，现在剩下的材料就很宝贵了。正是因为这个教训，所以在三中全会之后，国家民族事务委员会就提出来，要抓紧时间把过去的材料整理出来，要编五种丛书，供大家使用。”①“1978年的中共十一届三中全会后，国家民委行政机构得以恢复，隔年即在北京召开了出版‘五丛’的规划会议，并成立了由众多著名专家学者组成的编委会，以民委党组的名义向党中央进行报告。此报告于1979年3月由中央宣传部和中央统战部转发至相关省和自治区，并将这一计划列为国家哲学社会科学研究‘六五’规划重点科研项目，作为国家任务下达执行。借此，因‘文革’而搁置的民族问题‘三套丛书’得以充实、提高、发展至‘五种丛书’。”“2003年9月1日，民族出版社将一份重修、再版《民族问题五种丛书》的设想和方案上报至国家民族事务委员会民族问题研究中心。经相关专家学者的反复研究论证，《关于修订、再版〈民族问题五种丛书〉的总体方案》于2005年2月制定出台。随后国家民委主任李德洙主持召开党组会议，审议并原则上通过了该方案。是年7月，经报请国务院批准，修订再版工作全面启动。”②

为了做好这项宏大巨制的修订工作，在北京成立了“国家民委《民族问题五种丛书》总修订委员会”，并在“基本保持原貌，统一体例、版本，增加新内容”的总体指导方针下，根据各种丛书的不同特点，制定了具体的修订思路。“‘中国少数民族社会历史调查资料丛刊’的修订，主要是尊重史实，修正错误，增加注释。”③修订原则即包括两个方面：一是“尊重史实”，即尊重当时的调查成果，原封不动地保留原文，连标点符号都不改，只在需要修订的地方用标注的方式加以说明；二是“拾遗补阙”。一方面由于原版“五种丛书”的调查重点集中于西南、西北地区，此次修订需要补上中东南等地区漏掉的内容；另一方面需要以页下注释的形式补充调查点几十年来人口、经济、社会、风俗、语言等方面的变化情况。④

① 费孝通：《费孝通民族研究文集》，民族出版社1988年版，第295—296页。
② 徐姗姗：《对“民族大调查”与“社会历史调查丛刊”的再解读》，《广西民族研究》2007年第2期。
③ 李德洙：《国家民委〈民族问题五种丛书〉修订再版总序》，2007年8月。
④《中国少数民族社会历史调查丛刊》修订领导小组：《〈中国少数民族社会历史调查丛刊〉修订要求与相关说明》（2006年2月），转引自徐姗姗《对“民族大调查”与“社会历史调查丛刊”的再解读》，《广西民族研究》2007年第2期。

在新中国成立初期历次的民族调查中，无论从规模来讲，还是从结果来看，开始于1956年的全国少数民族社会历史调查都是史无前例的，曾被国家民委等部门和国外学术机构评价为“前无古人，后无来者”。以此次民族调查为基础，出版了《民族问题五种丛书》。这套丛书是当今世界上多民族国家中唯一一部由政府组织、社会力量广泛参与、全面反映国内各民族情况的大型综合文献，内容涉及民族区域自治、民族学、民族史、民族语言文字以及民族经济、文学、宗教、医药、体育、音乐、舞蹈、美术等诸多领域；调查编写工作涉及全国19个省、自治区及中央有关单位400多个编写组，1700余人执笔，共编写出版《民族问题五种丛书》403本，总字数约8000万字；其编写出版工作自1958年开始，到1991年暂告一段落。

四

1950—1965年以各种形式进行的民族调查及其成果是新中国民族理论形成的第一成果，至今仍是民族学、人类学研究的一块稳固基石，在中国民族学发展史上具有里程碑意义。云南是中国共产党民族政策具体实践的一个成功典型案例，丰富而翔实的各少数民族社会历史调查资料则具有充分的代表性。云南是中国少数民族种类最多的省份，是中国少数民族社会历史调查的重点省份，也是中国少数民族社会历史调查文献资料保存最多的省份。当前，云南正在努力建设我国民族团结进步示范区，回顾民族工作历程、总结民族团结经验、促进民族理论创新，是创建示范区的基础性重点工作，因而编辑出版《实录》有着重要的理论价值和现实意义，也将产生深远的影响。

我们现在编辑的这套图书，曾被命名为《〈民族问题五种丛书〉续编——云南少数民族社会历史调查资料未刊稿汇编》，其原因就在于云南少数民族社会历史调查资料未刊稿的存世量远超于人们对它的掌握和认知，其主要目的之一则是为了弥补《中国少数民族社会历史调查资料丛刊》云南部分的某些缺憾与不足。

《中国少数民族社会历史调查资料丛刊》云南部分收录了当时诸多民族调查资料的精华，这一点毋庸置疑，此不赘述。但从现存云南民族调查资料的情况看，《中国少数民族社会历史调查资料丛刊》也存在一些缺憾，主要表现在两大方面。

1. 缺少9个民族的内容。云南有26个世居民族，《中国少数民族社会历史调查资料丛刊》云南部分仅收录了17个民族的调查资料，而汉族、蒙古族、藏族、壮族、布依族、满族、水族、普米族和基诺族等9个民族的内容没有收录。需要说明以下两点。第一，虽然新中国成立初期云南的各项调查主要集中在少数民族地区，调查对象主要是各少数民族，出版的图书名称为《中国少数民族社会历史调查资料丛刊》，但云南汉族的调查资料也应该以某种形式被收录其中。云南民族关系中有3个重要的“离不开”，即汉族离不开少数民族、少数民族离不开汉族、少数民族之间互相离不开，要想把一个地区的民族情况弄清楚，没有汉族的调查资料是很难做到的。就我们目前所见到的云南民族调查资料而言，其中约有数百份汉族调查资料，内容包括云南汉族的来源、汉族与云南社会经济的发展、汉族与少数民族的融合、新中国成立前汉族商业垄断和云南资本主义萌芽、新中国成立初期云南汉族状况、云南山区汉族社会经济调查等诸多方面。第二，在20世纪80年代云南民族出版社和云南人民出版社出版的《中国少数民族社会历史调查资料丛刊》中，没有基诺族和普米族的内容，1990年民族出版社出版了《基诺族普米族社会历史综合调查》一书，其中的上篇“《基诺族社会历史综合调查》，是根据全国民族问题五种丛书编委会云南分编委1980年的决定进行编写的。这一资料的完成是长时间调查的结果”[①]。虽然基诺族在1979年才被正式确认为中国的一个单一民族，但在20世纪50—60年代的民族调查资料中，有数十份有关“攸乐人”的调查报告，这些调查资料并没有收入《基诺族普米族社会历史综合调查》一书。而《基诺族普米族社会历史综合调查》的下篇《普米族社会历史综合调查》，虽然收录的是20世纪50—60年代的调查资料，但部分经过选编者的多次修订，已经无法看到其原始面貌。后人在对前人的历史调查资料进行选编时，删除不利于民族团结或不合时宜的内容非常必要，但选编者基于自己的知识背景对其他民族（当时云南民族识别工作尚未结束，部分民族及其支系的身份、名称尚未最终确认，但参订者将调查资料涉及的所有民族称谓全部改为后来确定的“规范化名称”[②]）的调查资料进行“选编”“参订”“修订”（修订者与调查者并非同一民族），必然面临语言、文化诸多方面的困难和不理解，其结果也就很难完全展示原始调查资料的真实性和准确性。

2. 内容涵盖面不够。首先，据目前所了解的情况，云南民族调查资料存世量居全国第一。在修订出版的147册《中国少数民族社会历史调查资料丛刊》（民族出版

①《民族问题五种丛书》云南省编辑委员会编：《基诺族普米族社会历史综合调查（上篇）·基诺族社会历史综合调查·说明》，《中国少数民族社会历史调查资料丛刊》，民族出版社1990年版。

②《民族问题五种丛书》云南省编辑委员会编：《基诺族普米族社会历史综合调查（下篇）·兰坪、宁蒗两县普米族社会调查·说明》，《中国少数民族社会历史调查资料丛刊》，民族出版社1990年版。

社2009年版）中，云南有73册，占了总册数的一半。没有整理和出版的内容，云南民族调查资料现存在1亿字左右，远远超过现已出版的《中国少数民族社会历史调查资料丛刊》字数的总和。

在云南民族调查资料中，最具价值者为原始档案，即云南少数民族社会历史调查资料，其重要原因之一就在于其他4种丛书的编写依据大多来自第五种即云南少数民族社会历史调查资料。据不完全统计，云南调查组收集、整理和编写的历史档案、少数民族文献和调查资料目前已公开出版约3000万字，大约占到调查资料总字数的1/4。没有系统整理和出版的调查资料，部分存藏于北京市、云南省及其各州市县档案馆、图书馆和相关机构，部分散落于民间或由私人收藏，部分由原参与民族调查的工作人员收藏，部分见诸网上书店，版本包括稿本、复写本、刻印本、油印本、铅印本以及少数民族文字文献，内容则包括调查资料、调查提纲、工作计划、工作报告、工作笔记、文件、公文、批示、审稿意见、会议记录、总结、简报、通信、纸质文物（地契、证照、奖状、土司谱牒、账本等）、纪录片文本（拍摄提纲、脚本、分镜头剧本、解说词）等。但这些珍贵的史料数十年来几乎无人问津，其中部分资料由于保存不当或经过多次搬迁损毁严重，部分已经丢失，有些已有虫蛀，有些则因时间太久（受当年的纸张和墨水质量所限）或受潮而变得字迹模糊、难以辨认，亟待抢救性整理和出版。

云南之所以现存有如此大量丰富的民族调查资料，与云南的地理环境、民族情况、历史发展等多方面的复杂因素是分不开的。由于云南民族具有复杂性、国际性、宗教性等多方面的特点，新中国成立初期在云南的各项民族调查工作都要比在其他省区的工作更难做，需要的时间也更长。例如，新中国成立初期中央决定派出民族访问团到全国民族地区进行访问，首先派出的就是西南民族访问团（1950年），而东北内蒙古民族访问团在两年之后才派出。中央民族访问团西南民族访问团又分为3个分团，第一分团去西康，第二分团到云南，第三分团去贵州。到1951年3月，第一、第三分团的工作已全部结束，而第二分团即云南分团第二阶段的访问工作才刚刚开始。中央民族访问团西南民族访问团第二分团走访了云南9个专区的42个县（含设治局），除了建立地方民族民主联合政府、开办民族干部培训班、召开地区民族代表会议等各项重要工作以外，还整理和编写了百余万字的访问调查资料，这在中央派到全国各地的民族访问团中实属唯一。

前面所说8个方面的云南民族调查资料（不包括民国时期的调查资料），至今大部分尚未整理和出版。已出版的《中国少数民族社会历史调查资料丛刊》中的云南资料只是这些民族调查资料中的极小部分，而且很多重要内容几乎没有涉及。即使读完《中国少数民族社会历史调查资料丛刊》云南部分的全部内容，人们对新中国成立之后一个时期内的云南民族情况依然缺乏了解。比如：云南民族调查是怎样开始和进行的，来龙去脉是什么；云南多种社会形态并存的状况如何；云南的民主改革是在什么条件下如何分类进行的；云南民族区域自治政策和民主建政工作是怎样贯彻和落实的；云南第一个民族自治区和民族自治县是如何成立的，有什么经验和不足，对以后其他民族自治区、自治州和自治县的建立有什么影响和借鉴；等等。

其次，某些少数民族的各类调查资料很多且内容极为丰富，而《中国少数民族社会历史调查资料丛刊》仅收录了其中的极少部分。

最后，我们所说《中国少数民族社会历史调查资料丛刊》收录资料的涵盖面不够还有另外一种情况，即某一方面的资料有所收录，但或掐头去尾，或只见其一不知其二，使人无法了解某一方面资料的全面情况。例如，关于云南民族识别共有3个综合调查报告，第一阶段的识别报告名称为《云南省民族识别研究第一阶段工作初步总结》①，仅其中的《云南民族识别研究组第一阶段民族识别总结》部分被收录在《云南少数民族社会历史调查资料汇编》中，标题被改为“云南省民族识别报告”②，而第二阶段云南民族识别（第一阶段云南民族识别工作总结上报不到1个月，第二阶段云南民族识别工作已经开始）总结和后来的云南民族识别综合调查报告均未被收录，无论是一般读者，还是专业研究人员，仅通过《中国少数民族社会历史调查资料丛刊》收录的资料，对新中国云南民族识别情况和过程都不可能有一个基本的了解。

对于缺少9个民族内容的情况，由于《实录》的内容是少数民族社会历史调查史料，因而汉族不再单独列项，读者可以从各少数民族调查资料和综合调查资料（如“经济生活”部分）中窥见一斑；没有列项的各少数民族资料，除当时尚未识别、“正名”、列为单一民族从而导致没有（或尚未发现和整理）调查资料者外，我们尽量予以弥补和增添。对于内容涵盖面过窄的情况，除了增加单独板块以外，我们在各卷少数民族调查资料中也会适当加以补充。

① 中共云南省委边疆工作委员会编印：《云南省民族识别研究第一阶段工作初步总结》，1954 年 8 月 25 日。

② 云南省编辑组编：《云南少数民族社会历史调查资料汇编（三）》，《中国少数民族社会历史调查资料丛刊》，云南人民出版社 1987 年版。

五

《实录》名为“实录”，就表明了对原始文献史料进行实录即是《实录》最主要的特色之一，也是《实录》与过往同类图书最大的不同之处，保持调查资料的原貌和真实性便成为编辑《实录》的不二法门。

在选编《实录》资料的过程中，经过我们将云南民族调查资料的手稿、原件和白皮书等进行比对，可以发现，部分《中国少数民族社会历史调查资料丛刊》中云南的资料已经做了一定程度的修改，有些调查资料改动的幅度相当大，中央民族访问团西南民族访问团第二分团编辑出版的《云南民族情况汇集草稿》就是一个典型的例子。

中华人民共和国成立后不久，根据毛泽东主席的建议，中央决定向全国各民族地区派遣访问团。从1950年7月到1952年年底，中央共派出4个民族访问团，即中央民族访问团西南民族访问团、中央民族访问团西北民族访问团、中央民族访问团中南民族访问团和中央民族访问团东北内蒙古民族访问团。1950年6月，中央决定首先派出西南民族访问团，由刘格平任团长，费孝通、夏康农任副团长，团员共120余人，分别深入川、滇、黔、康民族地区进行访问。中央民族访问团西南民族访问团团员由中央民族事务委员会、文化教育委员会、内务部、卫生部、贸易部、青年团中央等20多个单位（政务院所属各部、会、院、署）抽调组成。中央民族访问团西南民族访问团下设3个分团，第一分团赴西康，刘格平兼任团长；第二分团赴云南，夏康农兼任团长，王连芳任副团长；第三分团赴贵州，费孝通兼任团长。中央民族访问团西南民族访问团第二分团即云南分团，简称中央访问团第二分团。

1950年7月2日，中央民族访问团西南民族访问团离开北京，经武汉到重庆，西南军政委员会主席刘伯承、副主席邓小平作欢迎报告。刘伯承在欢迎报告中指出：

关于西南少数民族问题，以我们来说还是一个新的问题，我们仅一知半解，许多情况我们还不大了解，比如西康藏族人口，云南、贵州少数民族的种类，到今天还没有精确的统计。……希望访问团每达少数民族地区要首先赔不是；另外是要多多调查研究，做一个毛主席的好学生。……要正确地执行民族政策，首先要调查研究。毛主席指示我们：“没有调查研究，就没有发言权。”①

①《刘伯承同志在欢迎中央访问团会上关于西南民族工作问题的报告》（1950年7月21日），云南省委办公厅印《民族工作文件汇编》，1951年8月。

邓小平在讲话中指出：

中央民族访问团这次到西南来，必定对我们帮助很大。你们在少数民族方面研究、了解的东西比我们多得多。特别是你们下去以后，亲身接触具体情况，会发现许多问题。我们很希望同志们研究各种问题，多提意见，哪怕是一个片面的意见，也比没有意见好。现在我们就是苦于没有意见。……依靠同志们的工作，我相信可以解决西南最复杂的又是最重大的问题——民族团结问题，至少可以打下一个很好的基础。[①]

中央访问团第二分团走访了云南9个专区的42个县，从中央访问团第二分团的行程来看，其在云南的访问可以分为两个阶段。第一阶段从1950年8月6日至1951年1月31日，主要访问滇西各地。1月31日滇西各组返回昆明做短暂休整，第二分团领导做半年来第一阶段工作初步总结。第二阶段从1951年2月22日至5月中下旬，主要访问滇南各地。5月中下旬滇南各组返回昆明，齐聚安宁温泉，做第二分团工作和个人总结。

此外，中央访问团第二分团还整理和编写了100余万字（《实录》编者按目前已收藏的78册书稿页数统计）的访问调查资料，这套资料有一个总的名称，即《云南民族情况汇集草稿》。

中央访问团第二分团编印的《云南民族情况汇集草稿》（后文简称《草稿》）也分为两个阶段，第一阶段的访问成果标明为“材料”，标明的出版（《草稿》为竖排铅印，小32开本，纸张粗糙，封面用红字印刷，虽然标有“出版”字样，但并无统一书号）时间是1951年2月；第二阶段的访问成果标明为“资料”，标明的出版时间是1951年7月。可以看出，中央访问团第二分团的工作不仅时间长（中央访问团第二分团第二阶段工作刚刚开始，第一分团和第三分团的工作已经结束）、成果多（目前尚未看到其他访问团有如此大量的实地访问调查报告面世），而且时间抓得很紧——1951年1月31日第一阶段工作结束，2月份就出版了第一阶段的访问材料；1951年6月10日中央访问团第二分团离昆返京，7月份人们就看到了墨香犹存的第二阶段访问资料。

中央民族访问团西南民族访问团第二分团第一阶段访问了6个专区，即宜良、丽江、保山、大理、楚雄、武定，在这6个专区的每册《草稿》前面都有一个“编

①《邓小平文选》第一卷，人民出版社1994年版，第170—171页。

者声明”：

这些材料是我们从1950年8月29日至1951年1月31日（其中大部时间是在行动中），先后在圭山、丽江、保山、大理、武定、楚雄等地区进行兄弟民族访问工作中，通过当地干部、民族代表及熟悉当地情况的人士所了解的一些情况。为应各有关机关之急需，仅将原材料加以整理，尽量避免主观分析与结论，在文字上仅要求念得通、看得懂。但由于是短期的访问与了解及仓促整理，情况难免不真实或不深入，观点难免错误，文字烦琐或不通顺。故仅能供各有关机关进行民族工作的参考或进一步考察的线索，并望于今后的调查研究，加以校正。

1951年2月 日

中央民族访问团西南民族访问团第二分团第二阶段访问了3个专区，即普洱、蒙自和文山。在普洱区和蒙自区的每册《草稿》中也都有一个“编者声明”，与前面6个专区每册《草稿》的“编者声明”内容基本相同，只是时间和地点有了更动：

这些材料是我们从1951年2月22日至1951年5月底（其中大部时间是在行动中），先后在蒙自、普洱、文山等地区进行兄弟民族访问工作中，通过当地干部、民族代表及熟悉当地情况的人士所了解的一些情况。为应各有关机关之急需，仅将原材料加以整理，尽量避免主观分析与结论，在文字上仅要求看得懂。但由于短期访问及仓促整理，情况难免不真实或不深入，观点难免错误。故仅能供各有关机关进行民族工作的参考或进一步考察的线索，并望于今后的调查研究，加以校正。

1951年6月 日

20世纪70年代末，国家民委将《民族问题三种丛书》扩展为《民族问题五种丛书》时，部分《草稿》被编入《民族问题五种丛书》之《中国少数民族社会历史调查资料丛刊》中，名称为《中央访问团第二分团云南民族情况汇集》，分上、下两册，由云南民族出版社1986年出版。

《草稿》共计有多少册？这是一个迄今尚未找到答案的问题。作为中央民族访问团西南民族访问团第二分团副团长并留任云南的王连芳在《云南民族工作回忆》一书中回忆道：

当时我们可能了解的民族情况，联络组基本上都了解到了。每次送到我那里的材料都很多，由孙敏贤同志帮我一道看，并进行分类处理。一是如控告、纠纷和违反禁忌等需当地干部引起注意的，留在当地处理，一般的交县里，重要的给地委；二是典型材料、综合材料、总结等直接报省委，少数给省民委；三是报送中央的材料，紧迫的直接电告中央，其他的则带回北京。这些材料虽然粗浅但却使我们初步掌握了云南少数民族的基本情况，为中央和省委以后的民族工作决策提供了重要依据。其中一部分在1985年被编成《云南民族情况汇集》（上、下集），留下了近90万字的珍贵资料，其他资料和总结均随团带回北京，保留在中央民委。①

王连芳所说的《云南民族情况汇集》即1986年出版的《中央访问团第二分团云南民族情况汇集》（后文简称《汇集》）。《汇集》编者在上册“后记”中说：

1981年底，为编辑西双版纳地区的傣族调查资料，马曜教授首先将珍存的中访团这批资料中有关西双版纳的调查资料十件，交付编入《傣族社会历史调查（西双版纳之一）》（云南民族出版社出版）。出书后引起各方关注，经编委丛刊组研究决定，命专人搜集这批资料，编入中国少数民族社会历史调查资料丛刊。由于历史原因，当年中访团达百余件、百余万字的《云南民族情况汇集草稿》，已很难见到完整成套的了。在搜集这些资料过程中，先后得到省档案馆、省民委资料室同志的鼎力协助，终于将文山以外各地区调查资料基本收齐。

《汇集》编者在下册“后记”中又说：

上、下两集的资料，从搜集原件到编辑付印，前后历时两年多；在搜集资料、编辑过程中，原中央访问团二分团副团长省人大常委会副主任王连芳同志，始终给予各种极大的支持和指导。马曜教授将珍藏数十年的资料近30件交付编辑。原中访团二分团的苏丹、宋伯胤、胡鸿章、宋文治、高文英、尹寿铭等同志，以极大的热情为编辑提供情况、照片等。

作为中央民族访问团西南民族访问团第二分团成员并留居云南工作的胡鸿章回忆说，中央访问团第二分团“接触了分别居住在60个县内的少数民族群众，做了20

① 王连芳：《云南民族工作回忆》，民族出版社2012年版，第12—13页。

个村和10余个专题的典型调查，整处了近百万字的调查材料”[①]，又说中央访问团第二分团“整理了70份近80万字的调查材料”[②]。关于《草稿》的册数，有“70份”和“百余件”之说，但不知道“百余件”的根据从何而来，更不晓得“百余件”的具体内容；关于《草稿》的篇幅，则有“近80万字”“近90万字”“近百万字”和“百余万字”等等不同的说法。

关于文山专区的访问资料，《汇集》编者在上册“后记”中说：

> 经我们在昆明、北京两地查找，又函请文山壮族苗族自治州民委查询，均未找到。

中央民族访问团西南民族访问团第二分团访问文山的资料有多少，当时是否已编入《草稿》？这也是无从知晓的问题。中央民族访问团西南民族访问团第二分团成员宋伯胤在1951年2月12日的日记中写道：

> 老聂告诉我，下一阶段工作我参加第一组，组长是老范，我是副组长，由老聂率领，去蒙自、文山工作三个月。团部去宁洱，还有一路去澜沧，这两组是远征军。我们的地区是近了点，团部给予的任务，他们是做“线”的访问，我们则做“面”的调查。[③]

从宋伯胤后来的日记来看，他这一组人马又分为两部分，一部分去蒙自，一部分去文山，宋伯胤只去了蒙自，在他的日记中有详细的记录。他在1951年5月27日的日记中写道：

> 到文山去的同志们回来了。二分团这一次是最后的会师。[④]

到文山去的“同志们”都有谁，是否编写了访问调查资料，依然不得而知。

为了寻找中央民族访问团西南民族访问团第二分团在文山的线索，我曾两次前

① 胡鸿章：《回忆中央访问团访问云南》，云南省编辑组《中央访问团第二分团云南民族情况汇集（下）·附录三》，《中国少数民族社会历史调查资料丛刊》，云南民族出版社1986年版。

② 胡鸿章：《回忆中央访问团云南分团》，《云南文史资料选辑第四十四辑·云南民族工作回忆录（一）》，云南人民出版社1993年版。

③ 南京博物院编：《宋伯胤文集·民族调查卷》，文物出版社2012年版，第216页。

④ 南京博物院编：《宋伯胤文集·民族调查卷》，文物出版社2012年版，第304页。

往文山壮族苗族自治州、市各档案馆、图书馆、民宗局、政协文史资料编辑审查委员会等相关机构查阅档案资料，仅在文山州档案馆查到了两份提及中央民族访问团的资料。两份资料皆有两个版本，一为手稿，一为刻印稿，内容基本一致。一份资料为中国共产党文山地方委员会1951年3月17日统族字第贰号文，名为《文山地委统战部关于民族工作的计划》，其第三部分“关于民族调查工作”写道：

各县要在五月下旬（即中央访问团未到前）完成下列各项民族调查工作：

①民族种类——名称。②各民族人口数——尽可能得到正确数字，即匪乱地区亦应估计人口的约数。③各民族分布地区——如能绘图说明更好。④风俗习惯——各民族婚姻、年节等礼俗制度。⑤各民族的历史——叙述民族来历、有过什么沿革或斗争。⑥社会概况——各少数民族与汉族的关系，各民族互相间的关系。土司、领袖、头目和经济、生活等情况，应各民族分别叙述。⑦干部情况——县、区、村各级干部各若干？党团员干部各若干？⑧文化情况——有无自己的语言文字？学校情形？⑨宗教——有何宗教信仰？迷信程度。⑩治安状况——报导各少数民族地区匪特活动情况及有无参加匪特的恶霸地富。

从这份民族调查工作计划中，我们从一个侧面可以大致了解中央民族访问团西南民族访问团第二分团在云南各地访问调查的具体内容，还可以知道中央民族访问团西南民族访问团第二分团在1951年5月下旬（或以后）要去文山访问，这与宋伯胤记录的时间稍有出入（宋伯胤1951年5月27日的日记说“到文山去的同志们回来了”）。我们所无法知道的是——文山地区制订的民族调查工作计划完成得如何，是否编写了调查报告？如果是，又是否会列为中央民族访问团西南民族访问团第二分团调查材料的一部分？如果答案是肯定的，那为什么到目前为止在《草稿》中没有找到任何有关文山调查资料的痕迹？如果答案是否定的，又是出于什么原因？（《草稿》普洱和蒙自两区资料的“编者声明”中都提到去过文山访问调查并进行了材料整理）

另一份资料为中国共产党文山地方委员会1951年7月18日发文第031号，名为《地委关于召开各族各界代表会议建立联合政府复麻栗坡市委》。其中，在“（三）如何产生政府委员问题”一节中提到了“见张冲、王连芳同志《关于普洱专署组织联合政府的总结报告》”[①]，在“（五）领导思想问题”一节中指出：

> 中访团来文山指示后，少数民族工作已引起各级党委注意，但把阶级斗争与民族团结对立起来的左倾情绪还未根绝，争取与稳定民族上层分子还不坚决。……必须明确在边远地区，特别民族关系混乱的地区，只有把社会改革暂退一步，把民族团结、民主建政、生产工作、抗美援朝运动、爱国主义教育推进一步，把少数民族团结发动起来，才能推动其他工作。我们要在思想上彻底解决此一问题，并将这一精神贯彻到具体工作中去！

这份资料对中央民族访问团西南民族访问团第二分团到过文山做了确切的记录，但除了做指示以外有没有像在其他地区一样编写调查报告并编入《草稿》？从到目前为止所掌握的资料来看，依然不得而知。

《草稿》是中央民族访问团西南民族访问团第二分团最为重要的成果之一。从《汇集》编者叙述的情况看，《草稿》非常珍贵，但散佚情况严重，在20世纪80年代编辑《汇集》时，曾“命专人搜集”，并动用组织手段，都未能将《草稿》收齐。我们曾查找和阅读了上万份的云南民族调查手稿资料，对老一代民族工作者吃苦耐劳的革命精神和一丝不苟的工作作风充满敬意，因而历来视其为可信的史料。先是一个偶然的机会，从一家旧书店淘到几册《草稿》，将《草稿》和《汇集》进行简单对照阅读之后，顿时让人心生狐疑：两种版本同一篇访问调查的内容居然有很多地方无法对应！是我见到的这几本情况如此，还是所有《汇集》收录的《草稿》内容已非原文？经过20多年的搜集和寻访，现已收藏除文山区以外的《草稿》原件共78册（其中一册为翻拍件），依照中央民族访问团西南民族访问团第二分团的访问路线顺序，计有路南圭山区材料5册、丽江区材料17册、保山区材料13册、大理区材料2册、楚雄区材料1册、武定区材料7册、普洱区资料20册和蒙自区资料13册。除《傣族社会历史调查》（西双版纳之一）收录10册以外，《汇集》共收录《草稿》63册。

将《草稿》与《汇集》进行比对，发现《汇集》编者对《草稿》动了较大的“手术”，主要有以下几个方面。

1. 未收录或部分收录。《汇集》没有收录的《草稿》有5册，对其他部分《草稿》的内容仅做部分收录或删节收录。

---

① 关于张冲、王连芳的报告及中央民族访问团西南民族访问团第二分团协助成立普洱专区联合政府，参见申旭、肖依群编著的《云南民族调查史料钩沉（1950—1965）》（云南人民出版社2016年版）一书之“I 中央访问团第二分团对云南的访问调查”。

2. 掐头。每册《草稿》都有封面和“编者声明”，封面上标有“云南民族情况汇集草稿”“××区材（资）料之×”“中央访问团第二分团”字样以及篇名、出版年月等各种信息，《汇集》将其和“编者声明”、目录等一并删除。

3. 去尾。王连芳在《云南民族工作回忆》一书中写道，中央民委受命筹建访问团时，访问过程中的调查研究工作就备受重视，民委领导指派他负责起草一个调查提纲，由杨静仁修改后报送中央。1950年6月访问团全体人员集中在北京国子监学习，当时的中央书记处书记、北京市委书记彭真派秘书到国子监找他，转达了3点意见：第一，访问有多种功能，但其中一个重大的政治任务就是多方面了解民族情况报告中央，为中央今后的民族工作决策作参考；第二，调查提纲所列的项目都可以，但最根本的东西是调查各族群众的愿望、要求和疾苦，不要以为群众意见零碎，从零碎意见中可以看到人民的真实要求和期待，从而懂得人民要我们干什么、不要我们干什么；第三，调查要尽可能深入，尽可能深入下面，从一户、一个人那里了解情况。①另外，《中央访问团的任务、工作方法和守则》规定中央访问团的任务有两条，其中之一是“对西南各兄弟民族之政治、经济、文化情况、民族关系、群众要求以及当前民族政策的执行情形，有重点地进行调查研究，并搜集有关资料”②。《汇集》将《草稿》中关于民族关系、群众要求和民族政策执行情形等方面的内容（放在各篇访问调查报告的后半部分）大多删去，对其他方面的内容也部分删除，对此，《汇集》编者的解释是：“编辑过程中，以不失历史资料为前提，对各篇作了必要的删节或摘要，均不一一注明。”③

4. 换名。大部分《草稿》的标题被重新命名。

5. 肢解。一册《草稿》被分成2个、3个甚至4个材料并分别加上标题后放入《汇集》之中。

6. 重组。颠倒《草稿》原文的内容次序重新组合。

7. 改写。全部《草稿》的内容均被做过改写或改编。

8. 添加。《汇集》编者人为添加了“内容”或自己的主观臆断。

1951年2月17日，中央民族访问团西南民族访问团第二分团副团长王连芳召集会议，布置整理访问材料的工作及具体要求。宋伯胤在当天的日记中写道：

---

① 参见王连芳：《云南民族工作回忆》，民族出版社2012年版，第10—11页。

②《中央访问团的任务、工作方法和守则》，《中央访问团团员手册》，1950年。（参见《实录》第一卷）

③ 云南省编辑组：《中央访问团第二分团云南民族情况汇集（上）·后记》，《中国少数民族社会历史调查资料丛刊》，云南民族出版社1986年版。

晚上在王副团长屋里开会，参加者是留昆整理资料的同志。王副团长指出，在着手整理材料以前，必须首先解决两个思想问题：第一，以非常宝贵和高度重视的态度来对待这个任务；第二，不要随意处置同志们心血的成果。至于整理材料的具体要求，有四点。

（一）整理材料是一个材料汇集的过程，我们所要做的事情就是将材料汇集起来，不是系统地编成文件。

（二）有文必录。即使同一个问题，有两种说法，也要录进去。

（三）原则上无大问题。

（四）文字略通顺。①

“材料汇集”“有文必录”是《草稿》整理成册的重要基本准则。《宋伯胤文集·民族调查卷》一书收录了他自己11篇《草稿》中的文章，但颇具意味的是，每篇文章的末尾都注明有“原载云南省编辑组：《中央访问团第二分团云南民族情况汇集》，云南民族出版社，1986年”字样；也就是说，该书的编者并没有对照《草稿》原文，而是沿用了没有按照“材料汇集”“有文必录”原则进行编辑的文本，若以后有人引用该书，极有可能造成误解误用的不良后果。

国家民委《民族问题五种丛书》云南省编辑委员会在《中国少数民族社会历史调查资料丛刊》（修订本）云南部分的“出版说明”中说：“《丛刊》是研究民族历史、民族学等学科的综合性调查资料汇编。我们这次编选基本上以过去调查整理稿为基础，以便保证调查资料的客观性。在具体编选时，则以具有科学研究价值作为选编资料的标准。在时间上以反映各民族民主改革前社会面貌的资料为主。根据调查资料的价值大小，采取全录或节录。”可能是由于修订原则的约束，抑或是修订者没有找到“过去调查整理稿”，因而在2009年民族出版社出版的修订本中，虽然强调此次修订再版的主要工作是“订正错误”②，但将《草稿》原文与之对比来看，《汇集》中的错误显然没有得到“订正”，这种情况严重地影响了文献史料的真实性和准确性。我们非常赞同“尊重史实”的修订原则，但仅就《草稿》而言，现今人们尊重的并不是其原文的“史实”，而是经过《汇集》编者改编、改写后的“史实”。

① 南京博物院编：《宋伯胤文集·民族调查卷》，文物出版社 2012 年版，第 219 页。

②《中国少数民族社会历史调查资料丛刊》修订编辑委员会：《中国少数民族社会历史调查资料丛刊·修订再版说明》，2007 年 12 月。

遭遇了《汇集》编者大刀阔斧的"手术"，《草稿》已经变得"面目全非"，可谓"旧貌换新颜"。但可以肯定的是，经过了彻头彻尾的改变以后，《汇集》中的诸多问题也许瑕不掩瑜，但它无论是对于云南民族调查资料真实性和完整性的保存和留传来说，还是对于后人参考和进行学术研究而言，都不失为一种"硬伤"。

六

《实录》的编辑出版是一个系统性工程，第一阶段计划出版30卷。具体内容是：

第一至二卷：中央民族访问团西南民族访问团第二分团；

第三至四卷：民族工作；

第五至六卷：民主改革；

第七至九卷：民族语言调查；

第十卷：民族人口·民族识别；

第十一卷：民族民主建政与区域自治；

第十二卷：经济生活；

第十三卷：全国少数民族社会历史调查工作文档；

第十四卷：民族问题三种丛书与云南少数民族社会历史科学纪录片工作文档；

第十五至二十八卷：云南各少数民族调查资料；

第二十九至三十卷：图录和三十卷总目。其中，图录包括有关公文、函件、工作书札、电报稿，各少数民族历史照片、民族调查和纪录片拍摄工作照，中央访问团和慰问团赠送云南少数民族礼物、云南少数民族敬献中央人民政府礼品的照片。

在30卷图书中，云南少数民族资料与其他分类资料各占一半。

各卷预计完稿时间：

2020年：10卷。

2022年：7卷。

2023年：6卷。

2025年：7卷。

《实录》各卷采用纵向和横向两种分类编排方式，在一卷之内必要时纵向与横向交错进行。

第一至十四卷内容的分类架构为纵向排列，即大体上是按各项调查的时间顺序，其主要目的有二：一是为了突出新中国成立伊始中央人民政府对云南边疆人民的关怀、党的民族政策在云南的施行及新中国民族工作的“云南现象”和“云南经验”；二是展示新中国成立初期云南各项民族调查（包括中央民族访问团西南民族访问团第二分团、民族语言、民族识别等中央人民政府派出的调查组和云南省委边疆工作委员会、云南省民族事务委员会、云南省民族工作队等云南本地的调查组）的主要（文字）成果。第一至十四卷的内容突出两个重点，一是1949年以后从中央到地方各级政府机构及下属民族事务机构对云南各地的调查，二是新中国成立初期云南经历的重大事件（如清匪反霸、镇反、减租退押、民主改革、区域自治、互助合作、经济发展等），以展示这一时期云南社会的发展历程。

第十五至三十卷的内容主要集中于全国少数民族社会历史调查中的云南各少数民族调查及相关图片，各民族资料按民族代码顺序依次列出，其分类架构大体为横向排列。

编辑《实录》的整体思路，既着重于全面，也考虑到具体；既有选择重点，也要照顾到各方面的平衡。例如，第五至六卷内容为“民主改革”，包括3个部分，即土地改革、和平协商土地改革和直接过渡。这两卷资料选择的要旨，既要考虑到纵向的主题思路（从中央文献到地方指示，弄清事件的来龙去脉和具体内容），又要顾及内容涵盖面（如清匪反霸、减租退押、土改、复查以及土地改革中的建党、建团、妇女工作等），还要照顾到横向3个方面的大体平衡（一是3个部分内容篇幅的平衡，二是各地区、市县覆盖面的平衡，三是各民族内容的平衡）。再如，在民族语言调查资料的选择上，既要考虑到面的平衡（只要是有调查资料的民族，尽可能有所展现），又要有侧重地照顾到各卷内容的平衡（比如藏族，除语言调查资料外，其他方面的调查资料较少，在以往出版的《中国少数民族社会历史调查资料丛刊》中也没有云南藏族的资料），还要有重点（比如彝族，不但是云南支系、人口最多和分布最广的少数民族，而且还涉及四川、贵州等省，同时还是与周边东南亚国家共有的跨境民族）。

如此架构的目的在于以下5点。一是尝试对1950—1965年的云南民族调查史料进行一次系统性的梳理，因尚属首次，难度甚大，但却非常必要，也具有重大的现实意义。二是通过系统梳理，为总结新中国成立初期民族工作的“云南现象”和“云南经验”提供扎实和充足的史料依据，并在此基础上使其能提升到民族学研究和民族工作的理论高度。三是展现以前所有同类图书中大多没有收录却又极为重要的内容。四是摒弃以前大多主要选择经济内容的编辑思路（经济内容的重要性不言而喻，我们将主要在第十五至二十八卷各民族板块中加以展现）。如果《实录》在内容上与以往同类图书大体雷同或相似，只是在数量上进行些许增添和补充，那就失去了其应有的价值。毛主席当年曾对中央其他领导讲，少数民族地区也要进行社会改革了，一改革很多东西以后就再也见不到了，所以要抢救，这才有了中国“前无古人、后无来者”的少数民族社会历史调查。但是要“抢救”而且已经“抢救”的东西，绝非仅有经济甚至只是农业生产一项内容。五是通过文字、图片系统和全方位的展现，试图勾勒出新中国成立初期云南民族调查的全幅景象和完整进程，并以一斑而窥全豹，从而对全国各少数民族地区的社会历史调查在广度和深度方面能有进一步的了解和认识。

执守严谨的重材料、重考证学风并提出“史学即是史料学”观点的历史学家傅斯年曾说过：“整理史料是件很不容易的事，历史学家本领之高低全在这一处上决定。后人想在前人工作上增高：第一，要能得到并且能利用前人不曾见或不曾用的材料；第二，要比前人有更细密更确切的分辨力。”①囿于心智、学识、能力与对云南民族调查史料的认知和掌握程度，及对民族史史料学及其目录学、分类学的一知半解，加之新中国成立初期各种访问团、慰问团、调查组、民族识别研究组、工作队、代表团、参观团等活动密集频繁，更有史无前例的“全国少数民族社会历史调查”，以及中国共产党各项民族政策和实施细则的深入持续贯彻执行，从而使云南民族调查史料的存量和内容变得更为丰厚，全面系统梳理可谓工程浩大，仅凭一己之力很难付诸实施并顺利面世，因而我们现阶段仅仅是在力学不倦的同时，尽力去做一些局部的抢救性整理工作。目前，30卷图书的资料已基本齐备，编选工作也在按照计划有条不紊地展开。当然，我们不会停下继续搜集和整理云南民族调查文献史料的脚步，在身心安好、精力财力尚可维系的情况下，依然会不回头地执着前行，并借此表达对那些在极端严酷环境下脚踏实地开展民族工作的工作者的诚挚敬意。他们历尽艰辛、勇于奉献甚至以生命的代价②获取的第一手调查资料，早已构成云南民族文化遗产宝库中不可或缺的重要组成部分。文化是民族的灵魂，是民族精神和民族素质的纽带，深深植根于民族的血脉之中。这些史料之所以如此珍贵，很大程度上就在于其丰厚的民族文化内涵，值得永久藏存。想要留住它们，就离不

① 傅斯年：《史学方法导论》，《傅斯年全集》第1册，湖南教育出版社2003年版，第58页。
②1958年9月29日下午7时，云南民族调查组怒江分组贡山小组成员陈延长在调查途中坠落怒江，不幸遇难。时任贡山小组组长洪俊于10月1日上报《关于陈延长同志牺牲的经过（报告）》，详细描述了事件的经过。我们藏有这份报告的原件（复写稿），其内容将编入《实录》第十三卷。——编者

开执着者的良苦用心；想要解读、弘扬和传播它们，就离不开研究者的孜孜矻矻和传播者的不懈努力，其中最重要的一个方面，就是具有历史眼光和远见卓识的出版者，云南人民出版社就担当了这一举足轻重、令人钦敬的角色。

这些无可复制的实地调查资料，已经成为云南民族文化遗产宝库中的经典。何谓经典？2003年诺贝尔文学奖得主、南非作家 J. M. 库切（John Maxwell Coetzee）的定义也许最为贴切。他在题为“何谓经典”的演讲中说道：

> 经典就是得以存活之物……历经过最糟糕的野蛮攻击而得以劫后余生的作品，因为一代一代的人们都无法舍弃它，因而不惜一切代价紧紧地拽住它，从而得以劫后余生的作品——那就是经典。

作为云南民族文化遗产宝库中的经典，它们不能被遗忘，也不应该被率意“修正”。作为云南珍贵民族记忆的收藏者和云南历史文化的研习者，我们也会时刻牢记——“为了明天而收集昨天”。这既是初衷，也是终极目的。

申　旭

2020年1月15日

编辑说明

1. 20世纪中期云南民族调查的内容广泛、丰富、繁芜，由于时间、精力、费用等诸多因素，仅靠个人努力显然无法完成全部云南民族调查史料的搜集工作，挂一漏万在所难免。就目前了解和掌握的情况看，有些调查史料或调查笔记没有标题，且内容相当零碎；有些史料仅有存目而内容已佚；有些史料仅见标题而尚未看到具体内容；有些史料抑或无必要收录，因此《实录》内容为精选而非大全。

2. 通过多年对云南民族调查史料的持续收藏和研读，《实录》暂将其分为13个大类，即中央民族访问团西南民族访问团第二分团、民族工作、民主改革、民族语言、民族人口、民族识别、民族民主建政与区域自治、经济生活、全国少数民族社会历史调查、三种丛书、少数民族社会历史科学纪录片、云南各少数民族调查史料和图片。

3. 本着拾遗补阙的原则，已公开出版的史料原则上不再收录，但为了展现一项调查工作的全过程并保持一套史料的系统性和完整性（收齐一套史料往往需要数年甚至更长的时间），同类图书仅做部分收录或删节、改动过多而又相当重要的史料，则全文收录。

4. 某些文稿有手写本、复写本、刻印本、油印本、铅印本等多种版本，其中部分为摘录或摘要本，《实录》选择相对完备、详细的版本。

5. 《实录》按具体内容和民族内容进行分类，前者按时间先后编排，后者按中国民族代码顺序排列。

6. 一卷或一个板块具体内容的编辑，按照省、专区、自治区（州）、县、市、区、乡等行政区划依次进行，各级行政区划排名不分先后。

7. 依照中国民族代码顺序排列的云南各民族调查史料，按照当时各调查分组或调查小组的调查对象和调查主题进行分类。例如彝族分组的调查史料，除了其中标明为其他民族的调查内容以外，皆归入彝族范畴。

8. 带有歧视和侮辱意味的民族称谓一律删除，必须保留者皆做修改，比如“猓”改作“倮”，“母鸡”改为“僫僟”，等等。

9. 部分史料中存在民族歧视和侮辱方面的叙述，凡影响民族和谐与团结部分予以删除，不加注明。

10. 1966年以前云南各项民族调查（参见《实录》之“写在前面”）期间，部分少数民族尚未进行民族识别或完全确认，部分少数民族的名称尚未最终确定，《实录》对这一时期云南民族调查史料中的原有民族或其支系称谓予以保留，不做改动。例如佤族在定名之前，曾被称为或更改为“瓦族”“卡瓦族”“佧佤族”“佧瓦族”“卡佤族”等，本书不做统一，以免完全抹去了民族名称的历史演变过程。

11. 1966年以前云南各项民族调查（参见《实录》之“写在前面”）期间，部分少数民族自治地方的名称尚未最终“正名”，《实录》原样保留，不做更动。

12. 由于调查、访问、翻译、记录、整理的人员、时间、地点等方面的不一致，人名、地名的写法并不一致，《实录》以脚注形式予以标明，不做统一或修改。

13. 同一专业术语在不同文献中的用法不同，如三种丛书，又写作“三套丛书”“三种民族问题丛书”“民族问题三种丛书”等，除明显错讹之处以外，不做统一。

14. 部分文稿封面、目录标题与正文标题并不一致，本书原样录入，不做改动，仅在页下注释说明。

15. 部分文稿中的数字明显存疑，除有直接证据或旁证据之修改外，不做更改，也不做说明。

16. 原文稿中数字表述多为汉字，除必须使用汉字者外，现统一使用阿拉伯数字。

17. 部分汉字的使用几十年来已有明显变化。如“哪里”原稿作“那里”，“做生意”原稿作“作生意”等；再如助词“的”“地”“得”的使用也较为随意。现根据当下汉语使用规范进行统一，不做说明。

18. 部分文稿标题没有域名，为方便阅读，根据内容将域名放在括号内置于标题前予以标明。

19. 部分文稿没有标明日期，如能在正文中查出日期，则将其摘出置于文稿的开端。

20. 文稿中个别明显笔误或错漏之处，直接补入和改正，不做注释。

21. 限于当时记录、翻译和编写等各方面的原因，部分文稿无法通读，《实录》

在不扰乱和改变其原有风格的前提下稍加理顺。

22. 为了方便阅读，对个别较长的段落稍加分段调整。

23. 《实录》尽量保持原记录文稿的行文风格和断句构成，但为了保证史料的完整性和阅读顺畅，根据内容对部分文稿的序号进行了补入和调整；对标点符号按现在的使用规范做了修改，不做说明。

24. 由于纸张、墨水、年代久远、保存不当、记录编写人员笔误等诸多原因，部分史料的自造字、错别字偏多，个别专有名词处已有残破或漫漶不清，以致极难辨识和无法卒读。对此，《实录》尽力以其他同类史料予以校正补入，无法补入者，则标以虚缺号“□”。

25. 《实录》第七、八、九卷内容为云南民族语言调查资料。由于各方面的原因，此3卷采用扫描和拍照方式将原手写稿内容呈现。原手写稿中的汉语存在有错别字、繁体字、异体字、不规范简体字、自造字等情况，还有词汇、语法序号编排混乱，表格随意断开、分页等现象，作为对珍贵原始资料的抢救性保护留传，《实录》不做任何改动，保持原稿模样。

26. 《实录》收录的史料，部分为个人收藏，部分存藏于相关档案馆、图书馆、资料室，部分存藏于当年参加过民族调查的工作人员手中，为了方便阅读和使用，尽量列出日期、署名等相关信息，并置于每篇文稿的开端，但不标明收藏出处。

目　录

彝语调查汇报（下册）
中国科学院少数民族语言调查第四工作队
彝族语言文字科学讨论会
1956年12月　成都

彝语调查汇报（下册）

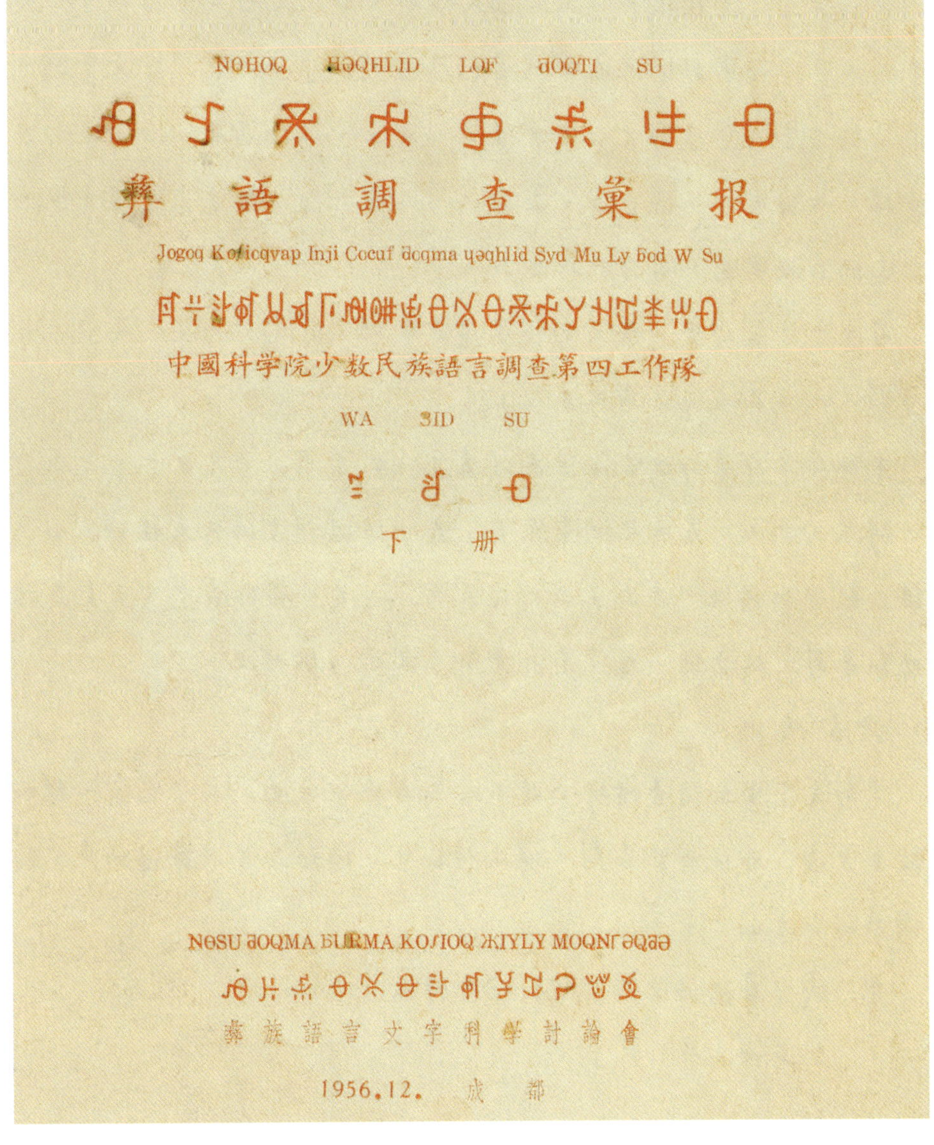
NƟHOQ ƋƏQHLID LOF ƌOQTI SU

彝 語 調 查 彙 报

Jogoq Ko/icqvap Inji Cocuf ƌoqma ɥəqhlid Syd Mu Ly Ƃod W Su

中國科学院少数民族語言調查第四工作隊

WA ƷID SU

下 册

NƟSU ƌOQMA ƂURMA KO/IOQ ЖIYLY MOQNΓəQƌə

彝 族 語 言 文 字 科 學 討 論 會

1956.12. 成 都

Ⅱ. 東部方言

（一）一般情况：

説東部方言的彝族支系較多，例如有 nɤ˥ su˩、ne˧ sʊ˧ pʻʊ˥、kʊ˧ pʻʊ˥、ȵi˥ su˧ pʻu˥、nʊ˥ pʻʊ˥……等自称；有「彝族」、「黑彝」、「甘彝」……等漢称。

東部方言區面積很大，跨云南、贵州、四川三省，包括约 40 个縣市。方言區的東部边缘在贵州省的黔西、镇宁、兴仁、兴义等縣，南面与南部方言及東南部方言區連接，以泸西、弥勒為界，西面与中部方言連接，以盐兴、元谋為界，北面与大、小凉山即北部方言連接。說这个方言的彝族居民约有五十八万人。

在这个方言區里，較大的聚居區有禄劝、武定、大定、威宁、水城等縣，人口都在五万或三万以上。

本队今年在東部方言區里共调查了 64 个点（重点 8 个、正点 25 个、副点 31 个）。在这些调查点里，我们根据語言的代表性的大小，並結合聚居的情况，选出了三个代表点——贵州省的威宁、云南省的禄劝和寻甸，从它们，可以看出東部方言的一般情况。

（二）語音情况：

東部方言里的语音情况分歧不大，在声母方面，几乎完全一致，在韵母方面，各地有些差别。現在將威宁、禄劝和寻甸彝语的声、韵、调分别敍述如下：

甲．威宁彝语的音位系统和语音特点：

1. 声母：共 46 个。

A.威宁九层彝语声母表：

发音方法 \ 音位（发音部位）		双唇	唇齿	舌尖前	舌尖中	舌尖后	舌面	舌根	喉
塞音	全清	p			t	ʈ		k	
	次清	p'			t'	ʈ'		k'	
	浊	b			d	ɖ		g	
前附鼻音的浊塞音		mb			nd	nɖ		ŋg	
塞擦音	全清			ts		tʂ	tɕ		
	次清			ts'		tʂ'	tɕ'		
	浊			dz		dʐ	dʑ		
前附鼻音的浊塞擦音				ndz		ndʐ	ndʑ		
鼻音		m			n		ȵ	ŋ	
边音					l				
擦音	清		f	s	ɬ	ʂ	ɕ	x	h̃
	浊		v	z		ʐ	ʑ	ɣ	

B.声母例字：

p: pi¹ 禾苗 pu¹ 推

p': p'i³ 腫 p'u¹ 遇

b: bi³ 蹄 bu¹ 砂罐

mb: mbi³ 雞鳴叫 mbu² 衣裳

m: mi³ 地 mu² 馬

f: fi³ 寬 fu³ 分

v:	vi^{2}	隱瞞	vu^{3}	泡沫
ts:	tsi^{3}	使唤	tsu^{1}	好
tsʻ:	tsʻi^{2}	浇	tsʻu^{2}	蓝
dz:	dzi^{3}	辣椒	dzu^{2}	吃
ndz:	ndzi^{2}	鬭奔	ndzu^{2}	能幹
s:	si^{2}	聪明	su^{4}	人家
z:	zi^{2}	小便	zu^{4}	小麥
t:	ti^{1}	吐沫	tu^{1}	儲攢
tʻ:	tʻi^{2}	包紮	tʻu^{1}	时候
d:	di^{2}	装蒜	du^{1}	捶(以器物捶物)
nd:	ndi^{4}	坝子	ndu^{2}	挖
n:	ni^{4}	您	nu^{1}	逗惹
l:	li^{4}	戥子	lu^{2}	龍
ɬ:	ɬi^{2}	脱(柄)	ɬu^{1}	褲子
ʈ:	ʈE^{1}	灸	ʈu^{1}	掘
ʈʻ:	ʈʻE^{2}	跛	ʈʻu^{2}	葉子
ɖ:	ɖE^{3}	飛	ɖu^{2}	蜂
nɖ:	nɖE^{2}	踢	nɖA^{3}	滑
ɳ:	ɳE^{2}	少	ɳu^{2}	多
tʂ:	tʂʅ^{3}	真	tʂu^{2}	餵
tʂʻ:	tʂʻʅ^{3}	冷	tʂʻu^{2}	車子
dʐ:	dʐʅ^{3}	[illegible]	dʐu^{4}	筷子

ndʐ:	ndʐɿ[illegible]	赊	ndʐA^{2}	量(动)
ʂ:	ʂɿ^{3}	使睡(小孩)	ʂu^{2}	痛苦
ʐ:	ʐA^{4}	吵	ʐA^{1}	誏
tɕ:	tɕi^{2}	漆(名.动)	tɕu^{1}	介绍
tɕ':	tɕ'i^{2}	狗	tɕ'u^{2}	声音
dʑ:	dʑi^{2}	淋	dʑu^{2}	听闻
ndʑ:	ndʑi^{4}	皮	ndʑu^{2}	相爱
ȵ:	ȵɤ^{2}	短	ȵA^{2}	踩
ɕ:	ɕi^{2}	迎接(客人)	ɕy^{2}	披毡
ʑ:	ʑi^{2}	荞	ʑu^{2}	瘸
k:	ko^{3}	烤	ku^{3}	弯曲
k':	k'o^{2}	垫	k'u^{3}	喊
g:	go^{2}	耕种	gu^{1}	穿(衣)
ŋg:	ŋgo^{2}	醜	ŋgu^{2}	蕎
ŋ:	ŋo^{2}	演耍	ŋu^{2}	借(物)
x:	xo^{3}	送	xu^{2}	穿
ɣ:	ɣo^{4}	有	ɣu^{2}	瘋
ɦ̃:	ɦ̃o^{4}	羊	ɦ̃u^{3}	养

c. 声母特点和説明：

①具有東部方言的一般特点，即有七个前附鼻音的濁塞声：mb、nd、nɖ、ŋg、ndz、ndʐ、ndʑ。它们与禄劝及寻甸的差異在吐気与不吐気。威宁的不吐気，禄劝、寻甸二地的吐気，如mb'、nd'……等。

②具有東部方言的另一个一般特点，即有三个舌尖后的塞音：ʈ、ʈʻ、ɖ。

③无清化鼻音。

2.韵母：共9个。

A.韵母表：

威宁九區彝语元音圖

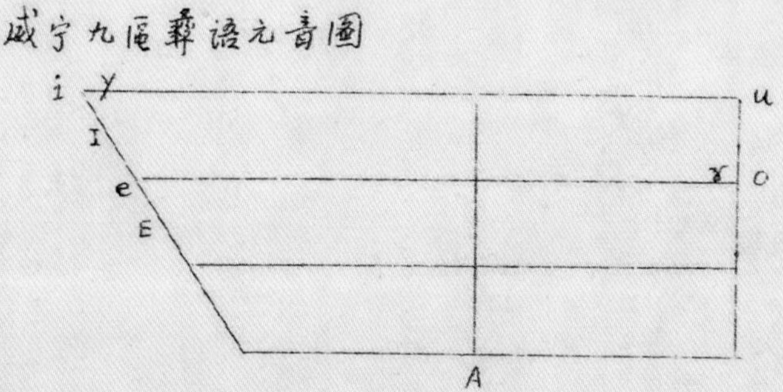

B.韵母例字：

i:	ti^2	棒	li^3	来
I:	tI^2	沱(动)	lI^3	舔
e:	te^2	抵、撑	le^3	够
E:	bE^1	鸭子	lE^3	嚎哭
A:	tA^2	抱	lA^3	手
o:	to^2	起	lo^3	輕
u:	tu^2	放置	lu^3	狗吠
y:	ty^2	搞弄	ly^2	要
ɤ:	$tɤ^2$	单独	$lɤ^3$	脱(衣)

C.韵母特点和说明：

①没有松紧对立的元音，全为松元音。这点，从整个

彝语来看，是比較特殊的现象之一。在北部方言里，元音的紧喉与不紧喉是区别词义的。例如：sɿ˧(死)、sɿ̱˧(紫)，vu˧(肠子)、vu̱˧(进)；(喜德彝语) 在南部方言里，元音的松紧也是区别词义的，例如：bu˧(虫)、bu̱˧(饱)，nɤ˧(短)、nɤ̱˧(剪)；(峨山彝语) 在西部方言里，也不例外，例如：vi˧(满)、vi̱˧(白色)，di˩(想)、(di̱˩(后爪)；(巍山彝语) 同样，在中部方言里也有这种区别，例如：li˧(蕎)、li̱˧(色)，gu˩(棺)、gu̱˩(遇)。(大姚彝语) 就东部方言本身来看，这也是区别于其他地方的彝语的，因为无论禄劝或寻甸来说，是都分松紧的，而禄劝的元音仅有少数不分松紧。

②韵母无輔音韵尾。在借词里，原来带鼻音韵尾的汉语借词都变為鼻化。

③有複元音韵，但不發达，也不区分音位。其中除ie的出现次数較多外，iA、ui、ue、uA、ye等五个複元音的出现频率極小。(小到约占二千分之一。)

④ i元音較第一号标準元音i舌位稍后，發音時舌面和舌尖同时起作用，音质有較重的摩擦成分。

i元音有三个变体：ɯi、ɿ和ʅ。在和舌根塞音k、k'、g结合时读ɯi，在和舌尖前塞擦音及擦音ts、ts'…结合時读ɿ，在和舌尖后塞擦音及擦音tʂ、tʂ'… 结合时读ʅ。

⑤y元音也有三个变体：ye、ʮ和ʯ。在和舌尖中塞音t结合时读ye，在和舌尖前塞擦音及擦音ts、ts'… 结合

时读ɿ，在和舌尖后塞擦音及擦音tʂ·tʂ'…结合时读ʅ。

⑥e元音有一个变体，在和舌根塞音K·K'·g结合时读ue。

⑦A元音有两个变体：iA和uA。在和舌尖中塞音t结合时读iA，在和舌尖中塞音d及舌根塞音K'结合时读uA。

⑧任何元音作喉音h的韵母时，都鼻化。例如：h$\tilde{A}^2$(老鼠)。

⑨元音作词头自成音节时，前面都带有喉塞音ʔ，但不区别意义。

3.声调：共4个。

A.声调及例字表：

声調代号	調値	例詞		
		標音	实際讀音	汉義
1	˥	mu¹	mu˥	教
		hi¹	hĩ˥	说
2	˧	mu²	mu˧	馬
		hi²	hĩ˧	哼
3	˩˧	mu³	mu˩˧	哑吧
		hi³	hĩ˩˧	吹(指風)
4	˨˩	mu⁴	mu˨˩	麻
		hi⁴	hĩ˨˩	房子

3.声调的说明：

声调无显著特点。有变调情况，例如："手"(ɬA³)在派生成新词时可自由变调。例：

手　　ɬA³ (ɬA˨˩)，

肩膀　ɬA² tA¹ (ɬA˧ tA˥)，

手掌　ɬA¹ ko² (ɬA˥ ko˧) 或 ɬA² ko¹ (ɬA˧ ko˥)，

手指　ɬA² tʂu² (ɬA˧ tʂu˧)，

手指甲　ɬA⁴ sɤ² (ɬA˩ sɤ˧)。

4.音節結構的条理：

威宁彝语的音节结构条理比较简单，只有下列两种：

①辅音＋元音＋声调：

例如：　pa¹ (乳)，　do¹ (话)，　mba² (语言) 等。

②元音＋声调：

例如：　A⁴ dʑi² (鸟鸣)，　ɤ¹ ny² (水牛) 等。

附：威宁九尾彝语声韵调配合表。

威宁九区彝语声韵调配合表

（威1）

声母音位	声母音素	声调	i / ɿ	y / ʮ	i / ɿ	y / ʮ	i / i (5)	ɪ / ɪ	E / e	A / A	o / o	u / u (10)	ɣ / ɣ	y / y	e / ie	A / iA	i / ui (15)	e / ue	A / uA	y / ye	备注
p	p	˥55					盖闭	搞		梨秀		推									
		˧33					粟(米)	底	安生(石器)			公猪			雷鸣						
		˩˧13					禾草	丢		林子		烧蚌									
		˨˩21					竿		柴刀		渣子										
p'	p'	˥55					姐儿		医病	胖子		遇			马肉对称						
		˧33					愤	烟尘	模	剥的											
		˩˧13					月亮	呕吐	多少	拉(蒙)(蒙的)	剪余	瓣									
		˨˩21					退缩	白(布)	灰色	蟒	麻布	都是									
b	b	˥55					捞		鸭	小	亮窝	砂糖									
		˧33					虫		落		帮	破布			露						
		˩˧13					岳				光亮	卯			吻						
		˨˩21					龄	小字			蒿草	膝盖		谷	山						
mb	mb	˥55					歙(动)(歙肉)				疣(动)疣(肉)										
		˧33					镰刀	射	吵嘴	语言		衣裳			饱						
		˩˧13					鸣叫														
		˨˩21																			
m	m	˥55							猫	妈	老	教									
		˧33					天	抚摸	生气	菌类	竹子	马									
		˩˧13					地	管	名	兵	毒疮	墩									
		˨˩21					毛		熟	不	姓什	麻			竹笠						
f	f	˥55																			
		˧33						槽盆	风	分(动)(分开)	簸箕	媒人									
		˩˧13					宽	麻木		岩		分									
		˨˩21							乾燥												

威寧九區彝語声韻調配合表

（威2）

音位	辅音	調类 \ 元音 音位	i	Y	i	Y	i	I	E	A	O	U	ɤ	Y	e	A	i	e	A	Y	备
			ɿ	ʮ	ɿ	ʮ	i	I	e	A	o	u	ɤ	y	ie	iA	ui	ue	uA	ye	註
V	V	˥55									細心的										
		˧33					踩(刀)	兩(衣)	奥(七)	耙		逮									
		˨˦13						搓	買	守着	眼花	泡沫									
		˨˩21						家门	一次		叔叔										
t	t	˥55					吐沫		商量	当(肉)	斑鸠	储蓄	埋	言語(指示)	父 咳嗽						
		˧33					捧	浸泡	拫	抱	熬	放置	孪独	抵(估计)	抵撑						
		˨˦13					斋		武		拉	千			青(幼)	刃P				言語	
		˨˩21					屋			象耿木			把(一把菜)								
t́	t́	˥55																			
		˧33					包	指名箭号	望帆	锐利	飞松			砍(砍成段)							
		˨˦13						香炒面	跳	碰撞		摩	捏鼻	成(成功)							
		˨˩21					他			一	底		砧板	一段(树木)							
d	d	˥55							根须		言舌	接(水)	推						另一个		
		˧33					打滚(翻入)	割肉	倒	爬	出发	洞	姓氏	短	武(吹)						
		˨˦13					路(覃)		边缘	发芽				削							
		˨˩21						饱着	混浊(水)		能幹	根子	無能								
nd	nd	˥55									蛋	树叶	弟	想(思想)							
		˧33						打[illegible]				把	爬								
		˨˦13					容量	猜(几种)		顽猾	喝	打[illegible]			捆组						
		˨˩21					误手				藏果		调[illegible]								
n	n	˥55								珍贵		鱼苍	肉肚								
		˧33						慢[illegible]		黑	追捍	软	出芽	牛							
		˨˦13						革力		深	病		穗	哭							
		˨˩21						15		沵			乡土	青							

威寧八区彝語声韻調配合表 （威3）

音位	辅音	調類	i	y	i	y	i	I	E	A	O	ʊ	ɤ	y	e	A	i	e	A	y	备註
元音			ɿ	ʮ	ʅ	ʯ	i	I	e	A	o	ʊ	ɤ	y	ie	iA	ui	ue	uA	ye	
l	l	˥55					乱	麻疯	摇井				喜欢								
		˧33					重	裹			舟舌	龍	劝摇		力磨						
		˩˧13					来	球		手	虫全	吠	脱(衣)	要	句多						
		˨˩21					戳		容易			城	去		一排						
ɬ	ɬ	˥55					散剑		脱(衣)			罐子									
		˧33					脱(衣)	性交	移	涮	交换		弄		成熟 钝钠						
		˩˧13					日西			年青	舌	炒		酒	放牧						
		˨˩21					四				圈										
ts	ts	˥55	献酒	咳嗽							吟詠	好	装								
		˧33						插	踏过		稳慎										
		˩˧13	踢					笑	参加	街接			敌								
		˨˩21									生锈	调(量高)									
tsʻ	tsʻ	˥55		塞					剪刀												
		˧33	洗	火灾				眨眼		完全		盐	捏								
		˩˧13	骑(马)					摘	细		热	胖	涩								
		˨˩21							额		人	撮	十								
dz	dz	˥55		紧集									刺								
		˧33						贼	建造		正確	吃	发裂								
		˩˧13	辣子					编草鞋	棵	塞			勇敢								
		˨˩21							秧苗		粮食										
ndz	ndz	˥55							忍耐				攒								
		˧33	角虫物	掌握(作主)				啄		滴滴	習慣	旅幹									
		˩˧13						勢	美丽		学习										
		˨˩21							插秧苗			冠									

威宁八区彝语声韵调配合表　（威4）

音位	辅音	调类	i	y	i	y	i	I	E	A	o	ʋ	ɤ	y	e	A	i	e	A	y	备注
			ɿ	ʮ	ʅ	ʯ	i	I	e	A	o	u	ɤ	y	ie	iA	ui	ue	uA	ye	
s	s	˥55	嗆	烟(动)					知道		外甥		像								
		˧33	聪慧	血				树林	磨	耳语		死了	丧								
		˩˧13	打(口哨)	読荒					會	氣	适		坐								
		˨˩21								傘	手套	人家									
z	z	˥55							树林												
		˧33	小便					压				兒子	使用								
		˩˧13						豹		下(树)		天倒塌	揉								
		˨˩21							彝舍		(命中)	大麦									
t	t	˥55			木桶				灸		螺窩	掏	辮								
		˧33						炸		柏	门闩	張(嘴)	烫								
		˩˧13			塔				叫声	鷹	土火	木板									
		˨˩21									枯萎										
t′	t′	˥55									腌		释放								
		˧33			大便	折		跳	跺	折		葉									
		˩˧13			铺开			麦			幹	白	剥(皮)								
		˨˩21			麻(线)	一半															
d	d	˥55				(生产作(动词))							洁								
		˧33				断		讀		跪	发	峰									
		˩˧13				大话		缺	飞			孔									
		˨˩21							宽				五.3								
nd	nd	˥55											缺缺								
		˧33						剥(叶)	踢		剥(树皮)		[illegible]								
		˩˧13			蚕	(小孩)				滑			扣打								
		˨˩21																			

威寧九区彝語声韻調配合表

（威5）

音位	辅音	调类	i	y	i	y	i	I	E	A	o	u	ɤ	y	e	A	i	e	A	y	备註
			ɿ	ʮ	ʅ	ʯ	i	I	e	A	o	u	ɤ	y	ie	iA	ui	ue	uA	ye	
n	n	˥55							遗失		事										
		˧33							少			多									
		˩˧13							味美				[illegible]								
		˨˩21																			
tʂ	tʂ	˥55				露			烫火		遍		集拢								
		˧33			拔	扣翻嘴				蝇索		饿									
		˩˧13			酸				肿	煮	转		吹								
		˨˩21				柱					扇子										
tʂʻ	tʂʻ	˥55				[illegible]			丢失	唱	钢叉		早饭								
		˧33			动物	[illegible]			女婿	桑果	跟随		[illegible]								
		˩˧13			冷	甜			拖		吵										
		˨˩21							稻饭			[illegible]									
dʐ	dʐ	˥55							挂		允許	[illegible]									
		˧33			互相	咒				一股（人们的）	滴[illegible]										
		˩˧13			走神						铃子	牛	牲畜								
		˨˩21							男奴		土	筷子									
ndʐ	ndʐ	˥55			[illegible]						巫業										
		˧33			刺杀	[illegible]			鑽	量（动）	允許		鸣叫（大象）								
		˩˧13			[illegible]								搬运								
		˨˩21			洒							[illegible]									
ʂ	ʂ	˥55			[illegible]	种籽			倒												
		˧33			草	扭			撕	漢（人）			唱								
		˩˧13			[illegible]				黄	交叉	寻找	撈	扭绞								
		˨˩21							長			彗星									

威寧九区彝語声韻調配合表 （威6）

音位	辅音	調类 \ 元音	i	y	i	y	i	I	E	A	o	u	ɤ	y	e	A	i	e	A	y	备註
		音位	ɿ	ʮ	ʅ	ʯ	i	ɪ	e	A	o	u	ɤ	y	ie	iA	ui	ue	uA	ye	
ʑ	ʑ	˥55								言暴											
		˧33																			
		˩˧13																			
		˨˩21								閑											
tɕ	tɕ	˥55					噴吹		傳染		揭加	介紹									
		˧33					漆		掊	抓											
		˩˧13					鍊		收撿		峡										
		˨˩21					加漆														
tɕ'	tɕ'	˥55					裹				鎬炯			浩浩							
		˧33					狗		抓癢	煩惱	抓搔	声音	樹	偷							
		˩˧13					根		結实	努		燒(肉)	靈便	粗							
		˨˩21									高度	毛蓑									
dʑ	dʑ	˥55					烙					富									
		˧33					來		懼怕	飯		前	骂								
		˩˧13					溶化		奔		秤	瘦	(水)深								
		˨˩21					命運		家		路										
ndʑ	ndʑ	˥55																			
		˧33					揉(搓)		踩踏	辛苦	蛀过	想(愛)	揩(褛)	凸							
		˩˧13							丢		麻木		嚼								
		˨˩21					皮														
ȵ	ȵ	˥55					二														
		˧33					唧		豆子	踩	黏		短								
		˩˧13							是												
		˨˩21					您				[illegible](水石)										

威第九区彝语声韵调配合表

（威丁）

音位	辅音	调类	i	y	i	y	i	ɪ	E	A	o	u	ɤ	y	e	A	i	e	A	y	备註
			ɿ	ʮ	ʅ	ʯ	i	ɪ	e	A	o	u	ɤ	y	ie	iA	ui	ue	uA	ye	
ɓ	ɓ	˥55					七				拳(名)										
		˧33					迹接		鹦	香(名)				接赶							
		˩˧13																			
		˩21					死		鉄												
ʑ	ʑ	˥55					塗盖				黄鹂										
		˧33					筛		出生	收拾		痒	楼下	肩头							
		˩˧13					膳		杓子	惡	氣味	提的		满							
		˩21					水			(汗臭	酗己)			剪剪							
K	K	˥55						(树干)			罐	照顾	桑								
		˧33						扣	捻	光(色)	燒豆		庞					雷鸣			
		˩˧13						剥		分辨	炒	弯曲	牵平				敲打 社氏敲锣				
		˩21									(女婿)							管			
Kʻ	Kʻ	˥55							酸摇			有数	掏								
		˧33						咳	闻(味)	锅	垫	苦	权力				咬(狗)	劈柴			
		˩˧13						天(黑)	缺			瘪					败		言佳		
		˩21									马蹄		到								
g	g	˥55									坐	穿(衣)	雁								
		˧33						断		聪敏	耕种							裂			
		˩˧13															绝				
		˩21							清	上面(立体)	玩	完	根								
ŋg	ŋg	˥55																			
		˧33							疮		醜鬼	荞子	靠								
		˩˧13									拉	融洽	戳								
		˩21							直												

威宁九区彝語声韻調配合表

（威宁）

音位	辅音	调类	ɿ (i)	ʮ (y)	ʅ (i)	ʯ (y)	i (i)	ɪ (I)	e (E)	ᴀ (A)	o (o)	ʊ (ʊ)	ɤ (ɤ)	y (y)	ie (e)	iᴀ (A)	ui (i)	ue (e)	uᴀ (A)	ye (y)	备注
ŋ	ŋ	˥55																			
		˧33							牽	馬	須要	借(物)									
		˩˧13						餓	傻	仰視	見										
		˨˩21										我									
x	x	˥55						会(客)	帶領				揿撒(女主)								
		˧33						羊毛	破(碎)			肉									
		˩˧13						新		採摘	送		揚								
		˨˩21									掉了(助詞)		湖								
ɣ	ɣ	˥55							贖取		笨	賣									
		˧33						影子	大	鳮	得	雪	[illegible]不休								
		˩˧13						割(草)	笑	编	愈加	野豬肉	嚎哭								
		˨˩21									有得										
ɦ̃	ɦ̃	˥55					說				絲条	培养(植物)									
		˧33					哼			鼠		陽(牲畜)		吼	摻雜		[illegible]				
		˩˧13					站			看守		餵養		發笑	談天						
		˨˩21					房子				年										
o	o	˥55								(猴子)			狐狸								
		˧33								(兔子)											
		˩˧13																			
		˨˩21								(蜘蛛)											
		˥55																			
		˧33																			
		˩˧13																			
		˨˩21																			

乙．禄劝彝語的音位系统和語音特点

1．声母：共46个

A．禄劝二區德烏鄉至道村彝語声母表（共46个）

發音部位 / 音位 / 發音方法		双唇	唇齒	舌尖前	舌尖中	舌尖后	舌面	舌根	喉
塞音	全清	p			t	ʈ		k	
	次清	p'			t'	ʈ'		k'	
	濁	b			d	ɖ		g	
前附鼻音的濁塞音		mb'			nd'	nɖ'		ŋg'	
塞擦音	全清			ts		tʂ	tɕ		
	次清			ts'		tʂ'	tɕ'		
	濁			dz		dʐ	dʑ		
前附鼻音的濁塞擦音				ndz'		ndʐ'	ndʑ'		
鼻音		m			n	ɳ	ȵ	ŋ	
边音					l				
擦音	清		f	s	ɬ	ʂ	ɕ	x	
	濁		v	z		ʐ	ʑ	ɣ	ɦ

B、声母例字：

p.	pA^{3}	隻仔	pe^{2}	做
p':	p'A^{1}	粪	p'u^{2}	價值
b:	bu^{2}	虫	bɜ^{4}	山
mb':	mb'e^{2}	上衣	mb'u^{2}	稚
m	mu^{2}	馬	mA^{4}	不

f:	fo̱²	左	fɤ²	棒
v:	vɒ⁴	買	vu²	發狂
t:	tɯ²	斗	tA³	抱
t':	t'A³	鋒利〈刀〉	t'u²	稠密〈棉花〉
d:	dɒ¹	話	dA³	上树
nd':	nd'ɒ⁴	喝	nd'u⁴	打
n:	nʋ⁴	痛	nA²	你
l:	li²	重	li⁴	去
ɬ:	ɬi²	四	ɬu²	炒
ts:	tse²	蒜	tsɤ¹	装入
ts':	ts'e¹	砍(树)	ts'u²	胖
dz:	dzʋ²	吃	dzo̱²	騎
ndz':	ndz'e³	边緣	ndz'ɒ²	学習
s:	sɯ²	血	sɒ²	三
z:	zu⁴	大麦	zʋ²	兒子
ʈ:	ʈu²	骨髓	ʈA¹	鷹
ʈ':	ʈ'o³	蛋	ʈ'u²	白
ɖ:	ɖɤ⁴	满	ɖʋ²	蜂
nɖ':	nɖ'ɒ⁴	偷懒	nɖ'A²	滑
tʂ:	tʂA³	绳	tʂɒ²	轉
tʂ':	tʂ'ɿ²	借	tʂ'o̱¹	织〈布〉
dʐ:	dʐɒ⁴	有	dʐo̱⁴	牙齒

ndʐ：	ndʐ'ɒ²	绕过去	ndʐ'ɿ⁴	酒
ɳ：	ɳʋ⁴	说谎	ɳo³	月
tɕ：	tɕɒ²	锣	tɕe²	句
tɕ'：	tɕ'o¹	六	tɕ'u¹	赔赏
dʑ：	dʑu²	筋	dʑe²	麻
ndʑ'：	ndʑ'ʋ²	想念	ndʑ'ɒ⁴	冷
ɲ：	ɲe⁴	是	ɲɔ²	小
ɕ：	ɕe	铁	ɕɿ³	新
ʑ：	ʑu⁴	捉	ʑɿ¹	睡
K：	Kɒ²	烤(火)	Kɔ¹	刻
K'：	K'ɒ²	苦(味)	K'ɯ²	偷
g：	gʋ¹	穿	gu⁴	完
ŋg'：	ŋg'ʋ²	荞子	ŋg'A¹	追赶
ŋ：	ŋʋ²	五	ŋA³	鸟
X：	Xʋ²	肉	Xɔ⁴	硬
ɣ：	ɣɒ¹	菜	ɣɔ²	大
ɦ'：	ɦ'ʋ⁴	百	ɦ'ɔ⁴	房子

C、声母特点和说明

① 具有东部方言的一般特点即有七个前附鼻音的浊塞音，mb'、nd'、nɖ'、ŋg'、ndz'、ndʐ'、ndʑ。这与禄劝相同，但与威宁稍有不同，威宁的这套声母不吐气，如：mb、nd……。而禄劝是吐气的，例如：mbe²

"衣服"、ndʻu⁴"打"

② 有东部方言的另一个一般特点即有三个舌尖后的塞音 ʈ、ʈʻ、ɖ。

③ l 声母为舌尖前边音，如 li² "重"，在和一部分韵母结合时，它的读音实际上是舌尖后边音 [ɭ]，因为不区别音位，故作 l 音位的变体处理，例如：

音位标音 lA² "手" 实际标音 [ɭA˥]，

〃 lʊ² "虎" 〃 [ɭʊ˥]，

〃 lu² "狗吠" 〃 [ɭu˧]

④ 舌面前声母 tɕ、tɕʻ、dʑ、ndʑ、ɕ、ʑ，和高元音"i"结合时它的实际读音为混合舌叶 tʃ、tʃʻ……这套，因为不区别音位、故作舌面音音位的变体处理，例如。

音位标音 tɕi² "漆" 实际读音 tʃi˧，

〃 tɕʻi² "狗" 〃 tʃʻi˧，

〃 dʑi "溶化" 〃 dʒi˧，

〃 ndʑi⁴ "皮" 〃 ndʒi˩，

〃 ɕi² "七" 〃 ʃi˥，

ʑi⁴ "水" ʒi˩。

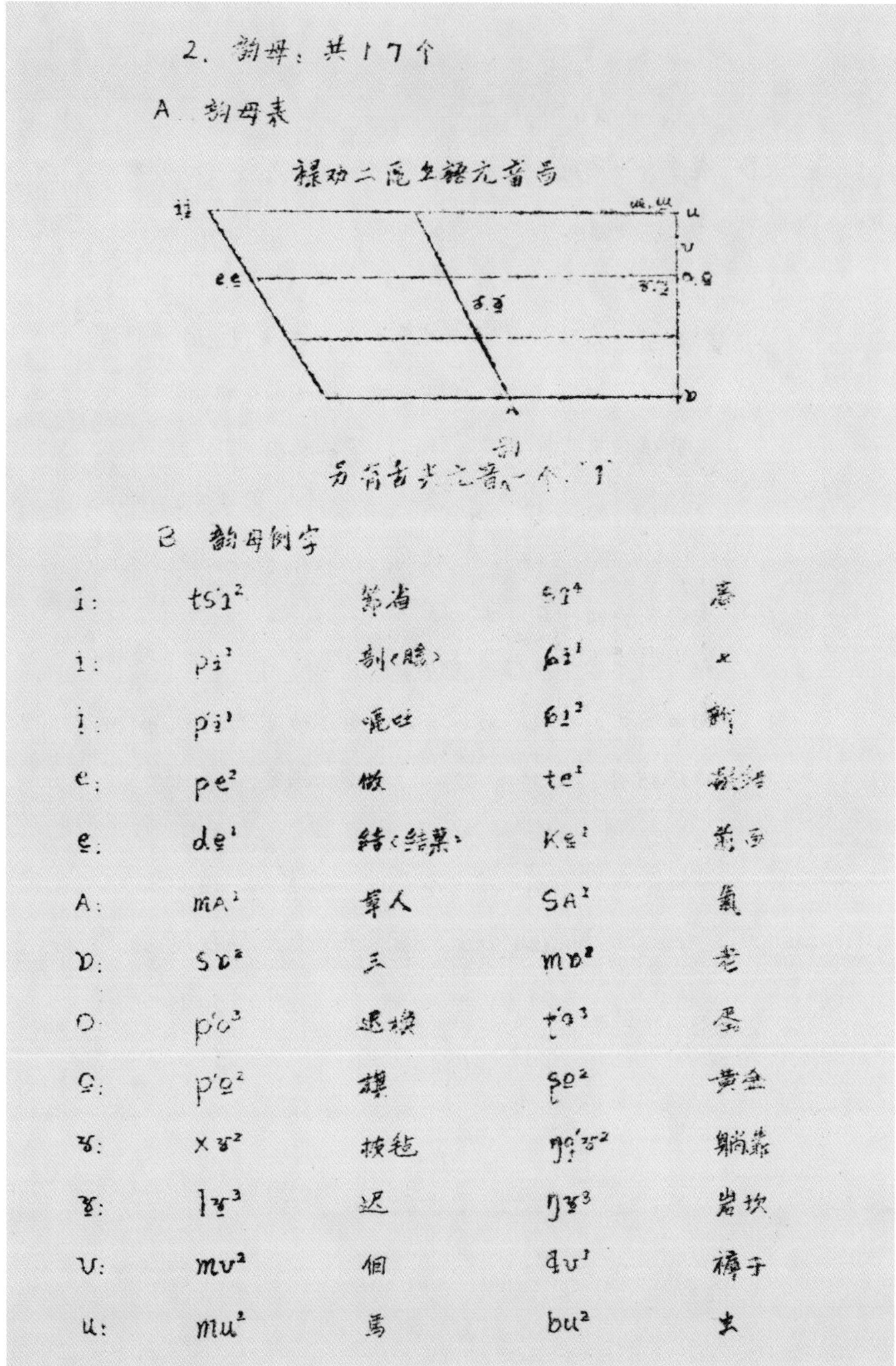

2. 韵母：共17个

A 韵母表

B 韵母例字

ɿ:	tsɿ^{2}	節省	sɿ^{4}	蒸
i̠:	pi̠^{2}	剖(腮)	ɓi̠^{1}	x
i:	p'i^{3}	呕吐	ɓi^{3}	新
e:	pe^{2}	做	te^{1}	敲
e̠:	de̠^{1}	結(結果)	ke̠^{2}	煮
A:	mA^{2}	草人	sA^{2}	氣
ɒ:	sɒ^{2}	三	mɒ^{2}	老
o:	p'o^{3}	退换	t'o^{3}	蛋
o̠:	p'o̠^{2}	旗	ʂo̠^{2}	黄金
ɤ:	xɤ^{2}	核桃	ŋ̊'ɤ^{2}	躺
ɤ̠:	lɤ̠^{3}	迟	ŋɤ̠^{3}	岩坎
v:	mv^{2}	佃	dv^{1}	模子
u:	mu^{2}	馬	bu^{2}	虫

ɯ:	kɯ²	九	ɣɯ⁴	千
ɯ̱:	ʑɯ̱³	动	tʻɯ̱	黑色
ə:	ʂə²	弯曲	tɕə⁴	线
ə̱:	mə̱	猫	də̱³	剪（动）

C. 韵母特点和说明

①禄劝彝语对立的松紧元音佔绝大优势，共有六对計十二个，还有五个元音无松紧的區别，都是松元音。這一現象在東部方言内部看来，例如以威宁彝語為例，是和威宁彝語有很大的不同，威宁是不分松紧元音的，全係松元音。例如彝的彝語：tɕʻɯ˦（大）tɕʻɯ˧（嬈）等。而且彝的彝語里元音的松紧和声調的高低升降之间的关係也最為明確。禄劝彝語在這方面只有一个趋势就是对立的松紧元音主要是出现在高平調，其它各調也均見出現。

下面是松紧对立的几个例証：

bə¹（罐） bə̱³（馬蹄）
tɕe³（凍） tɕe̱³（春）
ɲo²（门） ɲo̱²（瘡）

②有一个兒韵分松紧：ə、ə̱。其实际讀音分別為ər、ə̱r。例如：mbə³（射） tɕə⁴（線）

③ɿ是舌尖前元音，和ts tsʻ……等結合，当它和舌尖后声母結合時讀作[ʅ]。例如：

音位標音 tʂɿ¹（露） 实际讀音 tʂʅ¹；

音位标音　tʂʅ²　（借）　实际讀音　tʂʅ˧；

　　　　　dʐʅ²　（蟑）　〃　dʐʅ˧；

　　　　　ndʐʅ⁴　（酒）　〃　ndʐʅ˩；

　　　　　ʂʅ²　（草）　〃　ʂʅ˧；

⑷ ɘ元音和舌面前声母结合時，其实际讀音為（ɵ）例如：

音位标音　tɕɘ⁴　（紧）　实际讀音　tɕɵ˩；

〃　tɕʻɘ²　（粗）　〃　tɕʻɵ˧；

〃　ndʑɘ²pʻɘ³（皮翁）　〃　ndʑɵ˧ pʻɵ˨˩˦；

〃　ʑɘ⁴　漏（房屋）　〃　ʑɵ˩。

⑸ ɘ元音和舌面前声母结合時，其实际讀音為（ɵ），例如：

音位标音　tɕʻɘ³　（咬）　实际讀音　tɕʻɵ˥；

〃　ndʑɘ³　（牛角）　〃　ndʑɵ˨˩˦。

3．声調：共4个。

A．声調和例字表：

声調代号	調值	例詞		
		标音	实际讀音	漢義
1	˥	nA¹	nA˥	深（水）
		vɘ¹	vɘ˥	撞
2	˧	nA²	nA˧	你
		vɘ²	vɘ˧	黄（色）
3	˨˩˦	nA³	nA˨˩˦	看
		vɘ³	vɘ˨˩˦	棕花

4	˩	ɳA⁴	ɳA˩	你的
		vɜ⁴	vɜ˩	圆（形）

B. 声調的説明

(1) 以上四个是基本調。第一調單念時有些下降，連讀時為高平調（˥）。

(2) 另外还有一个低升調（˩˧），只有个别詞是这个調，例如 dʐʌ˩˧ɜ˩（很） 由於出現率很小，所以暂併入第一調。

4 借詞的語音情况

(1) 不違反自己的語音系统。漢語的舌尖鼻音韵尾 -n 和舌根鼻音韵尾 -ŋ 到彝語里就丢失，例如：

漢語的"办法"禄劝彝族説成 pA¹ ɬA³；

〃 "香" 〃 ɕA²

(2) 在自己語音系统的基礎上，增加个别声母。禄劝彝語内有舌尖后 ʈʂ ʈʂʰ …… ʂ 這套声母，由於借汉的需要，增加了"ʐ"這个声母，例如：

漢語的"認"禄劝彝語説成 ʐA¹

(3) 在禄劝彝語的語音系统里没有複元音，但由于借汉的需要，用自己的元音組合成了複元音。例如：

漢語的"刮"禄劝彝語説成 kuA³；

〃 "畫" 〃 xuA¹，

〃 "税" 〃 ʂuɪ²；

漢語的"脆"禄劝彝語説成：tsʻɯi¹。

5. 音節結構的条理：

禄劝彝語音節結構的条理比较简单，有下列兩种：

①輔音＋元音＋声調。例如：

po˦（回）、ŋɯ˧（哭）、tA˩（一）等。

②自成音節的元音加声調。例如：

ɛ˦"鴨子"、ʊ˩鵝等。

附：禄劝二區彝语声韵調配合表。

禄劝二区彝語聲韻調配合表

〈禄 1〉

辅音音位	辅音音素	调类	ɿ	ʅ	i	i̠	e	e̠	A	ɒ	o	o̠	ɤ	ɤ	ɤ̠	ɤ	ʊ	u	ɯ	ɯ̠	ɤ	ɤ̠
			ɿ	ʅ	i	I	e	ɛ	A	ɒ	o	o̠	ɤ	θ	ʌ	ɵ	ʊ̈	u	ɯ	ɤ̠	ʌɤ	ʌɤ̠
p	p	55			栗盖	(小白鸡)			绊				(鱼網)		草		(公水牛)	使揹	摘			
		33			(人民幣)		做			色							銅鼓面	称讚			女生殖器	
		32				屁		(戒指)	隻(手)		圓		揑(泥團)									
		21						(失敗)		(凳子)								(口)				
pʻ	pʻ	55			剖(腹)	嘔吐	木板	騙	葉(树)						膿		([illegible])	祖先			犧牲	剁菜
		33			把(一把刀)	(嘴唇)	(身體)		(半碗)			(旗子)					主(主人)	價值				
		32			脾氣	褶(衣)			半斤		退換											剝(皮)
		21								逃					(火麻)		布	開(门窗)			辣	
b	b	55			螺蛳	裂開(衣)	嗅			空	(接吻)		鑵		蹄(馬)			揹			(小狗)	
		33			缺(嘴唇耳)	(鼻涕)	(嘿)			告訴		(蛇)	庙		(螞蚱)		薄	蠶				
		32							(外甥)	(牛轭巴)	張(紙)										胖(猪)	
		21			蚯蚓			麻袋		有(你有)		缺(牙)			山			上				
mbʻ	mbʻ	55											噴(猪食吃)									
		33					衣服						笨					推				
		32							罵		飽				砍						[illegible]	
		21			(相撞)													抖(狼)			鞋	
m	m	55					(女婿)	(好打的)	兵	老(鷹)	掃帚						教				(猴死)	(貓)
		33			一塊地		(母)		(做夢)	屍		跟					个	天	刮風		名字	
		32						敷藥	(麻子)		風箱				墨(写字的)				吹(吹火)			
		21			西			(核桃树)	不	(尾巴)					([illegible])		木炭	麻			熟	
f	f	55							藏			(旱地)					(回漢)					
		33					分(家)		一方			左						(媒人)			擲([illegible])	
		32							(法律)	乾												
		21			(回族)																	

聲韻調配合表

（表2）

辅音	音位	调类	ɿ	ɿ̱	i	i̱	e	e̱	A	ɒ	o	o̱	ɤ	ɤ	ɤ̱	ɤ̱	ʊ	u	ɯ	ɯ̱	ɣ	ɣ	備註
			ɿ	ʅ	i	ɪ	e	ɛ	A	ɒ	o	o̱	ɤ	θ	ʌ	ɵ	ʊ	u	ɯ	ɤ	ʌɤ	ʌ̱ɤ̱	
v	v	55			(豪猪	隱瞒			猪				躲		啣			宾				槎(线)	
		33			遠					人			雪					猴狂					
		32				舌天花			(袜子)													(搓抢)	
		21			稗子			猥		買			誠實					(香腸			国		
ts	ts	55			慟助	骨節			(查根)				裝入					好	咳嗽	造(柿			
		33	(袜子)		使用(人)		蒜		跟(地武器)			栗子						鬈子					
		32				蜷捽					根(耳根)				窍							把(一把草)	
		21	子彈												(准备)								
ts'	ts'	55				[illegible]	砍(竹子)	錫			打魚	割(肉)						椽	肺				
		33	節省		洗		(打鬧		倉	人							晴	胖					
		32				截斷	公的(猪)	栽(秧)											槽				
		21				(鬍子)		降落				釉(药物)					热						
dz	dz	55				祭	拜年	花椒	冷										刺(植物)				
		33	湿(地下湖泊)				(好)			缸		匹(马)					吃		件(布)				
		33									育(秋粮)											(土匪)	
		21			男生殖器			剩		重叠			双数				粮食	(帽子)					
ndz'	ndz'	55	呼吸(病人)				扣															咬(蚊咬衣)	
		33	(团结)				边缘(物体)		漏(房)	學习			(商量)					主司	(公民)				
		32																					
		21						橋															
s	s	55	咱们			渴	方便		气息								(外甥)		像			説話嗎	
		33			智慧		爪			三		磨(刀)					(字)	漆	走				
		32			树	柴	感觉		粗糙		切(菜)								掃			(認字)	
		21	牵				送公狗	(下半夜)		李子		(穿針)					(土匪)						

聲韻調配合表

〈様3〉

音位	輔音	調	ɿ	ɿ	i	i̠	e	e̠	A	ɒ	o	o̠	ɤ	ɤ	ɤ̠	ɤ̠	ʊ	u	ɯ	ɯ̠	ɤ	ɤ̠	備註
音位	輔音	音綴和意義 / 元音	ɿ	ʅ	ɨ	ɪ	e	ɛ	A	ɒ	o	o̠	ɤ	θ	ʌ	ə	ʊ	u	ɯ	ɤ̠	ʌɤ	ʌɤ̠	
Z	Z	55				豹													集會	揉			
		33	(桂子)		尿							(常常)	用				完子		生銹				
		32								唸經													
		21										(世代)						大春	周歲				
t	t̪	55			吐([illegible])		凍	舂		(儲居)	慕	(擀)							蝈	亦滴			
		33			(十一月)					(使喚)		白云	燈						斗		(樹林)	(賭子)	
		32						[illegible]	[illegible]		趄							(豆數)					
		21			頂([illegible])										(閏月)			[illegible]					
tʻ	t̪ʻ	55					(初一)		塗				(結婚)				[illegible]	开(开[illegible])	憂愁		他們		
		33			他		(梯子)			騾			([illegible])					稠					
		32				跌			鋒利		一[illegible]([illegible])				投降		(中午)						
		21			(夢見他)			意思	一	下边					快			[illegible]	(一樁)				
d	d̪	55					云(說)	有(結果)	獲([illegible])	語言	濃(茶)	(比)	(白[illegible])				接([illegible])	後	夫(夫妻)	[illegible]([illegible])			
		33			(蚯蚓)		(起來)		(梯子)	(習慣)	去(使動)										[illegible]過來([illegible])		
		32							上升(上樹)		去來											剪(剪斷)	
		21			石占板					平							能夠	翅膀	性情		城牆		
ndʻ	ndʻ	55					咬(蛇)											(様子)	念(想念)				
		33																(侄子)	爬行([illegible])				
		32																					
		21								唱					阻擋		蔬菜	打				(石匠)	
ŋ	ŋ̪	55			二	個(人)	(一姐)		深(水)	爭([illegible])	鼻涕						公綿羊	鬼				你們	
		33			使坐	(柿子)		(草鞋)	你	墊		近					休息	麻瘋病					
		32				棗核		(醜)	看	(許多)	(豌豆)												
		21			日(天)			紅(色)	(為了你)	擋							病				底		

聲韻調配合表

〈様4〉

音位	辅音	調类 \ 音缀和意义 \ 元音音位	ɿ	ʅ	i	i̱	e	e̱	A	ɒ	o	o̱	ɤ	ɤ	ɤ̱	ɤ̱	ʊ	u	ɯ	ɯ̱	ɤ	ɤ̱	備註
			ɿ	ʅ	i	I	e	ɛ	A	ɒ	o	o̱	ɤ	θ	ʌ	ɤ	ʊ	u	ɯ	ɤ̱	ʌɤ	ʌɤ̱	
ɬ	ɬ	55			秧苗		瞥		(岳母)		(牧羊)	換(牙)			晒		種子			一条麻(布口袋)			
		33			屎								(烤火)				舌	炒	舊		打獵		
		32							裝热	馬廐	(家兔)				(一件上衣)					动			
		21			猴子													涮(在湯中涮)			搖动		
l	l	55				哨内															富豪家	舔	
		33			重																		
		32			捲																		
		21			去																		
t	t	55							鹰	走(呀)		火草											
		33					猪			(门内)							燒(火)	骨髓	拆(被)				
		32							扁		羊吃草									滑(去)			
		21						选择										寡蛋			墳		
t'	t'	55							癟巴	望見	牽(动)		(大后天)							跑(快动)		变	
		33															腿	銀	拆(被)		芋頭		
		32						張開(物)	攔(物)		生(蛋)												
		21								紙								白(色)	(結巴)		滿		
d	d	55											衣跑(自动)						(班鸠)	月光色(衣)(自动)			
		33								鬆	好(東西)		(西)				虫筆	路过	(砍断)(自动)				
		32						張開(自动)	坯	乱說	落(雪)										軟		
		21						跑			蜜蜂				镜(一頓飯)		燒(山房箐)				膿		
nd'	nd'	55							滑(路)								累極了	椽子					
		33																	強壯(小孩)				
		32				劈(树)					踢				踩								
		21								偷懶							(火麻)		寬(面积)				

聲韻調配合表

〈樣 5〉

音位	輔音	調类	ɿ	ɿ	i	i̠	e	e̠	A	ɒ	o	o̠	ɤ	ɤ	ɤ̠	ɤ̠	ʊ	u	ɯ	ɯ̠	ɤ	ɤ̠
元音			ɿ	ʅ	i	I	e	ɛ	A	ɒ	o	o̠	ɤ	θ	ʌ	ɤ	ʊ	u	ɯ	ɤ	ʌɤ	ʌɤ̠
tʂ	tʂ	55		露		镜糊	養(鸡)		文	被狗圍	缩	(漸漸)	攏(集攏)		(小卷)		(姓松)	猜		吸		鹊雀
		33		(馱馬)			酸			轉动		櫃					使吃	鈴				
		32				拔(根)			算		根				(播蚕)							
		21		平衡					馬掌(?)	扶(病人)												
tʂʻ	tʂʻ	55		搬運	早飯	牧羊	(摘大?)		(唱戲)	伴侣	哄	織			引苗							蝸
		33		借(借錢)			發抖			這		一	車				自縊(上吊)				(屋漏)	
		32		(尺子)		[illegible]		抽(被动)	嚐	(多)	削				插							[illegible]
		21		鉗				谷子	(臍帶)	(向前走)		抬					(莫鬧)					
dʐ	dʐ	55				[illegible]				直(人或直)	腰	(自縊)					吽(吽嗎吃米)					
		33		(蟬)			牲畜			唱歌		—					(咒罵)					
		32		嚷				抽(自动)														桿桿
		21		承認				奴隸(男)		有		牙齒						(筷子)				
ȵdʐʻ	ȵdʐʻ	55							攙雜	讓												稻桶(打谷子的)
		33		(向)			楔子(劈木头的)			午飯	山神	歪斜			母山羊(未生过崽的)		(纽子)					
		32				多餘			斜視		(鐵頭)				搶奪							
		21		酒				賒		唱歌								一首歌			相信	
ȵ	ȵ	55							蕎粑	(像?)	(猴子)	遺失										游水
		33							眼淚	家當							多		(風)			
		32								一樣	蛆虫		(大家都來)						(拔鸡毛)			欖
		21								等待	灵魂						說謊		(長久)		噎	
l	l	55					喜欢	騙	手	掠奪	足够	歪斜	(喉结)		鑽(洞)		虎	驢	跌倒	脱(衣)	打	推鉋
		33				(裹腿)	來			船		[illegible]	个(人)		(你說對了)		犀	吽(狗)			哨吶	
		32				(头巾)		滚	勤快						(石頭)					青蛙		
		21						一排		輕		容易					石匠	城	楼		圓(形)	

聲韻調配合表

〈稼 5〉

音位	輔音	調類	ɿ	ʅ	i	i̠	e	e̠	A	ɒ	o	o̠	ɤ	ɤ	ɤ̠	ɤ̠	ʊ	u	ɯ	ɯ̠	ɣ	ɣ̠	備註
			ɿ	ʅ	i	ɪ	e	ɛ	A	ɒ	o	o̠	ɤ	θ	ʌ	θ	ʊ	u	ɯ	ɤ̠	ʌɣ	ʌ̠ɣ̠	
ʂ	ʂ	55		比(賽)		使睡	打哈欠		交换		柏				騙		富人家	縐紋		摔跌	濾		
		33		(指紋)			(夏)			斜視		黄金			(公山羊)		小麦	(尾巴)			長		
		32		(暫時)		禁止		瘦(病)害	漢人		稅											撕	
		21		澆(花)					扇扇子			黄						头巾					
tɕ	tɕ	55			(梳子)	(領)	隔離			鑼		汗					茄子						
		33			漆(樹)		繫		架			星					篩				条(一条)		
		32						加	耙	鬧	剁							橘子					
		21												緊		凝結					山梁		
tɕʰ	tɕ	55			書	(晚上)	(東)	(草鞋)	弩	响	六					咳		賠償			划(动)		
		33			狗		(蠶蚕)			造樑	田			粗(…的粗)				燒			醒		
		32				抓		(賭錢)	干	(响声)	抓(癢)			推磨		凝結						修(磨子)	
		21			(解开)	絲线				(少)		春(輕)		角(墙角)		性交		火把節			線		
dʑ	dʑ	55				绝種	給							下(下樓)									
		33			銅		床		(飯)			場地					听	筋					
		32				爛(衣服)			(下会)		(路)												
		21			融化(雪)							(城市)					耽误久	瘦(动物)			清(水)		
ndʑ'	ndʑ'	55				駒(母)	騎		塗摸	藤(名)				反芻									
		33										摩擦(…)					想念	嘶跑					
		32							岩梯	擦						牛斗(牛角斗)						攤平	
		21			皮					冷		貧窮					拉稀					一串	
ȵ	ȵ	55				壓(着)	倒水	土						(柳)									
		33			牛	(蒸籠)				黏貼		小(年紀小)		短			一樣的						
		32							跃	藤子													
		21			(母牛)			是		(蜘蛛)				綠		窄							

禄劝二区彝語 聲韻調配合表 <禄7>

音位	辅音	调类 / 音类和意义 / 元音音位	ɿ	ɿ	i	i̠	e	e̠	A	ɒ	o	o̠	ɤ	ɤ	ɤ̠	ɤ̠	ʊ	u	ɯ	ɯ̠	ɤ	ɤ̠	備註
		元音	ɿ	ʅ	i	I	e	ɛ	A	ɒ	o	o̠	ɤ	θ	ʌ	ɵ	ʊ	u	ɯ	ɤ̠	ʌɤ	ʌɤ̠	
ŋ	ŋ	55							張開		薅(草)				日西						水灾		
		33								要		(地肥)	(杉)				五		哭				
		32							鳥	想(思孜)		癯(蚴)			老丛							呆傻	
		21								庑			(打瞌睡)				(我本人)		語言	橇	吹(喇叭)		
x	x	55							摘	放(水)	話	領导					合	小孩(討喜面)	薰	泡沫		失遗	
		33								爭(辯)	(削掉)		披毡				肉		肯		劈		
		32								角	生(野獸生子)				适接		过淄	(胡琴)	倒酒				
		21									(火药)	硬	蛆子					當	海		纺线針		
ɣ	ɣ	55								菜	深藍	(賺取)			針		兇惡		咽不下	搖(动)			
		33								挣扎		大	(那个)				力量	瘸子	藍				
		32							鸡	(我比你大)	馬鞍									压		划船	
		21								肚脹		笑			切			腸	千		忠誠		
h̄	h̄	55			、	胃	哄	立(人站立)	小母牛	愛							错誤						
		33			醜				(後院)								下(雨)	餵養	發霉				
		32							鼠						吞							婻(衣)	
		21						說		綿羊	(攙雜)						百	染(布)			房子		
0	ʔ	55					哄(哄小孩睡)		兄(哄叔)								(水牛)				(二胡)		
		33									潑(水)						(生禽)		咱们(大家)				
		32						鸭															
		21						(現在)		鹅													
	0	55																					
		33								(了)													
		32																					
		21																					

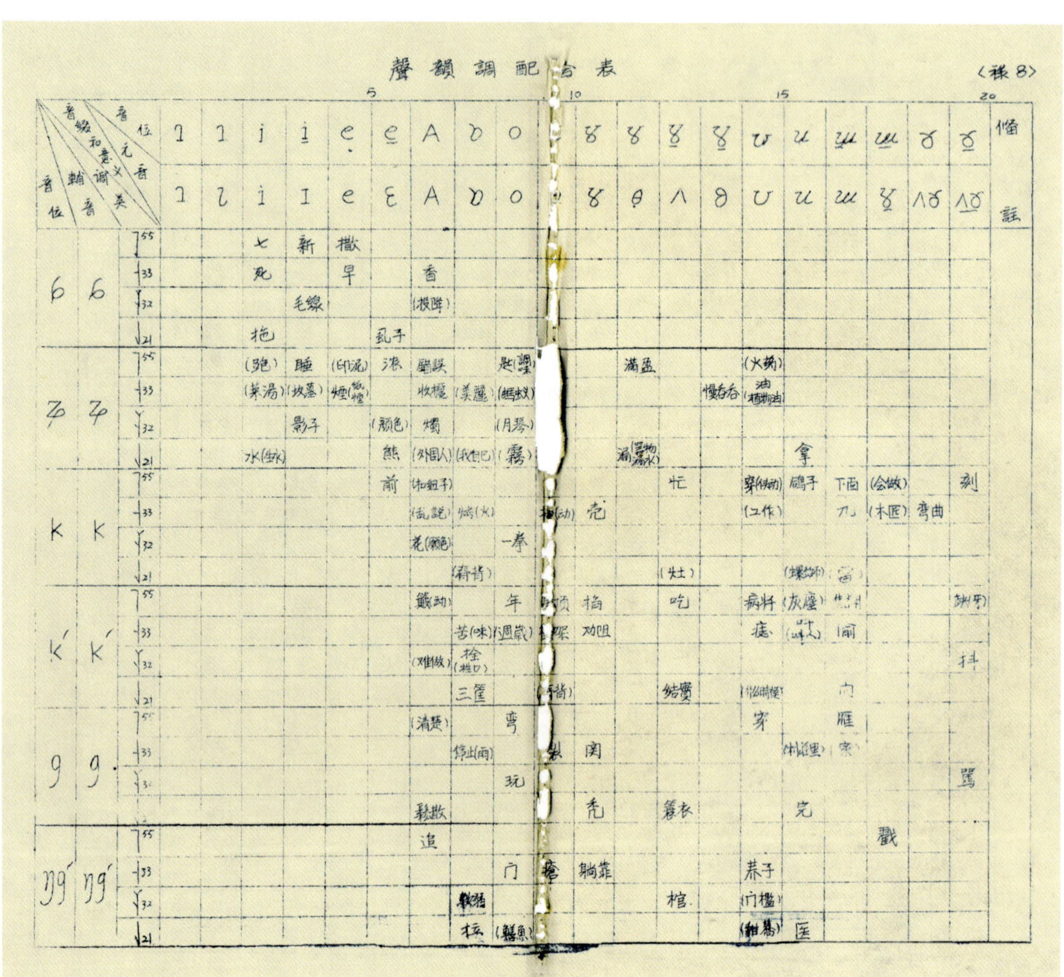

声韵调配合表 〈表8〉

音位	辅音	调	ɿ	ɿ	i	i̱	e̤	e̱	A	ɒ	o	[illegible]	ɤ	ɤ	ɤ̱	ɤ̱	ʊ	u	ɯ̱	ɯ̱	ɤ	ɤ̱	備註
			ɿ	ʅ	i	ɪ	e	ɛ	A	ɒ	o	[illegible]	ɤ	θ	ʌ	ɵ	ʊ	u	ɯ	ɤ̱	ʌɤ	ʌ̱ɤ	
b	b	55			七	新	撒																
		33			死		早		香														
		32				毛線			(投降)														
		21			拖			乱子															
ʑ	ʑ	55			(跑)	睡	(印泥)	浓	[illegible]		匙(羹)			满盈			(火药)						
		33			(菜湯)	(坟墓)	煙(纸烟)		收攏	(美麗)	(蚂蚁)					慢吞吞	油(植物油)						
		32				影子		(颜色)	燭		(月琴)												
		21			水(生水)			熊	(外国人)	(我自己)	(霧)			漏(器物漏水)				拿					
k	k	55						前	(扣钮子)						忙		穿(倒动)	鸽子	下面	(会做)		刻	
		33							(乱說)	烤(火)		[illegible](动)	壳				(工作)		刀	(木匠)	弯曲		
		32							花(颜色)		一拳												
		21								(脊背)					(灶)			(螺蛳)	[illegible]				
k′	k′	55							[illegible](动)		年	[illegible]	掐		吃		病好	(灰塵)	[illegible]			[illegible]	
		33								苦(味)	(周岁)	[illegible]	劝阻				[illegible]	[illegible]	[illegible]				
		32							(难做)	拴(拴口)												抖	
		21								三筐		[illegible]			结實		(什么时候)		[illegible]				
g	g	55							(清楚)		弯						穿		雁				
		33								停止(雨)		裂	関					(村道里)	[illegible]				
		32									玩											罵	
		21							鬆散				秃		蓑衣			完					
ŋg′	ŋg′	55							追											戳			
		33									门	[illegible]	躺靠				恭子						
		32								[illegible]					棺		(门槛)						
		21								核	(鳝鱼)						[illegible]	医					

丙．寻甸彝语的音位系统和语音特点：

1.声母：共 46 个。

A.寻甸六屋彝语声母表

发音方法 \ 音位发音部位		双唇	唇齿	舌尖前	舌尖中	舌尖后	舌面	舌根	喉
塞音	全清	p			t	ʈ		k	
	次清	p'			t'	ʈ'		k'	
	浊	b			d	ɖ		g	
前附鼻音的浊塞音		mb'			nd'	nɖ'		ŋg'	
塞擦音	全清			ts		tʂ	tɕ		
	次清			ts'		tʂ'	tɕ'		
	浊			dz		dʐ	dʑ		
前附鼻音的浊塞擦音				ndz'		ndʐ'	ndʑ'		
鼻音		m			n	ɳ	ȵ	ŋ	
边音					l	-			
擦音	清		f	s	ɬ	ʂ	ɕ	x	ɦ'
	浊		v	z		ʐ	ʑ	ɣ	ɦ'

B.声母例字：

p:	pA^4	隻(手)	pu^3	豪猪
p':	p'ɤ^4	捲	p'ɒ^3	旗子
b:	bʊ^4	有	bə^3	在
mb':	mb'ɤ^4	射	mb'u^4	饱

m:	mʋ¹	老	mə⁴	熬
f:	fA³	山岩	fɒ³	烤
v:	vA³	猪	vʋ¹	卖
ts:	tsɿ¹	咳嗽	tsi²	段
ts‘:	ts‘ɿ³	洗	ts‘u³	块
dz:	dzi¹	刺(树上的)	dzɒ³	骑
ndz‘:	ndz‘ə⁵	商量	ndz‘A⁴	滴
s:	si⁴	木	si³	选
z:	zi³	尿	zɯ³	儿子
t:	tɒ³	栽	tA⁴	一
t‘:	t‘A⁴	锋利	t‘ɿ³	桥
d:	dɤ¹	推	dʋ¹	話
nd‘:	nd‘ɒ⁴	喝	nd‘ə⁴	阻挡
n:	nA³	你(主格)	nʋ³	软
l:	li³	重	lʋ³	龍
ɬ:	ɬi³	四	ɬA³	好
ʈ:	ʈA³	鹰	ʈu³	烧
ʈ‘:	ʈ‘ə⁴	装入	ʈ‘u⁴	白
ɖ:	ɖɒ⁴	宽	ɖə⁴	满
nɖ‘:	nɖ‘A³	滑	nɖ‘ɤ⁴	耙
ɳ:	ɳɯ⁴ ɳɯ¹	全体	ɳu²	多
tɕ:	tɕA³	煮	tɕɒ³	星

tʂ':	tʂ'u^{2}	六	tʂ'ɿ^{5}	甜
dʐ:	dʐʋ^{5}	牙	dʐʋ^{4}	路
ndʐ':	ndʐ'ɿ^{3}	說	ndʐ'u^{4}	鎖
ʂ:	ʂʋ^{3}	黃金	ʂu^{3}	找
ʐ:	ʐA^{1}	誏	ʐɿ^{3} ʐɿ^{3}	植物油
tɕ:	tɕi^{3}	敢	tɕE^{4}	根
tɕ':	tɕ'i^{3}	狗	tɕ'i^{5} pA^{3}	脚
dʑ:	dʑi^{3}	銅	dʑi^{5}	融化
ndʑ':	ndʑ'i^{5}	酒	ndʑ'i^{2}	撕(羊毛)
ɕ:	ɕi^{1}	七	ɕi^{2}	新
ʑ:	ʑi^{5} dʋ^{1}	交换	ʑi^{5}mʋ^{4}	大河
ȵ:	ȵʋ^{5}	妹	ȵə^{4}	夾
K:	Kʋ^{4}	跑	Kə^{5}	拿
K':	K'ə^{5}	線	K'ʋ^{4} ȵʋ^{4}	多少
g:	gʋ^{4}	玩	gə^{5} p'ə^{3}	身体
ŋg':	ŋg'u^{3}	荞子	ŋg'ʋ^{5}	拉
ŋ:	ŋʋ^{3}	要	ŋA^{4}	雞
x:	xA^{3}	摘	xu^{3}	肉
ɣ:	ɣʋ^{1}	菜	ɣə^{2}	針
ɦ':	ɦ'ʋ^{5}	月	ɦ'A^{4}	鼠

c.声母特点和说明：

①具有東部方言的一般特点，即有七个前附鼻音的濁塞

声：mb'、nd'、ɳɖ'、ŋg'、ndz'、ndʐ'、ndʑ'。这与禄劝相同，但与威宁稍有不同，威宁的这套声母不吐气，如：mb、nd…。而寻甸是吐气的。例如：mb'u⁴（饱）、nd'o（喝）。

②具有东部方言的另一个一般特点，即有三个舌尖后的塞音：ʈ、ʈ'、ɖ。

③舌面前声母tɕ、tɕ'、dʑ、ndʑ'、ɕ、ʑ 和高元音结合时，它的实际发音为混合舌叶 tʃ、tʃ'…。因为不区别音位，故作舌面音音位的变体处理。例如：

音位标音：tɕi³（教），实际读音：tʃi˧；
〃 tɕ'i³（狗），〃 tʃ'i˧；
〃 dʑi³（铜），〃 dʒi˧；
〃 ndʑ'i⁵（酒），〃 ndʒ'i˩；
〃 ɕi¹（七），〃 ʃi˥；
〃 ʑi⁵mɯ⁴（大河），〃 ʒi˩ mɯ˩。

④ l 声母为舌尖前边音，如 li³（重）。在和接开或较后的一些韵母结合时，它的实际读音为舌尖后 ɭ。因为不区别音位，故作l音位的变体处理。例如：

音位标音：lo¹（喜欢），实际读音：ɭo˥；
〃 lʊ³（龍），〃 ɭʊ˧；
〃 lɯ³（脱衣），〃 ɭɯ˧。

⑤ h 声母是音位代表，它的实际读音包括 hɦ 在内。

例如：

音位标音：　ŋɒ⁵（妹々），实际读音：　ŋɒ˩；

〃　　ŋɒ³（小），　〃　　ŋɒ˧；

〃　　ŋə⁴（"荚"菜），　〃　　ŋə˨。

⑥舌根声母 k、k'、g 和元音 ɯ 结合时，它的实际读音为舌面中 c、c'、ɟ。因为不区别音位，故作舌根音音位的变体处理。例如：

音位标音：　kɯ³（九），实际读音：　cɯ˧；

〃　　k'ɯ³（偷），　〃　　c'ɯ˧；

〃　　gɯ¹（渡），　〃　　ɟɯ˥。

⑦舌根声母 k、k'、g、ɣ 和元音 ɒ 结合时，它的实际读音为小舌音 q、q'、ɢ、ʁ。因为不区别音位，故作舌根音音位处理。例如：

音位标音：　kɒ³（鸡冠），实际读音：　qɒ˧；

〃　　k'ɒ³（苦），　〃　　q'ɒ˧；

〃　　gɒ⁴（骑），　〃　　ɢɒ˨；

〃　　ɣɒ³（大），　〃　　ʁɒ˧。

2.韵母：共 11 个。

⑴韵母表

寻甸六底彝语元音图

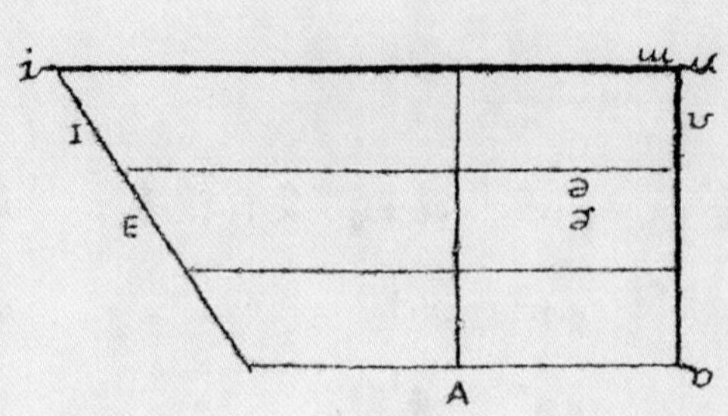

另有舌尖元音韵1个：ɿ。

B.韵母例字：

ɿ:	tsɿ^{1}	咳嗽	sɿ^{1}	傢
i:	zi^{3}	尿	vi^{3}	分
I:	zI^{3}	亮	vI^{5}	狼
E:	tE^{2}	舂	vE^{2}	拿去
A:	lA^{3}	手	vA^{3}	猪
ɒ:	zɒ^{4}	大麦	tʂɒ^{5}	星
ʊ:	bʊ^{4}	有	mʊ^{5}	麻
u:	mu^{1}	教	bu^{3}	虫
ɯ:	t'ɯ^{1}	疲倦	mɯ^{3} lɯ^{3}	雞葼
ə:	bə^{3}	在	pə^{1}	濃
ɚ:	mɚ^{3}	名字	sɚ^{3}	认识

C.韵母特点和说明：

①寻甸彝语松元音和紧元音的对立是区别词义的。听起来松紧的差别分得非常清楚。从若干个例字来看，元音的松紧和声调的低高有密切的关係。寻甸第2调和第4调都是降调，而现在这两个降调里的都是紧元音。这点，是和威宁彝

語不同的，在威宁彝語里，沒有發現松緊之分。和祿劝彝語比較，寻甸的松緊所具有的特点和祿劝有所不同。祿劝的松緊对立的元音主要表現在第1调上，其他的三个声调上也均見出現。下面是寻甸松緊对立的几个例字：

bu³（虫），　　bu̲²（吮）；

ȵi³（牛），　　ȵi̲²（餓）；

tʂʻu⁵（格蜂），　　tʂʻu̲⁴（削）；

mu⁵（毛），　　mu̲⁴（吹）。

②有1个儿韵：ɚ。例如：

mɚ³（名字），　　kʻɚ³（匝）。

③ɿ是舌尖前元音，和ts、tsʻ…等结合。当它和舌尖后声母结合时，读作ʅ。例如：

音位标音：tʂʻɿ⁵（甜），　实际读音：tʂʻʅ˩；

〃　ndʐʻɿ³（说），　〃　ndʐʻʅ˧；

〃　ʐɿ¹ mu⁵（种子），　〃　ʐʅ˥ mu˩；

〃　ʐɿ³ ʐɿ³（植物油），　〃　ʐʅ˧ ʐʅ˧。

④如上所述：ɿ作ts、tsʻ…等的韵母时，读作ɿ；作tʂ、tʂʻ…等的韵母时，读作ʅ。除去这两种情况外，当它作其他部位声母的韵母、或自成音節时，它的实际读音為"ʐ̩"。"ʐ̩"表示ʐ自成音節，同时舌根向軟腭处抬高，使ʐ带有ɯ的音色。例如：

音位标音：　bɯ¹ ɿ̣³（蚂蚁），实际读音：bɯ˥ɿə˧；

〃　　tɿ⁴（碗或杯一个一个套着放），〃　　tɿə↓；

〃　　ɣɯ¹ɪɿ³（磨），〃　　ɣɯ˥ɪɿə˧；

〃　　ȵɿ¹（指—动词），〃　　ȵɿə˥。

⑤ u有两种现象：1）略偏央并带齿化，2）作韵母时，其前有流音ə。例如：

音位标音：　tsʻu³（盐），实际读音：tsʻəʮ˧；

〃　　gu¹（穿），〃　　gəʮ˥。

⑥ ə并非标准的央元音，实际读音是舌位较后，接近于ɤ。

3．声调：共5个。

A．声调和例字表：

声调代号	调值	例词		
		标音	实际读音	汉义
1	˥	bu¹	bu˥	揹
		ȵi¹	ȵi˥	二
2	˥˨	bu²	bu̠˥˨	吮
		ȵi²	ȵi̠˥˨	饿
3	˧	bu³	bu˧	虫
		ȵi³	ȵi˧	牛

（此表续转下页）

4	˨˩	bu^{4}	bu̠˨˩	玉米花
		ɱi^{4}	ɱi̠˨˩	菓核
5	˩˩	bu^{5}	bu˩˩	牛犛
		ɱi^{5}	ɱi˩˩	红

B.声调的说明：

在前面已经介绍过，寻甸六偬彝语中的元音是分松紧的，而且这种松紧影响到声调。某调的韵母是紧元音时，调子的起点就要稍高一点，反之起点就要低些。这种影响是相对的。

如例证表已经举过的一样，第2调是紧的，第3调是松的；第4调是紧的，第5调又是松的。看一看这两个调子的调值就可以明白了：第2调˧˨，第3调˧；第4调˨˩，第5调˩。由此可得出两点印象：1)韵母是紧的时，声调为降调；反之，声调为降调时，其韵母一定是紧的；2)韵母是松的时，声调为平调；反之，声调为平调时，其韵母一定为松的。

由于上述的原因，所以在我们处理音位时，我们用声调来区别它们。这样，虽多用了两个声调，而可以从韵母里减去全部对立的紧元音，是较为精简的。

4.借詞的語音情况：

由于汉语借词的原因，寻甸彝语里增加了若干个複元音。

例如：

uɛ：　　xuɛ^{1}（坏）

uɪ: tʻuɪ¹ (退), kuɪ⁵ pɒ¹ (刮铯)

uə: sə⁵ kuə⁴ (嗓管)

iAu: pʻiAu¹ tsɿ⁵ (票子)

ũA和ũ: tũA³ kʊ³ (端公)

ĩA: kɒ³ lĩA³ (高梁)

附：寻甸六尾声韵调配合表。

彝语大区声韵调配合表

（彝1）

音位	辅音	调	ɿ	ʅ	ɿ	i	I	E	A	ɒ	ə	ʊ	u	u	u	ɯ	ɤ	备注
			ɿ	ʅ	ʐ	i	I	E	A	ɒ	ə	ʊ	u	ʯ	ə	ɯ	əə	
p	p	˥55				盖	(世代)	(夫)			滚		(袜子)					
		˦43																
		˧22					(瘠瘠)	(夫)	(瓜)	色		(丢桑)	(父子俩)				(羞羞)	
		˨31				跳			笈(寺)			(背子)	(欠数)				(长尖)	
		˩11								(楼社)								
p'	p'	˥				(光)		(草扇)	(丰)				(鼻)					
		˦				呕吐			(一身半)		膛							
		˧							(后晚)	旗子	(身体)		值				脱	
		˨				揩(衣)		(后代)	半	钥匙			翻				捲	
		˩								(灰色)		逃	布				辣	
b	b	˥								(祖先)			背			蚂蚁		
		˦							(湖)		蹄		吹					
		˧				臭	(鼻涕)			(外祖父)	在	(梯子)	薄					
		˨							(外甥)			有	玉米花			在	脱(嫁)	
		˩								咯	山	膝盖	牛蹄					
mb'	mb'	˥								(楼社)								
		˦																
		˧															(於)	
		˨											饱				[illegible]	
		˩											斗(斗)					
m	m	˥				闭眼	(嫂)		(花)			老	教			(烟)	猫	
		˦				(花)												
		˧				地	(后晚)		尖	(女)		马	個			(竹)	名字	
		˨							(作梦)			(母狗)	吹				熟	
		˩				太阳			不	(女)	妻	麻	毛				羊叫	

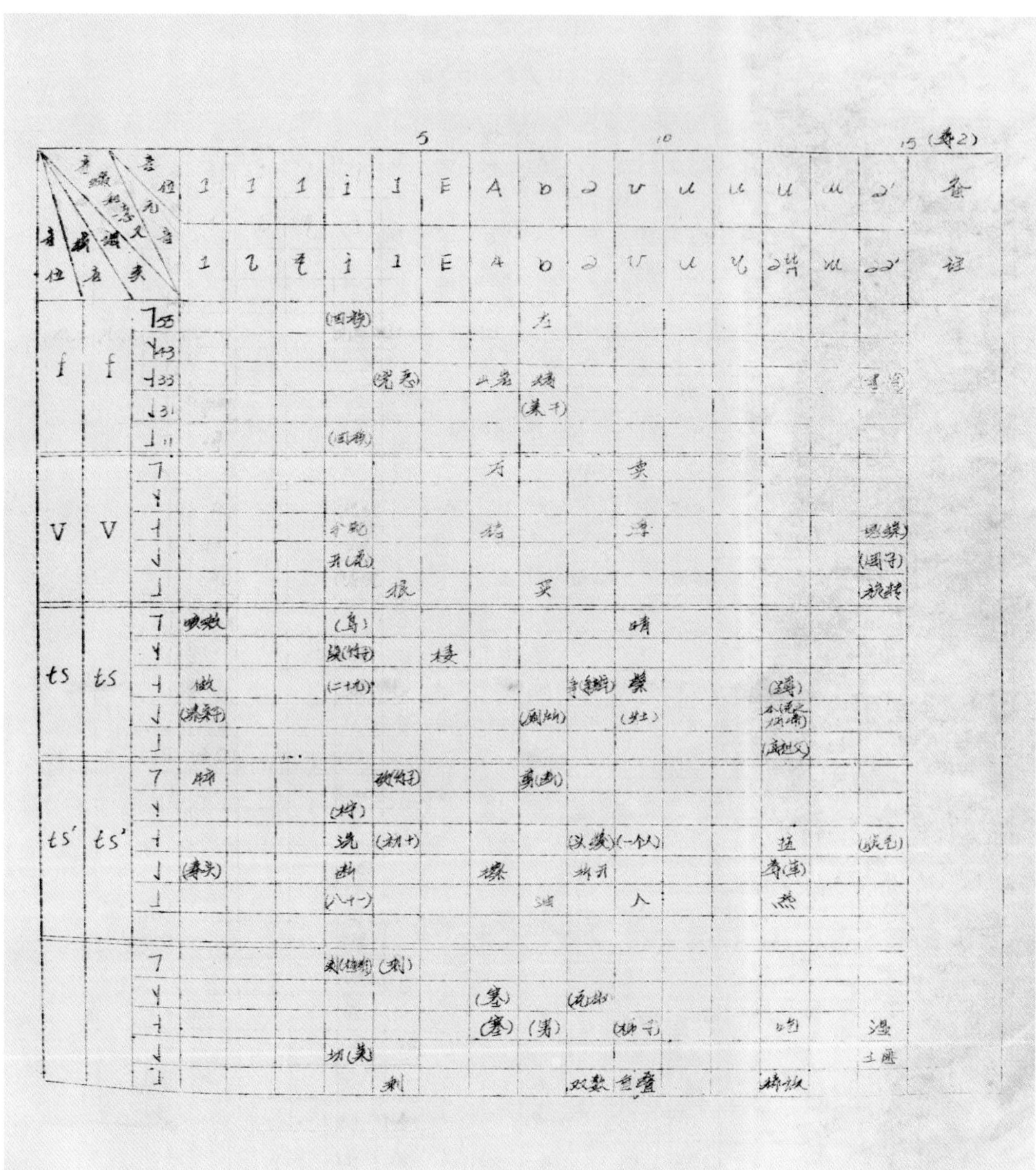

5　10　15（表2）

音位	音位变体	调	ɿ	ɿ	ɿ	i	ɪ	E	A	ɒ	ɔ	ʋ	ɯ	ɯ	ɯ	ɯ	ɔ'	备注
			ɿ	ʅ	ʐ	i	ɪ	E	A	ɒ	ɔ	ʋ	ɯ	ɣ	ɔ	ɯ	ɔɔ'	
f	f	˥55				(回鞍)				左								
		˦43																
		˧33					(光亮)		山岩	烧							(雪[illegible])	
		˨31								(关于)								
		˩11				(回鞍)												
v	v	˥							方			卖						
		˦																
		˧				分配			结			浮					(蝴蝶)	
		˨				开(花)											(园子)	
		˩					根			买							旋转	
ts	ts	˥	咳嗽			(鸟)						晴						
		˦				[illegible](竹子)		楼										
		˧	做			(二十九)					[illegible]	[illegible]			[illegible]			
		˨	[illegible]							[illegible]		(少土)			[illegible]			
		˩													[illegible]			
ts'	ts'	˥	[illegible]				[illegible](竹子)			[illegible]								
		˦				[illegible]												
		˧				洗	[illegible]				(头发)	(一个人)			[illegible]		[illegible]	
		˨	[illegible]			断			[illegible]		拆开				[illegible](草)			
		˩				(八十一)				[illegible]		人			热			
		˥				[illegible]	(刺)											
		˦							(塞)		[illegible]							
		˧							(塞)	(男)		[illegible]			[illegible]		湿	
		˨				切(菜)											土匪	
		˩					刺				双数	[illegible]			[illegible]			

（彝3）

音位	辅音	声调（变）	ɿ	ɿ	ɿ	i	ɪ	E	A	ɤ	ə	ʋ	ɯ	ɯ	ɯ	ɯ	ə'	备注
音位	辅音	声调（变）	ɿ	ʅ	ʐ	i	ɪ	E	A	ɤ	ə	ʋ	ɯ	ʅ	[illegible]	ɯ	əə'	备注
ndz'	ndz	˥55																
		˦43																
		˧23	(土司)			[illegible]	[illegible]					[illegible]						
		˨31							滴	(头人)								
		˩11	[illegible]								[illegible]							
s	s	˥	像				右			揉	(唱歌)							
		˦								[illegible]							[illegible]	
		˧	立			(聪明)	(爪)		[illegible]	[illegible]	三	等			别人		认识	
		˨	扫			树			粗						别人		[illegible]	
		˩	(死)			[illegible]				[illegible]	(三斗)				头人		主	
z'	z	˥	[illegible]								[illegible]							
		˦				[illegible]										[illegible]		
		˧				尿	光亮		[illegible]		[illegible]				儿子			
		˨								大[illegible]		[illegible]					柱子	
		˩	[illegible]												[illegible]			
t	t	˥				吐				[illegible]	(他)				[illegible]	[illegible]		
		˦						[illegible]			(点火)						[illegible]	
		˧				他				[illegible]		千				(三斗)	[illegible]	
		˨						(像)	抱			[illegible]			[illegible]	[illegible]	[illegible]	
		˩				他			一	培								
t'	t'	˥				[illegible]			[illegible]	木[illegible]	[illegible]				[illegible]			
		˦										底			[illegible]			
		˧				桥	填		[illegible]		(头出)	通						
		˨						[illegible]	[illegible]						[illegible]			
		˩					[illegible]				[illegible]	一段			[illegible]		[illegible]	

（表4）

音位	音素	调类	ɿ	ʅ	ʐ	i	I	E	A	ɒ	ə	ʊ	u	ɣ	ɔ紧	ɯ	əə	备注
d	d	˥55									相	谚			核			
		˦43							众								（边穗）	
		˧33				（枞槙）	（柚子）		（初十）	（鼓匠）	（食斛）					（打隔）	坐	
		˨31							上升			（店圃）			出		翻[illegible]	
		˩11								（洪水）					（阉）	剐	（坐）	
xd'	xd'	˥													（梯子）			
		˦																
		˧										（裹腿）			（侄子）	（泥杆）	（出土）	
		˨									耙				（泥杆）	掘（人）		
		˩								喘					（扎猫）		停止	
x	x	˥								（姑）	嗅	寻						
		˦						依依	深（水）									
		˧							像	进	生	缺			咋		少	
		˨							黑（色）	（出）	（婿）							
		˩													[illegible]			
l	l	˥							（菌）	喜妙	（下）				松	根		
		˦													尾[illegible]			
		˧					（经过来）		寺	（越过）	（算人）	龙			[illegible]		（青苗）	
		˨							写			灶			沙			
		˩				巨蟒		采		姑		（[illegible]公[illegible]）			[illegible]		劝（拦）	
ɬ	ɬ	˥				（补[illegible]）			（晨露）			（哭牙）			擤[illegible]			
		˦						（[illegible]）							牲畜			
		˧				[illegible]	（寺背）		[illegible]	（[illegible]孔）		（水）			[illegible]	[illegible]		
		˨						（青蛙）	（补女）			（[illegible]蛋）			（[illegible]）			
		˩				（[illegible]）						（鼻孔）			炒			

5　10　15（彝5）

音位	音标	调素	ɿ	ʅ	ʐ	i	I	E	A	ɒ	ə	ʋ	ɯ	ɣ	[illegible]	ɯ	ʐʐ	备注
t	t	˥55														([illegible])		
		˦43							鹰	([illegible])					[illegible]	([illegible])		
		˧33										(松)					([illegible])	
		˨31			锐				([illegible])									
		˩11									(追赶)							
t'	t'	˥									([illegible])	(脸)			(白云)			
		˦													银子			
		˧										咳([illegible])			银子			
		˨																
		˩							[illegible]	([illegible])	(装入)				白(色)			
d	d	˥									[illegible]							
		˦			([illegible])													
		˧									[illegible]	流			蜂			
		˨							([illegible])			[illegible](雪)			[illegible]		[illegible]	
		˩								[illegible]	([illegible])	([illegible])						
nd'	nd'	˥				想												
		˦																
		˧			([illegible])				[illegible]									
		˨															[illegible]	
		˩								[illegible]								
tɕ	tɕ	˥							([illegible])	[illegible]				[illegible]			([illegible])	
		˦		吹					[illegible]			[illegible]						
		˧		(隐藏)						星		([illegible])		[illegible]				
		˨							([illegible])			([illegible])		[illegible]				
		˩												[illegible]				

5 10 15（第6）

音位	音值	声调 \ 意义 \ 元音音位	ɿ	ʅ	ʐ	i	ɪ	E	A	ɒ	ə	ʊ	ʉ	ʐ	ə˞	ɯ	əə'	备注
tʂ'	tʂ'	˥55		[illegible]						线(布)	这	鸽						
		˦43									咬			(大个)				
		˧33		(拣儿)					弓		(这些)	(秋)		烧				
		˨31							墙		城			乱				
		˩11		角(牛)						(打嗝儿)	(尖)							
dʐ	dʐ	˥								跟		直					稼	
		˦							(锛锄)					腰				
		˧								(女)	床	醉		簸				
		˨							(冷)			路						
		˩								牙齿	(真)	(骨髓)		(筷子)			狼	
ndʐ'	ndʐ'	˥																
		˦		反刍					(搀架)									
		˧		说						(王子)	塞	大(树)					[illegible](辞)	
		˨							(蝴蝶)		(斗斗)			锁			相信	
		˩								句		(线)						
ʐ	ʐ	˥								(猴子)						(全体)		
		˦															遗失	
		˧								(亲戚)	(潜水)	不(贴)			多			
		˨														(全部)		
		˩										(耳环)			(小数儿)			
ʂ	ʂ	˥		(种子)													涨	
		˦		(扭)														
		˧		扭					(清洁)	黄金	(收拾/打扫)	小根		找			长	
		˨		(腰带)					汉人								(常常)	
		˩		泼泼						黄								

5　　10　　15（彝丁）

声位 \ 辅音 \ 调类 \ 元音			ɿ	ʅ	ʐ	i	ɪ	E	A	ɒ	ə	ʊ	u	ʐ	[illegible]	ɯ	ɔɔ'	备註
ʐ	ʐ	˥55									(闰月)						(蓝晒)	
		˦43																
		˧33		[illegible]										([illegible])			(蓝晒)	
		˨31															([illegible])	
		˩									(怨气)							
tɕ	tɕ	˥				[illegible]												
		˦					[illegible]											
		˧				(添)						(剪)						
		˨				(校)		(第一)										
		˩						根										
tɕ'	tɕ'	˥				[illegible]												
		˦				([illegible])												
		˧				狗	[illegible]料					(男人生殖器)						
		˨																
		˩				脚		(栽秧)										
dʑ	dʑ	˥				(周围)		[illegible]										
		˦																
		˧				铜	([illegible])											
		˨																
		˩				(东)		[illegible]										
ndʑ'	ndʑ'	˥						[illegible]										
		˦				[illegible]												
		˧				(卖)	([illegible])											
		˨						根										
		˩				皮		([illegible])										

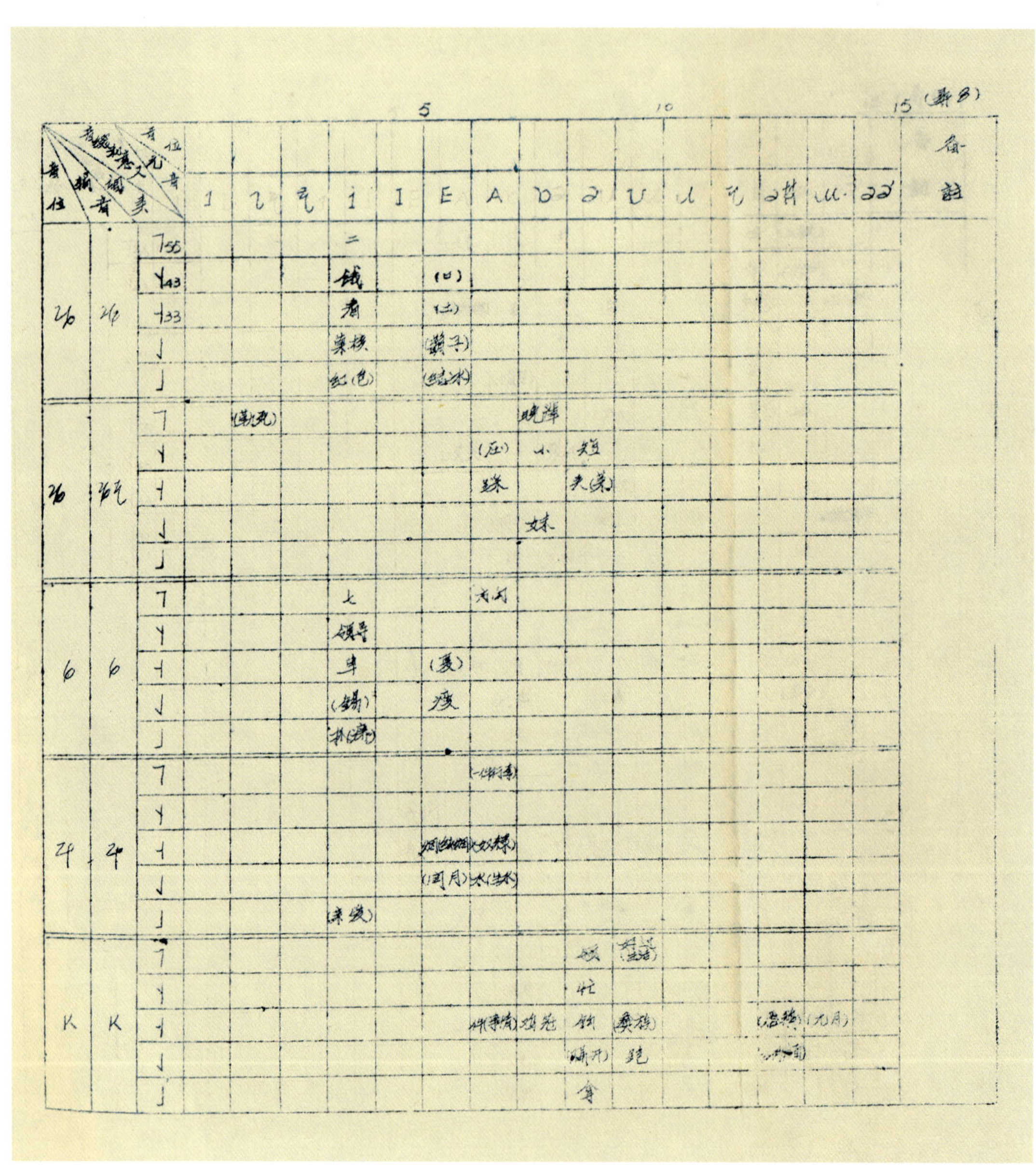

5　10　15（新8）

音位	辅音	调类	ɿ	ʅ	ʅ̃	i	I	E	A	ɒ	ə	ʊ	u	ɯ̃	ə̃	ɯ	əə	备註
ʨ	ʨ	˥55				二												
		˦43				钱		(口)										
		˧33				有		(土)										
		˨				荞核		(簸子)										
		˩				红(色)		(结冰)										
ʥ	ʥʅ	˥		[illegible]						晚辈								
		˦							(压)	小	短							
		˧							[illegible]		夹(菜)							
		˨								妹								
		˩																
ɕ	ɕ	˥				七			[illegible]									
		˦				领导												
		˧				串		(裹)										
		˨				(锡)		瘦										
		˩				扑(床)												
ʑ	ʑ	˥							(一件行李)									
		˦																
		˧						烟(包烟)	(奴隶)									
		˨						(闰月)	水(出水)									
		˩				(亲戚)												
K	K	˥									蚁	好(生活)						
		˦									蛇							
		˧							件(事情)	烟花	钩	(桑树)				(岩楼)	(九月)	
		˨									(掰开)	跑				[illegible]		
		˩									拿							

5　　10　　15（彝9）

音位	辅音	音缀	1	ɿ	ʅ	i	I	E	A	ɒ	ə	ʊ	u	ɤ	ə性	ɯ	əə'	备註
K'	K'	˥33							(女春)	镰	闪				生	(上坡)		
		˦43													年	[illegible]		
		˧33							[illegible]	(苦)	劈	(完)			(爱栝)		[illegible]	
		˨31							砍		肉	几大						
		˩11								(帽子)					苦		线	
9	9	˥55										(夫)			(穿)	渡		
		˦43							(清楚)		(数月)				闻			
		˧33										中(中快)						
		˨31								(周围)		玩					[illegible]	
		˩11								蹲	身体					进		
ŋɡ'	ŋɡ'	˥																
		˦																
		˧							(追赶)	疮	(枕头)				(弟子)	(棒)		
		˨								(门槛)		(姓藏)				(拳头)		
		˩								拉	(冷)						税	
ŋ	ŋ	˥																
		˦						我们										
		˧						我们	(鸭鸟)		(鸭鸟)	要(我要)			五	哭		
		˨							鸡	(龙)								
		˩							(老鸦)		是				我		[illegible]	
x	x	˥																
		˦								领导								
		˧							[illegible]		早				闻	枇杷	(小路)	
		˨								硬						(剑门)	条	
		˩								(骨头)	铁				编		条	

(表10)

音位	辅音	音调 \ 音节和意义 \ 元音音位	ɿ	ʅ	ʅ̃	i	ɪ	E	A	ɒ	ə	ʊ	ʉ	ʅ̃	ə茸	ɯ	əɤ	备註
ɣ	ɣ	˥55								笑		来				象		
		˦43									針					碾		
		˧33								大					雪	推	叫(鸟鸣)	
		˨31										获得					坚固	
		˩11													(倒了)	(蛤蛙)		
ɦ'	ɦ'	˥					吠					(称赞)						
		˦				八												
		˧							(明年)	(公的)	主	(一个人)			(五百)		躲	
		˨					[illegible]			染(布)		月					([illegible])	
		˩				吹(吹风)				绑手	滴				(二百)	发芽	房子	
0	0	˥													(兔子)	(青蛙)		
		˦														([illegible])		
		˧							(横)	叫(人)					(枕头)			
		˨								咬	棒						[illegible]	
		˩													(今天)			

三）東部方言威宁、禄劝、寻甸三点之比較：

甲.東部方言内部語音对应情况：

1.声母对照表：

東部方言威宁、禄劝、寻甸彝語声母对照表之一

（不代表对应关係）

發音部位 / 地名 / 發音方法		双唇			唇齒			舌尖前			舌尖中			舌尖后			舌面			舌根			喉		
		威宁	禄劝	寻甸	威宁	禄劝	寻甸	威宁	禄劝	寻甸	威宁	禄劝	寻甸	威宁	禄劝	寻甸	威宁	禄劝	寻甸	威宁	禄劝	寻甸	威宁	禄劝	寻甸
塞音	全清	p	p	p							t	t	t	ʈ	ʈ	ʈ				k	k	k			
	次清	pʻ	pʻ	pʻ							tʻ	tʻ	tʻ	ʈʻ	ʈʻ	ʈʻ				kʻ	kʻ	kʻ			
	濁	b	b	b							d	d	d	ɖ	ɖ	ɖ				g	g	g			
前附鼻音的濁塞音		mb	mbʻ	mbʻ							nd	ndʻ	ndʻ	nɖ	nɖʻ	nɖʻ				ŋg	ŋgʻ	ŋgʻ			
塞擦音	全清							ts	ts	ts				tʂ	tʂ	tʂ	tɕ	tɕ	tɕ						
	次清							tsʻ	tsʻ	tsʻ				tʂʻ	tʂʻ	tʂʻ	tɕʻ	tɕʻ	tɕʻ						
	濁							dz	dz	dz				dʐ	dʐ	dʐ	dʑ	dʑ	dʑ						
前附鼻音的濁塞擦音								ndz	ndzʻ	ndzʻ				ndʐ	ndʐʻ	ndʐʻ	ndʑ	ndʑ	ndʑ						
鼻音		m	m	m							n	n	n	ɳ	ɳ	ɳ	ȵ	ȵ	ȵ	ŋ	ŋ	ŋ			
边音											l	l	l												
擦音	清				f	f	f	s	s	s	ɬ	ɬ	ɬ	ʂ	ʂ	ʂ	ɕ	ɕ	ɕ	x	x	x	h̃		
	濁				v	v	v	z	z	z				ʐ	ʐ	ʐ	ʑ	ʑ	ʑ	ɣ	ɣ	ɣ		ɦ̃	ɦʻ

說明：

① 从这个声母对照表可以看出：威宁、禄劝和寻甸这三点的

声母是一致的，各点都有46个，發音部位和發音方法也相同。

②威宁有前附鼻音的这一套是不吐気的，而禄劝寻甸则是吐気的。这是细微差别之一。

③威宁的喉门擦音h是不吐気的清擦音，而禄劝寻甸则是吐気的濁擦音。这也是细微差别之一。

声母对照表之二（代表对应关係）：

声母			例			詞
威宁	禄劝	寻甸	威宁	禄劝	寻甸	汉义
p	p	p	pɪ^{1}	pi^{1}	pi^{1}	蓋
p'	p'	p'	p'ɪ^{3}	p'i̠^{1}	p'i^{2}	嘔吐
b	b	b	bɿ^{2}	bɤ̠^{1}	bə^{2}	歸
mb	mb'	mb'	mbɪ^{2}	mb'ɤ^{2}	mb'ɤ^{4}	彈棉花
m	m	m	mA^{4}	mA^{4}	mA^{5}	不
f	f	f	fE^{1}	fo̠^{2}	fɒ^{1}	左
v	v	v	vA^{3}	vA^{1}	vA^{3}	猪
ts	ts	ts	tsy^{1}	tsɯ^{1}	tsɿ^{1}	咳嗽
ts'	ts'	ts'	ts'u^{2}	ts'ʋ^{2}	ts'u^{3}	塩
dz	dz	dz	dzu^{2}	dzʋ^{2}	dzu^{3}	吃
ndz	ndz'	ndz'	ndzo^{3}	ndz'ʋ^{2}	ndz'ʋ^{3}	學习
s	s	s	sy^{2}	sɯ^{2}	sɿ^{3}	血

z	z	z	zu^{4}	zu^{4}	zʋ^{4}	大麦
t	t	t	ti^{1}	ti^{1}	ti^{1}	吐血
t'	t'	t'	t'u^{3}	t'u^{3}	t'u^{5}	厚
d	d	d	dA^{3}	dA^{1}	dA^{2}	雞後爪
nd	nd'	nd'	ndu^{3}	nd'u^{4}	nd'ɯ^{3}	打
n	n	n	nA^{2}	nA^{3}	nA^{4}	黑
	ȵ	ȵ	ny^{2}	ȵi^{2}	ȵi^{5}	黄牛
l	l	l	li^{2}	li^{2}	li^{3}	重
ɖ	ɖ	ɖ	ɖi^{3}	ɖɤ^{1}	ɖə^{2}	晒
ʈ	ʈ	ʈ	ʈA^{3}	ʈA^{1}	ʈA^{2}	鹰
ʈ'	ʈ'	ʈ'	ʈ'u^{3}	ʈ'u^{4}	ʈ'u^{5}	白
ɖ	ɖ	ɖ	ɖu^{2}	ɖʋ^{2}	ɖu^{3}	蜂
nɖ	nɖ'	nɖ'	nɖE^{4}	nɖ'ə^{4}	nɖə^{4}	膿
tʂ	tʂ	tʂ	tʂu^{2}	tʂʋ^{2}	tʂu^{3}	給吃
		tɕ	tʂy^{1}	tʂɿ	tɕi^{1}	露
tʂ'	tʂ'	tʂ'	tʂ'y^{3}	tʂ'ɿ^{4}	tʂ'ɿ^{5}	甜
		tɕ'	tʂ'ɤ^{1}	tʂ'ɿ^{1}	tɕ'i^{1}	早飯
dʐ	dʐ	dʐ	dʐE^{4}	dʐo^{4}	dʐʋ^{5}	牙齒
		dʑ	dʐɤ^{2}	dʐe^{2}	dʐE^{2}	牲畜
ndʐ	ndʐ'	ndʐ'	ndʐE^{2}	ndʐ'ɔ^{3}	ndʐ'u^{4}	鎖
		ndʑ'	ndʐi^{4}	ndʐ'ɿ^{4}	ndʑ'i^{5}	酒

ɳ	ɳ	ɳ	ɳu²	ɳʊ²	ɳu³	多
ʂ	ʂ	ʂ	ʂo³	ʂʊ²	ʂu³	找
		ɕ	ʂi²	ʂɿ²	ɕi³	草
tɕ	tɕ	tɕ	tɕi²	tɕi²	tɕi³	敲
		tʂ	tɕɛ¹	tɕo¹	tʂɒ¹	汗
	k	k	tɕy²	kɯ²	kɯ³	九
tɕʻ	tɕʻ	tɕʻ	tɕʻi²	tɕʻi²	tɕʻi³	狗
		tʂʻ	tɕʻɛ⁴	tɕʻo¹	tʂʻu³	六
	kʻ	kʻ	tɕʻy²	kʻɯ²	kʻɯ³	偷
dʑ	dʑ	dʑ	dʑɿ²	dʑi²	dʑi³	銅
		dʐ	dʑu²	dʑu²	dʐu³	筋
	g	g	dʑu⁴ pʻe²	gɤ⁴ pʻe²	gə⁵ pʻə³	身体
ndʑ	ndʑʻ	ndʑʻ	ndʑi⁴	ndʑʻi⁴	ndʑʻi⁵	皮
ȵ	ȵ	ȵ	ȵɤ²	ȵɤ²	ȵɔ²	矮
ɕ	ɕ	ɕ	ɕi¹	ɕi¹	ɕi¹	七
ʑ	ʑ	ʑ	ʑi⁴ du²	ʑi⁴ do³	ʑi⁵ du²	井
		ʐ	ʑu³	ʑu⁴	ʐu⁵	提
	ɣ	ɣ	ʑi³	ɣɤ¹	ɣə²	針
k	k	k	kɤ²	kɤ²	kə³	殼
	tɕ	tɕ	kɤ³	tɕi²	tɕi³	斤
kʻ	kʻ	kʻ	kʻu²	kʻɒ²	kʻɒ³	鹹

K'	tɕ'	tɕ'	mi²k'ɪ¹	mu²tɕ'ɪ̱¹	mu³tɕE³	晚上
g	g	g	go⁴	go³	go⁴	玩
ŋg	ŋg'	ŋg'	ŋgo³	ŋg'ɒ⁴	ŋg'ɒ⁵	拉
ŋ	ŋ	ŋ	ŋu¹	ŋʊ²	ŋu³	五
x	x	x	xu²	xʊ²	xu³	肉
ɣ	ɣ	ɣ	ɣE³	ɣo̱⁴	ɣɒ¹	笑
	v	v	ɣu¹	vu¹	vʊ¹	賣
ɦ̃	ɦ̃'	ɦ'	ɦ̃i⁴	ɦ̃'ɪ̱¹	ɦ'i³	八

2.韵母对照表：

韵母对照表之一（不代表对应关係）：

韵母种类和性质 / 韵母 / 地名	舌面元音韵					舌尖元音韵	兒韵
	前		央	后			
	不圆唇	圆唇	自然唇	不圆唇	圆唇		
威宁	i·I·e·E	y	A	ɤ	o·u		
禄劝	i·i̱·e·e̱		A	ɤ·ɤ̱·ɯ·ɯ̱	ɒ·o·o̱·ʊ·u	ɿ	ɚ·ɚ̱
寻甸	i·I·E		A	ə·ɯ	ɒ·ʊ·u	ɿ	ɚ

註：元音下面的"—"是紧元音的记号。

韵母对照表之二（代表对应关係）：

韵母			例词			
咸宁	禄劝	寻甸	咸宁	禄劝	寻甸	汉义
i	i	i	li^{2}	li^{2}	li^{3}	重
	ɿ		tʂʻɿ^{2}	tʂʻɿ^{2}	tɕʻi^{3}	借
	i̱		h̃i^{4}	ɦʻi̱^{1}	hʻi^{3}	八
	e	ᴇ	ti^{3}	te^{1}	tᴇ^{2}	蠢
	ɤ̱	ə	bi^{3}	bɤ̱^{1}	bə^{2}	蹄
	u	u	pʻi^{2}	pʻu^{2}	pʻu^{3}	价值
	ɚ	ɚ	h̃i^{4}	ɦɚ^{4}	hʻɚ^{4}	房屋
y	ɿ	ɿ	tʂʻy^{3}	tʂʻɿ^{4}	tʂʻɿ^{5}	甜
		ə	ᴀ^{4}ɕy^{2}	ᴀ^{2}sɿ^{1}	ᴀ^{3}sə^{1}	咱们
	ɯ	ɯ	tɕy^{2}	kɯ^{2}	kɯ^{3}	九
ɪ	i̱	ɪ	no^{4}bɪ^{4}	no^{1}bi̱^{2}	nu^{3}bɪ^{3}	鼻涕
		i	kʻɪ^{2}	tɕʻi̱^{3}	tɕʻi^{4}	瘧疾
	ɚ	ɚ	vɪ^{3}	vɚ^{1}	vɚ^{3}	搓
e	e	ᴇ	le^{3}	le^{2}	lᴇ^{5}	来
	o	u	mbe^{2}	mbʻo^{3}	mbʻu^{4}	饱
	ɤ̱	ə	be^{4}	bɤ̱^{4}	bə^{5}	山
ᴇ	e	ə	ʂᴇ^{3}	ɕe^{2}	xə^{3}	早
	e̱		tʂʻᴇ^{4}	tʂʻe̱^{4}	tʂʻə^{5}	晚飯
	ɤ̱		tɕʻᴇ^{3}	kʻɤ̱^{4}	kʻə^{5}	结实

E	ɒ		pʻE^{4}	pʻɒ^{4}	pʻɒ^{4}	灰色
	o̱	ɒ	dzE^{2}	dzo̱^{2}	dzɒ^{2}	騎
	o		tɕE^{1}	tɕo^{1}	tʂɒ^{1}	汗
		u	ndʐE^{2}	ndʐʻo^{3}	ndʐʻu^{4}	鎖
	ʋ	ʋ	tsʻE^{3}	tsʻʋ^{2}	tsʻʋ^{1}	睛
	ɿ	ə	dzE^{2}	dzɿ^{2}	dzə^{3}	生(肉)
	ə		ɖE^{4}	ɖə^{4}	ɖə^{4}	满
		E	dE^{2}	də^{2}	dE^{3}	倒ᵛ
A	A	A	vA^{3}	vA^{1}	vA^{3}	猪
	e	u	A^{4}mA^{2}	A^{1}me^{2}	A^{1}mu^{3}	母親
O	ɒ	ʋ	mo^{1}	mɒ^{1}	mʋ^{1}	老
		ɒ	lo^{3}	lɒ^{4}	lɒ^{5}	輕
	o	u	pʻo^{4}	pʻo^{4}	pʻu^{5}	布
	ʋ		ɬo^{3}	ɬʋ^{2}	ɬu^{3}	舌頭
ɤ	ɤ	ə	ȵɤ^{2}	ȵɤ^{2}	ȵə^{3}	短
	e	i̱	ȵɤ^{4}	me^{4}	ȵi^{5}	紅
		ɪ	tsʻɤ^{4}	tsʻe^{4}	tsʻɪ^{5}	十
	ɿ	ɿ	tʂɤ^{2}	tʂɿ^{1}	tʂɿ^{2}	吸烟
	ɯ	ɯ	sɤ^{1}	sɯ^{1}	sɯ^{1}	像
u	u	u	dʐu^{4}	dʐu^{4}	dʐu^{5}	筷子
	ɤ		ɣu^{2}	vɤ^{2}	ɣu^{3}	雪

u	ɤ	ə	se⁴vũ²	sɒ⁴vɤ²	sɒ⁵və³	桃子
	i	i	bu⁴	bi⁴	bi⁵	步(量)
	ɒ	ɒ	k'u²	k'ɒ²	k'ɒ³	苦
	ʊ	ʊ	tɕ'u²	tɕ'ʊ²	tɕ'ʊ³	声音

3.声调对照表：

声调对照表之一（不代表对应关系）：

威寧		祿勸		尋甸	
声调代号	調值	声调代号	調值	声调代号	調值
1	˥	1	˥	1	˥
2	˧	2	˧	2	˥˧
3	˩˧	3	˧˩ʏ	3	˧
4	˨˩	4	˨˩	4	˧˩
				5	˩

声調对照表之二（代表对应关系） 表十九

声		調				例					字	
威寧		禄劝		尋甸		威寧		禄劝		尋甸		汉字
声調代号	調值	声調代号	調值	声調代号	調值	标音	实际读音	标音	实际读音	标音	实际读音	
1	˥	1	˥	1	˥	ɬu^{1}	ɬu˥	ɬʊ^{1}	ɬʊ˥	ɬu^{1}	ɬu˥	褲子
						ɣu^{1}	ɣu˥	vu^{1}	vu˥	vʊ^{1}	vʊ˥	賣
						bi^{1}	bi˥	bu^{1}	bu˥	bu^{1}	bu˥	揹
2	˧	2	˧	3	˧	mu^{2}	mu˧	mu^{2}	mu˧	mʊ^{3}	mʊ˧	馬
						pʻe^{2}	pʻie˧	pʻo̱^{2}	pʻo̱˧	pʻɒ^{3}	pʻɒ˧	襪子
						ŋu^{2}	ŋu˧	ŋʊ^{2}	ŋʊ˧	ŋu^{3}	ŋu˧	多
		3	˨˩ˇ	4	˨˩	nA^{2}	nA˧	nA^{3}	nA˨˩ˇ	n̊A^{4}	nA˨˩	黑
						dzE^{2}	dze˧	dzo^{3}	dzo˨˩ˇ	dzu^{4}	dzu˨˩	有
						nɖE^{2}	nɖe˧	nɖʻo^{3}	nɖʻo˨˩ˇ	nɖʻu^{4}	nɖʻu˨˩	踢
3	˧˩	1	˥	2	˦	bi^{3}	bi˧˩	bɤ̱^{1}	bɤ̱˥	bə^{2}	bə˦	蹄
						pʻi^{3}	pʻi˧˩	pʻɤ̱^{1}	pʻɤ̱˥	pʻə^{2}	pʻə˦	腫
						ɖi^{3}	ɖi˧˩	ɖɤ̱^{1}	ɖɤ̱˥	ɖə^{2}	ɖə˦	晒
				3	˧	vA^{3}	vA˧˩	vA^{1}	vA˥	vA^{3}	vA˧	豬
						lA^{3}	lA˧˩	lA^{1}	lA˥	lA^{3}	lA˧	手
						vI^{3}	vI˧˩	vɚ^{1}	vɚ˥	vɚ^{3}	vɚ˧	搓
		2	˧			ndzo^{3}	ndzo˧˩	ndzʻɒ^{2}	ndzʻɒ˧	ndzʻʊ^{3}	ndzʻʊ˧	学习
						tsʻu^{3}	tsʻu˧˩	tsʻu^{2}	tsʻu˧	tsʻu^{3}	tsʻu˧	胖
						ʂo^{3}	ʂo˧˩	ʂʊ^{2}	ʂʊ˧	ʂu^{3}	ʂu˧	大麦
		4	˨˩	5	˩	ɖE^{3}	ɖe˧˩	ɖe̱^{4}	ɖe̱˨˩	ɖɒ^{5}	ɖɒ˩	武
						ʈʻu^{3}	ʈʻu˧˩	ʈʻu^{4}	ʈʻu˨˩	ʈʻu^{5}	ʈʻu˩	白
						tʂʻy^{3}	tʂʻy˧˩	tʂʻɿ^{4}	tʂʻɿ˨˩	tʂʻɿ^{5}	tʂʻɿ˩	甜
4	˨˩	4	˨˩	5	˩	tsʻɤ^{4}	tsʻɤ˨˩	tsʻe̱^{4}	tsʻe̱˨˩	tsʻɪ^{5}	tsʻɪ˩	十
						pʻE^{4}	pʻe˨˩	pʻɒ^{4}	pʻɒ˨˩	pʻɒ^{5}	pʻɒ˩	灰色
						ndʑi^{4}	ndʑi˨˩	ndʑʻi^{4}	ndʑʻi˨˩	ndʑʻi^{5}	ndʑʻi˩	皮膚
				4	˨˩	zu^{4}	zu˨˩	zu^{4}	zu˨˩	zɒ^{4}	zɒ˨˩	大麦
						nɖE^{4}	nɖe˨˩	nɖʻɚ^{4}	nɖʻɚ˨˩	nɖʻɚ^{4}	nɖʻɚ˨˩	膿
						hi^{4}	h̃i˨˩	h̃ʻɚ^{4}	h̃ʻɚ˨˩	hʻɚ^{4}	hʻɚ˨˩	房屋
		2	˧	3	˧	sE^{4}	se˨˩	sɒ^{2}	sɒ˧	sə^{3}	sə˧	三
						ʂE^{4}	ʂe˨˩	ʂɚ^{2}	ʂɚ˧	ʂɚ^{3}	ʂɚ˧	長
						nA^{4}	nA˨˩	nA^{2}	nA˧	nA^{3}	nA˧	條

乙．東部方言内部词彙異同情况：

1.威宁与禄劝的比較：

威宁与禄劝词彙比較结果表

項　目	詞彙数	占参加比較的词彙总数的百分比
相同的词	154个	8.8%
有对应的同源詞	841个	48.5%
不同的词	678个	39.1%
借　词	59个	3.4%
總　計	1,732个	99.8%

說明：

①「相同的詞」是指：声母和韵母从音位上来看都相同，而声调也有对应关係存在的词。

②「有对应的同源词」是指：相似的词和已經找出对应规律来的词。

③「不同的词」是指：既不相似又没有对应规律可尋的詞。

④「借词」主要是指：借汉的词。

（此说明適用于以下各个比較結果表。）

下面列出例字：

(1)相同的詞：

漢義	威宁	禄劝
地	mi^{3}	mi^{2}
炒	ɬu^{3}	ɬu^{2}
深	nA^{3}	nA^{1}
完(结)	gu^{4}	gu^{4}
他	t'i^{4}	t'i^{4}
筋	dʑu^{2}	dʑu^{2}
煮	tʂA^{3}	tʂA^{1}
喊	k'u^{3}	k'u^{2}
敢	tɕi^{2}	tɕi^{2}
外祖母	A^{4}p'i^{2}	A^{3}p'i^{2}

(2)有对应的同源词：

口袋中的"有"	ȵi^{3}	ni^{4}
蛆虫	ɦẽ^{2}bi^{2}	ŋo^{3}
淹	ʑi^{4}ŋE^{1}	ŋɚ^{1}
去年	A^{4}ȵi^{4}tɕ'E^{3}	A^{4}ni^{2}k'o^{2}
相似	dʑi^{2}sɤ^{2}	dʑe^{2}sɯ^{1}
雲	tE^{3}	to̱^{2}
隻(鸡)	KE^{3}	tɕɚ^{2}
星	tɕE^{3}	tɕo̱^{2}
黄金	ʂE^{3}	ʂo̱^{2}
针	[illegible]^{3}	ɣɤ̱^{1}

這	tɕ‘o³	tɕ‘ə⁻
麦麸	ɕo³kɤ²	ɕʊ²mu kɤ²
过桥	dzE⁴ndʑo²	ndz‘e⁴ və¹
爪	tɕi⁴ sɤ²	se²

(3)不同的詞：

千	tu³	ɣɯ⁴
鼠“咬”衣服	t‘e²	ndz‘ə¹
兄(对称)	A¹ ko²	A¹ mu²
張(纸)	tu²	bo³
醜	go²	ne³ mA⁴ ne²
件(事情)	tɕ‘o⁴	ɕi⁴
瓜	by⁴ ly²	ʊ² p‘u³
思考	ndy¹	ŋʊ³
“捆”人	ndɤ²	ni¹
勤快	ɬu³	lA³
动	lɤ²	ko³ lA³
那个	tA³ le²	ɣɤ² mʊ²
脱(落)	dɪ³	bə³

(4)借詞：

威宁的借詞：

斗	tɤ²
闹	ʒA⁴

承认　　$ʐɤ^1$

唱　　$tʂ'A^1$

椅子　　$ʑi^2tsɿ^2$

禄劝的借词：

寸　　$ts'ui^1$

升　　$ʂɿ^2$

斗　　$tɤ^2$

袜子　　$vA^3tsɿ^2$

胡琴　　$ɚ^2xu^2$

2.威宁两寻甸的比較：

威宁两寻甸词彙比較结果表

项　　目	词彙数	占参加比較的词彙總数的百分比
相同的詞	52个	3.5%
有对应的同源词	765个	51.9%
不同的词	598个	40.6%
借　　词	59个	4　%
總　　計	1,474个	100　%

下面列出例字：

(1)相同的词：

汉文	威宁	寻甸
薄	bu^{2}	bu^{2}
不	mA^{4}	mA^{5}
接	du^{1}	du^{1}
裤子	ɬu^{1}	ɬu^{1}
重	li^{2}	li^{2}
说	ts'i^{2}	ts'i^{2}
吃	dzu^{2}	dzu^{2}
尿	zi^{2}	zi^{2}
蜜蜂	ɖu^{2}	ɖu^{2}
给吃	tʂu^{2}	tʂu^{2}
穿	gu^{1}	gu^{1}
我	ŋu^{4}	ŋu^{5}
肉	xu^{2}	xu^{2}

(2)有对应的同源词：

蚕	tɪ^{3}	tE^{2}
雲	tE^{3}	tɤ^{2}
深	nA^{3}	nA^{2}
夹	ȵi^{2}	ȵe^{4}
笑	ɣE^{3}	ɣɒ^{1}
渴	si^{3}	si^{2}
撕羊毛	ndʐi^{3}	ndʐ'i^{2}

接吻	be^{3}	bu^{2}
声音低	tɕʻu^{2} mo^{1}	tʂʻʋ^{2} ɳɒ^{2}
公绵羊	h̃o^{4} ɬo^{2}	ɦʻɒ^{5} ɬu^{5}
门槛	ŋgo^{4} tʻɤ^{4}	ŋgʻɒ^{4} ti^{5}
害羞	ʂA^{2} to^{3}	ʂA^{2} tʋ^{2}
小指	ɬA^{2} tʂu^{2} bA^{1}	ɬA^{2} tʂɿ^{2} zu^{2}

(3)不同的词.：

裁	tsE^{1}	də^{4}
骨	to^{4} ɕy^{2}	xɒ^{5} bɒ^{5}
親戚	tʂʻu^{4} tʂo^{4}	ɳɒ^{2} tʂʻɒ^{5}
搶奪	kʻɪ^{2}	nʋ^{1}
痛	ɖɤ^{2}	pə^{5}
抓	vɪ^{2}	si^{5}
桥	dzE^{4}	tʻi^{2}
燒	tʂʻɤ^{2}	tə^{2}
潑	ʈʻE^{2}	ɳi^{1}
翁	ɕE^{4} pʻu^{2}.mo^{1}	A^{1} dɒ^{5}
塞	tsʻy.^{1}	dzA^{2}
漏	ɕy^{3}	ɦʻə^{5}
小腸	tɕy^{2} ɬo^{2} tsʻE^{3}	ɦʻi^{2} ɣu^{5} zu^{2}
灰塵	kʻu^{1} pʻE^{1}	tsʻɒ^{5} ʈʻɒ^{5}

(4)借词：

咸宁的借词：

租	tsu^{2}
升	$ʂi^{3}$
騙	$p'e^{1}$
脾氣	$p'i^{4}$ $tɕ'i^{1}$
鍋鏟	ko^{1} $tʂ'A^{2}$

寻甸的借词：

諒	$ʐ\tilde{A}^{1}$
筆	pI^{1}
茶	$tʂ'A^{5}$
風箱	$f\tilde{u}^{2}$ $ɕ\tilde{a}^{2}$
必須	pi^{4} $ɕi^{2}$

3.禄劝和寻甸的比較：

禄劝和寻甸词汇比較结果表

项目	词汇数	占参加比較的词汇总数的百分比
相同的词	157个	9.8%
有对应的同源词	656个	40.8%
不同的词	713个	44.3%
借词	82个	5.1%
总計	1,608个	100%

下面列些例字：

(1)相同的詞：

汉文	禄劝	寻甸
"吐"血	ti^{1}	ti^{1}
雞"叫"	mb'u^{4}	mb'u^{5}
聪明	si^{2}	si^{2}
敢	tɕi^{2}	tɕi^{2}
黑	nA^{3}	nA^{4}
"浇"花	ʂɿ^{4}	ʂɿ^{5}
皮	ndʑ'i^{4}	ndʑ'i^{5}
不	mA^{4}	mA^{5}
空気	sA^{1}	sA^{2}
缺	p'ə^{4}	p'ə^{5}
知道	sə^{1}	sə^{2}

(2)有对应的同源词：

汉文	禄劝	寻甸
儿子	zʊ^{2}	zu^{2}
筋	dʑu^{2}	dʑu^{2}
老(年龄)	mʊ^{1}	mʊ^{1}
热	ts'ʊ^{4}	ts'u^{5}
菜	ɣo^{1}	ɣʊ^{1}
八	[illegible]	h'i^{2}
耕	[illegible]	ʝu^{2}

餓	ȵi̠^{1}	ȵi^{2}
露	tʂɿ^{1}	tɕi^{1}
三	sɒ^{2}	sə^{2}
吹	mɯ^{3}	mɯ^{4}
線	tɕʻɤ^{4}	kʻɤ^{5}
血	sɯ^{2}	sɿ^{2}
磨	sɛ^{2}	sɒ^{2}
二	ni^{1}	ȵi^{1}
偷懶	ndʻɒ^{4}	ndʻʋ^{5}

(3) 不同的詞：

二月	bɯ^{4} sɯ^{2} ŋɛ^{3}	ȵi^{1} ɦʋ^{4}
千	ɣɯ^{4}	tɛ^{2}
赢	dʊ^{4}	ʑi^{4}
思考	ŋɒ^{3}	ndʻɯ^{1}
屁	mɒ^{2}	jɯ^{2} dʐA^{4}
做	pe^{2}	tsɿ^{2}
使坐	ni^{2}	A^{1} dɤ^{2}
斜视	ndʐʻA^{3}	nA^{4} ʂɿ^{2}
衣服	bi̠^{1}	tʂʻʋ^{1}
跨	ndzʻi̠^{1}	gɒ^{4}

(4) 借詞：

禄劝的借词：

脆	tsʻui^{1}
刮	kuA^{3}
窄	tsɤ̱^{3}
仓	tsʻA^{2} fA^{3}
法律	fA^{3} li^{3}

寻甸的借词：

争	tsə^{2}
香	ɕÃ^{2}
张(纸)	tʂÃ^{2}
颜色	ʑə^{5} sə^{5}
煤	mə^{4} tʻA^{1}

丙．东部方言内部语法异同情况：

1.威宁和禄劝的比较：

根据 80 条语法问题答案比较的结果来看，相同的占 76 条，不尽相同或不相同的占 4 条。相同的都是语法上比较主要的部分，不相同的是次要的部分。现将相同的和不同的分别举例于后。

(1)相同部分：

①动词、形容词和助动词重叠均表示疑问。

威宁： dzu^2 dzu^2？
　　　吃　吃
禄劝： dzv^2 dzv^2？
　　　吃　吃
（吃吗？）

威宁： $ŋu^2$ $ŋu^2$？
　　　多　多
禄劝： $ŋv^2$ $ŋv^2$？
　　　多　多
（多吗？）

②主动宾的词序均为：主—宾—动。

威宁： $ŋu^4$ $t'i^2$ ndu^3
　　　我　他　打
禄劝： $ŋv^2$ $t'i^4$ $nd'u^4$
　　　我　他　打
（我打他。）

③人称代词作主语和宾语时，都没有格的变化，也不需要加任何助词。

威宁： $ŋi^3$ ze^2 na^4 la^4 pa^1 mbu^2 $ts'i^2$
　　　　　　　　　格助　　主眼　洗

禄劝：　A4 se2 nA4 dʐɒ1 n̥ib'e2 ts'ɿ2？} 誰邦助你洗衣服？
　　　　谁　你　邦助　衣服　洗

④动词有自动和使动二式。

威宁："穿"gu1，"使穿"ku1；"吃"dzu2，"使吃"tʂu2。

禄劝："穿"gʋ1，"使穿"kʋ1；"吃"dzʋ2，"使吃"tʂʋ2。

⑤名词及其修饰语的向心结构词序相同：被修饰者在前，修饰者在后。

威宁：　ŋu2 ts'o2 tsu1 ɲi1 ʑE1
　　　　人　　好　两　个　} 两个好人。
禄劝：　vɒ2 ts'ɒ2 tsu1 ni1 lɤ2
　　　　人　　好　两　个

(2)不同部分：

①副词"很"的位置不相同。威宁副词修饰形容词时，副词"很"在形容词的重叠式中间；禄劝副词"很"位于形容词的前面。

威宁：　ts'o3 dʑi2 ts'o3
　　　　热　很　热　} 很热。
禄劝：　dʑɜ1 ts'ʋ4
　　　　很　热

②反身代词的结构方法不同。威宁是：代词+ʑo4 dy4

禄劝是：代词+ bɤ4 +代词。

威宁：　ŋu4 ʑo4 dy4
　　　　我　自己　} 我自己。　nA4 ʑo4 dy4
　　　　　　　　　　　　　　你　自己　} 你自己。
禄劝：　ŋʋ4 bɤ4 ŋʋ2　　　　　n̥A4 bɤ4 nA2
　　　　我自己　　　　　　　　你自己

③动、名词重叠是表示同类類的相互向的意思。

宁需要在名词的重叠式中间加一个相当于连接词的词来表示。

威宁：ts'o⁴ lɤ² ts'o⁴ ndʑu²
人（和）人 爱

禄劝：vɒ² ts'ɒ² vɒ² ts'ɒ² dʑe² ɦɒ'ɒ'.
人 人 相 爱

人和人相爱。

④表示连动的两个动词的位置不同。

威宁：ŋu⁴ le³ A⁴ bA² A⁴ mA² ʂo³.
我 来 爸爸 妈妈 找

禄劝：ŋɒ² A' de² A' me² ʂɒ² le².
我 爸爸 妈妈 找 来

我来找爸爸妈妈。

2.威宁与寻甸的比较：

根据 73 条语法问题答案比较的结果来看，相同的占 69 条，不尽相同或不相同的占 4 条。相同的都是语法上比较主要的部分，不相同的是次要的部分。

(1) 相同部分：

①动词、形容词和助动词重叠均表示疑问。

威宁：dzu² dzu²?
吃 吃

寻甸：dzu³ dzu³?
吃 吃

吃吗？

②否定副词的位置相同。

a)否定单音节的或单一的动词时，否定副词在前，被否定的在后。

威宁：mA⁴ lɪ³.不来。 寻甸：mA⁴ lɪ⁴ 不来。
不 来 不 来

b)否定双音节的动词或双动词时，否定副词在该动词的两音节或双动词之间。

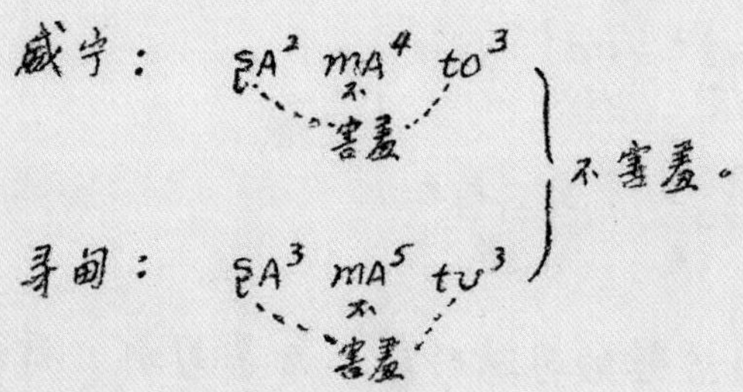

③主谓结构的词序相同。

威宁：t'i^{4} le^{3} ɣu^{2}
他 来 了

寻甸：ti^{2} dʋ^{2} lɪ^{2} ɒ^{2}
他 来 了

他来了。

④双宾语的词序相同。

威宁：t'i^{4} ŋgu^{2} pA^{2} pA^{2} A^{4} le^{2} kE^{2} ŋu^{4} bi^{1}
他 荞 粑 一 个 （拿）我 给

寻甸：ti^{3} ŋg'u^{3} bə^{3} tA^{4} tʋ^{2} kə^{4} ŋu^{4} gə^{1}
他 荞 粑 一 个 （拿）我 给

他给我一个荞粑。

⑤主动宾结构的词序相同。人称代词作主语和宾语时，都没有格的变化，也不需要加任何助词。

威宁：ŋu^{4} t'i^{2} ndu^{3}
我 他 打

寻甸：ŋu^{3} ti^{5} nd'u^{4}
我 他 打

我打他。

(2)不同部分：

①副詞"很"的位置不相同。威宁副詞修飾形容词时，副词"很"在形容词重叠式的中间。寻甸副词"很"位于形容词的前面。

威宁： ts'o³ dzi² ts'o³
热 很 热
} 很热。
寻甸： dzə¹ dzə⁵ mu³ ts'u⁵
很 热

②威宁无表達被动语態的句法形式；而寻甸有，其表達方法為將宾语提到主语的前面。同时表達主动者的那个代词韵母和声调有变化。

威宁： 只有 ŋu⁴ t'i² ndu³. 我打他。
我 他 打

寻甸： 有 ti³ ŋA⁵ nd'u⁴. 他被我打。
他 (被)我 打

威宁： 只有 t'i⁴ ŋu² ndu³. 他打我。
他 我 打

寻甸： 有 ŋu³ tA⁵ nd'u⁴ 我被他打。
我 (被)他 打

③連接词的用法不同。

威宁： mu² lo² ŋi² ŋy² tɕy¹ le³ ɣu².
馬 和 牛 都 来 了
} 馬和牛都来了。
寻甸： ŋi³ (dɪ¹) mu³ dɪ¹ du⁵ lɪ⁴ lA³.
牛 和 馬 和 来 了

註：寻甸的前一个 dɪ¹可以省，后一个 dɪ¹ 不可以省。

④在連动句中动词"来"的次序不同。

威宁： le³ dzA² dzu²！来吃飯！
来 飯 吃

寻甸：$dzu^5 dzu^3 1ɪ^3$！来
饭 吃 来

3.禄劝与寻甸的比較：

根据84条语法问题答案比較的结果来看，相同的占80条，不尽相同或不相同的占4条。相同的都是语法上比較主要的部分，不相同的是次要的部分。

(1)相同部分：

①形容词、动词和助动詞重叠，均表示疑问。

禄劝：$ŋʋ^2 ŋʋ^2$？
多 多
寻甸：$ŋu^3 ŋu^3$？
多 多
} 多嗎？

②物主代词第一式（修飾名词的）构成的方法相同。即将人称代词由中平调分别变為低降调和低平调。

禄劝：$ŋʋ^4 ɳi^2$， $nA^4 ɳi^2$， $t'i^4 ɳi^2$
我的 牛 你的 牛 他的 牛
寻甸：$ŋu^5 ɳi^3$ $nA^5 ɳi^3$， $ti^5 ɳi^3$
我的 牛 你的 牛 他的 牛
} 我的牛，你的牛，他的牛。

物主代词第二式（代替名词的）构成方法相同。即在变调后的人称代词后分别加上 $bɤ^4$和 $ɳi^3$。

禄劝：$ɳi^2$ gu^1 $tsɤ^2$ $ŋʋ^4$（或nA^4，或$t'i^4$）$bɤ^4$ $ŋe^4$.
牛 那 条 我 （或你，或他）的 是
寻甸：$ɳi^3$ nA^1 $k'ɤ^3$ $ŋu^4$（或nA^4，或ti^4）$ɳi^3$ $ŋɤ^3$.
牛 那 条 我 （或你，或他）的 是

那条牛是我(或你、或他)的。

③动词及其修飾语的向心结构词序相同：修飾语在前，被修飾语在后。

禄劝：XO⁴ dʑi² dʑi² mʋ² ndz'ʋ².
好好 地 学习。
寻甸：ʑA³ ʑA¹ mu³ ndz'ʋ³.
好好 地 学习
好好地学习。

④主动宾结构的词序相同。

禄劝：ŋʋ² t'i⁴ ʂʋ² li⁴.
我 他 找 去
寻甸：ŋu³ ti⁴ ʂu³ ʑi³.
我去找他。

⑤从属連接词的位置和功用相同。

禄劝：mʋ² ts'ʋ² kɯ¹ se² A² sɿ¹ si³ mb'ɤ³ li⁴.
天 晴 如果 我们 柴 砍 去
寻甸：mu³ tsʋ¹ A¹ nʋ¹ ŋe³ si⁴ t'u⁴ ʑi³.
天 晴 如果 我们 柴 砍 去

如果天晴，我们就去砍柴。

(2)不同部分：

①連接词的用法不同。

禄劝：mu² di² ŋi² nɤ³ nɤ⁴ lo².
马 和 牛 都 来了
寻甸：ŋi³ (dɪ¹) mu³ dɪ¹ dʋ⁵ iɪ³ ʋ³.
牛 (和) 马 和 来 了
牛和马都来了。

②介词"地"在禄劝不用，在寻甸要用。

禄劝：ti² t'A⁴ ni⁴ t'A⁴ ni⁴ do¹ mA⁴ bo² si²
他 一 天 一 天 也 聪明

寻甸： $ti^3\ tA^5\ n̡i^5\ pi^5\ tA^5\ n̡i^5\ mu^3\ si^3$.
他 一 天 比 一 天 地 聪明

他一天比一天聪明。

③寻甸因借汉而影响了它的语法结构。

禄劝： $nA^2\ tʂ'ɒ^2\ ʑA^1\ pe^2\ ŋɒ^2$.
你 这 样 做 要

你只使这样做。

寻甸： $nA^3\ pi^5\ ɕi^3\ tʂ'ə^1\ sɪ^1\ tsʊ^3$.
你 只 使 这 样 做

丁．東部方言内部通话情况：

我们除去用比較研究的方法从语音、詞彙及语法三个方面来了解各地彝語间的关係以外，為了能够更正确地说明问题，因而還特地研究了一下各地彝语间的通话情况。这个工作分两方面进行，一方面是採用口談，另一方面是採用筆談。口談計进行过两次，第一次是由各地的彝族同志事先每人阅讀一篇民间故事，第二次由自己準備一个短故事，都是用彝话谈出。这两次进行的结果以第二次比較正确，因為第二次是自己準備的故事，不像第一次“翻譯”故事的那樣生硬。所以我们採用了第二次口談的结果。筆談方面是由各地彝族同志（他们都有記音能力）自己用國际音标寫下自己的話若干句左右，然后互相傳阅，看能够阅读懂的有多少句。通过这两个方面，对我们划分方言的工作，提供了很重要的線索。

下表是東部方言内部三个点通话情况的结果表。

東部方言内部通話情况表

口述					阅讀				
口述者	摘要	了解的程度			寫話者	摘要	了解的程度		
		威宁	禄劝	寻甸			威宁	禄劝	寻甸
威宁	讲话 3 分钟		$\frac{1}{3}$强	$\frac{1}{6}$	威宁	用國际音标寫了 12 个句子		7句	每句懂$\frac{1}{2}$
禄劝	讲话 4 分钟	$\frac{1}{3}$		$\frac{2}{3}$	禄劝	用國际音标寫了 20 个句子	$\frac{3}{5}$		$\frac{4}{5}$
寻甸	讲话 4 分钟	$\frac{1}{4}$	$\frac{4}{5}$		寻甸	用國际音标寫了 16 个句子	$\frac{1}{2}$强	15句	

Ⅲ南部方言

南部方言，分佈的主要地區為：云南省玉溪專區的玉溪、峨山、新平、元江、昆陽、晋寧、澂江、江川、华宁、河西、通海、易门、双柏等十三個縣（約有彝族人口156267人）；思茅專區的思茅、江城、普洱、墨江、景谷、瀾滄等六個縣（約有彝族人口66,564人）；蒙自專區的石屏、龍武、蒙自、建水、開远、[illegible]、屏边、河口、元陽、红河、金平等十一個縣以及个旧市（約有彝族人口222,621人）；文山專區的邱北、馬关、麻栗坡、文山、西疇、富宁、砚山等七個縣（約有彝族人口71,956人）。總計這個方言區分佈於四個專區，人口共有[illegible]人）。在這個廣大的地區内，较大的聚居區很少，多數是雜居和散居，一般的聚居只有石屏第六區，人口約佔第六區總人口的70.9%以上。新平縣境内彝族多数居住在一起，並有少数散居，峨山縣也有一部份聚居，建水縣的大部分彝族聚居。其中石屏縣的第六區以地區和人口數字上來看，可以算為本方言區彝族的中心；据民間傳説，石屏縣為其他各縣的彝族故居。這個方言區已有[illegible]分之一的彝胞不講本民族語言，有些青年只會説几句彝語了，用汉語作交际工具的相当普遍。這個方言區的南部境速越南民主共和國和西双版納地區、東部與東南部方言的彌勒等地接界、西部與西部方言區的鎮沅、景東和中部方言的楚雄等縣接界、北部與東部方言區的昆明、易门、峨山等縣。今年在南部方言區調查了重點十三個（正點十六個）、副點十八個，共34個點。現以新平縣第三區呢鮓鄉呢鮓村彝語為代表，分述其語音、詞彙、語法情況於后：

甲、音位系統：

1. 聲母：

p	pʻ	b	m	f	v
t	tʻ	d	n	ɬ	l
ts	tsʻ	dz		s	z
tʂ	tʂʻ	dʐ		ʂ	ʐ
k	kʻ	g	ŋ	x	ɣ

2. 韻母：

i	i̠	ɪ	E	E̠	æ	a	ɤ
ɤ̠	ʊ	ʊ̠	u	u̠	ɯ	ɯ̠	ɚ

3. 聲調：˥55　˧33　˧˨32　˨˩21

附　　附輔音表

發音部位 發音方法		雙唇	唇齒	舌尖前	舌尖中	舌尖後	舌根	備註
塞音	全清	p			t		k	
	次清	p'			t'		k'	
	濁	b			d		g	
塞擦音	全清			ts		tʂ		
	次清			ts'		tʂ'		
	濁			dz		dʐ		
鼻音		m			n		ŋ	ŋ包括ŋ̥ m包括m̥ n包括n̥
邊音					l			
擦音	清		f	s	ɬ	ʂ	x	
	濁		v	z		ʐ	ɣ	

聲母例字：

p	pv^1	換	pa^1	条
p'	$p'v^1$	猜	$p'a^1$	炮
b	bv^2	削	ba^2	盒
m	mE^3	兵	ma^3	[illegible]

f	fu^4	蛋	fE^3	山崖
v	$vɪ^4$	豕	va^4	鱼网
ts	tsi^1	小	tsu^1	蹲
ts'	$ts'a^2$	腥	$ts'u^2$	粗
dz	dzv^1	群	dzv^2	吃
s	$sɤ^2$	走	sv^3	缩
z	zi^4	水	$zɤ^4$	油
t	ti^1	推	tv^1	千
t'	$t'i^2$	朵	$t'v^2$	竖
d	da^4	唱	$dɯ^4$	想
n	ni^3	饿	nE^3	湿
l	li^2	重	la^2	河
ɬ	$ɬi^1$	四	$ɬu^1$	炒
tʂ	$tʂɪ^2$	句	$tʂɤ^1$	斤
tʂ'	$tʂ'E^3$	箭	$tʂ'a^3$	茶
dʐ	$dʐE^2$	冷	$dʐu^2$	筋
ʂ	$ʂi^2$	扫	$ʂɪ^4$	缺
ʐ	$ʐi^1$	漏	$ʐv^4$	大麦

k	ka^{2}	缸	kʊ^{2}	歌
kʻ	kʻa^{4}	苦	kʻɤ^{3}	缺
g	ga^{4}	拱	gɯ^{2}	迟
ŋ	ŋɤ^{4}	是	ŋa^{4}	青[illegible]
x	xɪ^{3}	八	xE^{3}	住
ɣ	ɣʊ^{2}	雪	ɣɤ^{2}	說

新平彝語輔音特點：

①輔音比較簡單，沒有鼻冠音（mb、nd……），也沒有舌尖后的塞音（ʈ、ʈʻ、ɖ）。

②舌尖前ts、tsʻ、dz、s、z和舌尖后tʂ、tʂʻ、dʐ、ʂ、ʐ作聲母時，在一部份詞上可以換讀，不很穩定；既可讀成舌尖后的，也讀成舌尖前的，例如：

tʂʻu^{3} 或 tsʻu^{3} 六　ʂʊ^{4} 或 sʊ^{4} [illegible]

③舌尖后輔音tʂ、tʂʻ、dʐ、ʂ、ʐ與前元音（即：I、I̱、E、E̱、ɤ）結合時，它們的實際讀法是混合舌葉音tʃ、tʃʻ、dʒ、ʃ、ʒ。

④双唇塞音和舌尖中塞音與u、u̱結合時，双唇略有顫動。

（附元音图）南部方言新平彝語元音图：

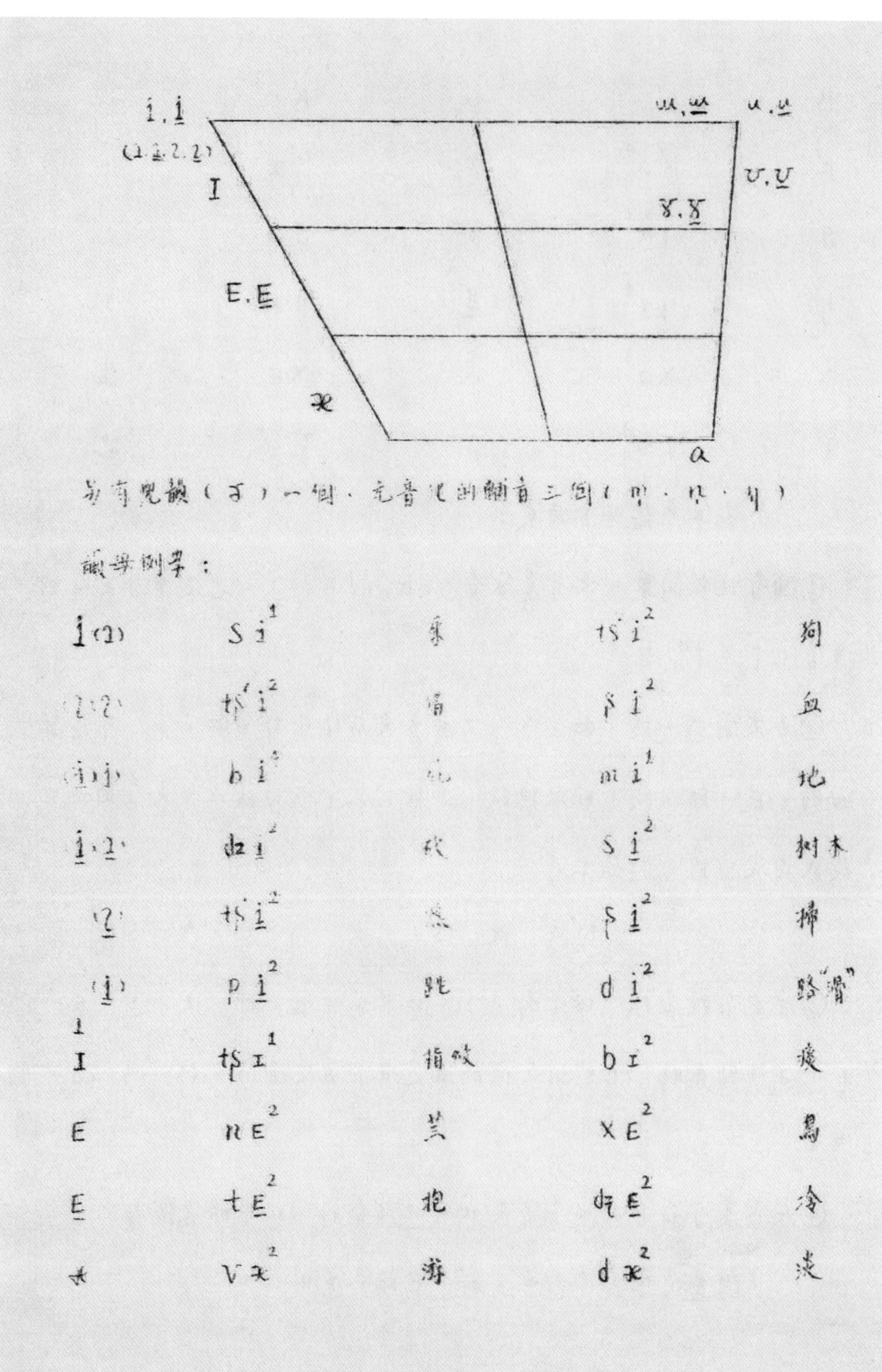

另有儿韵（ɚ）一個，元音化的辅音三個（m̩·n̩·ŋ̍）

韵母例字：

i(ɿ)	si¹	杀	tsi²	狗
(ʅ)	tʂʻi²	借	ʂi²	血
(i̠)i	bi¹	吃	mi¹	地
i̠(ɿ̠)	dzi̠²	砍	si̠²	树木
(ʅ̠)	tʂi̠²	熟	ʂi̠²	拂
(i̠)	pi̠²	跳	di̠²	路"滑"
I	tʂI¹	指纹	bI²	瘦
E	nE²	芸	xE²	鸟
E̠	tE̠²	抱	dzE̠²	冷
æ	væ²	游	dæ²	浅

a	ma^{4}	不	xa^{4}	清楚
ʋ	ŋʋ^{2}	五	dzʋ^{2}	吃
ʋ̱	mʋ̱^{2}	摸		
u	dʑu^{2}	筋	bu^{2}	虫
u̱	dʑu̱^{2}	怕	bu̱^{2}	飽
ɤ	p'ɤ^{2}	多	ɣɤ^{4}	切
ɤ̱	p'ɤ̱^{2}	強大	kɤ̱^{2}	硬
ɯ	lɯ^{2}	滚	ɣɯ^{2}	骨头
ɯ̱	lɯ̱^{2}	动	ɬɯ̱^{2}	搖
ɚ	pɚ^{2}	旗子	tɚ^{2}	雲
ŋ̩	ŋ̩^{1}	在	ŋ̩^{2}	我
ŋ̩̱	ŋ̩̱^{4}	自縊		
m̩				
n̩				

元音特点和說明

①舌尖元音、舌尖后元音和主元音不对立，故併入 i 音位。

②有一個兒韻（ɚ）实际音值為（Eɚ）。

③有四個元音（I、[illegible]、[illegible]、ɚ）不分鬆緊。

④有六組元音（i、E、v、u、ɤ、ɯ）每組鬆緊各一。例如

bɯ^{2} 虫 bɯ̱^{2} 飽；　mv^{2} 馬 mv̱^{2} 摸；

lɯ^{2} 滚 lɯ̱^{2} 劫；

⑤当ɱ自成音節時，其实际音值為：（ɱ̩）有時它前面有喉塞（ʔ），有時無喉塞，不區別意義。

声調：四個：

˥55　　˧33　　˧˨̆32　　˨˩21

声調特点及說明：

①只有四個声調，高平、中平、中降和低降。

②声調和元音的松紧有密切的关係，对立的松紧元音只出現在第二調。其餘三個調都不分松紧。但第三調都是紧元音。

乙：詞彙：

1 一部份詞的詞幹前面有附加成份"kɤ"，如：

kɤ⁴ tʻu⁴　　白

kɤ⁴ nɤ¹　　紅

kɤ⁴ nE²　　黑

kɤ⁴ pʻu¹　　飛禽

kɤ¹ bu²　　走獸

親屬称謂之類的詞一般在詞幹之前有附加成份"a"，如：

a¹ tɪ²　　父親

a¹ mʊ²　　母親

a¹ kʊ²　　哥哥

2 一部份動詞與一定名詞的后一音節相同如：

mɜ² tu³　　火

mɜ² tu³ tu³　　点火

tʻa⁴ tʂʻɪ⁴　　扇子

tʻa⁴ tʂʻɪ⁴ tʂʻɪ⁴　　搧扇子

3 新平彝語裡漢語借詞較多，如：

$ʐ\tilde{ɪ}^{1}$ $sɯ^{3}$	印泥	$k\tilde{ɪ}^{2}$	根
$tʂ\tilde{ɑ}^{2}$ $ʂi^{4}$	暫時	$k'u\tilde{ɑ}^{2}$	寬
$k\tilde{u}^{1}$ zE^{4}	工人	$s\tilde{u}^{2}$	松

丙：語法：

1 名詞：

①必須在副名詞前加一個数詞才能表示名詞的不定單數：

如：ni^{2} $t'i^{4}$ $pɑ^{1}$　　一条牛

牛　一　条

$s\underline{i}^{2}$ $t'i^{4}$ $dʐɪ^{1}$　　一棵树

树　一　棵

②表示名詞的特定單數時在副名詞前加 $kɤ^{1}$（那）。

如：ni^{2} $kɤ^{1}$ $pɑ^{1}$　　那条牛

牛　那　条

$s\underline{i}^{2}$ $dʐɪ^{4}$ $kɤ^{1}$ $dʐɪ^{1}$　　那棵树

树　那　棵

③名詞对另一名詞的領属关係、靠詞序来表达。

如：ni^{2} $tʂ'i^{4}$　　牛的角

牛 角

a^1 $m\upsilon^4$ $t'a^4$ 媽媽的衣服

媽 媽 衣服

2.副名詞：

①副名詞因事物不同而不同、其位置在名詞與數詞之后：

如： $t'a^4$ $t'i^4$ $t'\gamma^2$ 一件衣服

衣服 一 件

xi^4 $t'i^4$ du^2 一所房子

房子 一 所

②三以上和三以下數詞后的副名詞相同

如： pE^2 $k'u^3$ $t'i^4$ pa^1 一支碗

pE^2 $k'u^2$ $\eta\upsilon^2$ pa^1 五隻碗

$ts'a^4$ ni^4 $1\gamma^2$ 二個人

$ts'a^4$ ku^1 $1\gamma^2$ 九個人

③副名詞〃些〃不能受二以上的數詞修飾：

④表示動量的副名詞其位置在數詞之后、動詞之前。

如： ti^4 $k\gamma^2$ $d\varepsilon^2$ 打一次

一 次 打

3 形容詞：

①形容詞重疊表示疑问、在形容詞后面加ŋa¹也表示疑问。

如：1. p'ɤ² p'ɤ² 多嗎？
2. p'ɤ² ŋa¹ 多嗎？

1. ts'a² ts'a² 聰明嗎？
2. ts'a² ŋa¹ 聰明嗎？

1. nʋ¹ nʋ¹ 好嗎？
2. nʋ² ŋa¹ 好嗎？

1. ga² ga² 漂亮嗎？
2. ga² ŋa¹ 漂亮嗎？

②表示形容詞的程度加深時在形容詞前加ʂi⁴ tsa¹（實在）。很、更、最"没有區别。

如：ɣɚ² 大　ʂi⁴ tsa¹ ɣɚ² 很大
ʂi⁴ tsa¹ ɣɚ² 更大
ʂi⁴ tsa¹ ɣɚ² 最大

③形容詞和形容詞短語的位置在名詞后面、數詞前面。

如：ts'a⁴ nʋ¹ ni⁴ ɬʋ² 兩個好人
人 好 二 個

ʂʋ² lʋ² pʻE³ nɣ¹　　紅布
　　　布　　　紅

④意義相反的形容詞沒有形态標誌。

如：ʂɣ² 長　　nɣ² 短

　　pʻɣ² 多　　ʂa⁴ 少

⑤數日子時有"初某初某"的說法，但數人或數物時，却不能說第某第某；只用一、二、三、四等來表示。

如：dE² tʻi⁴ 初一　　dE² ni⁴ 初二

⑥從一到十的數詞都是固定的。

如：tʻi⁴ 一　ni⁴ 二　sa² 三　ɕi¹ 四

　　ŋʋ² 五……。

"十一"以上的數詞有变調或变音情况：

如："十一"原為tsʻɣ⁴ tʻi⁴而"二十"則变為ni⁴ tsɣ²声母tsʻ变得不吐氣了。

⑦"一百""一千""一万"的"一"不可少，但在"十"前不能加"一"。

如：tʻi⁴ xʋ⁴ 一百　　tʻi⁴ tʋ¹ 一千、

　　tʻi⁴ va² 一万、tsʻɣ 十、tsʻɣ⁴ va² 十万、

4 代詞：

①我和引述語中的（我）没有區别：

如：$k\gamma^{2}$ η^{4} $d\upsilon^{4}$ $m\gamma^{2}$ $\gamma\gamma^{2}$ η^{4} ma^{4} li^{4}
它 我 对 說 我 不 来

他对我說：我不来。

②不是三人也可以称你們、、我們、、他們。

如：可說：na^{2} ni^{4} $l\gamma^{2}$ 你俩
你 两 個

也可說：na^{2} $b\gamma^{4}$ ni^{4} $l\gamma^{2}$ 你們俩個
你 們 二 個

可說：$\eta\upsilon^{2}$ ni^{4} $l\gamma^{2}$ 我俩
我 两 個

也可說：$m\gamma^{4}$ ni^{4} $l\gamma^{2}$ 我們俩個
我們 两 個

可說：$k\gamma^{1}$ ni^{4} $l\gamma^{2}$ 他俩個
他 两 個

也可說：$k\gamma^{1}$ $b\gamma^{4}$ ni^{4} $l\gamma^{2}$ 他們俩個
他 們 两 個

③物主代詞第一式：修飾名詞的、、靠詞序来表示。

如：na^{4} ni^{2} 你的牛
你 牛
η^{4} ni^{2} 我的牛
我 牛

kɤ² bi²　他的牛
他　牛

④在人称代詞的重叠式中間加dʑi²（的）構成强調的反身代詞第一式。

如：ŋ⁴ dʑi² ŋ⁴　我自己
我　的　我

na⁴ dʑi² na⁴　你自己
你　的　你

kɤ² dʑi² kɤ¹　他自己
他　的　他

⑤强調的反身代詞第二式的構成方法，我、你、他后面加借詞"親自"。或與第一式同。

如：ŋ⁴ tsʻɯ² tsi¹ lɤ⁴　我親自去
我　親　自　去

ŋ⁴ dʑi² ŋ⁴ lɤ⁴　我親自去
我　的　我　去

⑥人称代詞作主語和賓語時，沒有格的變化。

如：na⁴ tʻa⁴ a⁴ su² a² tsʻi² lɯ⁴　誰替你洗衣服？
你　衣服　誰　替　洗

ŋ⁴ dʑi² mɯ⁴ ma¹ gɯ² kE² a² kɤ¹ bɯ⁴
我　錢　許　多　餅　他　給

我餅許多錢給他。

5 動詞

①动詞重叠表疑問，动詞若是双音節時重叠第一個音節。

如：{ $l\text{ɪ}^4$ 来
$l\text{ɪ}^2$ $l\text{ɪ}^4$ 来嗎？

{ $t'\text{E}^2$ $k'a^4$ 拆開
$t'\text{E}^2$ $t'\text{E}^2$ $k'a^4$ 拆開嗎？

{ $dz\text{ʋ}^2$ 吃
$dz\text{ʋ}^2$ $dz\text{ʋ}^2$ 吃嗎？

{ ta^3 $k'\text{æ}^4$ 拴
ta^3 ta^3 $k'\text{æ}^4$ 拴嗎？

②自动式和使動式的形态特徵：為清濁交替。

如 { $dz\text{ʋ}^2$ 吃 { vi^3 穿
$ts\text{ʋ}^2$ 给吃 fi^3 给穿

③否定副詞的位置在动詞之前。

如： ma^4 $l\text{ɪ}^4$ 不来
不 来

ma^4 $dz\text{ʋ}^2$ 不吃
不 吃

④在动詞后加 $dz\text{ʅ}a^4$ 或 sa^1、$dz\text{ʅ}a^4$ 或 $t\text{ʋ}^2$ $dz\text{ʅ}a^4$ 来表示始动。

如：$kɤ^{1}$ $bɤ^{4}$ $gʋ^{2}$ $tɕ'E^{4}$ sa^{1} $dʑa^{4}$ a^{2}
他 们 蕎子 割 開 始 了

他们開始割蕎子了。

$dzʋ^{4}$ $dzʋ^{2}$ $dʑa^{4}$ sa^{1} $dʑa^{4}$ a^{2} 開始吃飯了。
飯 吃 開 始 了

⑤在动宾结构前加tsa^{2}表示动作正在进行中。

如：$kɤ^{1}$ tsa^{2} tsi^{1} $ʂI^{4}$ a^{4} $ʂI^{2}$ 他正在寫字
他 正在 字 寫 呢

$kɤ^{1}$ tsa^{2} $dzʋ^{4}$ $dzʋ^{2}$ a^{2} $ʂI^{2}$ 他正在吃飯
他 正在 飯吃 呢

⑥在动詞前加a^{4} nE^{2}（在动詞后加$ʂI^{2}$而前后相呼应）表示动作尚未完成。

如：$kɤ^{1}$ a^{4} nE^{2} ma^{4} $dzʋ^{2}$ $kɤ^{1}$ $ʂI^{2}$
他 还 没有 吃 完

他还没有吃完

⑦在动詞后加$kʋ^{1}$表示有关於某项動作的经驗。

如：$kɤ^{1}$ $ʂɤ^{1}$ $xʋ^{2}$ $dzʋ^{3}$ $kʋ^{1}$ la^{2}
他 蛇 肉 吃 过 了

他吃过蛇肉了

⑧在引述原說話人直接語的末尾用“di^{2}”。

如：$kɤ^{2}$ pE^{2} $tsɯ^{2}$ $kɤ^{1}$ pE^{2} $ŋɯ^{1}$ $ŋ^{4}$ ma^{4} lI^{4}
他 他 他 說 我 不 来

kɑ² tsɯ² ɑ² di² 他說、他說：我不来了。
說 了

③比較数量的多少、有下述两种表达法：

一、如：ŋ⁴ dʑɪ² nɑ⁴ dʑɪ² dɑ⁴ ʂɿ⁴ bʋ² dʑɑ⁴ ʂi²
我 的 你 的 （比） 多

我的比你的多

6 助动詞

①動詞和助动詞同時出現在疑问句中時、只能重叠動詞、不能重叠助动詞。

如："會唱"是"tsʻɑ²kɑ³"

会唱嗎？便成為：tsʻɑ¹ tsʻɑ¹ kɑ³，不能說成是"tsʻɑ¹ kɑ² kɑ²"。

②助动詞的位置在动詞和否定詞之后。

如：kɤ¹ si² ʂʋ¹ lɤ⁴ mɑ⁴ tsi² 他不敢去砍柴
他 柴 砍 去 不 敢

⑦副詞

①副詞應該位于动詞或形容詞之前：

如：nɑ⁴ ʑɪ² kɑ² kʋ¹ nʋ¹ nʋ¹ ɑ¹ ʂɑ¹
你 應 該 好 好 地 學習

你应該好好地学習

②表示必然的詞位於动詞之前。

如：na^4 a^4 $sɤ^4$ $ŋE^4$ $ʑi^2$ I^1 ma^1 sa^1 $ŋE^4$
你 必 須 这 樣 做

（$ŋE^4$又可以讀mu或mɯ）

你必須这樣做

③表示或然的詞位於动詞之前：

如：a^1 $xʋ^2$ a^2 $ʋ^4$ xI^1 di^1 也許要下雨
雨 也 許 下 哩

8連接詞

並立連接詞的位置在所要連接的兩個事物名詞之間。

如：$mʋ^2$ nE^2 ni^2 $tsʻa^4$ a^2 lI^4 la^2 馬和牛都来了
馬 和 牛 都 来 了

vE^3 nE^2 $ʑE^2$ $tsʻa^4$ a^2 $tʻi^4$ $dʋ^4$ mE^2 a^1
猪 和 雞 都 一 起 把

dE^2 $kɯ^2$
关

把猪和雞都关在一起

9語氣詞：語气詞的位置在句末

如：$tsʻi^2$ $tʋ^3$ lI^4 a^2 热起来了
热 起 来 了

$1ɤ^2$ $1ɤ^2$ a^2 $dzʊ^2$ ma^4 慢慢地吃吧
慢 慢 地 吃 吧

10感嘆詞的情况如下：

如：xui^4 嗨！（打招呼声）

ai^2 $ʐʊ^4$ 哎喲！（被打着或火燙着時的呼痛声）

$xʊ^2$ $xʊ^2$ 嘿！（讚嘆声）

11主謂結构的詞序是主語在前謂語在后：

如：$kɤ^1$ $1ɪ^4$ $1a^2$ 他来了
他 来 了

12动宾結构的詞序是宾語在前，动詞在后

如：na^4 $1ɤ^4$ a^2 $kɤ^1$ $ʂʊ^3$ 你去找他
你 去 他 找

13双宾語的詞序是间接宾語在前直接宾語在后：

如：$ŋ^4$ $kɤ^1$ $1a^1$ $tʻu^4$ $bɤ^4$ sa^1 $1ɤ^2$ $kʻu^2$
我 他 银子 三 個 还

我还他三個銀子

14动詞及其修飾語的向心结构的詞序是修飾語在前动詞在后。

如：$kʊ^1$ $nʊ^1$ $nʊ^1$ a^1 $ʂa^1$ 好好地學習
好 好 地 學習

15动詞謂語句的結构如下：

如：na⁴ tsi¹ ʂɪ⁴ 你寫字
你 字 寫

16体詞謂語句的結構如下：

如：t'i⁴ k'u² m¹ sa² xv⁴ tʂ'u³ tsɤ ŋv² ni⁴
一 年 三 百 六 十 五 天

一年三百六十五天。

a¹ ʂɪ¹ t'v² mv² ni⁴ 明天寫日
明天 寫 日

17主謂謂語的結構如下：

如：ŋ⁴ ŋ² kɤ² nv⁴ a² 我头痛
我 头 痛

18直陳句的結構如下：

如：kɤ¹ a⁴ pE¹ ni³ a² 他肚子餓了
他 肚子 餓 了

19疑问句的結構如下：

①疑问代詞在句首。

如：a⁴ su² gu³ lɪ⁴ lv² v⁴ 誰回来了
誰 回 来 嘍 了

②在句尾加ŋa¹

如：na⁴ ʂɪ⁴ v⁴ kɤ¹ la² ŋa¹ 你寫完了嗎？
你 寫 完 了 嗎

③重叠动词和形容詞

如：dzʋ² dzʋ² 吃嗎？

nʋ¹ nʋ¹ 好嗎？

20 祈使句的結構如下：

t'a⁴ nũa¹ 莫鬧！
莫 鬧

21 感嘆句的結構如下：

如：ɣɤ¹ p'a⁴ dʋ² ʋ⁴ a² 唉呀！跑走了
唉呀！跑

22 简单句有下列几种

①單詞句 xʋ⁴ a² 对！

②無主句 dzʋ⁴ dzʋ² lɪ² 来吃飯

③主謂句 ŋ⁴ dʑi⁴ da⁴ a⁴ ʂi² 我在喝酒
我 酒 喝 在

23 複合句的一般結構如下：

如：mi¹ di¹ di¹ dʋ⁴ ʂɪ⁴ tsa¹ ^(ɣɤ²)a¹ xʋ² ʐɪ² xɪ¹ ʐa² ma⁴ nʋ⁴ tsʋ²
風 刮 得 很 大 雨 也 下 不 停

風刮得很大，雨也下個不停。

新平彝語声韵調配合表（第一式）　（新1）

音位	辅音	调类	i	i̠	i̤	i̱	ɪ	E	E̠	ɚ	Eɤ	a	ʋ	ʋ̠	ɯ	ɯ̠	ɤ	ɤ̤	ɯ	ɯ̠	ʅ	ɳ̍	m̩		备註
元音			ɿ.ʅ	ɿ̠.ʅ̠	i	i̱	ɪ	E	E̠	ɜɤ	Eɤ	a	ʋ	ʋ̠	ɯ	ɯ̠	ɤ	əɤ	ɯ	ɯ̠	ʅm̩	n	m		
p	p	˥			女生殖器		脱皮				色	条(量)	换		豪猪		(可惜)								
		˧				跳	一小半	杯子		(栗子)		搬运	药		诱误	寺		(小腿)							
		˨˩			笔			撬		(镰刀)			稠		根			(屁股)							
		˩			比										听		(月布)								
p'	p'	˥					(剖腹)					炮	摘		公的										
		˧					歪斜	集(寺)		蚌蚕	猿子		(文书稿)		价值		多	强壮							
		˨˩			呕吐			(病)							喷水			肿							
		˩			平		(舌头)				(灰色)	跑	(学生)				[illegible]								
b	b	˥			(细痘)								(光亮)		蚂蚁		(对谁说话)								
		˧					疾			射	(牛斗)	翁	削		虫	饱	(倒了)								
		˨˩													发霉			弱							
		˩			底		(草)				(全蚕)	(生孩子)	月亮		揹		山								
m	m	˥			地		(惭愧)				名字	(泥)	高		嘞										
		˧			风					(木仓)	尾巴	(金锣)	馬	换	天	吹	我们								
		˨˩						兵		(官)		鬃	(毛线)					墨							
		˩					語言				妻	书	(星)		做										
f	f	˥			(呐喊)										富有										
		˧				(挥手)					左	越过				(蛔虫)									
		˨˩						山岩		乾		(法律)													
		˩			(回族)										蛋										
v	v	˥			(花)					—	(圆)	万			羡慕		(分配)								
		˧			開(花)					游	锅盖				雁鹅		远								
		˨˩			穿			猪		搭								塔							
		˩			(裤子)		狼				買	鱼网			腾										

新平彝语声韵调配合表

（新2）

音位	辅音	声调	i	i̲	i	i̲	ɪ	E	E̲	ɚ	Eɤ	a	ʋ	ʋ̲	ɯ	ɯ̲	ɤ	ɤ̲	ɯ	ɯ̲	ɿm	ɿ	ɿ	备注
			ɿɿ	ɿ.ɿ	i	i̲	ɪ	E	E̲	əɤ	Eɤ	a	ʋ	ʋ̲	ɯ	ɯ̲	ɤ	əɤ	ɯ	ɯ̲	ɿm	ɿ	ɿ	
t	t	˥			推		（刀）				云	（扶）	牛		腐熟		遇见							
		˧				煮熟	加		抢	（扁）		（锡）	独自				灯	（后头）		把量				
		˧̆						驾		拴			（起）		回燃		遗拆							
		˩			抵抗		退趣								直		埋		斗					
t'	t'	˥										兔子			未									
		˧			桑		天亮	绞刑		无			竖		嗒			伴量	断					
		˧̆						长篇		成功			（钢铁）		（画画）		（头人）	接嗓	剥					
		˩			一		告诉					上衣	桶		银		洞							
d	d	˥					成千				钻柄						一些							
		˧				（路滑）		（棕子）		淡	芋头		野蜂			（流淌）	钦	豆荚	民族	下气				
		˧̆						[illegible]										松树						
		˩					飞				腰	喝	滴水		（客人）		枕头		惩					
n	n	˥			愚		蓝						好				红		绿					
		˧			贵子	（心）	生长	盐		浑	近	你的	停止		毛		短	剪	根量					
		˧̆			饿			深		一壶					粮食									
		˩			生		石层				心	你	病				嗅		（奶）					
l	l	˥			（影子）						（玩）	（时）	（弓）				乳房		（簿子）					
		˧			量	（歪）	（麦）					河	鲍		摔		个	懒	滚	[illegible]				
		˧̆			厘		（勤劳）	手		（吉参）		棕	虎		境			分量	[illegible]					
		˩			里		来				（脖子）	[illegible]	挑				去		[illegible]					
z	z	˥			四		一般				火种		（舌头）		炒				酒					
		˧			（四个）	梨						（嗽口）	接人				[illegible]	脱	（行李）	动拉				
		˧̆						（朋友）		（牛）			獭子				二	晒						
		˩										（架）												

新平彝語聲韻調配合表　（新3）

音位 \ 輔音 \ 調類 \ 元音 \ 音位			i	i̠	i	i̠	ɪ	E	E̠	æ	Eɣ	a	ʋ	ʋ̠	u	u̠	ɣ	ɣ	ɯ	ɯ̠	ŋ̍m̩	n̩	m̩	备註
			ɿ.ɿ	ɿ̠.ɿ̠	i	i̠	ɪ	E	E̠	əɣ	Eɣ	a	ʋ	ʋ̠	u	u̠	ɣ	əɣ	ɯ	ɯ̠	ŋ̍m̩	n̩	m̩	
k	k	˥								(蓋箱	弯曲	(親戚	發抖		(駝背		他							
		˦								罵	(拾起	缸	歌		(鼓)		(耕牛	瘦						
		˧̌								掏		(会說	(害跳)					角落						
		˨										跨			(放盘)		(時候)							
k	kʻ	˥										看望	(蟒里)				拘貧窮							
		˦									剪	苦	四		斗笠		(边缘							
		˧̌								鉄		抗(蓋)			年									
		˨										腳	(灰塵				堅固							
g	g	˥											(狗叫)											
		˦								美麗	摩擦	耕	箒子											
		˧̌								花					(回去)			腳						
		˨									(被子)	拉	(圈子)		鼓(肩		(松鼠							
ŋ	ŋ	˥									(太小)	(學叫)					杉							
		˦										霜晨	五		鉤	脑髓	是棵							
		˧̌								敢					蕎秧)									
		˨										看見					是							
x	x	˥			(鸟叫)					有害		(蒼蠅	(鎬子)				黃							
		˦						鳥					肉					抽屉						
		˧̌					八	住				角	合量)				(螞蟻)	站立						
		˨									領导	清洁	百				海							
ɣ	ɣ	˥								愛							硬							
		˦								搀雜	大		雪				說							
		˧̌											(獲得					針						
		˨									笑	菜	竹子				切							

新平彝語声韻調配合表

（新 4）

音位	辅音	調类	i	i̲	i	i̲	I	E	E̲	æ	Eɤ	a	ʋ	ʋ̲	u	u̲	ɤ	ɤ̲	ɯ	ɯ̲	ŋ̍m	ŋ̍	m̩	备註
音位	辅音	調类	ɿʅ	ɿ̲ʅ̲	i	i̲	I	E	E̲	ʒɤ	Eɤ	a	ʋ	ʋ̲	u	u̲	ɤ	ʒɤ	ɯ	ɯ̲	ŋ̍m	ŋ̍	m̩	
ts	ts	˥	小									枭子			蹲		(七十)							
		˧	麻							(麻疹)		济涝	跌		租		争夺							
		˨	截断							汗		攪雜			痛			窄						
		˩	结实									早					(扳翻)							
tsʻ	tsʻ	˥	辣子										(孪生子)		胖									
		˧	狗							(剪子)		月星	(喂子)		粗			插						
		˨	漆							织		揩擦						咬						
		˩	穿衣									入			(孟祖)		十							
dz	dz	˥	皮														(上粪)							
		˧	铜	砍柴						土匪	骑		吃				(商量)	推鉋						
		˨	失败															花椒						
		˩	男生殖器										(反刍)				雁鹅							
s	s	˥	杀									三					选择							
		˧		树木						褴褛		沙					走	散药						
		˨	新										缩					塞						
		˩	锡									(黄水)					像							
z	z	˥	砚台																					
		˧	光										兜子				使用							
		˨	睡																					
		˩	水														油							

新平彝語声韻調配合表

（新5）

音位／輔音／調类＼音節（意義）／元音／音位			i	i̠	i	i̠	ɪ	E	E̠	ɚ	Eɚ	ɑ	ʊ	ʊ̠	u	u̠	ɤ	ɤ̠	ɯ	ɯ̠	ŋ̍m̩	ɿ̠	ɿ	备
音位	輔音	調类	ɿɿ	ɿ̠ɿ̠	i	i̠	ɪ	E	E̠	əɚ	Eɚ	ɑ	ʊ	ʊ̠	u	u̠	ɤ	əɚ	ɯ	ɯ̠	ŋ̍m̩	ɿ̠	ɿ	註
tʂ	tʂ	˥	支援				拾鍁				片	（螞蚱）	（簸箕）				（王步勒）							
		˧	（蓮子）				句	（碗子）				畫筆		（李子）	（栽托）									
		˨	誠實					鍋子					（媒人）		蚼									
		˩	（咳嗽）				（竹簡）						（需要的）											
tʂʻ	tʂʻ	˥	針				尖				錢（幣）		块地		燒									
		˧	（燕）	熱			性交	貫			知道	（抗拔）	盖											
		˨					褶子	箭				茶	（草鞋）		六			杵						
		˩	（兔子）				鉸子				立端		説謊				（雞窩）							
dʐ	dʐ	˥					（河岸）				（扶）				結冰									
		˧					（牲口）		冷						筋	柏								
		˨	縫衣					（水）							腰									
		˩	酒				煮	阻擋			牙齿	有	包谷		（筷子）									
ʂ	ʂ	˥	（大蒜）				凉快				黄（色）	仿學	小麦		（彝族）		穴							
		˧	血	播			（胡椒）	粗糙			磨（刀）		穷苦		書									
		˨					（打斷）	打架					貝殼		（衣生）									
		˩	七				鐵				拉	少	晴											
ʐ	ʐ	˥	漏									辣												
		˧					大堂	難					（魚）		還									
		˨	揉					淺（水）					件（量）											
		˩									柱子		大麦		捉		（忍痛）							

新平彝语声韵调配合表 (新6)

音位	韵音	调类	i	i̱	i	i̱	I	E	E	əɹ	Eɤ	a	ʋ	ʋ̱	u	u̱	ɤ	ɤ̱	ɯ	ɯ̱	ŋ̍m̩	ŋ̍	m̩	备注
			ɿ.ʅ	ɿ̱.ʅ̱	i	i̱	I	ɛ	E	əɤ	Eɤ	a	ʋ	ʋ̱	u	u̱	ɤ	əɤ	ɯ	ɯ̱	ŋ̍m̩	ŋ̍	m̩	
0	ʔ	˥					这				(求马)	(桃子)					喊叫		(木桶儿)		去			
		˧								水牛								鸭子			(頭)			
		˨																			(蛐蟮)			
		˩									李子	(蚂蟥)									我			
0	0	˥																					(今晚)	
		˧																					[illegible]	
		˨																						
		˩																				(二)	(月亮)	

Ⅳ 東南部方言

(一) 一般情况：

東南部方言區的位置約当東經103°—105°、北緯23.2°—25.2°。這个方言區，全部在雲南境内，包括开远、蒙自、屏边、河口、馬关、麻栗坡、文山、师宗、陆良、路南、弥勒、宜良、昆明等22个縣市。方言區的北部及東北部和東部方言連接，大体上以昆明、馬龍、羅平为界；方言區的西部、西南部和南部方言連接，大体上以昆(昆明)碧(碧色寨)鐵路为界；因为南部方言和東南部方言在文山專區里錯綜複雜，方言區的南部界線頗不明顯。

說東南部方言的彝族支系，主要是自称为ɳɪ˩汉称为「撒尼」的这一支系及自称为a˩ɕi˥pʻo˩汉称为「阿細」的這一支系。其次是自称为a˧tɕa˩pʻu˩va˧和dzo˩kʻo͡a˧汉称为「普族」「普拉」「黑濮」等的这一支系。

「普拉」這一支系約有5萬餘人，「撒尼」這一支系約有4萬餘人，「阿細」這一支系的约有3万餘人。說這个方言的彝族居民总共約14万人。

在這个方言區里，較大的聚居區有文山、路南和弥勒，聚居的人口有2萬餘至4萬餘不等。

本队今年在東南部方言區里共調查了18个点(重点3个，正点5个，付点10个)在這些調查点里，我们根据語言的代表性的大小，並結合聚居的情况，选出了两个代表点——宜良(代表「撒尼」)和弥勒(代表「阿細」)，从它们可以看出東南部方言的一般情况。

(二) 語音情况：

甲. 宜良彝語的音位系統和語音特点：

1，声母：共40个。

A．东南部方言宜良二区狗街乡彝语声母表：

发音方法 发音部位		双唇	唇齿	舌尖前	舌尖中	舌尖后	舌面	舌根	小舌	喉
塞音	全清	p			t			k	q	
	次清	pʻ			tʻ			kʻ	qʻ	
	浊	b			d			g		
塞擦音	全清			ts		tʂ	tɕ			
	次清			tsʻ		tʂʻ	tɕʻ			
	浊			dz		dʐ	dʑ			
	清				tɬ					
	浊				dɮ					
鼻音		m			n		ȵ	ŋ		
边音					l					
擦音	清		f	s	ɬ	ʂ	ɕ	x	χ	h
	浊		v	z		ʐ	ʑ	ɣ		

B．声母例字：

p	pi^{1}	埋	po^{3}	山
pʻ	pʻɔ^{3}	布	pʻa^{2}	撵
b	bɛ^{3}	根	be^{2}	蹺
m	mu^{1}	馬	mɛ^{2}	名字
f	fi^{2}	分配	fu^{1}	編
v	vi^{2}	开（花）	vɛ^{3}	買
ts	tsɿ^{1}	咳	tsi^{3}	边上

tsʻ	tsʻɿ^{5}	洗	tsʻɔ^{5}	盐
dz	dzɔ^{2}	黏	dzɔ^{5}	吃
s	sɿ^{1}	像	se^{2}	想
z	zɔ^{5}	兇	zɤ^{5}	使用
t	te^{2}	抱	tɤ^{1}	拴
tʻ	tʻi^{5}	一	tʻe^{2}	鋒利
d	de^{2}	上	dɛ^{5}	打
n	nɿ^{1}	短	ne^{4}	早
l	lɿ^{2}	脱(衣)	lɛ^{3}	碾
ɬ	ɬɛ^{3}	斧柄	ɬɯ^{3}	銀
tɬ	tɬɔ^{3}	張	tɬe^{1}	鷹
dɬ	dɬɿ^{5}	断	dɬo^{2}	踢
tʂ	tʂɿ^{3}	酒	tʂɔ^{3}	條
tʂʻ	tʂʻɿ^{3}	甜	tʂʻɤ^{5}	醜
dʐ	dʐɿ^{5}	跳	dʐɿ^{3}	相信
ʂ	ʂɿ^{1}	草	ʂo^{4}	少
ʐ	ʐɿ^{3}	水	ʐa^{1}	浪
tɕ	tɕi^{2}	找	tɕɪ^{2}	酸
tɕʻ	tɕʻɪ^{5}	句	tɕʻɛ^{5}	聪明
dʑ	dʑi^{2}	拉	dʑɪ^{5}	牲畜
ȵ	ȵi^{3}	称	ȵa^{1}	小
ɕ	ɕi^{4}	新	ɕe^{2}	汉人

ʑ	ʑi²	滑	ʑɪ³	煙
k	kɤ²	割	kɔ²	烤
kʻ	kʻɪ²	他	kʻɯ²	磨(动)
g	gɔ⁵	嚼	gu³	瘦
ŋ	ŋɛ³	是	ŋɔ¹	魚
x	xɯ¹	恐嚇	xɯ³	鉄
ɣ	ɣɤ²	走	ɣɯ³	切(菜)
q	qɛ⁵	瘤	qɯ³	虎
qʻ	qʻɤ⁴	咬	qʻɔ⁵	苦
χ	χe¹	短	χɔ³	筝
h	he²	鼠	hɛ³	亭子

C，声母特点和説明：

①，有五个其他各地彝語所没有的声母。一是舌尖中的塞边声母(tɬ和dɬ)一是小舌声母(q qʻ和χ)。

②，北部方言和東部方言所具有的鼻冠音声母(如mb、nd……等)以及東部方言所具有的舌尖后的塞音声母(ʈ ʈʻ ɖ)这两套，在宜良的声母里均没有。

③，舌尖中的塞边声母"tɬ"是t和ɬ的結合体，"dɬ"是d和ɬ的結合体，

④，ɬ是从舌頭兩边出氣的，边擦清音。

⑤，ʑ可以自由变讀为j，不区别音位。

⑥，m、ɬ、ɬ、tɬ和ŋ这五个声母可以元音化而自成音节

2，韻母：共11个。

A. 韻母表：

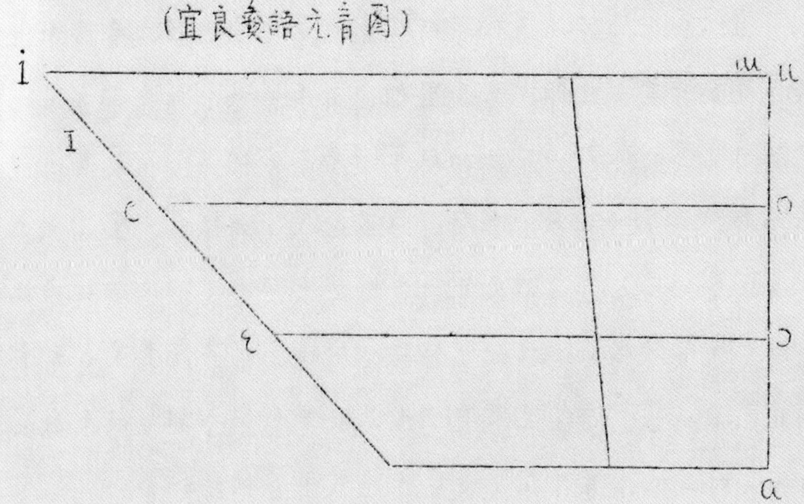

另有舌尖元音韻1个：ɿ

B. 韻母例字：

ɿ	zɿ^{5}	豕	tɕʻɿ^{1}	喝
i	pi^{1}	埋	zi^{3}	坚固
ɪ	kɪ^{2}	他	tɕʻɪ^{5}	句
e	ne^{2}	压	me^{4}	兵
ɛ	hɛ^{2}	房子	tɕʻɛ^{5}	聪明
a	pʻa^{2}	捲	sa^{1}	認識
ɔ	tɖɔ^{3}	張	xɔ^{5}	肉
o	lo^{3}	藍	ho^{3}	染
ɤ	zɤ^{5}	使用	kɤ^{2}	割
u	pu^{2}	推	pʻu^{5}	價值

ɯ　　fɯ¹　　喜欢　　xɯ³　　铁

C，韻母特点和說明：

①　宜良撒尼彝語没有松紧对立的元音，全为松元音。和北部方言比較，北部方言，北部次方言里的元音有紧喉；和東部方言比較，虽然東部方言里的東部一带（例如威宁）元音不分松紧，但是其西部一带（例如禄劝和尋甸）則分松紧；和南部方言比較，南部方言里，大多数的地方都有元音松紧之分。从東南方言内部来說，丈山的自称"普拉"的彝語里有两个元音分松紧，弥勒的自称"阿细"的彝語里全部元音分松紧。因此無論从整个彝語里来看，或是从東南部方言内部来看宜良彝語没有松紧对立的元音存在，是一个比較重要的特点。

②　宜良没有儿韻。

③　ɿ是舌尖前元音，和tʂ，tʂʻ……等結合。当他和舌尖后声母結合時，讀作[ʅ]，唇器閉舒。

例如：

音位标音：　tʂɿ¹　（喝），　实际讀音：　tʂʅ˥

"　tʂʻɿ³　（甜），　"　tʂʻʅ˧

"　ʂɿ¹　（拿），　"　ʂʅ˥，

④　a的舌位在[A]和[ɑ]之间，讀成ɐ或ɑ都可以。

⑤　o和ʊ，ɯ和ɤ都可以自由換讀。

⑥　有六个輔音在ɿ或ɯ拼合時的候是自成音節或元音化的形式。這六个輔音是：m、n、ɭ、ʐ、dʐ和ŋ。現在举例如下。

音位标音：　nɿ^{5}（二），　实际读音：　n̩˩，

〃　lɿ^{3}（城），　〃　l̩˧，

〃　ɖɿ^{1}（四），　〃　ɖ̩˥，

〃　dɖɿ^{5}（断），　〃　dɖ̩(ɿ)˩，

〃　mu^{3}（做），　〃　m̩˧，

〃　ŋu^{5}（件），　〃　ŋ̍˩。

3．声調：共5个。

A，声調和例字表：

声調代号	調值	例	詞
		标音	实际读音	漢義
1	˥	sɿ^{1}	sɿ˥	血
		zɿ^{1}	zɿ˥	隐蔽
2	˦	sɿ^{2}	sɿ˦	樹
		zɿ^{2}	zɿ˦	压
3	˧	sɿ^{3}	sɿ˧	拉
		zɿ^{3}	zɿ˧	大麦
4	˨	sɿ^{4}	sɿ˨	渴
		zɿ^{4}	zɿ˨	豹子
5	˩	sɿ^{5}	sɿ˩	肝
		zɿ^{5}	zɿ˩	尿

B，声調的説明：

① 宜良撒尼彝語的声調全为平調，其中第四調是短調。

② 有五个声调，与其他各地彝语也是不多見的現象。

4．借汉的讀音情况：

由於从汉語借詞的原因，宜良撒尼彝語里增加了複元音和半鼻音。

例如：

① 複元音：

ua： kua^1（料），xua^1（融化）等。

iau： $miau^4$ $ts'u^4$（苗族），等。

② 以半鼻音代替鼻輔音韻尾。

uã： $k'uã^3$（寬）$ts'uã^1$（寸）等。

5，音節結构的條理：

① 輔音＋元音＋声調：

pi^1（埋），$sɿ^1$（像），$tɕɯ^3$（飛）等。

② 元音＋声調：

$ɛ^1$（人叫）$ɣ^2$（捧）等。

③ 輔音自成音節＋声調：

$m̩^1$（音位标音為mu^1）馬，$l̩^4$（音位标音為$lɿ^4$）（脱）等。

附：宜良二區彝語声韻調配合表。

宜良二区彝语声韵调配合表

（宜1）

音位	音位	调	ɿ	ʅ	i	ɪ	e	ɛ-	a	ɔ	o	o	ɤ	ɣ	ɯ		ɚ	[illegible]	[illegible]	备注
			ɿ	ʅ	i	ɪ	ɛ	æ	a	ɔ	o	ʊ	ʌ	ɤ	m		ɚ	[illegible]	[illegible]	备注
p	p	˥55			埋	世代		姑姐男		公奶				木[illegible]			斗			
		˦44			跳舞		私		滴	模		编					八			
		˧33				渣		脱	潘泥	呈渣		文模	—				叫			
		˨22																		
		˩11				古拼														
pʻ	pʻ	˥			发															
		˦				赔还	发(用头)	装	绕											
		˧						辣		布	鼓(吹打)						开			
		˨			出									膛			酸			
		˩						族									价值			
b	b	˥										鼓(吹)					祖父			
		˦					说		射		饱			咻						
		˧			颗粒			根		光	富						肩			
		˨			裂				搬(动)					蹄						
		˩			屁	撒		把				奔					蚕			
m	m	˥						尾巴			教								马	
		˦			地			名字		竹									吹	
		˧						熟		雌		嘟							做	
		˨					军人						蛋							
		˩				河		妻		不	老								天	
f	f	˥			伙伴			份									蝙			
		˦			分配			分									丈夫			
		˧						乾												
		˨																		
		˩																		

宜良二區彝語声韵調配合表

（宜2）

音位	辅音	调类	ɿ	ʅ	i	ɪ	e	ɛ	a	ɔ	o	o	ɤ	ɤ	m̩		n̩	(n̩.ɿ)	(m̩.ɿ)	备注
		元音	ɿ	ʅ	i	ɪ	e	æ	a	ɔ	ȯ	ʊ	ʌ	ɤ	m̩		n̩	元韵母[illegible]	元韵母[illegible]	
v	v	˥55				气味				模										
		˦44			升															
		˧33				舍		买		網										
		˨22			穿		梳													
		˩11			屁				[illegible]	雷							卖			
ts	ts	˥	美丽			哎哟	接(物)					嘴			争辩					
		˦	接(人)																	
		˧	边			边(上)				饭										
		˨										闹		[illegible]						
		˩																		
tsʻ	tsʻ	˥							嗆		锉									
		˦	断																	
		˧	肺		+					热	人			斧						
		˨	揑				栽				挑拨									
		˩								趟										
dz	dz	˥																		
		˦							土匪			粘								
		˧	[illegible]																	
		˨	飞(飞机)				搁桥		蝙蝠											
		˩	指							吃										
s	s	˥	守				蒸		知道						三					
		˦	扫		搂		想		[illegible]		[illegible]									
		˧	牽																	
		˨					气		伞											
		˩	粒												看					

宜良二[illegible]　　（宜3）

音位	音标	调类	ɿ	ɿ	i	ɪ	e	ɛ	a	ɔ	o	o	ɣ	ɣ	ɯ		ɯ	ɿ (ɿ ɣ)	ʊ (ɯ ɣ)	备注
			ɿ	ʅ	i	ɪ	e	æ	a	ɔ	o	ʊ	ʌ	ɣ	ɯ		ɯ	无调	无调	
z	z	˥55								在										
		˦44																		
		˧33				坚固						眩晕								
		˨22	柄				下													
		˩11	承							儿					使乘					
t	t	˥			剑(戟)	春		肆				重叠		栓	凝结		千			
		˦					抱	栽							指		正			
		˧													蹲					
		˨			抵抗				塔											
		˩																		
t'	t'	˥			(树)喷嚏				烫	套										
		˦				填	锋利					啄								
		˧			蹄						底				脱		停			
		˨					端		蹬	拆							使(出)			
		˩								萎										
d	d	˥															埋			
		˦					上		砍			坐								
		˧						男生殖器									件			
		˨			滑							簇		烧						
		˩						打				语					组织			
ȶ	ȶ	˥					鹰													
		˦					扇							凹						
		˧						腰		张					飞					
		˨																		
		˩																		

宜良二区彝语声韵调配合表

宜4

音位 / 音值 / 调			1	1	i	ɪ	e	ɛ	a	ɔ	o	o	ɤ	ɤ	ɯ		u	ɿ ɿ (ʅ ɿ)	ɯ (ɯ.ɣ)	备注
			1	ɿ	i	ɪ	e	æ	a	ɔ	o	ʊ	ʌ	ɤ	ɯ		ɯ			
dʐ	dʐ	˥55																		
		˦44										蹋		跺						
		˧33															粗			
		˨22																褪色		
		˩11																斯		
ʐ	ʐ	˥					淡		烧	多		垫			样			短		
		˦					蒸	泔	烧透	间		毛						烧		
		˧						沉		病					遥			竖		
		˨					早		烫(衣)									蜷		
		˩				撒克				落					淡			二		
l	l	˥							坏	虎					喜欢			满		
		˦			啦			包				挥						磨		
		˧						辗		拿	拾							城		
		˨								捞								锐		
		˩								两								龙		
ʐ	ʐ	˥						换(肉)		锅子)				晒				折		
		˦					拚挥		墙					脱			炒	(二数)		
		˧						卖料		蚕							银	捕鸟		
		˨							变									剥		
		˩								叶					借			朵		
tʂ	tʂ	˥		渴					冰	使吃										
		˦		斤								滚								
		˧		酒						条		有								
		˨																		
		˩		紧					好											

宜良二區彝語声韵調配合表

（宜5）

音位 \ 音值 / 辅音 / 调类 / 元音			ɿ	ʅ	i	I	e	ɛ	a	ɔ	o	o	ɣ	ɣ	ɯ		ɤ	[illegible]	[illegible]	备註
			ɿ	ʅ	i	I	e	æ	a	ɔ	o	ʊ	ʌ	ɣ	ɯ		ɯ	[illegible]	[illegible]	
tʂʰ	tʂʰ	˥55		愁																
		˦44										剁		摔						
		˧33		甜					叉											
		˨22															撕			
		˩11		船						串		立			跪					
dʐ	dʐ	˥																		
		˦												喧嚷						
		˧		相信											挪					
		˨							飞			腰								
		˩		跳						骂		直								
ʂ	ʂ	˥		草						穷										
		˦		守					烟	赚					升					
		˧		死					沙											
		˨										少								
		˩		七																
ʐ	ʐ	˥							让						承认					
		˦																		
		˧		水								绵羊								
		˨																		
		˩													忍耐					
tɬ	tɬ	˥					燕	汗	架						救					
		˦			拔	酸	(绳子)													
		˧						跪												
		˨							大											
		˩							借											

宜良二區彝語声韻調配合表

（宜6）

音位	辅音	声调	1	ʅ	i	I	e	ɛ	a	ɔ	o	o	ɣ	ɣ	m		n	n, 1 (生, 山等)	(m ŋ n)	备注
			1	ʅ	i	I	e	æ	a	ɔ	o	ʊ	ʌ	ɣ	m		n	无辅音声母(自成音节)	无辅音声母(自成音节)	备注
tɕʰ	tɕʰ	˥55								撬										
		˦44			抓															
		˧33						集	插											
		˨22			今(水)		般													
		˩11				的		聪明												
dʑ	dʑ	˥																		
		˦					冷													
		˧						醋(风)												
		˨			拉		编织													
		˩				嘴口		剑												
ȵ	ȵ	˥																		
		˦					压							剪						
		˧			你															
		˨																		
		˩																		
ɕ	ɕ	˥			细			滤												
		˦					汉(人)	去												
		˧				根														
		˨			新		摘													
		˩						生(孩)												
ʑ	ʑ(j)	˥			坐着															
		˦			清		鸡													
		˧				烟		笑												
		˨			哑		编织													
		˩						大												

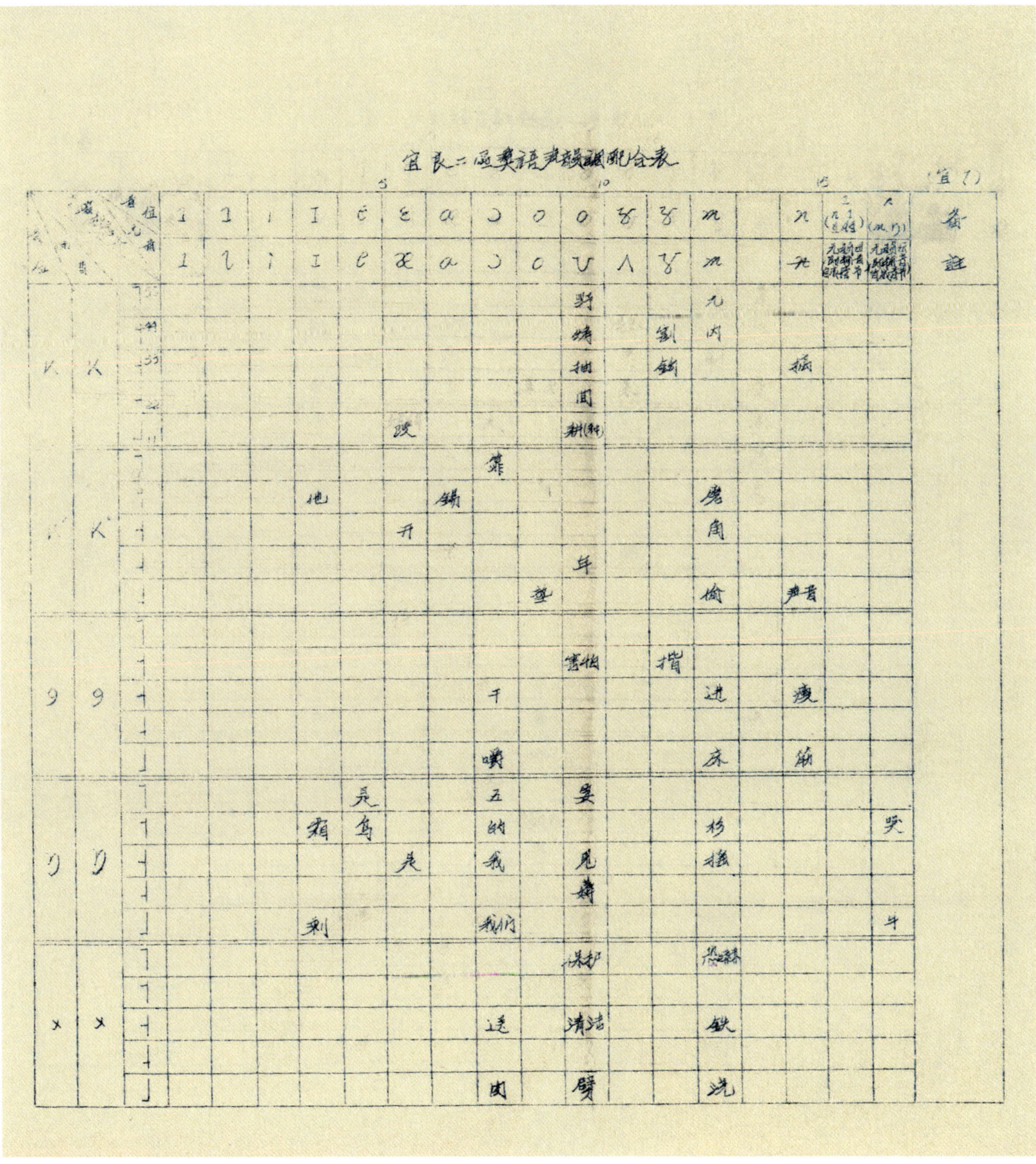

宜良二區彝語声韻調配合表

（宜 1）

声母	音位	声调	ɿ	ɿ	i	ɪ	e	ɛ	a	ɔ	o	o	ɤ	ɤ	ɯ		n	二（n 1 [illegible]）	八（ɯ ŋ）	备註
			ɿ	ʅ	i	ɪ	e	æ	a	ɔ	o	ʊ	ʌ	ɤ	ɯ		n	[illegible]	[illegible]	
k	k	˥										野			九					
		˦										蜻		割	肉					
		˧										抽		鋤			摘			
		˨										闻								
		˩						跛				耕(种)								
k'	k'	˥								靠										
		˦				地			锅						磨					
		˧						开							角					
		˨										年								
		˩									[illegible]				偷		声音			
g	g	˥																		
		˦										害怕		揹						
		˧								干					进		瘦			
		˨																		
		˩								嘴					床		筋			
ŋ	ŋ	˥					是			五		要								
		˦				霜	鸟			的					杉				哭	
		˧						是		我		鬼			搖					
		˨										彝								
		˩				剩				我们									牛	
x	x	˥										保护			[illegible]					
		˦																		
		˧								送		清洁			缺					
		˨																		
		˩								肉		劈			洗					

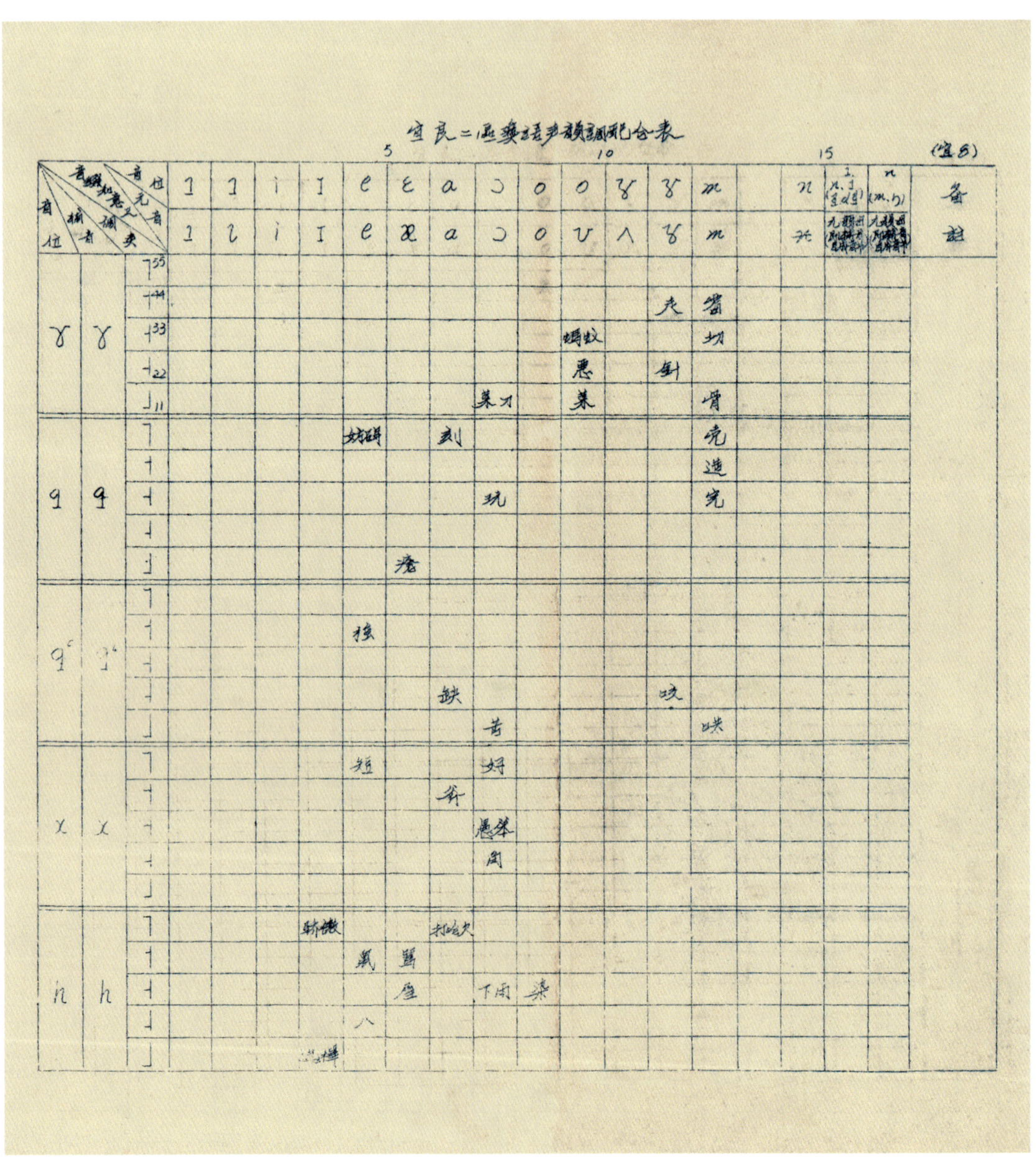

宜良二區彝語声韻調配合表

(宜8)

音位 / 音标 / 调类		韻母 音位 / 元音	ɿ	ʅ	i	ɪ	e	ɛ	a	ɔ	o	o	ɤ	ɤ	m		n	ɲ,ʒ	n (m,ŋ)	备註
			ɿ	ɭ	i	ɪ	e	æ	a	ɔ	o	ʊ	ʌ	ɤ	m		[illegible]	[illegible]	[illegible]	
ɤ	ɤ	˥55																		
		˦44												衣	嘗					
		˧33										螞蚁			切					
		˨22										悪		針						
		˩11								菜刀		菜			骨					
g	g	˥					姑媽		刻						売					
		˦													造					
		˧								坑					完					
		˨																		
		˩						瘡												
gʻ	gʻ	˥																		
		˦					核													
		˧																		
		˨							缺					咬						
		˩								苦					哄					
x	x	˥					短			好										
		˦							斧											
		˧								愚笨										
		˨								閑										
		˩																		
h	h	˥				斩铁			打哈欠											
		˦					鼠	驢												
		˧						座		下雨	桑									
		˨					八													
		˩				[illegible]撵														

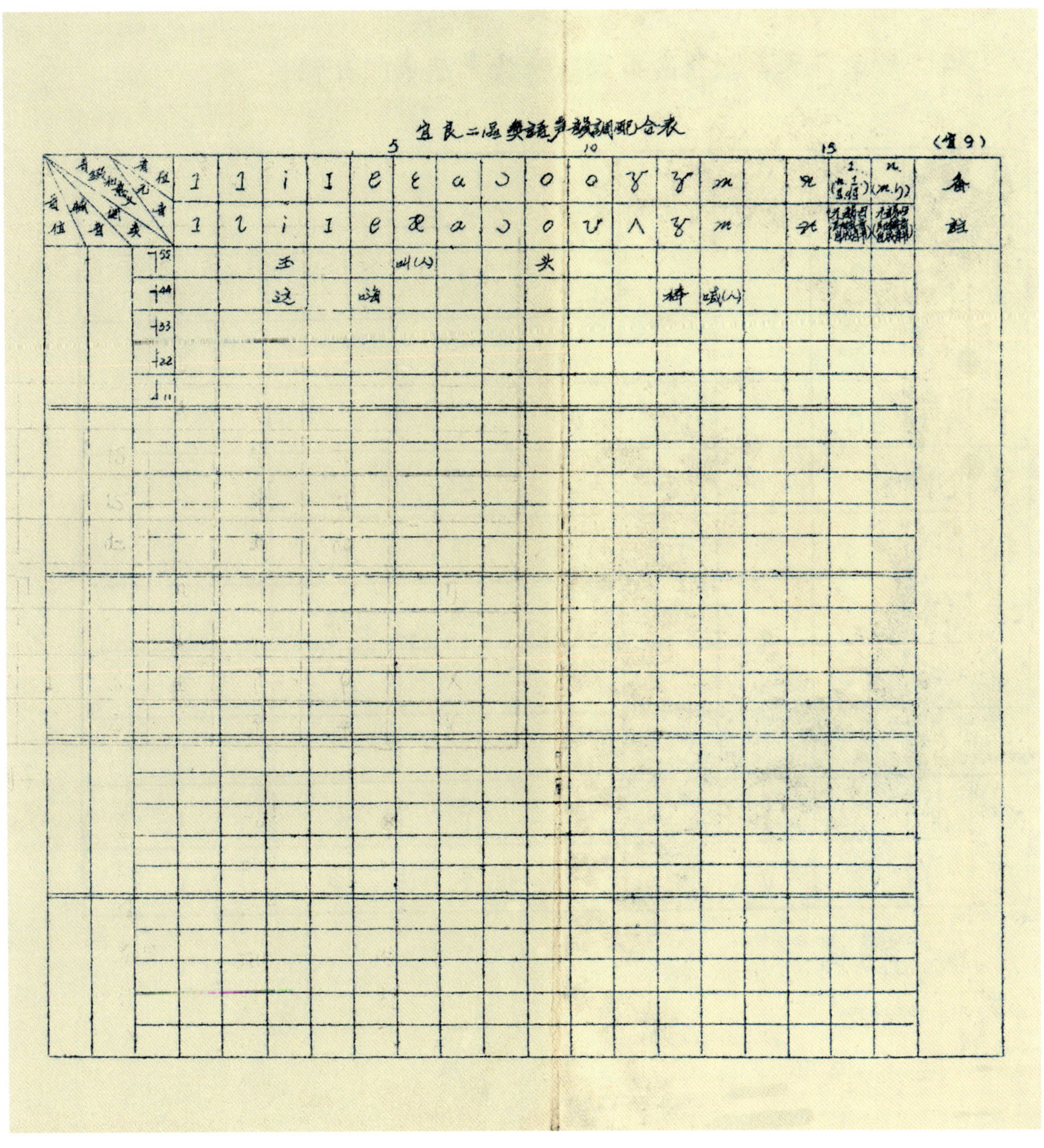

宜良二区彝语声韵调配合表

（宜9）

音位 辅音 声调 / 元音 音位	ɿ	ɿ	i	ɪ	e	ɛ	a	ɔ	o	o	ɤ	ɤ	ɯ		ɚ	1.（[illegible]）	2.（ɯ.ŋ）	备
	ɿ	ʅ	i	ɪ	e	æ	a	ɔ	o	ʊ	ʌ	ɤ	ɯ		ɚ	[illegible]	[illegible]	注
˥55			玉			叫(入)			头									
˦44			这		啃							棒	喊(入)					
˧33																		
˨22																		
˩11																		

乙、弥勒彝語的音位系統和語音特点：

1. 声母：共31个。

A 東南部方言弥勒西山一區彝語声母表(共31个)

音位 发音方法 \ 发音部位		双唇	唇齿	舌尖前	舌尖中	舌尖后	舌面	舌根
塞音	全清	p			t	ʈ		k
	次清	p'			t'	ʈ'		k'
	濁	b			d	ɖ		g
塞擦音	全清			ts		tʂ	tɕ	
	次清			ts'		tʂ'	tɕ'	
	濁			dz		dʐ	dʑ	
鼻音		m			n			ŋ
边音					l			
擦音	清		f	s	ɬ	ʂ	ɕ	x
	濁		v	z		ʐ	ʑ	ɣ

B. 声母例字：

p	$pɛ^{1}$	蓋	$pu̱^{1}$	笨
p'	$p'i̱^{3}$	剝	$p'ɛ^{3}$	辣
b	ba^{2}	揹	$bʋ^{2}$	流
m	$mɛ^{2}$	名字	$mʋ^{3}$	做
f	fa^{2}	乾	fi^{2}	長久
v	vi^{2}	分	va^{3}	買

ts	tsɿ^{1}	塞	tsɿ^{1}	蔴
tsʻ	tsʻʋ^{3}	胩	tsu^{3}	人
dz	dzɛ^{4}	騎	dzʋ^{4}	吃
s	sɿ^{3}	渴	sɛ^{3}	煙
z	zɿ^{2}	压	zʋ^{2}	大麦
t	ti^{2}	耕	tɛ^{2}	雲
tʻ	tʻi^{4}	一	ta^{4}	莫
d	di^{2}	背	du^{3}	戴
n	nɛ^{3}	咩	na^{2}	小
l	lɛ	矮	lu^{3}	鬆
ɖ	ɖa^{3}	舔	ɖu^{3}	鑽
ʈ	ʈi^{3}	飛	ʈɛ^{3}	朦
ʈʻ	ʈʻi^{4}	屎	ʈʻu^{4}	臉
ɖ	ɖɛ^{2}	滴	ɖa^{2}	淡
tʂ	tʂɿ^{1}	吹	tʂa^{3}	星
tʂʻ	tʂʻɿ^{2}	甜	tʂʻa^{2}	錫
dʐ	dʐɿ^{4}	床	dʐɛ^{4}	矛
ʂ	ʂa^{2}	全	ʂʋ^{2}	找
ʐ	ʐɿ^{2}	漏	ʐa^{2}	跟
tɕ	tɕi^{3}	急	tɕi^{3}	酒
tɕʻ	tɕʻi^{4}	借	tɕʻɛ^{2}	村莊
dʑ	dʑi^{2}	干	dʑɛ^{2}	冷

ɕ	ɕi^{2}	瘦	ɕe̱^{3}	摘
ʑ	ʑi^{3}	水	ʑe^{2}	熄
k	ka̱^{1}	狗	ku^{3}	抽
k'	k'ʊ^{3}	喊	k'ʊ̱^{3}	剥
g	ga^{3}	衣服	gu^{2}	篱
ŋ	ŋa^{3}	是	ŋɤ^{2}	哭
x	xɛ^{3}	長	xɤ^{2}	举
ɣ	ɣa^{3}	笑	ɣɤ̱^{2}	走

C、声母特点和説明：

① 弥勒彝語里没有北部方言和東部方言所具有的那一套鼻冠音声母（如 mb、nd……等），也没有北部方言大部分地區所具有的清擦鼻音声母。

② 在東南部方言内的宜良彝語里所有的三个小舌声母（q、q'和χ）在弥勒彝語里没有。

③ 弥勒彝語里有，在東部方言里有，而在宜良彝語里所没有的舌尖后塞声母（ʈ、ʈ'和ɖ）。

④ 弥勒彝語浊音的發音一般比汉語略紧，擦音的摩擦程度也較强，這兩种現象在ʈ、ʈ'、ɖ及ɕ、ʑ上最为顯著。

⑤ 双唇塞声母和ɿ結合時，双唇略顫，但不及北部方言喜德話顫得那末厲害。

⑥ 舌尖音ɳ在和高元音i結合時，変成舌面前音ɲ。例如：

音位标音：ɳi^{2}（看），实际發音．ɲi˧．

音位标音：　$n\underline{i}^3$　（铖），实际读音：$n\underline{i}˧$；

　　　〃　　$nɛ^2$　（蓝）。　　〃　　$ɲiɛ˧$。

⑦ 舌根音X在和前元音i结合时变成舌面中音ç。例如：

音位标音：　xi^1　（强壮）实际读音：$çi˥$；

　　　〃　　$x\underline{i}^3$　（八）　　〃　　$ç\underline{i}˧$。

2．韵母：共16个。

A．韵母表

（弥勒彝语元音图）

另有舌尖元音韵2个：ɿ和ɿ̱。

B．韵母例字

ɿ	$tsɿ^1$	塞	$zɿ^2$	压
ɿ̱	$dz\underline{ɿ}^2$	砍	$s\underline{ɿ}^3$	渴
i	$p'i^1$	双	$m\underline{i}^2$	地
i̱	$t\underline{i}^1$	使穿	$v\underline{i}^2$	开（花）
e	ne^1	深	ne^3	早

ε̱	xε̱²	鸟	ʑε̱²	鸡
ε	tsε³	烧	ts'ε²	细
ε̱	ts'ε̱³	裁	sε̱³	烟
a	ts'a⁴	剪羊毛	ta²	栽
a̱	dza̱³	咬	ta̱¹	根
ʋ	dzʋ⁴	吃	sʋ¹	宗
ʋ̱	dzʋ̱²	指	tʋ̱¹	烧
u	tu³	快喝	du⁴	話
u̱	du̱²	出	łu̱³	足
ɤ	dɤ²	浅	nɤ⁴	醒
ɤ̱	kɤ̱³	叫人	xɤ̱²	热

C、韻母特点和説明。

① 弥勒彝語有松紧对立的元音，共8对，16个。而宜良彝語里的元音一个也不分松紧。它们同属於东南部方言，這两种情况是东南部方言里的两个特点。

② 弥勒彝語松紧对立的元音，主要出現在第二調上，其次是在第1和第3調上。在第四調上没有發現紧元音。

③ m辅音可以自成音节。在归併音位的時候，考慮到m出現的情况，也照顧到和其他地方語音比較的需要，所以将u作为m的韻母。举例如下：

音位标音：　mu¹　(教)　实际读音：　m̩˥：

〃　mu²　(吹)　〃　m̩˧：

音位标音：mɯ⁴　（老）　实际读音：m̩˩

④ ɿ和ʅ是舌尖前元音，和ts，tsʻ……等结合，与它和舌尖后声母（包括塞声母、擦声母及塞擦声母）结合時读作[ɿ]和[ʅ]。例如：

音位标音：tɿ³（飛），实际读音：tɿ˧；
〃 tʅ³（粗户的粗）〃 tʅ˧；
〃 tʻɿ¹（放），〃 tʻɿ˥；
〃 ɖʅ⁴（断），〃 ɖʅ˩；
〃 tʂʅ²（跳），〃 tʂʅ˧；
〃 tʂʻʅ²（鞋子），〃 tʂʻʅ˧；
〃 ʂʅ⁴（七），〃 ʂʅ˩；

⑤ e的实际读音为ie。例如：

音位标音：be²（說），实际读音：bie˧；
〃 ve³（豬），〃 vie˧；

⑥ 除去上述的ie以外，还有三个複元音ia，ua和uɛ。它们出现的頻率極小。有的是合音連读，有的是借詞，所以没有将它们作为独立的音位看待。例如：

ia：pʻia²（弱）（读也一个）

ua：xua³（丁）hua²（回答時的有）。（读两个）。

uɛ：這是读合音没有單独意義。

3，声調：共五个。

A 声调例字表

声調代号	調值	例詞		
		标音	実际读音	漢義
1	˥	tɕi¹	tɕi˥	拴
		lv̱¹	lv̱˥	晒
2	˧	tɕi²	tɕi˧	酸
		lv̱²	lv̱˧	脱
3	˨	tɕi³	tɕi˨	酒
		lv̱³	lv̱˨	落
4	˩	tɕi⁴	tɕi˩	快
		(紧元音不出現在此調)		

B，声調的説明：

① 第二調出現的頻率最大。

② 紧元音出現在第三調時是短調，带喉塞尾。

③ 第四調没有紧元音出現，這个調的調值特别低，低到耳語的程度。

附：弥勒西山一區彝語声韻調配合表。

(三) 東南部方言宜良和弥勒二吴之比較：

甲. 東南部方言内部語音对应情况：

1. 声母对照表：

声母对照表之一(不代表对应关係)

发音部位 / 地名 / 音位 / 发音方法		双唇		唇齿		舌尖前		舌尖中		舌尖后		舌面		舌根		小舌		喉	
		宜良	弥勒	宜良	弥勒	宜良	弥勒	宜良	弥勒	宜良	弥勒	宜良	弥勒	宜良	弥勒	宜良	弥勒	宜良	弥勒
塞音	全清	p	p					t	t		ʈ			k	k	q			
	次清	pʻ	pʻ					tʻ	tʻ		ʈʻ			kʻ	kʻ	qʻ			
	濁	b	b					d	d		ɖ			g	g				
塞擦音	全清					ts	ts			tʂ	tʂ	tɕ	tɕ						
	次清					tsʻ	tsʻ			tʂʻ	tʂʻ	tɕʻ	tɕʻ						
	濁					dz	dz			dʐ	dʐ	dʑ	dʑ						
	清							tɬ		[illegible]									
	濁							dɮ		[illegible]									
鼻音		m	m					n	n	ɳ		ȵ		ŋ	ŋ				
边音								l	l										
擦音	清			f	f	s	s	ɬ	ɬ	ʂ	ʂ	ɕ	ɕ	x	x	χ		h	
	濁			v	v	z	z			ʐ	ʐ	ʑ	ʑ	ɣ	ɣ				

説明：

从这个声母对照表可以看出：宜良和弥勒的声母基本上是相同的，有33个声母的发音部位和发音方法都相同。但是宜良有2个比較特殊的塞边声母(tɬ和dɮ)，有一个舌面鼻声母ȵ，有3个小舌声母(q、qʻχ)

还有一个喉清擦声母(h)；而弥勒多3个舌尖后塞声母(ʈ ʈʻ ɖ)。

声母对照表之二(代表对应关系)：

对应情况 \ 例词汉義	宜	良	弥	勒
	例词	声母	声母	例词
浮	pu^{3}	p	p	pʋ^{2}
馬廐	mu^{1} po^{3}	p	b	mʋ^{4} bʋ^{2}
辣	pʻɛ	pʻ	pʻ	pʻɛ^{2}
飽	bo^{2}	b	b	bu̱^{2}
地	mi^{2}	m	m	mi^{2}
乾	fɛ^{3}	f	f	fa^{2}
猪	ve^{4}	v	v	vɛ̱^{3}
雪	vɔ^{5}	v	ɣ	ɣʋ^{4}
麻	tsɿ^{1}	ts	ts	tsɿ^{1}
十	tsʻi^{4}	tsʻ	tsʻ	tsʻi^{2}
吃	dzɔ^{5}	dz	dz	dzʋ^{4}
三	sɯ^{1}	s	s	sɤ^{2}
揉	zɿ^{4}	z	z	zɿ̱^{3}
拖	te^{2}	t	t	te^{2}
一	tʻi^{5}	tʻ	tʻ	tʻi^{4}
打	dɛ^{5}	d	d	da^{4}
深	ne^{1}	n	n	ne^{1}
喜欢	lɯ^{1}	l	l	li^{1}

旬	ɬu^{3}		tʻ	tʻu^{3}
四	ɬɿ^{1}	ɬ	ɬ	ɬi^{2}
舔	ɬa^{4}		ɬ	ɬa̱^{3}
吸	tʂɿ^{1}	tʂ	tʂ	tʂɿ^{1}
敢	tʂɿ^{1}	tʂ	tɕ	tɕi^{1}
甜	tʂʻɿ^{3}	tʂʻ	tʂʻ	tʂʻɿ^{2}
忧愁	tʂʻɿ^{1}	tʂʻ	tɕʻ	tɕʻi̱^{1}
腰	dʐo^{4}	dʐ	dʐ	dʐu̱^{3}
銅	dʐɿ^{5}	dʐ	dʑ	dʑi^{4}
黄	ʂɿ^{1}	ʂ	ʂ	ʂa^{2}
綿羊	ʐo^{3}	ʐ	ʐ	ʐu^{3}
水	ʐɿ^{3}	ʐ	ʑ	ʑi^{3}
拔	tɕi^{2}	tɕ	tɕ	tɕi̱^{2}
跑	tɕɛ^{3}	tɕ	tʂ	tʂɛ^{3}
簸	tɕʻe^{4}	tɕʻ	tɕʻ	tɕʻe̱^{3}
冷	dʑe^{2}	dʑ	dʑ	dʑe^{2}
小	ȵa^{1}	ȵ	n	na^{2}
樀	ɕe^{4}	ɕ	ɕ	ɕe̱^{3}
濾	ɕɛ^{1}	ɕ	x	xɛ^{1}
鸡	ʑe^{2}	ʑ	ʑ	ʑe^{2}
笑	ʑɛ^{2}	ʑ	ɣ	ɣa^{3}
烤	ko^{2}	k	k	ku^{2}

路	kɔ^{3}mɔ^{3}	k	tʂ	tʂʋ^{2} ma^{3}
偷	kʻɯ^{5}	kʻ	kʻ	kʻɤ^{4}
六	kʻo^{4}	kʻ	tʂʻ	tʂʻu̱^{3}
進	gɯ^{3}	g	g	gɤ^{2}
草	gu^{5}mɔ	g	dʐ	dʐʋ^{4}ma^{2}
要	ŋo^{1}	ŋ	ŋ	ŋu^{1}
霜	ŋɪ^{2}	ŋ	n	ni^{2}
殺	xɔ^{5}	x	x	xʋ[illegible]
切	ɣɯ^{3}	ɣ	ɣ	ɣɤ^{3}
晃	qɯ^{3}	q	k	kɤ^{2}
苦	qʻɔ^{5}	qʻ	kʻ	kʻa^{4}
角	χɔ^{4}	χ	x	xʋ̱^{3}
八	he^{4}	h	x	xi̱^{3}
膿	tɬɛ^{3}	tɬ	t	tɛ^{3}
蜂	dɮɔ^{5}	dɮ	d	dʋ^{4}

2，韻母对照表：

韻母对照表之一（不代表对应关係）

韻母种类和性質 / 韻母 / 地名	舌面元音韻			舌尖元音韻
	前	后		
	不圓唇	不圓唇	圓唇	
宜良	i，ɪ，e，ɛ，	a，ɤ，ɯ，	ɔ，o，u，	ɿ
弥勒	i，i̱，e，e̱，ɛ，ɛ̱，	a，a̱，ɤ，ɤ̱	ʋ，ʋ̱，u，u̱，	ɿ，ɿ̱

(註：元音下面的"—"，是紧元音的記号)

說明：宜良和弥勒韻母的主要不同在于宜良没有松紧的區别，弥勒是松紧成对。

韻母对照表之二(代表对应关係)

对应情况 例詞汉義	宜	良	弥	勒
	例詞	韻母	韻母	例詞
吸(煙)	tʂɿ^{1}	ɿ	ɿ	tʂɿ^{1}
楷	sɿ^{2}	"	ɿ̱	sɿ̱^{2}
蒼蝇	ʐɿ^{3} mu^{5}	"	i	ʑi^{3} mu^{1}
駄馬	tʂɿ^{2} mu^{1}	"	i̱	tɕi̱^{2} mʋ^{4}
油	tsʻɿ^{3}	"	a	tsʻa^{3}
牽	sɿ^{3}	"	ε	sε^{3}
胖	tsʻɿ^{3}	"	o	tsʻo^{2}
地	mi^{2}	i	i	mi^{2}
拔	tɕi̱^{2}	"	i̱	tɕi̱^{2}
舂	tɪ^{1}	ɪ	i	ti^{1}
猪	ve^{4}	e	e̱	ve̱^{3}
蒸	se^{1}	"	ε	sε^{2}
接(東西)	tse^{1}	"	ɿ	tsɿ^{1}
八	he^{4}	"	i	xi̱^{3}
雲	tε^{2}	ε	ε	tε^{2}
汗	tɕε^{1}	"	a	tʂa^{1}

射	ba^{2}	a	a̱	$b\underline{a}^{2}$
痛	$nɔ^{3}$	ɔ	ʊ	$nʊ^{2}$
苦	$q'ɔ^{5}$	"	a	$k'a^{4}$
马蜂	$mu^{1}po^{3}$	o	ʊ	$mʊ^{4}bʊ^{2}$
背	bu^{5}	u	u	bu^{4}
推	pu^{2}	"	u̱	$p\underline{u}^{2}$
翅膀	$tu^{3}le^{4}$	"	ʊ	$tʊ^{2}l\underline{e}^{4}$
正	tu^{3}	"	ɤ	$tɤ^{2}$
走	$ɣɤ^{2}$	ɤ	ʊ̱	$ɣ\underline{ʊ}^{2}$
臭	$bɤ^{5}nɯ^{2}$	"	i	$bi^{4}nɤ^{2}$
使用	$zɯ^{5}$	ɯ	ɿ	$zɿ^{4}$

3. 声調对照表

声調对照表之一（不代表对应关係）

宜良		弥勒	
声調代号	調值	声調代号	調值
1	˥	1	˥
2	˧	2	˧
3	˧		
4	˨	3	˨
5	˩	4	˩

說明.:

① 宜良彝语比弥勒彝語多一个声調。

② 宜良彝語有一个短調；弥勒彝語第3調出現緊元音時，調子也很短促。

声調对照表之二(代表对应关係).

声調				例				字
宜良		弥勒		宜良		弥勒		漢義
声調代号	調值	声調代号	調值	标音	实际讀音	标音	实际讀音	
1	˥	1	˥	tsɿ^{1}	tsɿ˥	tsɿ^{1}	tsɿ˥	麻
1	˥	1	˥	sa^{1}	sa˥	sa̱^{1}	sa̱˥	知道
1	˥	2	˧	sɯ^{1}	sɯ˥	sɤ^{2}	sɤ˧	三
1	˥	2	˧	ɬɿ^{1}	ɬɿ˥	li^{2}	li˧	四
2	˦	2	˧	te^{2}	te˦	te^{2}	te˧	抱
2	˦	2	˧	mi^{2}	mi˦	mi^{2}	mi˧	地
3	˧	2	˧	tʂʻɿ^{3}	tʂʻɿ˧	tʂʻɿ^{2}	tʂʻɿ˧	甜
3	˧	3	˨	lo^{3}	lo˧	lu^{3}	lu˨	輕
4	˨	3	˨	kʻo^{4}	kʻo˨	kʻu^{3}	kʻu˨	年
4	˨	2	˧	ɣɤ^{4}	ɣɤ˨	ʑi^{2}	ʑi˧	家
5	˩	4	˩	do^{5}	do˩	du^{4}	du˩	說
5	˩	4	˩	mo^{5}	mo˩	mu^{4}	mu˩	老

乙、東南部方言内部詞彙異同情況：

宜良和弥勒二地彝語詞彙比較的結果如下表。

宜良与弥勒詞彙比較結果表

項目	詞彙数	占参加比較的詞彙总数的百分比
相同的詞	122个	7.1%
有对应的同源詞	866个	50.3%
不同的詞	593个	34.4%
借詞	141个	8.2%
总計	1,722个	100%

下面列举例字：

(1) 相同的詞：

汉義	宜良	弥勒
笋	vi^{4}	vi̠^{3}
煮	tɕe^{1}	tɕe^{1}
洗	tsʰɿ^{5}	tsʰɿ^{4}
麻	tsɿ^{1}	tsɿ^{1}
人	tʰi^{5}	tʰi^{4}
好	tɕa^{4}	tɕa̠^{3}
尿	zɿ^{5}	zɿ^{4}
七	ʂɿ^{5}	ʂɿ^{4}
麦	pʰi̠^{1}	pʰi̠^{1}

拨	va^4	$v\underline{a}^3$
早	ne^4	$n\underline{e}^3$

(2) 有对应的同源詞：

汉義	宜良	弥勒
脱(髮)	$p\varepsilon^3$	pa^2
浮	pu^3	$p\upsilon^2$
公的	$p\text{ɔ}^1$	$p\upsilon^1$
翻	po^2	$p\underline{u}^2$
栽(树)	$t\varepsilon^2$	ta^2
黄金	ʂɿ^2	ʂu^2
做学	sɔ^2	si^2
飲	tsɔ^3	tsʊ^2

(3) 不同的詞：

女婿	sɔ^{1}ɣɯ^2	a^{4}mɛ^{4}sɿ^1
生(小孩)	ɕe^4；ɕɛ^5	bu^2
裂开(木板)	tʂʻɔ^3（或nɿ^{1}tʂɤ^{1}tʂʻɔ^3）	tʻa^4

(4) 借詞：

萬	va^1	va^1
讓	ʐa^1	ʐa^1
香	ɕã^3	ɕã^2

丙，東南部方言内部語法異同情况：

宜良和弥勒二地彝語，除語音及詞彙两方面进行比較外，还就90

余語法问題来進行比較。比較的結果，问題答案相同的占82条，答案相同或不相同的占8条。相同的部是語法上比較主要的部份。

(1) 由於相同的占絶大多数，不必逐条列举，現举示5条如下。

① 动詞，形容詞和助动詞重叠均表示疑问。

宜良：dzɔ⁵ dzɔ⁵？
吃 吃
弥勒：dzʊ⁴ dzʊ⁴？
吃 吃
}吃嗎？

宜良：tɕʻɛ⁵ tɕʻɛ⁵？
聪明 聪明
弥勒：ʑi² ʑi²
聪明 聪明？
}聪明嗎？

宜良：ȵi³ ʑi³ tɕi¹ tɕi¹？
你 去 敢 敢
ȵi² li² tɕi¹ tɕ¹？
你 去 敢 敢
}你敢去嗎？

② 动詞有自动和使动之式。

宜良：“穿” vi⁴，“使穿” fi¹；“吃” dzɔ⁵，“使吃” tɕɔ²

弥勒；“穿” vi³。“使穿” fi¹；“吃” dzʊ²，“使吃” tɕʊ¹

③ 动詞及其修飾語的詞心結構詞序相同，修飾者在前，被修飾者在后。

宜良：tɕa⁴ tɕa⁴ mɪ³ so²
好 好 地 学習
弥勒：tɕa³ tɕa³ zʊ² sʊ²
好 好 地 学習
}好好地学習。

④ 主謂結構的詞序相同。

宜良：K'i² do² 1i³ lɔ¹
他 来 了
弥勒：Kɤ² du̲² 1ɛ² Xua²
他 来 了
} 他来了。

⑤ 表示性别的方法相同，

宜良：mɿ¹ pɔ¹
馬
弥勒：mʋ⁴ pʋ¹
馬
} 公馬，
Ve⁴ pɔ¹
猪
Ve̲³ pʋ¹
猪
} 公猪。

宜良：tɕ'i⁴ mɔ³
羊
弥勒：tɕ'i̲³ mʋ²
羊
} 母羊，
tɕ'ɿ⁵ mɔ³
tɕ'ɿ⁴ mʋ²
狗
} 母狗，

(2) 不相同的部份也列举如下：

① 主宾动結構的詞序相同，但在弥勒宾語后不能缺少"1ɛ"。

宜良：ŋɔ³ K'i² dɛ⁵
我 他 打
弥勒：ŋʋ² Kɤ 1ɛ² da⁴
我 他 打
} 我打他，

宜良：K'i² ŋɔ³ dɛ⁵
他 我 打
弥勒：Kɤ² ŋʋ² 1ɛ² da⁴
他 我 打
} 他打我。

② 两个动詞在一起表示疑问時，重叠的动詞不同。

宜良：ȵi³ kɔ³ kɔ³ ʑi³？ 你 玩 玩 去

弥勒：ni² le² gʊ² gʊ²？

你去玩嗎？

③ 名詞所有格的表达法不同。

宜良：ŋu⁵ ŋɔ² k'ɯ³. 牛 的 角

弥勒：ni⁴ ʊ¹ tɕ'ɿ². 牛 角

牛的角。

④ 指代詞的位置不同。

宜良：ɪ² ts'ɔ³ lɔ² pɪ³ mu³ tɕa⁴ 这 人 个 很 好

弥勒：ts'u² tɕi² t'ɤ¹ ta¹ tɕa³， 人 这 一个 很 好

⑤ 否定詞的位置部分相同，部分不相同。

相同的如：

宜良：t'ɔ⁵ dzɔ⁵， 莫 吃

弥勒：t'ɑ⁴ dzʊ⁴ 莫 吃

莫吃。

宜良：t'ɔ⁵ do² li³， 莫 来

弥勒：t'ɑ⁴ du² lɛ²， 莫 来

莫来。

宜良：tɔ³ t'ɔ⁵ be¹ 害 莫 羞

弥勒：t'a⁴ tu² be¹ 莫 害 羞

莫害羞。

丁、東南部方言内部通話情况：

東南部方言内部通話情况表

口述者及寫話者	摘　　要	弥勒了解的程度
宜　良	1，講話3分鍾	$\frac{1}{3}$
	2，用國际音标寫了14句	12句
口述者及寫話者	摘　　要	宜良了解的程度
弥　勒	1，講話3分鍾	$\frac{1}{3}$
	2，用國际标寫了13个句子	9句

大姚五区彝语声韵调配合表

(大1)

音位	音素	调类	ɿ	ɿ	ɿ	ɿ	i	i	e	e̱	ɛ	a̱	ɒ	ʊ	ʊ̱	n	ɣ	ɣ̱	m	m̱	ã̱	n11	备注
			ɿ	ɿ	ɿ	ɿ̱	i	i	e	e̱	æ	A	ɒ	ʊ	ʊ	ɥ	ɣ	ɣ̱	ɯ	ɯ	Ã̱	n̩	备註
p	p	˥55					敢			（過）	（衣服）			公	（泡面）			（不通）	出	肿			
		˦44					（吵闹）	跳	做	（過）	（船子）	动	簸	（交换）		（亲嘴）	堆	府					
		˧33											（换）	（换）			落		凸				
		˨˩21					比			钹	（教画）	把	扭				本						
pʻ	pʻ	˥55								骗													
		˦44						（瘙痒）		端			次										
		˧33					解开				拴		（上衣）			钣			公				
		˨˩21					（大腿）	吐	（腿）	米	满	剥	（盆）	棉花		浇洗	粉	膛	价值		楠		
b	b	˥55																					
		˦44					（花）							竹	（说谎）								
		˧33					分配	（浮）	火种	语言	偷懒	救	（半）	（光亮）	鲍	洋	盖		凶	公			
		˨˩21					（女性[illegible]）	斧头	分别	瀑布	缝衣	（警）	（姊）	变		晒衣	斜	风	棉花	肺			
m	m	˥55					（香）		（端公）	（坐牌）	（黑色）	烧		教				矮		（扫帚）			
		˦44					名字	闹	（今晚）		布		（男）	这个			哪			吹			
		˧33					熟		有	（眼）	长久		（竹笋）	（蚂蚁）					毛				
		˨˩21					天	饿	前	（穷人）	（妇女）	（铂）	老	黄			天	墨	（半夜）	（竹笋）			
f	f	˥55																					
		˦44														媒人							
		˧33											（语）			蛋							
		˨˩21										（危险）				吠							
v	v	˥55								山羊	左		（峰）			沃							
		˦44						（花）	（渊）			（携）				喂							
		˧33							拿		笑		钜			（木桃）	熊		（肠）				
		˨˩21								猪	大	写	美			实	蚂蚁	针	（碗）				

大姚[illegible]声韵调配合表 （六、2）

韵母 / 声调 / 声母			ɿ	ɿ̠	ʅ	ʅ̠	i	i̠	e	e̠	ε	ε̠	ɔ	v	v̠	u	ɤ	ɤ̠	ɯ	ɯ̠	Ã	(n)1	备注
音位	音值		ɿ	ɿ̠	ʅ	ʅ̠	i	i̠	e	e̠	ɛ	ɑ̠	ɒ	v	v̠	[illegible]	ɤ	ɤ̠	ɯ	ɯ̠	Ã	n	
t	t	˥55					番	问	(小)	(叔父)		(猴子)	(桌子)	看	書	([illegible])		烧	[illegible]	(鞋子)			
		˦44					(清晓)	海		柞	甫		(四)		推	[illegible]	档	([illegible])		摆			
		˧33					(疹子)		(泥)				嗖			正	([illegible])		斗				
		˨˩21					找着					(大伙)				毒							
tʻ	tʻ	˥55								([illegible])			洗										
		˦44							([illegible])	([illegible])		踢			咬	[illegible]							
		˧33							浅		疯		专心			辱	断		植				
		˨˩21					(上)	(分开)		上		恶	[illegible]	(刀)		(竖)	([illegible])			([illegible])			
d	d	˥55					哪儿												([illegible])				
		˦44						时候								矛			(火)				
		˧33					坐		(赌)	上升	([illegible])	割	喝	烤	出	([illegible])			凶				
		˨˩21					暴		(孕)	([illegible])	村		(论)	(路)	涨	(穴)	([illegible])	烧	(进来)	(袖子)			
n	n	˥55							流	冰		([illegible])		([illegible])			(两个)	(鼻涕)					
		˦44							([illegible])	(湖)	([illegible])	[illegible]	([illegible])	([illegible])	豆		([illegible])						
		˧33							([illegible])	黑色	(冷)		([illegible])	[illegible]			要						
		˨˩21							[illegible]	羊	近	[illegible]	([illegible])	软	([illegible])		坐						
l	l	˥55					([illegible])	[illegible]	小	([illegible])	[illegible]	([illegible])	[illegible]		([illegible])	([illegible])		[illegible]	[illegible]	[illegible]			
		˦44					田	捲	(常常)	[illegible]		[illegible]	([illegible])	香	([illegible])	楼	([illegible])	[illegible]	[illegible]				
		˧33					([illegible])		(大)	([illegible])	迟		轻	電	(上午)	叫	[illegible]						
		˨˩21					畫	[illegible]		[illegible]		([illegible])	[illegible]	([illegible])	([illegible])	龙	[illegible]	[illegible]	[illegible]	[illegible]			
ts	ts	˥55					([illegible])	[illegible]			果子	([illegible])		(连接)		[illegible]							
		˦44						(小[illegible])		世代	女子	[illegible]	([illegible])			[illegible]							
		˧33					[illegible]		([illegible])			([illegible])				[illegible]							
		˨˩21													([illegible])								

大姚五區彝語声韻調配合表

5　10　15　20　(大3)

音位 / 辅音	元音 / 音位	调类	ɿ̱	ɿ	ʅ	ʅ̱	i	i̱	e	e̱	ɛ	a̱	ɒ	v·	v̱	u	ɣ	ɣ̱	ɯ	ɯ̱	ã	(n)ɿ	备注
音位	辅音	调类	ɿ	ɿ̱	ʅ	ʅ̱	i	i̱	e	e̱	æ	A	ɒ	v	v̱	ʉ	ɣ	ɣ̱	ɯ	ɯ	Ã	n̩	备注
tsʻ	tsʻ	˥55										醜	造	错									
		˦44						虎	(戳子)			撬			(斧)		(树开)						
		˧33	咸	根			十				滩		人	热		胖	(血)						
		˩21	塞				洗	梅			割	根		盐				(拆)					
dz	dz	˥55																					
		˦44															(宝贱)						
		˧33					(树)	辣	(滴)			(治天)	读	饭	(光脚)	(官)	賽	揶					
		˩21	县长				麻	(蝉)			(马)	(梯子)	(斟)	吃		群		花椒					
s	s	˥55	像	外甥			树			料	(摩擦)	知道		药	(杂粮)	些	队						
		˦44		指			(选)	(树)	岩羊	(冷洞)		(三月)	省			竹	(外)	摸					
		˧33	(半夜)				牵		强壮		平		三	(富)		(别人)	(喜欢)						
		˩21	血				(清洁)	杀	癣	气	梨	伞	(谁)	(指纹)	(紧紧)	(畜)	牙						
z	z	˥55																					
		˦44																					
		˧33		(咒骂)			(桩子)		(坚固)							(大麦)							
		˩21	(枪)	蝶				豹						儿			使用						
tʂ	tʂ	˥55			露							(聪明)	(十二月)	(蚂蚱)	蜥蜴	孩							
		˦44			(遗失)							(算命)	(转圈)		恐吓	铃		杂					
		˧33			(树)									我									
		˩21				吸							扶			(计算)							
tʂʻ	tʂʻ	˥55															尖						
		˦44													刷	枪		擀					
		˧33			砍								跟	(追赶)		烧	(尖)						
		˩21			瘸							消	(串联)	蚯蚓	大	(刺)							

一 大姚一区彝语[illegible]配合表

辅音音位	辅音通类	声调	ɿ	ɿ̱	ʅ	ʅ̱	i	i̱	e	e̱	ɛ	ə̱	ɒ	ʋ	ʋ̱	u	ɤ	ɤ̱	ɯ	ɯ̱	a̱²	(n)ɿ	备注
元音通类			ɿ	ɿ̱	ʅ	ʅ̱	i	i̱	e	e̱	æ	A	ɒ	ʋ	ʋ̱	[illegible]	ɤ	ɤ̱	ɯ	ɯ̱	A̱²	[illegible]	註
dʐ	dʐ	˥55																					
		˦44				(蚂蚁)																	
		˧33			(净贵)	(稳)							有	(路)	[illegible]	筷子	奴隶						
		˨21										(树桐)	河	想念	腰	[illegible]	椒子						
ʂ	ʂ	˥55			摘种							(火把)		箭		麻	割						
		˦44			(南天)	(青年)						媚		(小麦)			(包谷)						
		˧33			死								(石头)	(接枪)									
		˨21			七							赛	吻			(鞋)							
ʐ	ʐ	˥55				脱						让											
		˦44														(兄)							
		˧33			满								獭手	右	(大夫)	(收藏)		深					
		˨21										蚯	他		(咽)								
tʂ	tʃ	˥55					(镜子)	[illegible]															
		˦44					(耿耳)	[illegible]															
		˧33																					
		˨21					忙																
tʂʻ	tʃʻ	˥55					(客气)	(新鲜)															
		˦44					(凳子)	抓															
		˧33					躁																
		˨21					刺	(凉快)															
dʐ	dʒ	˥55																					
		˦44																					
		˧33					(蓑衣)	(小户)															
		˨21					(钱)	(木渣)															

大姚五区彝语声韵调配合表　（大5）

音位	辅音	调类	ɿ	ɿ̠	ʅ	ʅ̠	i	i̠	e	e̠	ɛ	ɛ̠	ɒ	ʋ	ʋ̠	u	ɤ	ɤ̠	ɯ	ɯ̠	a̠²	(ɤ)ɿ	备注
			ɿ	ɿ̠	ʅ	ʅ̠	i	i̠	e	e̠	æ	ᴀ̠	ɒ	ʋ	ʋ̠	ʮ	ɤ	ɤ̠	ɯ	ɯ̠	ᴀ̠²	ɚ	
ʂ	ʃ	˥55					(章)	生															
		˦44					长	分															
		˧33																					
		˩21					(咸)	新															
ʐ	ʒ	˥55					(萧)																
		˦44						(亮)															
		˧33					去																
		˩21					远	实		(胳膊)													
tʂ	tʃ	˥55								煮	瓦	架											
		˦44							睡	抓	瞄												
		˧33							饿		(咀嚼)												
		˩21								拿													
tʂʻ	tʃʻ	˥55								欢													
		˦44								嫁	(锅)												
		˧33							米														
		˩21							料		外												
dʐ	dʒ	˥55																					
		˦44								太													
		˧33							馀	吟	(熟)												
		˩21							幽菌		烧												
ŋ	ɲ	˥55					(泥巴)	压															
		˦44					红	(油)		黏													
		˧33					你																
		˩21					牛														(姿娘)		

[illegible] 彝语[illegible]　(大6)

音位	音值	调类	ɿ	ɿ̲	ʅ	ʅ̲	i	i̲	e	e̲	ε	a̲	ɒ	ʋ	ʋ̲	u	ɣ	ɣ̲	ɯ	ɯ̲	ə²	(ʌ)ɿ	备註
			ɿ	ɿ̲	ʅ	ʅ̲	i	i̲	e	e̲	æ	A̲	ɒ	ʋ	ʋ̲	ɯ	ɣ	ɣ̲	ɯ	ɯ̲	A̲²	ʌ	
ʂ	ɕ	˥55							(泼水)	(汉人)	(黄)												
		˦44							(秋)		黄												
		˧33							风														
		˨˩21								烟													
ʐ	ʑ	˥55								虾													
		˦44								鸡	小												
		˧33																					
		˨˩21							纸	飚													
k	k	˥55									検	罐	(布谷)	(四处儿)	过			花	(壳)	会			
		˦44									县	黄	(店)		(冷水)		鸡窝	(冰地)	九				
		˧33											骑	跑		(蝴蝶)	(权柄)		(膝盖)				
		˨˩21									(撑)					(模糊)							
kʻ	kʻ	˥55					粗				(火焰)			些				(馬脚)					
		˦44										(截断)		(反)	斗笠	(前面)		件	家				
		˧33									开		宽	齐		(洞)	内		(牛皮)				
		˨˩21									劈	烟	(几个)	(跳蚤)	还	(凹)	(反)	咬	偷				
g	g	˥55						弯曲			(全体)		兵										
		˦44									(全体)			(明晚)		(明晚)			(明晚)			(明天)	
		˧33									(懒)		(掩)	成		(身体)	(喜欢)	踩	(身体)	(喜欢)	踩	进	
		˨˩21									济	周围	整	养	(弯曲)	(棺)	给	瘦	(棺)	给	瘦	搬社	
ŋ	ŋ	˥55									(我们)	(折断)		点				养饵	短				
		˦44										(野鸡)					靠	砍	绿	青蛙			
		˧33											多	我					哭				
		˨˩21									虎		(我父)	五	锄			(额)	斗				

大姚五區彝語声韻試配合表

(大7)

音位（辅音）	音值（辅音）	声调	ɿ / ɿ	ɿ̱ / ɿ̱	ʅ / ʅ	ʅ̱ / ʅ̱	i / i	i / i̱	e / e	e̱ / e̱	ɛ / æ	a̱ / A̱	ɒ / ɒ	ʊ / ʊ	ʊ̱ / ʊ̱	u / 片	ɤ / ɤ	ɤ̱ / ɤ̱	ɯ / ɯ	ɯ̱ / ɯ̱	a̱² / A̱²	(n)1 / n̩	备註
x	x	55							(这)		(草地)	(这)		瞎									
		44							这	乱	(公黄牛)			(盒人)	(月亮)			泼	(奔)	埋			
		33							(痹子)		乾		(煮光)	月			铁						
		21						买		八	领导	滚	(搓线)	闹			(沙)	五	楼	(织布)			
ɣ	ɣ	55																					
		44																					
		33											(好像)	(歇凉)									
		21												(山)	(下)								
○	ʔ	55									(山羊)	(水牛)	(燕)										
		44									(洗澡)	(三女儿)	(晴天)	根				鸭					
		33									(樊木)			(椅子)									
		21									非常	(水牛)	火				(打嗝儿)						
		55																					
		44											了									拔去	
		33									(出嘛)												
		21									(鸣)											不	

Ⅱ.西部方言

西部方言區的彝族居民，自称[lA˩ lɔ˧ pA˩]，汉称"土家"或"土族"。分部在云南大理專區，巍山彝族自治縣（77871人）鳳庆縣（20723人），雲縣（5048人），祥雲縣（12282人），彌渡（5047人），宾川縣（6240人），鳳儀縣（6460人），鄧川縣（678人），洱源縣（7040人），雲龍縣（33人），永平縣（10340人），漾鼻縣（13715人），這十二個縣的彝族人口共約165671人，此外思茅專區的景東縣和景谷縣的一部份，玉溪專區的易門縣和德宏傣族、景頗族自治州的保山縣，昌寧縣以及麗江專區永勝縣劍川縣蘭坪縣境内的一部分，也說這种方言。巍山縣是西部方言區裡彝族的大聚居區，也是這一方言的中心地區，按全區總人口的比例來說，巍山縣的彝族（大家支）約佔40.9%强，其它各縣多是散居和雜居，語言情况，也略有差異，西部方言區的北部以蘭坪，永勝，丽江縣为界，西部靠近騰冲、龍陵，鎮康等縣。南部接近双江和南部方言区的普洱等縣，東部接近中部方言區姚安，南华，楚雄等縣。今年六至八月间，我隊調查了這個方言區的十六個縣，二十四個調查點。（一個重点、十個正点、十三個副点。）其中代表性最大的一個調查点，为巍山縣，映江區（七區）凹口鄉直捷村。此外有巍山七區龍興鄉，五區義民鄉、八區青雲鄉，昌寧縣五區黑馬鄉金实村等，也是重要的居民点。現在以巍山縣七區凹口鄉为西部方言的代表，叙述其語音、詞彙、語法情况如下：

甲. 音位系統：

1. 聲母38個

巍山後園鄉直棟村彝語聲母表

發音部位 音位 發音方法		双唇	唇齿	舌尖前	舌尖中	舌尖后	混合舌葉	舌面	舌根	喉
塞音	全清	p			t				k	
	次清	pʻ			tʻ				kʻ	
	濁	b			d				g	
塞擦音	全清			ts		tʂ	tʃ			
	次清			tsʻ		tʂʻ	tʃʻ			
	濁			dz		dʐ	dʒ			
鼻音		m ʔm			n ʔn			ȵ ʔȵ		
邊音					l ʔl					
擦音	清		f	s		ʂ	ʃ		x	
	濁		v ʔv	z		ʐ	ʒ		ɣ	h̃

例字

p	pa^{2}	跳	pe^{2}	爬
pʻ	pʻi̠^{2}	拆開	pʻo^{2}	翻
b	bi̠^{2}	說	ba^{2}	亮
m	mi̠^{2}	快	mu^{2}	滑
ʔm	ʔmi^{2}	[illegible]	ʔme^{1}	布

Initial	Example 1	Gloss 1	Example 2	Gloss 2
f	fɯ^{2}	睁	fi^{4}	價值
v	vi^{2}	满	vi̱^{2}	白色
ʔv	ʔve^{4}	灰	ʔva^{4}	山岩
t	ti̱^{2}	抱	ty^{2}	斗
tʻ	tʻi^{2}	渴	tʻy^{2}	践
d	da^{2}	剪	do^{2}	出
n	ne^{4}	近	nɯ^{4}	軟
ʔn	ʔna^{1}	闻	ʔna^{4}	黏贴
l	la^{2}	跑	lɯ^{2}	動
ʔl	ʔly^{2}	滚	ʔlo^{2}	撑
ts	tsi^{2}	烧	tsu^{2}	教
tsʻ	tsʻi̱^{2}	楔	tsʻa^{2}	摘
dz	dzi^{4}	麻	dze^{4}	騎
s	si^{2}	牵	si̱^{2}	柴
z	zi^{2}	大麦	zi̱^{4}	揉
tʂ	tʂi̱^{2}	拔	tʂa^{2}	找
tʂʻ	tʂʻa^{2}	踢	tʂʻo^{2}	削
dʐ	dʐi^{1}	酒	dʐɯ^{1}	有
ʂ	ʂi^{2}	撕	ʂa^{2}	沙
ʐ	ʐa^{1}	衣	ʐu^{1}	油
tʃ	tʃi̱^{2}	耙	tʃi̱^{1}	酸
tʃʻ	tʃʻi^{1}	[illegible]	tʃʻi̱^{1}	鹿

dʒ	dʒi^{2}	佚	dʒy^{2}	双
ʃ	ʃi^{1}	虱子	ʃy^{1}	鉄
ʒ	ʒi^{1}	坚固	ʒa^{4}	赶
ȵ	ȵy^{4}	嗅	ȵi^{4}	鬼
ʔȵ	ʔȵy^{4}	短	ʔȵy^{4}	鼻涕
k	ka^{2}	缺	kɯ^{2}	九
k'	k'ɯ^{1}	烧	k'ɯ^{2}	摩擦
g	gu^{1}	冷	gɯ^{2}	乾
x	xa^{1}	灵魂	xɯ^{1}	死
ɣ	ɣa^{4}	荞子	ɣo^{4}	弯曲
h̃	h̃i^{4}	八	h̃e^{4}	男人生殖器

語音特點的幾點說明：

1. 舌尖后阻輔音 tʂ, tʂ'. dʐ. ʂ. ʐ 与元音拼合時双唇圆舒、尤其和[ʅ]元音拼合時更为明顯。

2. 带喉塞冠音的 ʔm. ʔv. ʔn. ʔl. ʔȵ. 和不带喉塞冠音的 m, v. n. n. l. ȵ. 區分音位。

例：

mo^{2}	模	ʔmo^{2}	吹
ve^{4}	瓦	ʔve^{4}	在
na^{1}	痛	ʔna^{1}	闻
le^{1}	容易	ʔle^{1}	香
ȵy^{4}	嗅	ʔȵy^{4}	短

3. 輔音s有時可以讀成吐氣的sʻ，但吐氣和不吐氣不區分音位。

例：　　sɛ² tʻi⁴ sɛ²　　鎖鎖　　ʔa¹ sʻa⁴　　嫂

4. 輔音f和元音i或ɿ拼合時有較微吐氣。

例：　　fʻi⁴　　價值　　fʻɿ⁴　　吐（口水）

5. 輔音一般不作韻尾用，但"鴨子"這個詞，由于幾個音素結合得較緊，听起來成了鼻音收尾。

例：　　ʔaɛm²　　鴨子

6. 喉擦音h本身帶有半鼻音，因此和他拼合的元音都帶半鼻音。t tʻ.d.n.m.l.有時可以成舌尖前齒化。

7. m.ʔm.n.ʔn.l.ʔl.和ɿ拼時，其实际音位值为：mn（如mn¹　露.）ʔmn（如ʔmn¹.晚上）.n（如n⁴　二）.ʔn（如：ʔn¹　你）。l（如l¹　要），ʔl（如：ʔl²　四）。m.ʔl和ɿ拼時，其实际音值为：mn（如mn¹　响）.ʔl（如ʔl⁴脱）。ʔm和ɿ拼時.其实际音值为ʔmŋ（如：ʔmŋ¹ 罐）.ʔmŋ（如ʔmŋ⁴　姻），

輔音音位变体的幾点說明：

β β　是[v]音位的变体，只和[u]元音拼合。

例：　　βu¹　　枕　　βu⁴　　菜

fʻ　是[f]的音位变体，只和ɿ拼合。

例：　　fi¹　　公的　　fi⁴　　價值

ʐ　是[ʒ]的音位变体只和[ɛ]元音拼合。

例：　　ʐɛ¹　　笑　　ʐɛ⁴　　大

c　是[k]的音位变体，只与 i、e、E、y 等前元音拼会。

例：cE⁴　汗　ci²　装

cʻ　是[kʻ]的音位变体，只与 i、e、E、y 等前元音拼会。

例：cʻi⁴　大便　cʻi¹　空气

ɟ　是[g]的音位变体，只与 i、e、E、y 等前元音拼会。

例：ɟy¹　瘦　ɟy²　韭菜

ç　是[x]的音位变体，只与 i、e、E、y 等前元音拼会。

例：çe¹　硬

ɲ　是[ŋ]的音位变体，只与 i、e、E、y 等前元音拼会。

例：ɲa¹　是　ɲa⁴　五

q　是[k]的音位变体，只与后元音 ɑ、a 拼会。

例：qɑ²　歌　qɑ⁴　越过

qʻ　是[kʻ]的音位变体，只与后元音 ɑ、a 拼会。

例：qʻa⁴　骂　qʻa¹　盖

ɢ　是[g]的音位变体，只与后元音 ɑ、a 拼会。

例：ɢɑ²　怕

χ　是[x]的音位变体，只与后元音 ɑ、a 拼会。

例：χa⁴　肉

2. 韵母：　13个

巍山爱国乡直棣村彝语元音图：

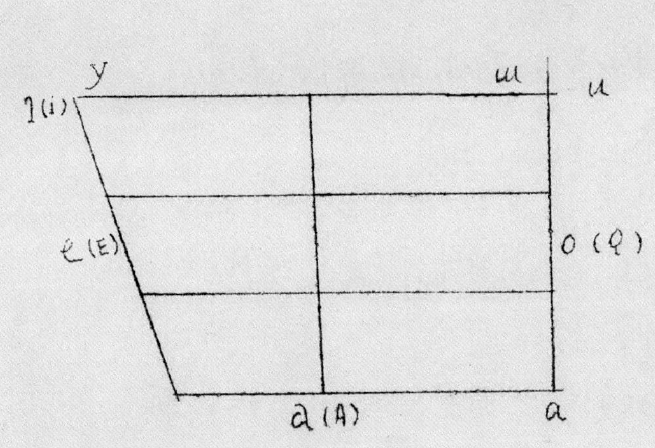

ɿ ɿ̱ y. y̱ e a ɑ o u . ʉ ʉ̱ ɯ ɯ̱

說明：

1：A 和 a 區分音位：

例：　papa¹　半　ba¹　燒

u 和 y 区分音位：

例：　p'u⁴　瘡　py⁴　放

3.（u）和齒化的（ʉ）區分音位，

例：　lu¹　河　lʉ¹　輕

4. 凡元音自成音節時，其前必帶喉塞（ʔ），

例：　ʔʋ²　他　ʔi̱⁴　睡

5. 有兩個或三個音素，因結合得很緊而使兩個以上的音節成为一個音節的，

例：　ʔa͡¹e²　鴉　ɑem²　鴨

6. 彝語本身無複元音，但在借汉詞裡出現下列許多複元音：

例：iʋ ɑE ʋɪ ʋɿ̂ aʋ ɑʋ ʋa ʋ̂ə ʋa ʋ̃ɛ

ʋ̃ɛ əE ə̱E əɪ yE Ei iE iɑ̂ ʋɑE iaʋ

7. 上图括弧内的为实际音值，括弧外的为音位代表。

8. 部分元音松紧对立：

例：ɿ ɿ̱ y y̱ i i̱ i ɯ ɯ̱ ɯ ɯ̱

9. [ɯ]略偏近似[ɤ]，为比较研究方便起见，一律记为[ɯ]。

元音音位几点说明：

i 是[ɿ]音位的变体，只出现在舌尖前阻辅音之后

例： tsɿ² 烧

i̱ 是[ɿ̱]音位的变体，只出现在舌尖前阻辅音之后。

例： tsɿ̱² 楔

ʅ 是[ɿ]音位的变体，只出现在舌尖后阻辅音之后。

例： tʂʅ⁴ 指

ʅ̱ 是[ɿ̱]的音位变体，只出现在舌尖后阻辅音之后。

例： tʂʅ̱² 拔

E 是[e]的音位变体，只出现在鼻音之后。

例： mE² 脸

ø 是[y̱]音位的变体，只出现在前附喉塞音的边音[l]之后。

例： ʔlø⁴ 晒

æ 是[a]音位的变体，出现在舌面辅音之后。

例： c'æ² 砍

ʌ 是[ɑ]音位的变体，只出现在舌尖前阻塞辅音之后。

例： zʌ⁴ 儿子

ɑ̃ 是[ɑ]音位的变体，只出现在鼻音之后。

例： mʋ² 滑 mʋ⁴ 老

ə 是[ɯ]的音位变体，只出现在鼻音的后面。

例： mə¹ 哽叭 mə² 發暈

ə̱ 是[ɯ̱]的音位变体、只出现在鼻音的后面。

例： mə̱⁴ 餓

	例字			
ɿ	tsɿ²	烧		
i	vi²	满	t'i²	湯
i̱	tʃi̱²	耙	tʃ'i̱²	鹿
y	by²	淹	ty²	斗
y̱	ty̱²	棒	ʔny̱²	鼻涕
E	pE²	爬竹	t'E²	發狂
a	pa²	跳	ba²	射
ɑ	pɑ²	扁	bɑ²	亮
o	po²	谷	p'o²	翻
u	du¹	喝	lu¹	河
ʉ	fʉ²	睁	tʉ¹	千
ʉ̱	nʉ̱⁴	軟	lʉ̱²	動
ɯ	pɯ⁴	敢	gɯ¹	皮
ɯ̱	k'ɯ̱²	椅	xɯ̱⁴	新
©	ŋ̍²	天	ŋ̍⁴	二

3. 聲調：

有高平，中平，中降，低升，四個基本調：

調值為： ˥55 ˧33 ˧˩31 ˩˧13

例如： la¹（騾子） la²（跑） la⁴（舔） la³（腊烛）

ʂi¹（遠） ʂi²（撕） ʂi⁴（草） ʂi³（石灰）

高平 ˥55，中平 ˧33，中降 ˧˩31，這三個調很穩定，而低升調 ˩˧，多出現双音節或多音節的詞裡，不很穩定。

另有一個高降調 ˥˩51，如：ʃi˥˩ 客人 ke˥˩ 後，它出現的頻率很小，很可能是兩個音節緊密結合形成的合聲。

例如：ʃi˥i˧˩ ——→ ʃi˥˩ 客人 ke˥e˧˩ ——→ ke˥˩ 後

当兩個高平調在一起時則后一高平調要变得略低一些。

例如：pʰɯ˥dɯ˥ 輪是 pʰɯ˥dɯ˦44

當兩個以上的音素結合得很緊時也会影响調值。

例如：（ʔa˥e˧）鴉 （ʔa˥ŋ˩）黃牛

ʔa˥e˧ 成 ˥˧53調 ʔa˥ŋ˩ 成 ˥˩51調

附： 聲韻調配合表於后

乙：詞彙

1. 構詞法舉例：

名+形

例：　la^{1}bo^{2}　説謊　Xa^{4}ʔʅ^{1}　腊肉

舌 花　　肉 血

Vu^{4}gu^{2}　菜乾

菜 乾

動+形

例：　di^{4}ʂa^{4}　憂愁　K'ɯ^{4}ʂa^{1}　偷懶

想 悶　　偷 閒

形+形

例：　ʐe^{4}p'u^{4}　瘡

大 泡(腫)

名詞+動詞+名詞

例：　ʂy^{1} de^{4} pa^{4}　鉄匠

鉄 打 人

Ka^{1} lo^{2} de^{4} pa^{4}　石匠

石 打 人

ma^{1} p͡i^{1}a^{4} pa^{4}　篾匠

竹 做 人

gɯ^{1} de^{4} pa^{4}　銅匠

銅 打 人

pa¹ gɯ² a⁴ pa⁴　　裁縫

衣　縫　人

詞頭十詞幹

例：　xa² ʃy⁴ ʃy⁴　　一样的

像

詞幹十詞尾

例：　ʔa¹ m̩n⁴ pa⁴　　公馬

馬　公

ʔli⁴ ɣo⁴ tsi⁴　　肘部

手　湾　子

ʔli³ za⁴　　手指頭

手　兒子

2. 同義詞情况

同義詞不如北部方言那庅丰富，現就已発現的举例如下：

ʒi² 烟（吸的烟）　　ʔm̩n⁴ kɯ⁴ 烟（燒火的烟）

kɯ¹ 叫（馬、人、猫，青蛙，羊，母公，熊、雁鹅，鹦鹉，蜜蜂，箐鸡，狼等）

vi¹ 叫（鸡、牛，鳥，公鸡、等）

ʔlɯ² 叫（狗）　　fɯ² 開（開口窗）

ʔa² 叫（烏鸦）　　za⁴ 叫（喜鵲）

ʔm̩n¹ 叫（听見叫或响）　　kɯ⁴ 開（開新路）

vi² 開（花）　　ka⁴ 生（小孩）

ʑy^{1} 生（植物由地下生出新苗或树菜）

tʃʻy^{4} 生（野兽及家畜等生子）　fɯ^{2} 生（生蛋）

kʻa^{4} pʻi̠^{4} 口（嘴）　na^{1} kʻɯ^{1} dɯ^{1} 口（疮口）

ʔa^{1} pi^{1} za^{4} 小（形状小）　ʔɿ^{1} 小（年岁小）

ʑo^{2} pa^{4} 男（男性）　ʔɯ^{4} dʑa^{1} 男（丈夫）

do^{2} 生（鸡雏由蛋出，及疮、蕈子生出）

ʔi̠^{4} da^{4} 睡（泛称）　gu^{4} ʔi̠^{4} da^{4} 睡（使睡）

ʔa^{1} n̩^{4} 牛（泛称）　ʔa^{1} n̩^{4} xa^{2} ba^{2} 牛（属牛的）

pa^{4} za^{4} 公的（马刚生下来之称）　pa^{4} 公的（指马、猪）

lu^{1} pa^{4} 公的（指牛羊）　fi^{1} pa^{4} 公的（指飞禽）

pʻi̠^{4} 匹（指布的副名词）　dze^{4} 匹（指马的副名词）

ʃy^{4} 像　xa^{2} ʃy^{4} ʃy^{4} 完全像

tʃɿ^{1} 件（事的副名词）　ka^{2} 件（衣的付名词）

fi̠^{4} 吐（吐口水）　pʻi̠^{4} 吐（吐血、痰、呕吐）

lo^{1} u^{4} si^{2} 快（命令时用）　mi̠^{2} 快（速度快）

pa^{4} 把（刀、草、等付名词）　tʃi̠^{2} 把（米、花生、"一把"）

dy^{4} 扶（扶病人、或老人走路）

vɯ^{1} dʑa^{4} 扶（扶要倒的人或物）

tʃʻi̠^{2} 抓（母鸡抓粪、抓痒，猴子抓人）

tsʻe^{1} 油（动物油）　ʑɯ^{1} ɣɯ^{1} 油（植物油）

ʑa^{4} 染（布）　ke^{4} 染（病）

tsi̠^{4} 段（树林、地路，竹子等付名词）

$tɕʻy^2$ 段（指經書說話等的付名詞）

$kʻo^4$ 咬（狗、母豬、馬、野獸）　　$tʻo^2$ 咬（蛇、鼠）

$ʔa^1 dʑi^4$ 牲畜（通称，可包括牛馬以及招待客人的牲口）

$si̠^4 ʔn̩^1 tʻi^4 a^2$ 牲畜（巫师赶鬼唸經喪事等宰殺的牲畜）

$h̃i^1$ 家（家庭以及泛称）　　$tsʻa^2$ 家（張家或李家）

pa^1 借（借錢、借needed实物有利息的）

$ʔâ^4$ 借（借食物、借牛）

$tsi^2\ ba^1$ 燒（燒火使燃）　　ba^1 燒（山、房子、物件等自燒）

$tɕy^4$ 燒（人燒山、房子、物件等）　　$kʻɯ^1$ 燒（人燒鸡、猪及孩子等）

$kʻɯ^1$ 隻（瓦、鸡等副名詞）　　ba^4 隻（手足耳朵等付名詞）

$ʔɿ̠^4$ 脱（脱衣服帽子）　　$tsʻi^4$ 关閉（门窗等）

$tʻa^3$ 脱（鋤頭斧子等脱柄）　　be^1 脱（牙、髮、脱旧换新等）

tsi^4 关闭（嘴）　　$tsʻi̠^2$ 关闭（眼睛）

$kʻi^4$ 断（脆的硬的東西断）　　$tʃi̠^3$ 断（绳索和親戚断绝）

$ne^1\ za^4$ 弟（兄称弟）　　$pʻa^4\ mn̩^1$ 弟（姐称弟）

$ʔɲy^4\ ma^2$ 妹（兄称妹）　　$ne^1\ ma^2$ 妹（姊称妹）

騈儷詞舉例：

$kʻa^2\ tʃi^4\ kʻa^2\ kɯ^1$ 大村小村
小　村　大　村

$pʻa^4 za^4 ma^2 za^4$ 親戚們

$ʃɯ^2 u^4\ ʃi^2\ ke^?\ ɛ^4\ ʃi^1$ 前面后面
前　面　後　面

$si̠^2 dzi^1\ lo^2\ dzi^1$ 深山老林

fa⁴ pʻi⁴ tɕa⁴ bo²　　油盐酱醋

茶　盐

ʔã¹ n² ʔã¹ ha²　　毒虫走兽

鸟　鼠

3：借詞情况

巍山彝語裡的汉語借詞很多，（约佔18%）常見的有以下幾种詞類。

抽象的名詞、動詞、

ʔã²tʃʻi⁴	恩情	tso⁴ʑõ²	作用	kõ² lav⁴	功劳
si²ʃa⁴	思想	li¹ ʒi⁴	利益	ʒi¹ si⁴	意思
fa³li²	法律	tʻav⁴ʃã⁴	投降	tʻi⁴ kʻA¹	抵抗

普通名詞和動詞

tso²	捉	pĩ¹	变	tʃi²sṽA¹	計算
tsʻae²	卜猜	ʃõ⁴	賤	tʃʻA²	槍
fõ² ʃã²	鳳檯	tʻiav⁴tsʻu⁴	条鋤	pʻi⁴tã¹	扁担

季節名詞、方位名詞，形容詞和副詞

ʑẽ⁴	圓	xã¹	恨	tʃi¹	斤
tʃʻau²	秋	kʻṽA²	寬	ṽA¹	萬
kʻvae⁴	元	tõ² fã²	東方		

借詞的結构方式有下列幾种主要類型：

語音語法全借的：例如：tsã¹ ʃi¹　　唱戲

語音全借而語法仍按彝語語法结构：

pa^{4} tsi^{2} p'ae^{4}　　算命
八　字　排

tsi^{1} tsi^{2} tʃ'i^{3}　　漆梓子
梓　子　漆

前借后不借的

tʂ'av^{2} va^{2}　　杪害
杪　害

ʃã^{1} bi^{2}　　乱説
乱　説

ʂvɪ^{1} ʃy^{1}　　收税
税　收

pã^{1} tsəu^{4} tʃi^{2} ga^{1} ma^{2}　　半早晨路
半　早　晨　路

借后不借前的：

ʔn̩^{1} tsi^{1} tʃi^{4}　　你自己
你　自　己

ɣõ^{4} dʒy^{1} ts'aɪ^{1}　　造桥
桥　造

ma^{4} k'e^{4} tʃ'i^{1}　　不客氣
不　客　氣

ka^{1} lo^{2} ts'i^{2} kɪ̃ tsi^{2}　　石滚子
石　头　滚　子

中間部份借汉：

ɣɯ^{1} tõ^{2} fa^{2} ɣi^{1}　　水向東流
水　（東方）　去

ka^{4} kɯ^{1} ta^{2} ty^{4}　　结活疙瘩
活　疙　瘩　结

從汉語借入的詞大多带升調，汉語的-n、-ŋ鼻音收尾一律唸成半鼻音。

丙：語法

1. 表示名詞的不定单数；必須在付名詞之前加数詞一：

例：ʔa^{2}n̩^{4} tɕʻi^{4} kʻɯ^{1} 一条牛　si̠^{2}dzi^{1} tɕʻi^{4} dzi^{1} 一柯树

牛　一　条　　树　一　柯

2. 表示名詞的特定单数，在名詞后加'那一条'或"這一条"之類來描述。

例：ʔa^{1} n̩^{4} na^{1} tɕʻi^{4} kʻɯ^{1} 那一条牛

牛　那　一　条

si̠^{2}dzi^{1} na^{1} tɕʻi^{4} dzi^{1} 那一柯树.

树　那　一　棵

3 名詞所有格一般無任何形态标誌，但有時也可以加上"dE"來表示：

例：一般說：ʔa^{1}n̩^{4} kʻɯ^{2} 牛的角　但也能說 ʔa^{1}n̩^{4} dE^{1} kʻɯ^{2}

牛　角　　牛　的　角

一般說：ʔa^{1}ma^{2} pʻa^{1} 媽々的衣服，但也能說 ʔa^{1}ma^{2} dE^{1} pʻa^{1}

4 名詞的強調肯定式係在名詞前加"tɕa^{3} tɕɔ̃^{2}"

例：tɕa^{3} tɕɔ̃^{2} la^{4}lo^{2}pa^{4}　真彝

真　正　彝族

tɕa^{3} tɕɔ̃^{2} ʔa^{1}n̩^{4}　真牛

真　正　牛

5 名詞不能重迭若要表示"同族類的自己互相之間"的意思，即在名詞與名詞之間加一個相当於汉語"和"的連接詞。

例：tɕʻu^{1} ma^{1} tɕʻu^{1} tʻu^{4} di^{4}h̃i^{2}. 人和人相愛

人　和　人　愛　互　相

ʔa^{1}mn̩^{4} ma^{1} ʔa^{1}mn̩^{4} pi̠^{2} di^{4}h̃i^{2} 馬和馬相踢

馬　和　馬　踢　互　相

1 副名詞

1. 副名詞与事物的形象，性质的特点之间有密切的关係，例如凡細長的东西，除個别例外，一般都用“tʂa²”作副名詞。

例：ga¹ ma² tʂʻi⁴ tʂa² 一条路

路 一 条

pa² tʂa² tʂʻi⁴ tʂa² 一条繩子

繩子 一 条

2 副名詞都与名詞不同而不同，副名詞的位置在名詞与数詞之后：

例：pʻa¹ tʂʻi⁴ kʻa² 一件上衣

上衣 一 件

ʔa¹ kʻa⁴ tʂʻi⁴ pʻi⁴ 一扇門

門 一 扇

dʐa⁴ kʻa¹ tʂʻi⁴ tʃɿ². 一把米

米 一 把

tʂʻi⁴ h●⁴ 一 夜

一 夜

3 三以上和三以下的付名詞相同但指人時三個和四個的“個”可以变，也可以不变。

例：tʂʻu¹ ŋ̍² ma¹ 兩個人 tʂʻu¹ sa² ma¹ 三個人

也可以 tʂʻu¹ sa¹ ly⁴ 三個人 ʔa¹e² ŋ̍⁴ kʻɯ¹ 二隻鸡

人 三 個 鸡 二 隻

副名詞始終不变的 ʔa˥e² sa² k'ɯ¹ 三只鸡

鸡 三 只

指人，牲畜獸類等時以 ku⁴ 为"些"，指禽獸，昆虫、植物，無生物等時以"pa²"为"些"不能受二以上的数詞修飾。

例： tʂ'u¹ tʂ'i⁴ ku⁴ 一些人

人 一 些

tʃa² tʃy¹ tʂ'i⁴ pa² 一些傢俱

傢俱 一 些

4. 表示動量的付名詞，其位置在数詞之后動詞之前。

例： tʂ'i⁴ by¹ dza⁴ 吃一頓

一 頓 吃

tʂ'i⁴ p'o² dE⁴ 打一次

一 次 打

2 形容詞

1 形容詞前可以加"me³"（很）

例 me³ ʔn¹ 很红（相等於红通々）

很 红

me³ nɯ⁴ 很軟（相当於軟綿々）

很 軟

2 不能用形容詞重迭表示疑问，只能加"嗎"或用"X不X"的方式表表示。 例： dzi¹ me⁴ ji² 多嗎？

或 dzi¹ mE⁴ ma⁴ dzi¹ me⁴ 多不多
多 不 多

me⁴ ʃi² 好嗎？ 或 me⁴ ma⁴ me⁴ 好嗎？
好 嗎 好 不 好

3. 表数日子有"初×初×"的説法，也有"几月几日"的説法，但数物時卻不能説"第几第几"，只用：一、二、三、四等来数，或用：一個，二個，三個……来数。

例： di² tʻi⁴ 初一 sã² n̩⁴ tʃi¹ kɯ¹ 三月二十九（日字可省）
初 一 三月 二 十 九

tɕʻi⁴（相当於）第一 n̩⁴ ma¹（相当於）第二個
一 二 個

tʃi¹ ŋa⁴ n̩²（相当於）第十五天
十 五 天

4 数詞從"一"到"十"都是独立的单字。

例： tɕʻi⁴ 一 n̩⁴ 二 se² 三 ʔɿ² 四 ŋa⁴ 五

kʻo⁴ xɯ⁴ t hi⁴ 八 kɯ² 九 tʃʻi¹ 十

5 从一到十的数詞在"十一"以上的数詞中不变音，但逢十三，十四，十九，二十三，二十四，二十九，三十三，三十四，三十九，等時要变調。

例： se² 三，tʃi¹ se¹ 十三 n̩⁴ tʃi¹ se¹ 二十三
ʔɿ² 四 tʃi¹ ʔɿ¹ 十四 n̩⁴ tʃi¹ ʔɿ¹ 二十四

kʯ² 九　tʃʻi¹ kʯ¹ 十九　ɳ⁴ tʃʻi¹ kʯ¹ 二十九

"一千""一百""一万"的"一"字不可少"十"前也能加"一"。

例：tɕʻi⁴ tʃʻi¹ 一十

6：表示形容詞的程度更甚，更大，更深時，在形容詞前面加"me³"，"me³"的声音延得越长，則表示程度越甚，越大，越深：

例：ʐe⁴ 大　me³ ʐe⁴ 更大　meː³ ʐe⁴ 最大

7：意義相反的詞無形态标誌：

例：ʂɨ¹ 長　ʔɳy⁴ 短　ʔm̩n¹ 高　ʔɳy¹ 低

3 代詞

1　引称代詞無形态变化：

例：ʔu² ŋa¹ kʻi¹ bi² "ŋa¹ ma⁴ la¹" 他对我說"我不来"

他 我 对 說　我 不 来

ʔu² tsa² ʔu⁴ kʻi¹ bi² "ʔu⁴ ma⁴ la¹" 他們对我們說我們不来

他 們　我們 对　說　我 們 不　来

2　二人以上就能称"你們""我們""他們"

例：ŋa¹ naʋ² （二個人）我倆　ʔu⁴（二人以上）我們

我 倆　　我們

我們倆"比"我倆的說法更常見。

ʔu⁴ naʋ²　我們倆

我們 倆

4　物主代詞第二式（代替名詞的）其结構仍然為"我的""他的"，其位其在谓词之后，同时句末应需加一动词"是"。

例：ʔa¹ n̩⁴ tɕa¹ tɕʻi⁴ kʻɯ⁴ ŋa² de¹ ŋa¹ a⁴ 这条牛是你的

牛 这 一 条 我 的．是

ʔa¹ n̩⁴ na¹ tɕʻi⁴ kʻɯ¹ ʔn̩² de¹ ŋa¹ a⁴ 那一条牛是你的

牛 那 一 条 你 的 是

5 強調的反身代詞第二式，并不用重迭的方式，而是在代詞之后加〔tʃʻi² . tsi¹〕（汉語借詞親自）

例：ŋa¹ tʃʻi² tsi¹ ʑi¹ 我親自去

我 親 自 去

ʔn̩¹ tʃʻi² tsi¹ ʑi¹ 你親自去

你 親 自 去

6 指示代詞放置在被指示的名詞之后。

例：tɕʻu¹ tɕa¹ . tɕʻa³ na¹ la⁴ 这個人病了

人 这 （一个） 病 了

me¹ tɕa¹ tɕʻi⁴ . ma¹ mɛ³ me⁴ u¹ a⁴ 这匹布很好

布 这 一 個 很 好

7 远指時可把"na"（那）延長"na"延得越長則指得越远。

例：tɕa¹ tɕʻa³ 这個（近指） na¹ tɕʻa³ 那個（远指）

这 一個 那 一個

naː¹ tɕʻa³ 那個（更远）

8 人称代詞作宾語時，需在其后加 di⁴

例：ŋa¹ dʑi⁴ pʻi⁴ tɕʻi⁴ pa² vɯ¹a¹ ka ʔu² di⁴ gu⁴ 我銙許多钱給他

我 錢 許多 銙 他 給

3 物主代詞第八式（修飾名詞的）其結構為"我的""你的""他的"其位置在被修飾的名詞之前。（註：此条位於前頁（11）2之后4之前）

例：ŋa² de¹ ʔa¹n̩⁴ 我的牛

我 的 牛

ʔn̩² de¹ ʔa¹n̩⁴ 你的牛

你 的 牛

4 動詞

動詞使动体的形态特徵是在動詞后加"to²"

例：vɯ¹a¹ ka² ŋa² di⁴ ʔi⁴ to² 銙給

銙 我 給看

si²a² ka² ʔu² di⁴ dzɛ⁴ to² 拿給他騎

拿 他 給騎

ʔi⁴ to² 使穿 du¹ to² 使喝

dza⁴ to² 使吃 n̩y⁴ to² 使聞

2 宾語（人称代詞）之后加"di⁴"有兼表被动語态的作用。

例：ʔa¹ kʻɯ⁴ ŋa¹ di⁴ kʻo⁴ 狗咬我

狗 我 咬

ŋa¹ di⁴ ʔa¹ kʻɯ⁴ kʻo⁴ tɕo³ la⁴ 我被狗咬着

我 狗 咬 着 了

3　動詞不能重迭起來表示疑問，疑問句須加語氣詞 ʃi² （嗎）或用"X不X"的方式來表示。

例：　la¹ ʃi²　　來嗎？　la¹ a⁴ ma⁴ la¹　　來不來
　　來　嗎　　　　　來　不　來

ga² ɣu⁴ ʃi² 帮助嗎？
帮助　嗎

ga² ɣu⁴ ma⁴ ga² ɣu⁴　帮助不帮助？
帮助　不　帮　助

ʔn¹ ʔi¹ la¹ za¹ a⁴ ʃi²　你来看嗎？
你　看　来　　嗎

ʔn¹ ʔi¹ la¹ ma⁴ ʔi¹ la¹　你来看不来看？
你　看來　不　看　來

4.　否定副詞的位置在動詞之前。

例：　ma⁴ la¹　　　　不来
　　不　来

5.　當動詞为双音節時，否定付詞的位置不在兩音節之間，而在兩音節之前。

例：　ma⁴ ga² ɣu⁴　　不帮助
　　不　帮　助

t'a⁴ ga² ɣu⁴　　莫帮助

ʔu² ma⁴ tɕɿ¹ la¹　他不起来。
他　不　起　來

6 在宾語和动詞之间加 k'ɔe² ʂɿ⁴（开始）表示始動。

例： ʔu² tsa² ɣa⁴ k'ɔe² ʂi⁴ ɣɯ⁴ la⁴ ʋA²（他们开始割麦子）

他 们 麦子 开 始 割 来 了

7 在主語和謂語之间加 tʂɔ̃¹ tse²（正在）表示動作正在進行。

例 ʔu² tʂɔ̃¹ tse² t'iʋ⁴ tsi¹ va² 他正在写

他 正 在 字 写

8 在主語和謂語之间加"ma⁴"（未）表示动作尚未完成。

例 ʔu² ma⁴ dza⁴ ɣa² 他没有吃完

他 不(没有) 吃 完

9 在动詞后加"pe"（过）表示動作已經完成。

ʔu² dza⁴ pe¹ za¹ 他吃过了

他 吃 过 了

10 用"X着X"的方式表示动作断续進行。

例： ʔu² ʐe¹ e⁴ le¹ ʐe͡¹ e⁴ le¹ ʑi¹ kʋae³

他 笑 着 笑 着 去 了

（他笑着笑着地去了）

11 在动詞后加"pe"（过）表示有关於某动作的經驗。

例 ʔu² la² ʂa¹ xa⁴ dza⁴ pe¹ 他吃过蛇肉

他 蛇 肉 吃 过

12 引述原説話人直接話語不用引述动詞。

比較式有以下几种

例： ŋa² de¹ ʔɲi͡ a⁴ de¹ dzi¹ ɲɪ⁴ 我的比你的多

ŋa² de¹ ʔn̥¹ a⁴ de¹ ma² si⁴ ma⁴ dʑu¹　我的没有你的多
我 的 你 的 比 多 没 有
tɕa¹ ma² si⁴ ma⁴ dʑu¹　没有这样多
这样 多 没 有
ŋa² de¹ ʔn̥² de¹ xa¹ ma² ma²　我的跟你的一样多
我 的 你 的 （一样多）
ŋa² de¹ ʔn̥² de¹ k'e¹ ʔn̥¹　我的比你的红
我 的 你 的 比 红

5. 助动詞

1　不能用重迭式来表示疑问，只能用ʃi¹（嗎）或用"X不X"的方式来表示：

例：ʔn̥¹ ʒi¹ pɯ⁴ a⁴ ʃi²　你敢去嗎？
你 去 敢 嗎
或 ʔn̥¹ ʒi¹ pɯ⁴ a⁴ ma⁴ pɯ⁴　你敢不敢去？
你 去 敢 不 敢

2　助动詞的位置在動詞之后：

ŋa² ʒi¹ pɯ⁴　我敢去　ŋa¹ vi⁴ tɯ¹ da¹ a⁴　我背得起
我 去 敢　我 背 起 得

6 副詞

1　副詞的位置在动詞，形容詞，否定詞之前。

动詞之前：ʔa⁴ di² di² i⁴ sy⁴　慢慢走
慢 々 走

形容詞之前： rɿ me³ tsʻa¹ va⁴ 很熱

很 熱

否定詞之前： tɕʻa¹ ma⁴ me⁴ 不太好

不 太 好

7 連接詞

1. 从属連接詞很不丰富，像"如果""所以""因为""因此……"等都是借汉，所以其位置也與汉語的安排差不多。

例： ʒi²ve¹ ʔa¹ mn̩⁴ ha¹ ʔu² si² kʻa² ʒi¹ ma⁴ ko⁴

因为 雨 下 他 柴 砍 去 沒有

（因为下雨他沒有去砍柴）

ʐu⁴ ko⁴ ʔa¹ mn̩⁴ pe² ʔu⁴ ko⁴ si² kʻa ʒi¹a¹

如果 天晴 我們 柴 砍去

（如果天晴我們就去砍柴）

ʔu¹ py⁴ me³ dzi¹ me⁴ ʒi² tsʻi⁴ vã⁴ tpã¹ ke¹ ʐu²

蚊子 太 多 因此 蚊帳 掛要

（蚊子太多，因此要掛蚊帳）

2 以下的句子連接詞可以省略

ʔa n̩⁴ ʔa¹ mn̩⁴ ʃy⁴ tɕʻi⁴ ʐo⁴ mn̩² 像牛馬一樣

牛 馬 像 一 樣

ʔa¹ ka² ne¹ za⁴ ʔa¹ tʃi⁴ ʔn̩y⁴ ma² mi¹ i⁴ me⁴

兄 弟 姐 妹 都 好

（兄弟姐妹都好）

8. 語氣詞

1 語氣詞的位置在句末，有兩個音節的，有連用二个語氣詞的。

例：tsʻa^{1} tʻɥ^{1} la^{1} ʋa^{1} 熱起来了

熱起 来 了

ʔu^{2} mi^{1}͡i^{4} la^{1} ʋa^{1} si^{4} 他也来了呢

他 也 来 了 呢

ʔn^{1} ʔa^{1} ȵi^{1} za^{4} ti^{2}͡a^{4} u^{1}͡a^{4} 你抱孩子啊

你 孩子 抱 啊

ʔn^{1} xa^{2} me^{1} me^{1}͡e^{4} pi^{1} a^{4} ta^{4} 你好好地幹啊！

你 好 好 地 幹 哟

9. 感嘆詞

1 感嘆詞的情况如下：

ʔe^{1}͡i^{4} 打招呼声

ʔa^{1} qa^{2} 被打時呼喚声，

ʔa^{1} tse^{4} tse^{4} 被火燙時驚呼聲

ɣɯ^{1}͡qi^{4} 讚嘆声

ʔe^{1}͡e^{4} vɥ^{1} kəe^{3} 交東西对方時發語詞

ʔe^{1}͡e^{4}！ʔn^{1} ʔi^{1} li^{2} 以物示人時發語詞

ʔa^{4} bəe^{4} 几乎滑倒的驚呼聲。

10. 主謂結构的詞序是主語在前，謂語在后。

例 ʔu^{2} la^{1} ʋa^{1} 他来了

他 来 了

ʔa^{1}m̩n̩^{4} gu^{1} tɕʰɨ^{1} la^{1} ʋa^{1}　　天氣冷起來了

天　冷　起　来　了

11. 動宾結构的詞序是宾語在前，动詞在后。

例：ʔu^{2} ŋa^{1}e^{4} de^{4}　　他打我

他　我　打

12. 双宾語的詞序是，间接宾語在前，直接宾語在后，

例：ʔu^{2} ŋa^{1} di^{4} ʈʂa^{4} pu^{1} tɕʰi^{4} ma^{1} gu^{4}　他给我一個荞粑。

他　我　荞　粑　一　个　给

13. 向心結构的詞序是修飾語在动詞之前，名詞之后。

例　xa^{2} me^{1} me^{1} a^{4} dzɯ^{1}　　好好地学習

好　好　地　学習

pʰa^{1} xa^{3} me^{1} me^{4} tɕʰi^{4} ka^{2}　　一件很美丽的衣服

上衣　很　美　丽　一　件

14. 动補結构的詞序，一般是动詞在前，補助詞在后。

例：si^{2} tɕʰɨ^{1} ʑi^{1} kʋaɛ^{3}　　拖起走了

拖　起　走　了

hi^{1} si^{2} ta^{4} ma^{2} xa^{2} fu^{1} tʰa^{4}　房子掃得很干淨

房子　掃　得　很　干　淨

15. 动詞謂語句的結构如下：

例：ŋa^{1} tʰiʋ^{4} tsi^{1} va^{2}　　我害家

我　害　家

16 形容詞謂語句的結构如下：

例：ʔa¹ m̩n̩⁴ h̃a¹ ʔa⁴ de⁴ ʒe⁴ tʉ¹ la¹ 雨漸々大起来了

雨 漸 漸 大 起 來

17 体詞謂語句的結构如下：

例 tʂʻɿ⁴ kʻo⁴ se² hã¹ kʻo⁴ tʃʻi¹ ŋa⁴ n̩² 一年三百六十五天.

一 年 三 百 六 十 五 天

ʔa⁴ gy¹ɪ⁴ ʔa¹ m̩n̩⁴ n̩² 明天馬日

明天 馬 日

18 主謂謂語句的結构如下：

例：ŋa¹ ʔy⁴ ay¹ na¹ 我頭痛

我 头 痛

19 直陳句的結构如下：

例：ʔu² dza¹ mə⁴ 他肚子餓了

他 肚 餓

20 疑问句的結构如下：

例 ʔa⁴ sa⁴ ty¹ la¹ va¹ 誰回来了

誰 回 來 (了)

ʔn̩¹ va² ɣa¹ tʃa¹ ʃi¹ 你寫完了嗎？

你 寫 完 了 嗎

21 祈使句的結构如下：

例 tʻa⁴ nav¹ 莫鬧

莫 鬧

2222 感嘆句结构如下：

例：　ʔa⁴ ʑa⁴ ɬa²kvat³va²　　唉呀！溜走了！

唉呀　溜走　了

23 简单句的情况如下：

例：单詞句：　ŋa¹　对

无主句：　dza¹ dza⁴ li¹ 来吃飯

飯　吃　来

西部方言内部語音、詞彙，基本上一致，語法現象多有同异。兹以巍山七区、八区，及昌宁五区語法現象為例对照列表如下，以見語法同异之一班。

彝語西部方言巍山七区，八区，暨昌宁五区語法对照表：

語法現象	汉义　表述方法	巍山七區	巍山八區	昌宁五區
形容詞不能重迭表述疑問	多嗎	dzɿ¹ me⁴ ʃi² 多　嗎	ky¹ a⁴ le⁴ 多　嗎	dzɿ¹ me¹ ma⁴ dzɿ¹ me⁴ 多　不　多
动詞不能重迭表示疑問	帮助嗎？	ga² vu⁴ ʃi² 帮助　嗎	pÃ² tsɿ¹ A⁴ lE⁴ 帮助　嗎	ga² ma⁴ ga² 帮助 不 帮助
助动詞不能重迭表示疑問	你敢去嗎？	ʔŋ̍¹ ʒi¹ pə⁴ a⁴ ʃi² 你去　敢　嗎		ŋ̍¹ ʑi¹ pɤ⁴ ʔa² 你去 敢 嗎
使动体	使穿（衣）	ʔɨ⁴ to² 使　穿		di⁴ ɨ⁴ to² ta⁴ 穿

所有格	牛的角	ʔa1 n̩4 de1 k'ʉ1 牛 的 角	a1 n̩4 k'o1 牛 角	a1 n̩4 k'ʉ1 牛 角
賓格	我要（賒）許多钱给他	ŋa1 dʑi4 p'i4 tɕ'ɿ4 pa2 我 钱 許多 vʉ1 a1 ʔʋ2 di4 gu4 賒 他 给	ŋa1 ʐao1 ɣu2 di4 gɤ4 p'i4 k'y1 我要 他 钱 多 k'y1 sɿ2 gθ4 多 给	ŋa1 ʐa2 dʑi pa4 me2 tɕɿ4 我 要 钱 许多 pã2 ʔu2 di4 vu1 gu4 tʃi1 ʐo2 多 他 賒 给 va2
否定詞的位置	不来	ma4 la1 不 来	ma4 la2 不 来	ma4 la1 不 来
〃	他不起来	ʔʋ2 ma4 tʉ1 la1 他 不 起 来	ɣu2 ma4 tθ1 la1 他 不 起 来	ʔu2 ma4 tʉ1 t'ʉ1 la1 他 不 起 来
〃	不多	ma4 dzɿ1 me4 不 多	ma4 k'y1 不 多	ma4 dʑu1 不 多
〃	他不敢去砍柴	ʔu2 sɿ2 k'a2 ʒi1 ma4 p'u4 他 柴 砍 去 不敢		ʔu2 sɿ2 xa1 ʐi2 ma4 pɿ4 他 柴 砍 去 不 敢
双宾語的位置	他给我一個暴（扫）把	ʔu2 ŋa1 di4 ɣa4 pu1 tɕ'ɿ4 他 我 暴（扫）把 一 ma4 gu4 个 给	ɣu2 ŋai5 ɣa4 pu2 tɕ'ɿ4 tɕ'o1 他 我 暴（扫）把 一 个 gu4 给	ʔu2 ŋa1 di4 ɣa4 pu2 tɕ'ɿ4 他 我 暴（扫）把 一 tɕ'a1 gu4 个 给
主动宾的詞序	他打我	ʔu2 ŋa1 ɛ4 de4 他 我 打		ʔu2 ŋa1 di4 de4 他 我 打
主謂結構的詞序	他来了	ʔu2 la1 ʋa1 他 来 了	ɣu2 la1 mo1 他 来 了	ʔu2 la1 va1 他 来 了
动補結構的詞序	房子掃得很干淨	hĩ1 ʂɿ2 t'a4 ma4 xa2 fu1 房子 掃 得 很 干 淨 t'a4	hĩ1 ku2 a4 xɤ1 sɿ2 xu1 ba2 房子 很 掃 干 淨	hĩ1 xa2 xu4 bi1 sɿ2 a4 va1 房子 很 干 淨 掃
指示代詞的位置	這个人病了	tɕ'u1 tɕ'a1 tɕ'ã3 na1 la4 人 这 个 病 了	tsʋ1 tsʋ4 tɕ'ɿ4 ɣo4 na1 ba2 人 这 个 病 了	tɕ'u1 tɕ'a1 na1 la4 人 这个 病 了
修飾語的位置（一）	好好地学習	xa2 me1 me1 a4 dzʋ1 好 好 地 学習		xa2 gu4 [illegible]4 tɕ'u1 li2 好 好 地 学 習
〃	很热	me3 ts'a1 ʋa4 很 热	a4 xɤ1 ts'a1 ba4 很 热	me1 ts'a1 很 热
修飾語的位置（二）	一件很美丽的衣服	p'a1 xa3 me1 me4 tɕ'ɿ4 k'a2 衣 很 好 一 件		p'a xa me me tɕ'ɿ4 k'e2 衣 很 好 一 件
副詞的位置	常常来		na4 na4 la 常 常 来	[illegible] tɕɿ2 pɿ2 li1 常 常 来

现象 / 汉义 / 表述方面 / 地名		巍山七區	八區	昌宁五
…補結…的詞序	房子掃得很干淨	hi1 sɿ2 ta4 ma2 xa2 tu1 (ta4) 房子掃得(很干淨)	hi1 ku2 a4 xɤ1 sɿ2 xu1 ba2 房子 很掃干淨了	hi1 xa2 xu4 bi1 sɿ2 a4 va1 房子干淨 掃
…指示代詞的位置	这个人病了	tɕu1 tɕa1 tɕa3 na1 la4 人这个病了	tsɿ1 tsɿ1 tɕɿ4 ɣo4 na1 ba2 人这 个病了	tɕu1 tɕA1 na1 la4 人这个病了
…修飾語的位置(一)	好好地学習	xa2 me1 me1 a4 dʑi1 好好地学習		xa2 gu4 ɕɿ4 tɕu1 li2 好好地学習
〃	很热	me3 tsa1 ta4 很热	a4 xɤ1 tsa1 ba4 很热	me1 tsa1 很热
…修飾語的位置(二)	一件很好的衣服	pa1 xa2 me1 me4 tɕɿ4 ka2 衣 很好 一 件		pa1 xa2 me1 me4 tɕɿ1 ke2 衣 很好 一 件
…副詞的位置	常常来		na4 na4 la1 (常常)来	mi1 ɕɿ2 ɕɿ2 li1 常常来

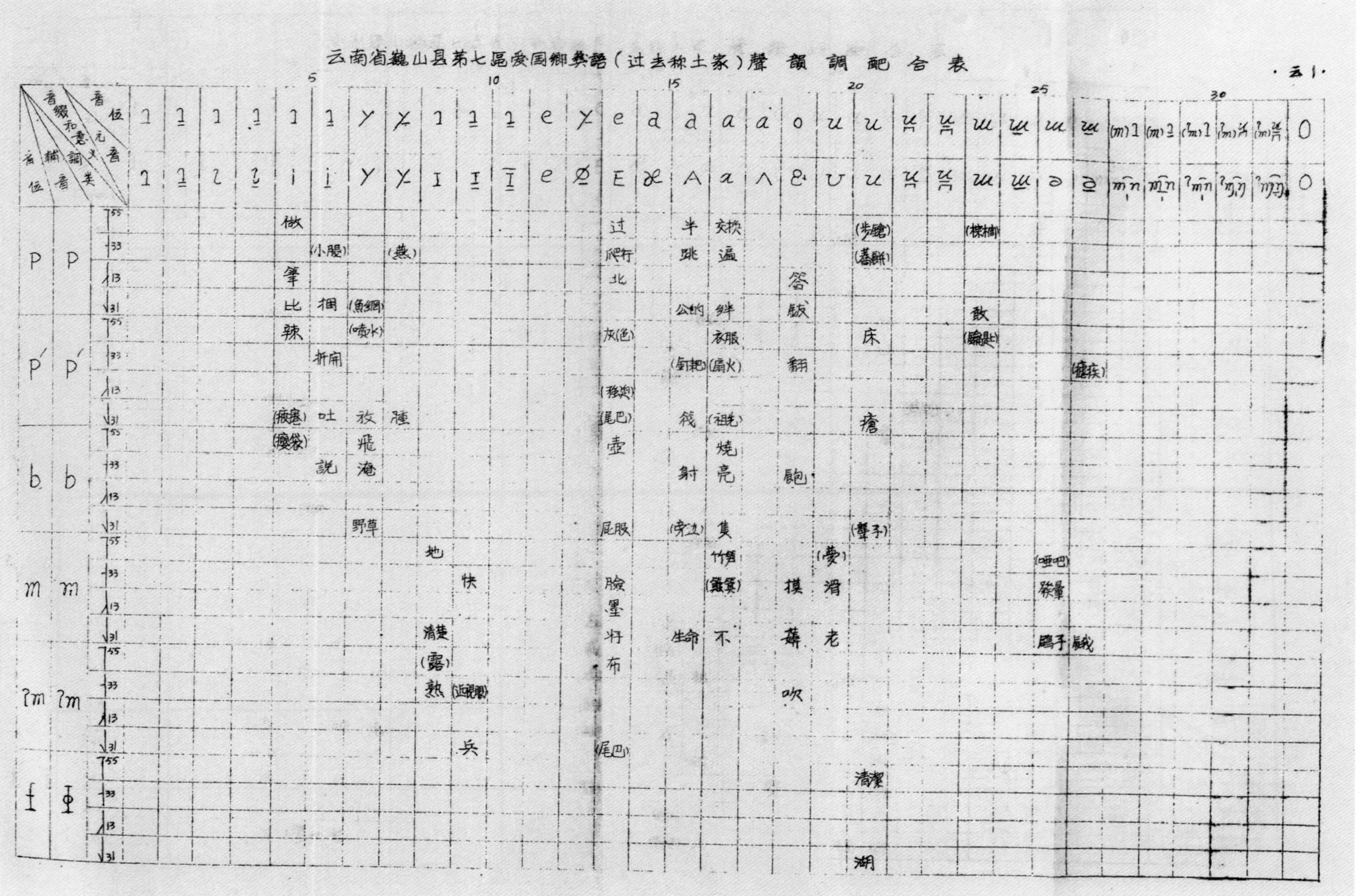

云南省巍山县第七区爱国乡彝语（过去称土家）声韵调配合表

·五1·

声母	调	ɿ / ʅ	ɿ̠ / ʅ̠	ɿ / ʅ	ɿ̣ / ʅ̣	ɿ / i	ɿ̠ / i̠	γ / Y	γ̠ / Y̠	ɿ / I	ɿ̠ / I̠	ɿ̠ / Ī	e / e	γ̠ / ø	e / E	a / ɤ	a / A	a / a	a / ʌ	o / ɐ	u / ʊ	u / u	ɯ̠ / ɯ̠	ɯ̠ / ɯ̠	ɯ / ɯ	ɯ̠ / ɯ̠	ɯ / ə	ɯ̠ / ə̠	(m)ɿ / m̩n̩	(m)ɿ̠ / m̩n̩	(ʔm)ɿ / ʔm̩n̩	(ʔm) / ʔm̩n̩	(ʔm) / ʔm̩n̩	O / O
P P	55					做									过		半	交换				(步蹬)			(棕榈)									
	33						(小腿)		(燕)						爬行		跳	遍				(蓄鳞)												
	13					笔									北					答														
	31					比	捆	(鱼网)									公的	绊		驮					敌									
P′ P′	55					辣		(喷水)							灰(色)			衣服				床			(骗人)									
	33						折开										(钉耙)	(扇火)		翻								(疟疾)						
	13														(猴子)																			
	31					(疲倦)	吐	衣	肿						(尾巴)		线	(祖先)				疮												
b b	55					(麻袋)		飞							壶			烧																
	33						说	淹									射	亮		跑														
	13																																	
	31							野草							屁股		(完了)	集				(聋子)												
m m	55									地								竹筒			(梦)						(哑巴)							
	33										快				脸			(簸箕)		摸	滑						簸箕							
	13														墨																			
	31									清楚					杆		生命	不		薅	老						鹞子	贼						
ʔm ʔm	55									(露)					布																			
	33									熟	(近视眼)									吹														
	13																																	
	31										兵				(尾巴)																			
f Φ	55																					清洁												
	33																																	
	13																																	
	31																					湖												

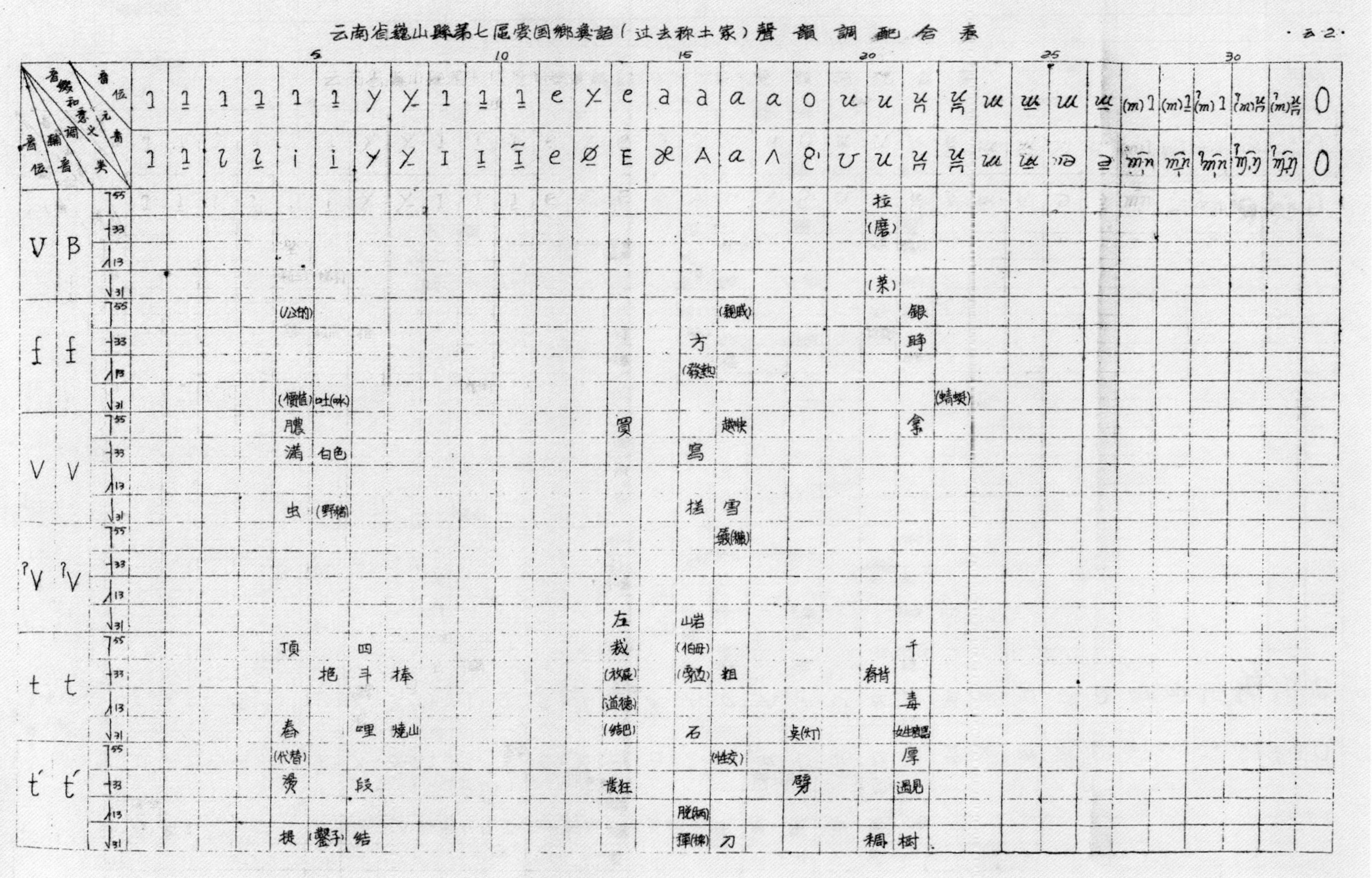
云南省峨山县第七区爱国乡彝语（过去称土家）声韵调配合表

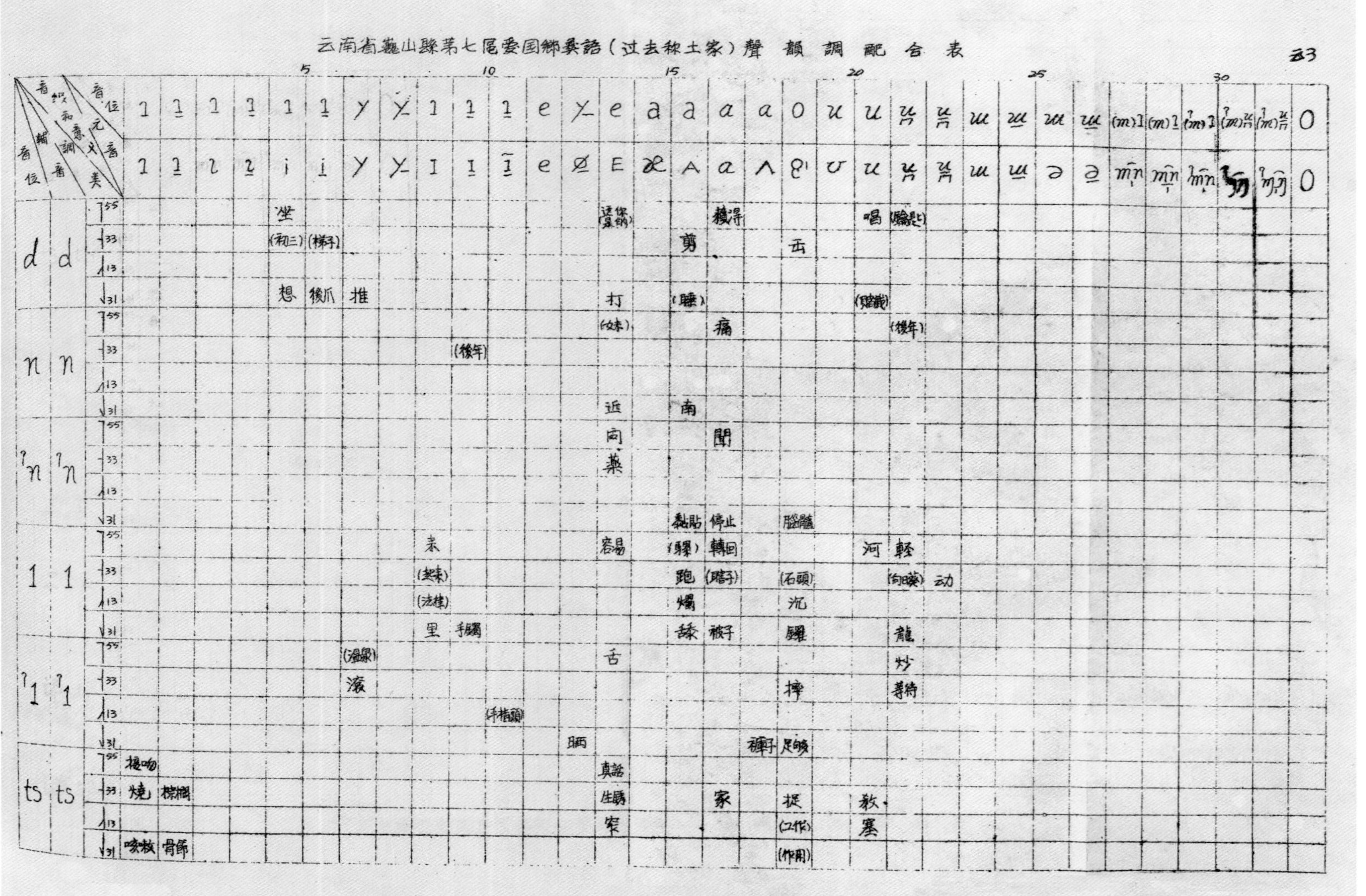

云南省巍山縣第七區要國鄉彝語（过去称土家）聲韻調配合表 ɜ3

音位 \ 輔音 \ 音位		調	1	2	3	4	5	6	7	8	9	10	11	12	13	14	15	16	17	18	19	20	21	22	23	24	25	26	27	28	29	30	31	32	33
元音音位			ɿ	ɿ̱	ɿ	ɿ̱	ɿ	ɿ̱	y	y̱	ɿ	ɿ̱	ɿ̱	e	y̱	e	a	a̱	a	a̱	o	u	u	ɯ̱	ɯ̱	ɯ	ɯ̱	ɯ	ɯ̱	(m)ɿ	(m)ɿ̱	ʔ(m)ɿ	ʔ(m)ɯ̱	ʔ(m)ɯ̱	o
元音			ɿ	ɿ̱	ɿ	ɿ̱	i	i̱	y	y̱	ɪ	ɪ̱	ɪ̃	e	ø	E	æ	A	a	ʌ	ɤ	ʊ	u	ɯ̱	ɯ̱	ɯ	ɯ̱	ə	ə̱	m̩ɿ	m̩ɿ̱	ʔm̩ɿ	ʔm̩ɯ̱	ʔm̩ɯ̱	o
d	d	˥55					坐									(逮住逮的)			積滑				唱	(鑰匙)											
		˧33					(初三)	(梯子)										剪			缶														
		˩˧13																																	
		˧˩31					想	(猴爪)	推							打		(睡)					(賭錢)												
n	n	˥55														(女妹)			痛					(撥牛)											
		˧33										(犍牛)																							
		˩˧13																																	
		˧˩31														近		南																	
ʔn	ʔn	˥55														向			聞																
		˧33														藥																			
		˩˧13																																	
		˧˩31																黏貼	停止		腦髓														
l	l	˥55									來					容易		(騾)	轉回				河	輕											
		˧33									(老來)							跑	(踏子)		(石頭)			(向日葵)	动										
		˩˧13									(法桂)							爛			沉														
		˧˩31									里	手鐲						舔	被子		騾			龍											
ʔl	ʔl	˥55							(溫暖)							舌								炒											
		˧33							滚												摔			等待											
		˩˧13											(手指頭)																						
		˧˩31													晒					褲子	足够														
ts	ts	˥55	接吻													真話																			
		˧33	燒	棕櫚												生氣			家		捉		教												
		˩˧13														窄					(工作)		塞												
		˧˩31	咳嗽	骨節																	(作用)														

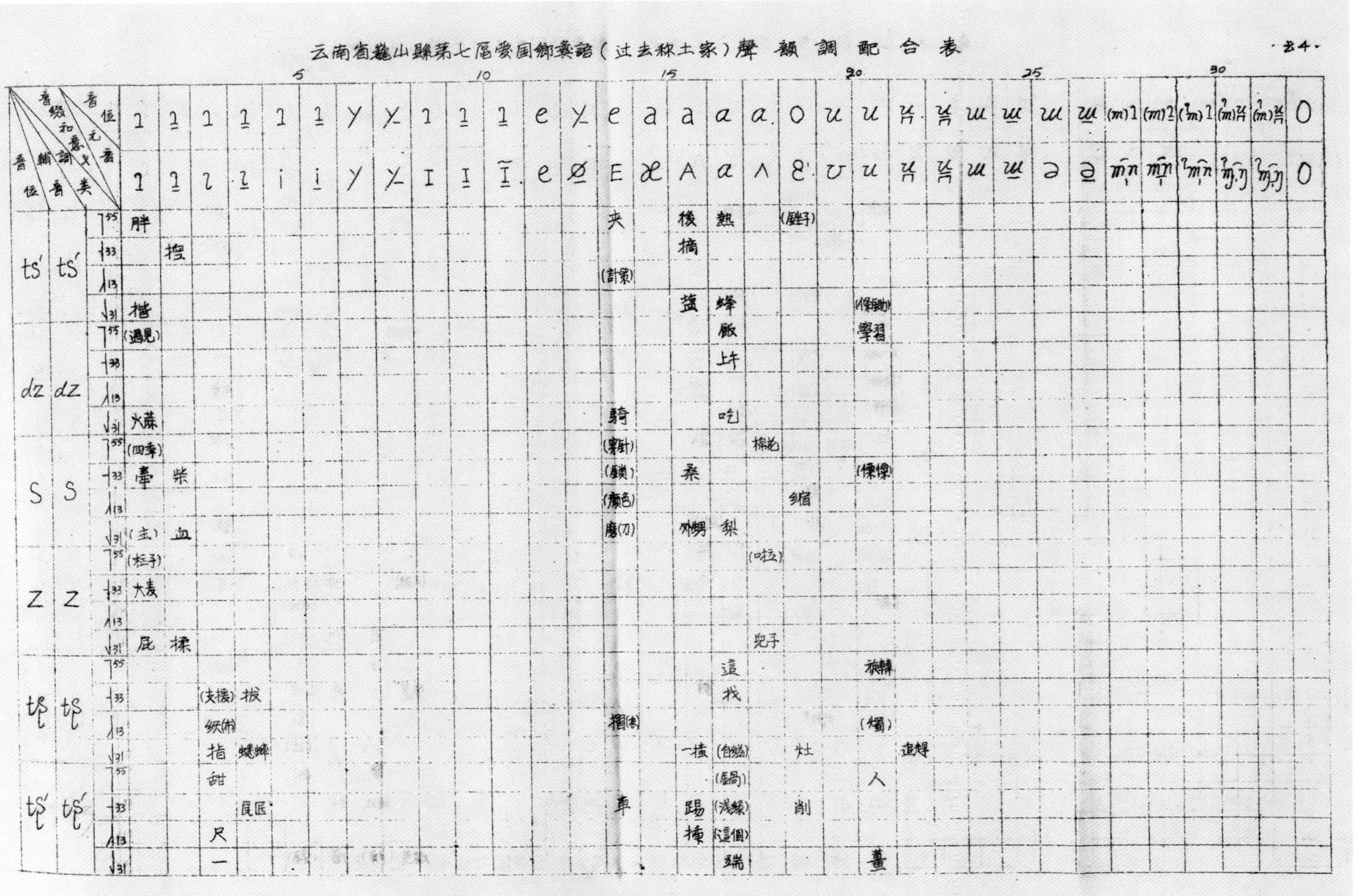

云南省巍山縣第七區愛國鄉彝語（过去称土家）聲韻調配合表 ·34·

音位 / 辅音	音类	音缀和意义 \ 元音	ɿ	ɿ̠	ɿ	ɿ̠	ɿ	ɿ̠	y	ɣ	ɿ	ɿ̠	ɿ̠	e	ɣ	e	a	a	ɑ	ɑ.	o	u	u	ẙ	ẙ	ɯ	ɯ̠	ɯ	ɯ̠	(m)ɿ	(m)ɿ̠	(ʔm)ɿ	(ʔm)ẙ	(m)ẙ	O
		音位	ɿ	ɿ̠	ʅ	ʅ̠	i	i̠	y	ɣ	I	I̠	Ĩ.	e	ø	E	æ	A	ɑ	ʌ	ɤ.	ʊ	u	ẙ	ẙ	ɯ	ɯ̠	ə	ə̠	m̩ɿ	m̩ɿ̠	ʔm̩ɿ	ʔm̩ŋ	ʔm̩ŋ̠	O
tsʻ	tsʻ	˥55	胖													夹		梭	熱		(壁子)														
		˧33		揑														摘																	
		˩˧13														(計策)																			
		˧˩31	揩															茴	蜂				(像鼬)												
dz	dz	˥55	(遇見)																飯				學習												
		˧33																	上午																
		˩˧13																																	
		˧˩31	火蒜													騎			吃																
s	s	˥55	(四季)													(穿針)				棉花															
		˧33	牽	柴												(鎖)		桑					(慄慄)												
		˩˧13														(顏色)					縮														
		˧˩31	(主)	血												磨(刀)		外甥	梨																
z	z	˥55	(栓子)																	(吋拉)															
		˧33	大麦																																
		˩˧13																																	
		˧˩31	屁	揉																兜子															
tʂ	tʂ	˥55																	這				旋轉												
		˧33			(支援)	拔													找																
		˩˧13			織(布)											摺(衣)							(燭)												
		˧˩31			指	蟋蟀												一揸	(白蠟)		灶			追趕											
tʂʻ	tʂʻ	˥55			甜														(鍋)				人												
		˧33				屁匠										車		踢	(淺綠)		削														
		˩˧13			尺													捶	(這個)																
		˧˩31			一														端				薑												

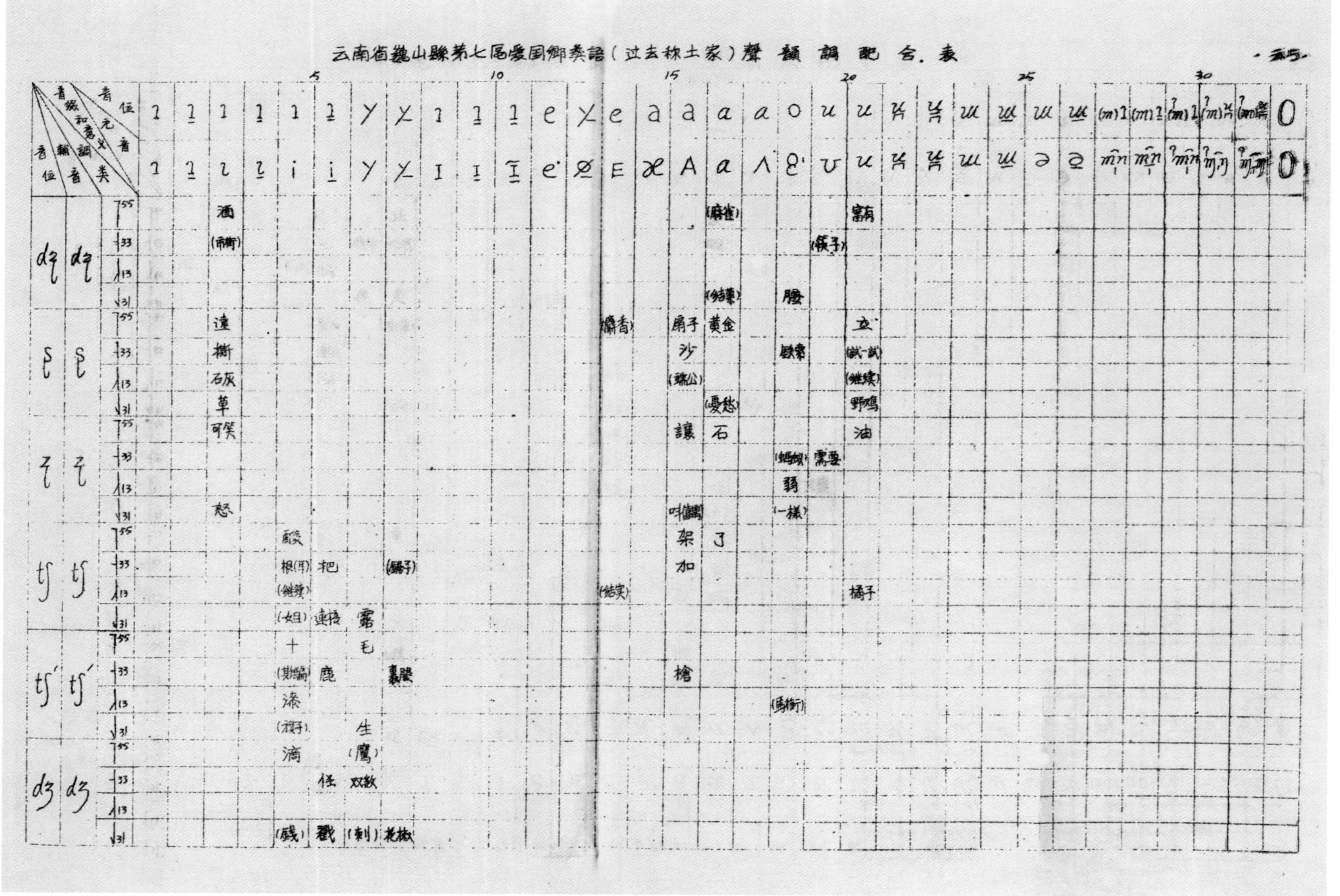

云南省巍山縣第七區憂固鄉彝語（过去称土家）聲韻調配合表 ·五号

音位 / 音级和意义 / 元音	辅音 / 調	1	2	3	4	5	6	7	8	9	10	11	12	13	14	15	16	17	18	19	20	21	22	23	24	25	26	27	28	29	30	31	32	33
音位		ɿ	ɿ̱	ɿ	ɿ̱	ɿ	ɿ̱	y	y̱	ɿ	ɿ̱	ɿ̱	e	y̱	e	ə	ə	a	a	o	u	u	ɤ̈	ɤ̱̈	ɯ	ɯ̱	ɯ	ɯ̱	(m)ɿ	(m)ɿ̱	ˀ(m)ɿ	ˀ(m)ɤ̈	ˀ(m)[illegible]	O
音位	音类	ɿ	ɿ̱	ʅ	ʅ̱	i	i̱	y	y̱	ɪ	ɪ̱	ɪ̃	e	ø	E	æ	A	ɑ	ʌ	ɤ̈	ʊ	u	ɤ̈	ɤ̱̈	ɯ	ɯ̱	ə	ə̱	m̃ɿ̃	m̃ɿ̱̃	ˀm̃ɿ̃	ˀm̃ɤ̃	ˀm̃[illegible]	O
dʐ dʐ	55			酒														(麻雀)				霸												
	33			(雨衔)																	(筷子)													
	13																																	
	31																	(结事)		腰														
ʂ ʂ	55			遠											(檀香)		扇子	黄金				五												
	33			撕													沙			麻索		(试一试)												
	13			石灰													(蜈公)					(继续)												
	31			草														(憂愁)				野鸡												
ʐ ʐ	55			可笑													讓	石				油												
	33																			(蚂蚁)	需要													
	13																			弱														
	31			愁													叫喊			(一様)														
tʃ tʃ	55					酸											架	了																
	33					根(用)	把		(鞋子)								加																	
	13					(继续)									(结实)							橘子												
	31					(一姐)	连接	露																										
tʃʻ tʃʻ	55					十		毛																										
	33					(欺骗)	鹿		裹腿								槍																	
	13					漆														(马衔)														
	31					(褂子)		生																										
dʒ dʒ	55					滴		(鹰)																										
	33						住	双数																										
	13																																	
	31					(贱)	戳	(刺)	花椒																									

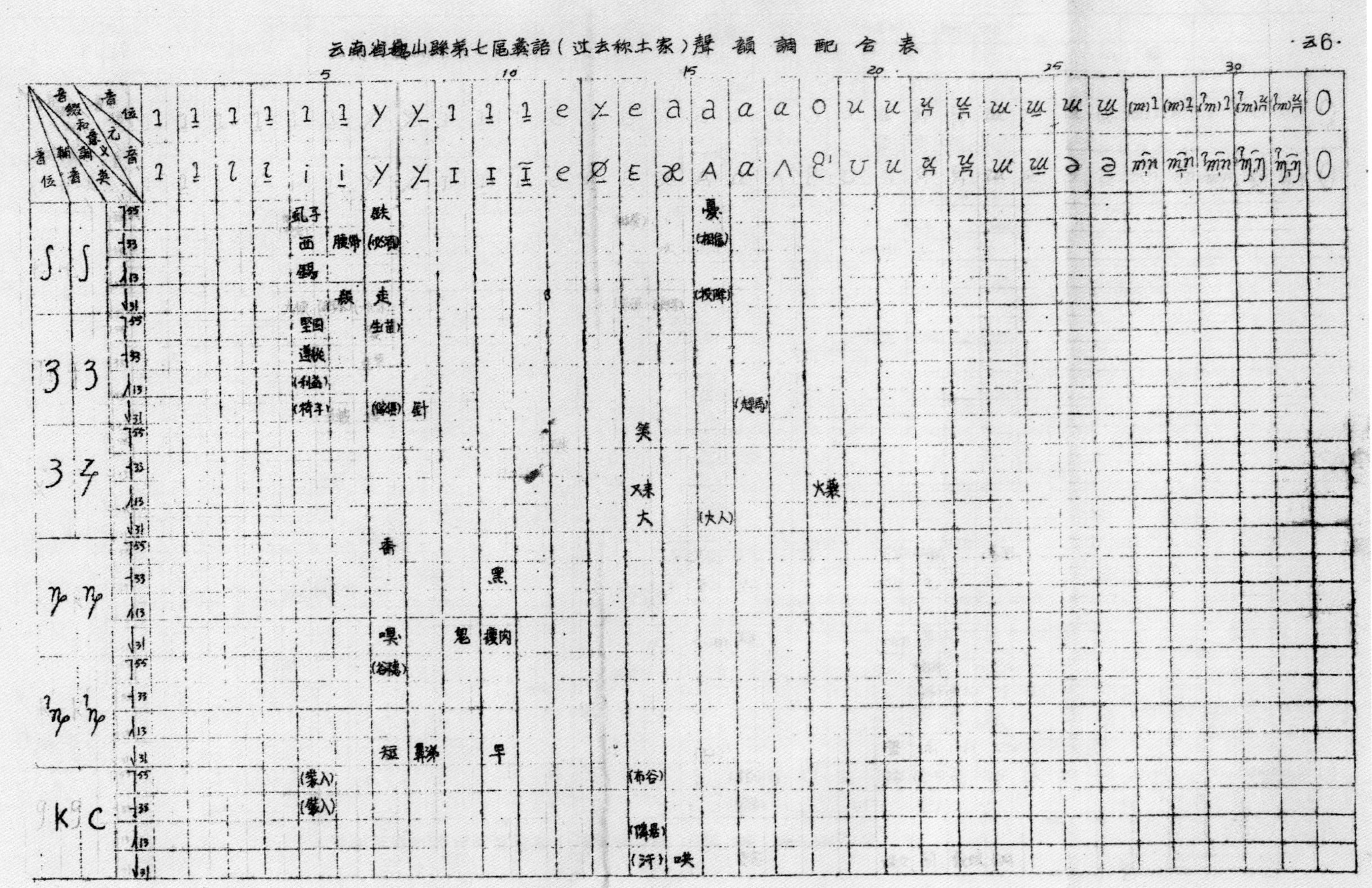

云南省巍山县第七区彝语（过去称土家）声韵调配合表 ·三6·

音位	辅音	音缀和意义	ɿ	ɿ̱	ɿ	ɿ̱	ɿ	ɿ̱	y	y̱	ɿ	ɿ̱	ɿ̱	e	y̱	e	a	a	ɑ	ɑ	o	u	u	ʉ	ʉ̱	ɯ	ɯ̱	ɯ	ɯ̱	(m)ɿ	(m)ɿ̱	ʔ(m)ɿ	ʔ(m)ʉ	ʔ(m)ʉ̱	0
		音元	ɿ	ɿ̱	ʅ	ʅ̱	i	i̱	y	y̱	ɪ	ɪ̱	ɪ̱	e	ø	ɛ	æ	A	ɑ	ʌ	ɤ	ʊ	u	ʉ	ʉ̱	ɯ	ɯ̱	ə	ə̱	m̩ɿ	m̩ɿ̱	ʔm̩ɿ	ʔm̩ʉ	ʔm̩ʉ̱	0
ʃ	ʃ	˥55					虱子		肤									曼																	
		˧33					西	腰带	(沙漏)									(相偏)																	
		˩˧13					锡																												
		˧˩31						额	走									(投降)																	
ʒ	ʒ	˥55					坚固		生苗																										
		˧33					遗帐																												
		˩˧13					(利益)																												
		˧˩31					(椅子)		(蛤蟆)	针									(赶马)																
ʒ	ʑ	˥55														笑																			
		˧33														又来					火药														
		˩˧13														大		(大人)																	
		˧˩31																																	
ɲ	ɲ	˥55							香																										
		˧33										黑																							
		˩˧13																																	
		˧˩31							嗅（谷穗）		鬼	瘦肉																							
ʔɲ	ʔɲ	˥55																																	
		˧33																																	
		˩˧13																																	
		˧˩31							短	鼻涕		早																							
K	C	˥55					(蒙人)									(布谷)																			
		˧33					(蒙人)																												
		˩˧13														(隔着)																			
		˧˩31														(汗)	味																		

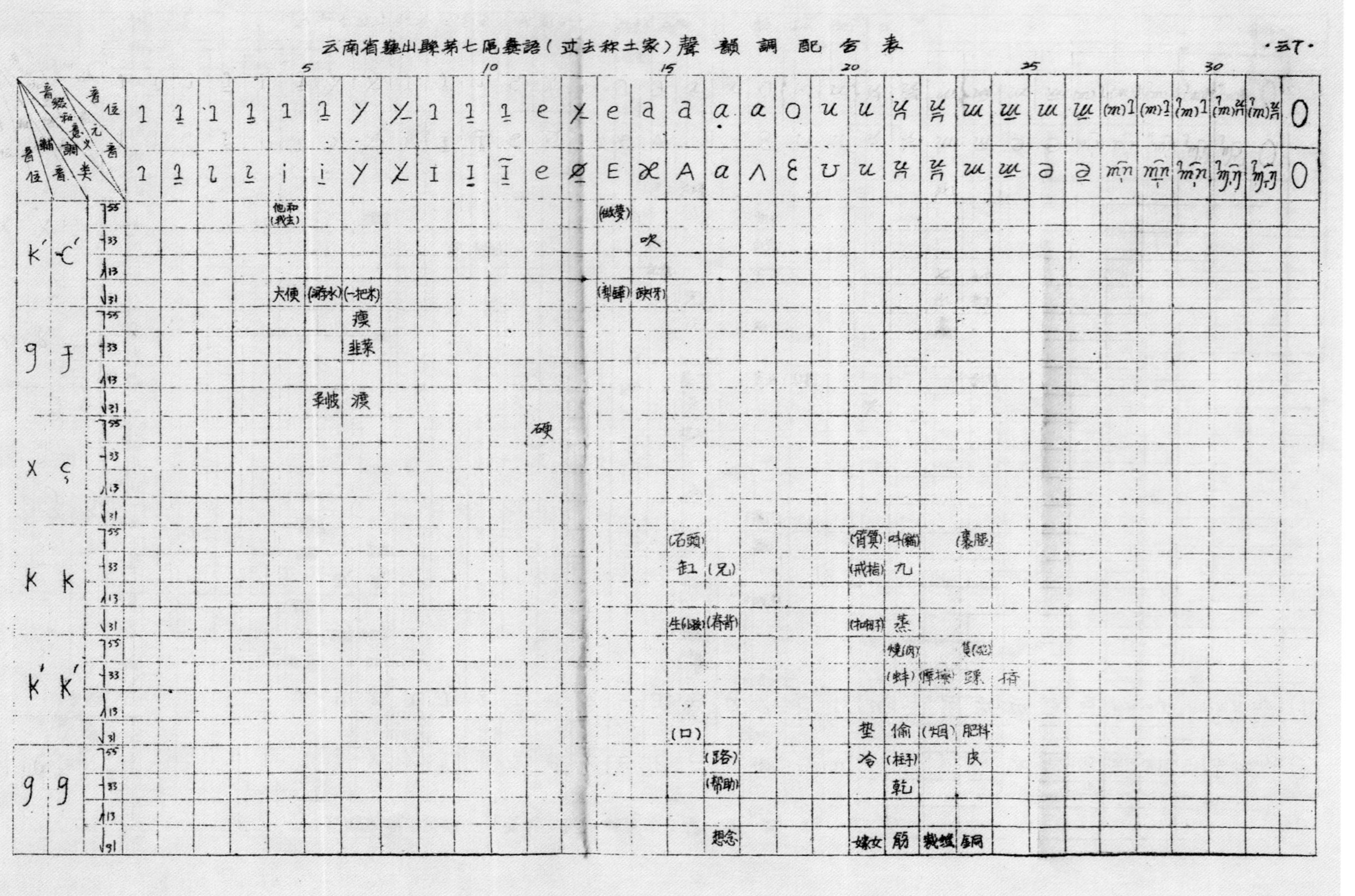

云南省鹤庆县第七区彝语（过去称土家）聲韻調配合表 ·云7·

音位		ɿ	ɿ̱	ɿ	ɿ̱	ɿ	ɿ̱	y	y̱	ɿ	ɿ̱	ɿ̱	e	y̱	e	a	a	ạ	ɑ	o	u	u	ɯ̍	ɯ̱̍	ɯ	ɯ̱	ɯ	ɯ̱	(m)ɿ	(m)ɿ̱	(m̩)ɿ	(m̩)ɯ̍	(m̩)ɯ̱̍	0
辅音 音位	调类	ɿ	ɿ̱	ʅ	ʅ̱	i	i̱	y	y̱	ɪ	ɪ̱	ɪ̃	e	ø	E	æ	A	ɑ	ʌ	ɛ	ʊ	u	ɯ̍	ɯ̱̍	ɯ	ɯ̱	ə	ə̱	m̩ɿ	m̩ɿ̱	m̩ɯ	m̩ɯ̍	m̩ɯ̱̍	0
k' c'	55					他和(我生)									(做梦)																			
	33															吹																		
	13																																	
	31					大便	(流水)	(一把米)							(犁铧)	(缺牙)																		
g ɟ	55							瘦																										
	33							韭菜																										
	13																																	
	31						爬坡	渡																										
x ç	55												硬																					
	33																																	
	13																																	
	31																																	
k k	55																(石头)					(背篼)	叫(喊)		(裹腿)									
	33																缸	(兄)				(戒指)	九											
	13																																	
	31																生(孩)	(背背)				(扣扣子)	蒸											
k' k'	55																						烧(饭)		煮(饭)									
	33																					(蚌)	(撑樑)	踩		犄								
	13																																	
	31																(口)					垫	偷	(烟)	肥料									
g g	55																	(路)				冷	(柱子)		皮									
	33																	(帮助)					乾											
	13																																	
	31																	想念				婦女	筋	栽秧	銅									

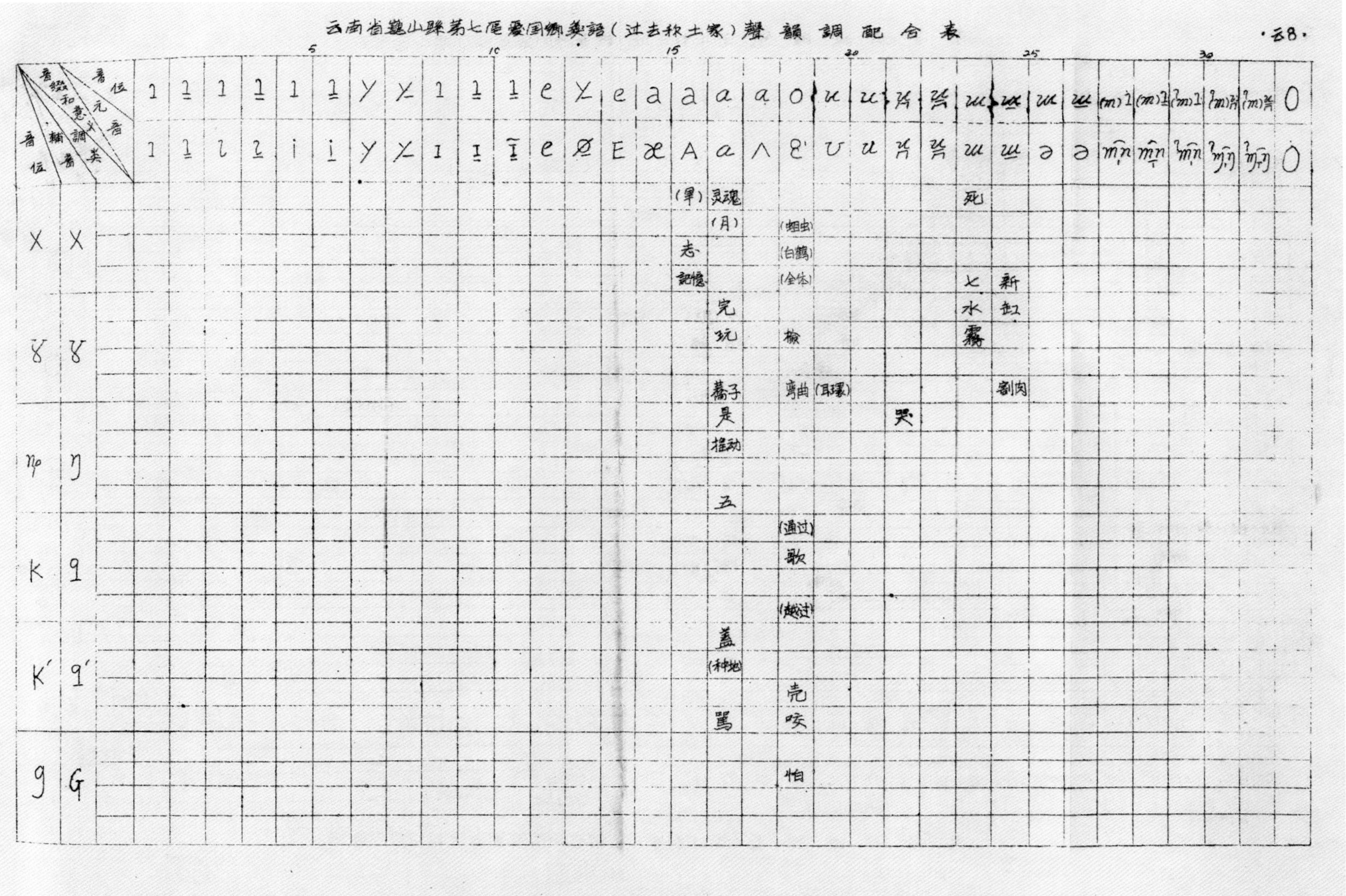

云南省巍山县第七区爱国乡彝语（过去称土家）声韵调配合表 ·58·

音位	辅音	ɿ / ɿ	ɿ̱ / ɿ̱	ɿ / ʅ	ɿ̱ / ʅ̱	ɿ / i	ɿ̱ / i̱	y / y	y̱ / y̱	ɿ / ɪ	ɿ̱ / ɪ̱	ɿ̱ / ɪ̃	e / e	y̱ / ø	e / E	a / æ	a / A	ɑ / ɑ	ɑ̱ / ʌ	o / ɛ'	u / ʊ	u̱ / u	ɯ̃ / ɯ̃	ɯ̱̃ / ɯ̱̃	ɯ / ɯ	ɯ̱ / ɯ̱	ɯ / ə	ɯ̱ / ə	(m)ɿ / m̩ɿ	(m)ɿ̱ / m̩ɿ̱	ʔ(m)ɿ / ʔm̩ɿ	ʔ(m)ɿ̃ / ʔm̩ɿ̃	ʔ(m)ɿ̱̃ / ʔm̩ɿ̱̃	0 / 0
X	X																(畢) 志 記憶	灵魂 (月)		(蛆虫) (白鹤) (全体)					死 七	新								
ɣ	ɣ																	完 玩 蕎子		榆 齋曲	(耳環)				水 霧	缸 割肉								
ŋ	ŋ																	是 摇动 五					哭											
k	q																			(通过) 歌 (越过)														
k'	q'																	蓋 (种地) 罵		売 咳														
g	G																			怕														

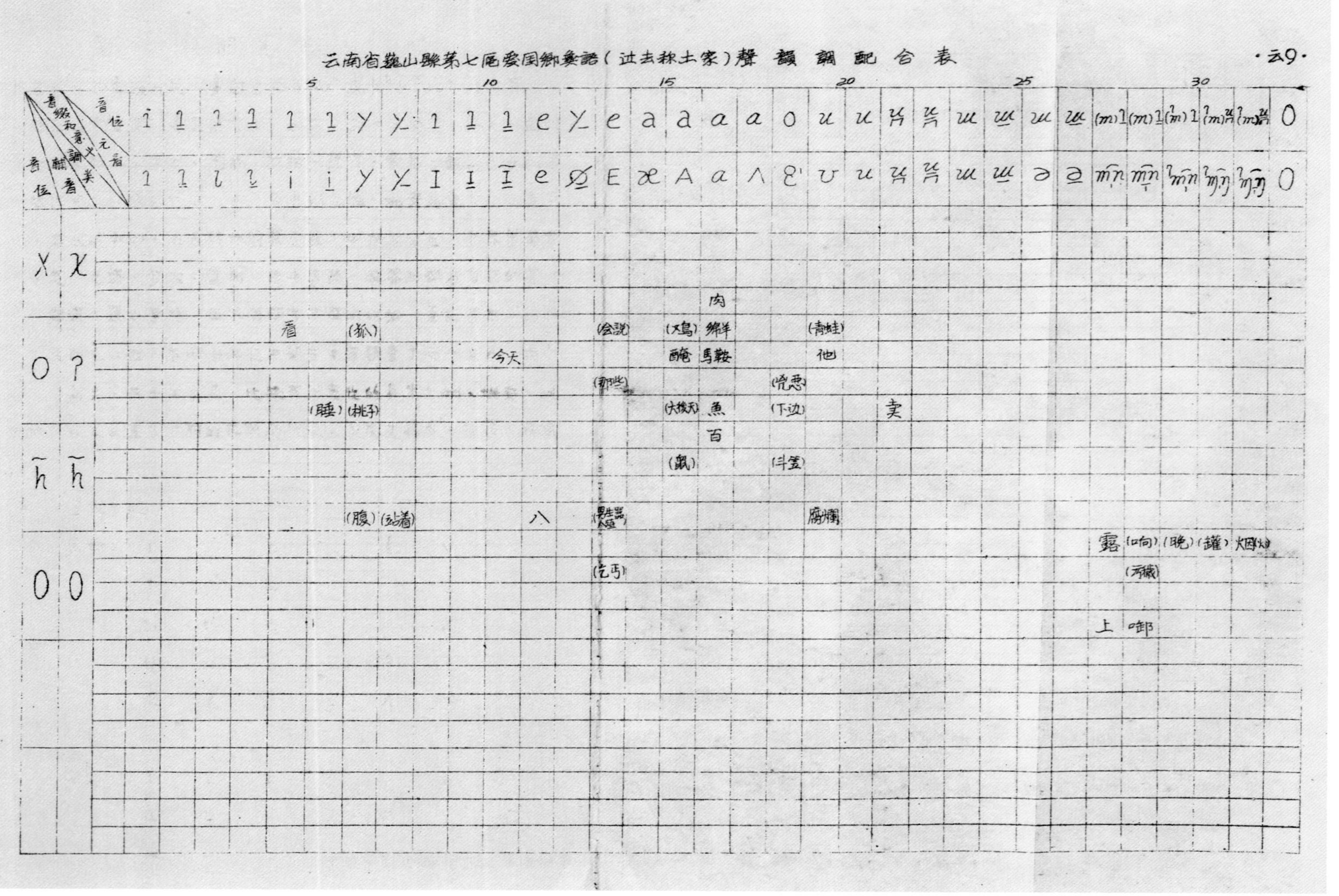

云南省巍山縣第七區爱国鄉彝語（过去称土家）聲韻調配合表　·云9·

音級和意义 音位 / 元音 ／ 輔音 音位	1	2	3	4	5	6	7	8	9	10	11	12	13	14	15	16	17	18	19	20	21	22	23	24	25	26	27	28	29	30	31	32	33
音位	i	ɿ	ɿ	ɿ̱	ɿ	ɿ̱	y	y̱	ɪ	ɪ̱	ɪ̱	e	y̱	e	a	a	ɑ	ɑ	o	u	u	ɤ	ɤ	ɯ	ɯ̱	ɯ	ɯ̱	(m)ɿ	(m)ɿ	(m)ɿ	(m)ɿ	(m)ɿ	0
音位	ɿ	ɿ	ɿ	ɿ̱	i	i̱	y	y̱	I	I̱	I̱	e	ø	E	æ	A	ɑ	ʌ	ɤ	ʊ	u	ɤ	ɤ	ɯ	ɯ̱	ə	ə̱	m̩ɿ	m̩ɿ	m̩ɿ	m̩ɿ	m̩ɿ	0
x χ																	肉																
0 ʔ					看		（狐）							（会说）		（大鸟）	绵羊			（青蛙）													
											今天					醃	馬鞍			他													
														（那些）					（咒恶）														
						（睡）	（桃子）									（大核）	魚		（下边）			卖											
h̃ h̃																	百																
																（鼠）			（斗笠）														
							（腹）	（站着）				八		（男生殖器）						腐爛													
0 0																												露	（响）	（晚）	（罐）	烟	
														（乞丐）															（青稞）				
																												上	啷				

Ⅵ 中部方言

中部方言区的彝族居民，多数自称 li³pʻɑ⁴ 或 lɑ⁴lɑ³pʻɑ⁴，漢称彝族。主要分佈在云南省楚雄專区的大姚、姚安、盐丰、南华、牟定、盐兴、楚雄等縣以及禄丰、罗次、元謀、双柏、弥渡、景东、镇沅、永仁等縣的一部份。人口總数約20万，其中以大姚、姚安為最多，这是中部方言区彝族的中心，也是較大的聚居区。中部方言区，东界东部方言区的武定、元謀、罗次、富民、禄丰等縣。西界西部方言区的賓川、祥云、弥渡、巍山等縣。南界南部方言区的双柏、墨江等縣。北界北部方言区的永仁縣。本隊今年在中部方言区調查了两个重点、六个正点和五个副点，共十三个点，比較有代表性的点為大姚、姚安。現以大姚縣第五区直苴乡大村的彝語為代表，分述其語音、詞彙、語法情况如下：

甲　音位系統

声母：	p	pʻ	b	m̥ m	f	v	
	t	tʻ	d	n		l	
	ts	tsʻ	dz		s	z	
	tʂ	tʂʻ	dʐ		ʂ	ʐ	
	k	kʻ	g	ŋ	x	ɣ	
韻母：	ɿ	ʅ	i	i̠	e	e̠	ɛ
	a	ɒ	ʊ	ʊ̠	ɯ	ɤ	ɤ̠
	ɯ	ɯ̠	ɚ				

声调　˥55　˦44　˧33　˨˩21

I.　声母27个

发音方法＼发音部位		双唇	唇齿	舌尖前	舌尖中	舌尖后	舌根
塞音	全清	p			t		k
	次清	p'			t'		k'
	浊	b			d		g
塞擦音	全清			ts		tʂ	
	次清			ts'		tʂ'	
	浊			dz		dʐ	
鼻音		m			n		ŋ
边音					l		
擦音	清		f	s		ʂ	x
	浊		v	z		ʐ	ɣ

声母	例字		例字	
p	pɤ^{3}	落	pɒ^{3}	搬
p'	p'e^{3}	拴	p'ɒ^{3}	上衣
b	bɤ^{3}	盖	bɒ^{3}	同伴
m	me^{3}	万	mɒ^{3}	竹
f	fu^{3}	蚕	fɒ^{3}	活的
v	vɤ^{3}	煮	vɒ^{3}	贊
t	tɤ^{3}	挑拨	tɒ^{3}	段
t'	t'ɤ^{3}	断	t'ɒ^{3}	手心
d	dɯ^{3}	出	dɒ^{3}	唱
n	nɤ^{3}	断	nɒ^{3}	摇動
l	lɤ^{3}	滚	lɒ^{3}	来
ts	tsɯ^{3}	租	tsɒ^{3}	晾晒
ts'	ts'ɤ^{3}	血	ts'ɒ	人
dz	dzɤ^{3}	鹰	dzɒ^{3}	馍
s	sɤ^{3}	喜欢	sɒ^{3}	三
z	zɤ^{4}	使用	ze^{3}	坚固
tʂ	tʂɯ^{3}	找	tʂɒ^{3}	穗
tʂ'	tʂ'ɤ^{3}	尖	tʂ'ɒ^{3}	跟
dʐ	dʐɤ^{1}	奴隶	dʐɒ^{3}	有
ʂ	ʂɤ^{1}	割	ʂɒ^{3}	石灰
ʐ	ʐɤ^{3}	收藏	ʐɒ^{3}	綿羊

k	kɤ³	收拾	kɒ³	疼
kʻ	kʻɤ³	肉	kʻɒ³	宽
g	gɤ⁴	给	gɒ³	拖
ŋ	ŋɤ⁴	靠	ŋ̇ɒ³	多
x	xɤ³	铁	xɒ³	看見
ɣ	ɣʊ⁴	山	ɣɒ³	好像

說明：

(1) tʂ　tʂʻ　dʐ　ʂ　ʐ 五个辅音是 tɕ　tɕʻ　dʑ　ɕ　ʑ 等音位的变体

tɕ　tɕʻ　dʑ　ɕ　ʑ 和 ɪ　ɪ̱　a　ɒ　ʊ　ʊ̱　u　ɤ　ɤ̱ 九个元音相拼

例如：

tɕɪ̱¹	露	tɕɪ̱⁴	吸	tɕʊ³	栽
tɕɒ⁴	扶	tɕʻu²	盛	tɕɤ̱²	条
tɕʻɪ²	次	tɕʻa⁴	滑	tɕɒ³	跟
tɕʻɪ̱	六	tɕʻɪ̱²	搶	tɕɤ̱³	捲
dʑɒ²	有	dʑɪ̱³	怕	dʑu³	筷子
dʑɤ³	奴隸				
ɕɪ̱¹	針子	ɕɒ⁴	吻	ɕa²	爛
ɕʊ¹	窮	ɕu¹	蒜	ɕɤ¹	割
ʑɪ̱³	漏	ʑɪ̱¹	脫	ʑa⁴	縫

ʑʊ⁴　他　ʑʊ³　右

但是ʨ　ʨʻ　ʥ　ɕ　ʑ只和e　e̱　æ

三个元音相拼不和其他元音相拼

例如：

ʨe³　根　ʨe̱¹　煮　ʨɛ¹　再

ʨʻe³　米　ʨʻe̱¹　动　ʨʻɛ¹　揉

ʥe³　除　ʥe̱²　不　ʥɛ⁴　捉

ɕe³　氣　ɕe̱⁴　熄　ɕɛ²　黄

ʑe⁴　飒　ʑe̱²　鸽　ʑɛ²　小

(2)　tʂ　tʂʻ　dʐ　ʂ　ʐ五个辅音是ʨ　ʨʻ

ʥ　ɕ　ʑ等音位的变体

tʂ　tʂʻ　dʐ　ʂ　ʐ五个辅音只和ɿ　ʅ相

拼不和其他元音相拼。

例如：

tʂɿ¹　钩　tʂʅ²　拔

tʂʅ⁴　刻　tʂʻʅ²　孤

dʐɿ⁴　饿

ʂɿ²　長　ʂʅ²　分

ʐɿ²　去　ʐʅ⁴　穿

(3)　ɲ是ȵ音位的变体，ɲ只和i　ɪ　e三个元音相拼

而ȵ不和这三个元音相拼。

例如：

ȵɖɿ² 紅 ȵɖʐɿ¹ 压 贴 铬

辅音的特点：

(1) 没有前附鼻音 mb nd ŋg 和清擦鼻音 m̥ n̥

(2) 没有边擦音 ɬ 和喉塞音 ɦ。

(3) tɕ tɕʻ dʑ ȵ ɕ ʑ 和 tʃ tʃʻ dʒ ʃ ʒ 都不单独自成音节。

(4) 辅音 ɳ 自成音节

(5) 在自成音节的元音之前带有喉塞音 ʔ，但它并不区别音位。

2 韵母17个

元音图

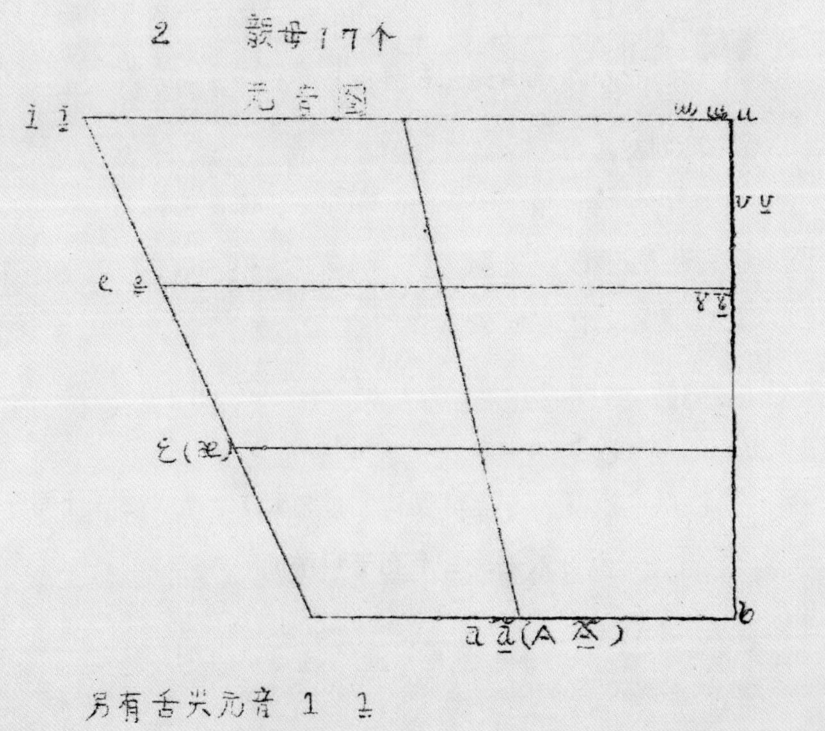

另有舌尖元音 ɿ ɿ̠

关於韻母的説明

(1) ɿ ɿ̱ ə ʊ ɣ 此六个元音都分鬆紧。

(2) a (A)為紧元音。

(3) ɯ元音齒化。

(4) 元音自成音節時前面帶有喉塞音ʔ。

(5) ã (Ã)不自成音节，它在漢語借詞和彝語原有詞彙裡面都出现。

(6) ɣ 此两个元音区分音位。ɣ̱ 此两个元音也区分音位。

(7) ɿ ɿ̱ 是ɿ ɿ̱音位的变体。

(8) 上图括弧内為实际音值，括弧外為音位代表。

韻母	例		字	
ɿ	$tsɿ^{1}$	咳嗽	$tsɿ^{3}$	抚
ɿ̱	$sɿ̱^{2}$	指	$tsɿ̱^{1}$	凳
i	si^{3}	辜	pi^{2}	鸞
i̱	$dzi̱^{3}$	蒸	$pi̱^{2}$	跳
e	ve^{3}	拿	pe^{4}	做
e̱	$ve̱^{2}$	爛	$pe̱^{2}$	扁
ɛ (æ)	$pɛ^{3}$	蛀	$pɛ^{2}$	肚子
a (A)	pa^{4}	剁	pa^{4}	劲
ʊ	[illegible]	为	[illegible]	[illegible]

ɑ̱	bɑ̱³	鲍	pɑ̱	[illegible]
u	pu³	銀	pu²	漂浮
ɤ	pɤ³	落	pɤ²	堆
ɤ̱	pɤ̱⁴	膛	pɤ̱²	俯
ɯ	pɯ¹	生	pɯ¹	雉
ɯ̱	bɯ̱³	公	pɯ̱¹	胖
ɑ̃（Ã）	pɑ̃	猪	pɑ̃⁴	清

3、 声 調

˥55　　˦44　　˧13　　˨˩21

mɛ¹ 尾巴　mɛ² 布　　mɛ³ 長久　mɛ⁴ 婦女

說明：

除以上四个基本調以外，还有一个 ˧˨32 短調，因它全出現在有緊喉元音的音節裡，故併入 ˨˩21 調，还有一个 ˩˧13 調。

4 音節結構：

(1) 元音自成音節，如：ɒ³ （了）

(2) 辅音自成音節，如：n̩⁴ （不）

(3) 辅音加元音，如：bi³ （滿）

(4) 辅音加鼻化元音，如：pɑ̃⁴ lɛ⁴ （清）

附声韻調配合表於后。

弥勒西山一区彝語声韻調配合表

（续1）

音位 / 辅音		调类	ɿ	ɿ̱	ʅ	ʅ̱	i	i̱	ɛ	ɛ̱	a	a̱	ʋ	ʋ̱	ɹ	ɯ̱	ɣ	ɣ̱	e	e̱	(m)u		备注
			ɿ	ɿ̱	ʅ	ʅ̱	i	i̱	æ	æ̱	a	a̱	ʋ	ʋ̱	ɯ	ɯ̱	ɣ	ɣ̱	ie	e̱	m̩		
p	p	˥					(扁)		盖		手(开)		背说 唐人	革(翻)		笨			变				
		˦					巫師				学	把(刀)	粮			蝴			器				
		˧					锋利				脱(衣)	(楔子)	浮	(白菜)	簇叶								
		˩					比																
pʻ	pʻ	˥					蝮(用)				(对用)				(铺子)								
		˦					好偿					捲			(髭)								
		˧					剥	[illegible]	[illegible]		擡	掀	拍	辨	逃				(丈夫)				
		˩					吐(木)		揭		(梯子)		(父子)		(咏叹)								
b	b	˥											(金发)	咏	(凸)								
		˦					(禾)		(木桶)		拼(琴)	射	光		(虫子)	饱			说				
		˧						开(花)					堆	(拔)	有	害							
		˩					(衣)				把(把柄)		流		背								
m	m	˥					(刀子)		(猫)		(尾巴)		摸						[illegible]				
		˦					地		名字				篾										
		˧									[illegible]	忙	微	墨									
		˩							(蹒羊)		妻		马										
f	f	˥						使穷			(草鞋)				(保护)								
		˦					长久				干												
		˧													清楚	扶							
		˩													砍(倒)								
v	v	˥									左手	万			拗				(山岩)				
		˦					分	开花			那个												
		˧						自穷			买	提							桔				
		˩					远				屁				卖								

称戛西山一區彝語声韻調配合表

（续2）

音位 \ 标音 \ 调类 \ 元音			1	2	3	4	5	6	7	8	9	10	11	12	13	14	15	16	17	18	19	20	备註
音位			ɿ	ɿ̠	ʅ	ʅ̠	i	i̠	ɛ	ɛ̠	a	a̠	ʋ	ʋ̠	ɯ	ɯ̠	ɤ	ɤ̠	e	e̠	(m ɯ)		
音位	标音	调类	ɿ	ɿ̠	ʅ	ʅ̠	i	i̠	æ	æ̠	a	a̠	ʋ	ʋ̠	ɯ	ɯ̠	ɤ	ɤ̠	iɛ	ɛ̠	ɯ̃		
ts	ts	˥	塞				麻		美丽	(过接)	(果子)	(移栽)	(毛)										
		˧	使(小鸟)跳入									磕(头)	料		(过桥)								
		˨							烧				饮		姐								
		˩																					
ts'	ts'	˥											过失		多嘴								
		˧							蛐		割(草)												
		˨		梅			十	闭眼	钱	戳	风(草)		肘	挑拨	人								
		˩	洗						[illegible]		剪毛		盘										
dz	dz	˥																					
		˧	(一双)	砍					(小孩子)	滴(下来)		(土匪)		指	生(锈)								
		˨										咬		扎									
		˩	刺						骑				吃										
s	s	˥	像				撒		(一晚)	杀	(磨刀)	塘	守										
		˧	三	树			选择			森(林)		(顺结)	傲哼				三朵						
		˨	(晚上)	渴					拉	爆			晴										
		˩	血								(亭子)		画(对个族)										
z	z	˥																					
		˧	压										大爹										
		˨	结实	抹				尉	(牲子)	下去													
		˩	朵					使用	流星		(看着)		儿子				使用						
t	t	˥					舂(米)		遮盖			猴	(性交)	烧			埋		撑				
		˧					耕		要		戳		千			抵	(墙)		抱				
		˨					苦		立			石	起	疲倦	使喝		直						
		˩																					

弥勒西山一区彝语声韵调配合表

(弥3)

音位	辅音	调类	ɿ	ɿ̠	ʅ	ʅ̠	i	i̠	ɛ	ɛ̠	a	a̠	ɐ	ɐ̠	ɯ	ɯ̠	ɤ	ɤ̠	e	e̠	(ɲ)ɯ		备注
元音			ɿ	ɿ̠	ʅ	ʅ̠	i	i̠	æ	æ̠	a	a̠	ʊ	ʊ̠	ɯ	ɯ̠	ɤ	ɤ̠	iɛ	ɛ̠	m̩		
t'	t'	˥							缺(羹)		套						(一个)						
		˧					(金铃)		(金铃)		[illegible]			[illegible]					[illegible]				
		˨										脱(衣)	层		底		[illegible]						
		˩					一				头												
d	d	˥																					
		˧					辛(地)		慢			栽(树)		准备		出	减		妹.				
		˨						背						戴		浓(药)			刷				
		˩							(客人)		打		接水		话		飞						
ɯ	ɯ	˥									快		(耳环)		(模子)		短	(贪污)					
		˧							低		小	道	听	[illegible]	豆		(脊背)						
		˨							叫	[illegible]	妹(妹)	[illegible]	疯	[illegible]			遥(远)						
		˩									近		多				[illegible]						
l	l	˥					喜欢	折(断)	(热水)		换		虎	[illegible]	[illegible]		每个		(舅母)				
		˧					四		脖子		卷		舌	晚	(石滚)		旧						
		˨					去	压	破		容易	倒	城	[illegible]	轻	尺		脱(衣)	寺				
		˩					星				懒		龙		网(?)		燕						
ɬ	ɬ	˥																					
		˧						缝					(月亮)		蛆				(开水)				
		˨						搞(拿)				蜂		[illegible]	[illegible]								
		˩															重						
t	t	˥											[illegible]										
		˧											[illegible](大)										
		˨			[illegible]	[illegible]			腋		宽		[illegible]										
		˩																					

禄劝西山一些彝语声韵调配合表

(续4)

音位 \ 元音 音位			ɿ	ɿ̲	ʅ	ʅ̲	i	i̲	ɛ	ɛ̲	a	a̲	ʋ	ʋ̲	u	u̲	ɤ	ɤ̲	e	e̲	(m)ɯ		备注
音位	辅音	调类 \ 音素和意义	ɿ	ɿ̲	ʅ	ʅ̲	i	i̲	æ	æ̲	a	a̲	ʋ	ʋ̲	ɯ	ɯ̲	ɣ	ɣ̲	iɛ	ɛ̲	ɯ		
tʻ	tʻ	˥			放																		
		˦												债(碗)									
		˧				剥(皮)							银										
		˩			桑								(秋)		脸								
d	d	˥																					
		˦							满			淡	(成功)	踩		踢							
		˧																					
		˩			断								蚂蟥										
tʂ	tʂ	˥			吸						染病	(蜻蜓)	(给吃)			螃蟹							
		˦			跳						(蝗虫)		条		姑妈	吓							
		˧			奴隶						盖	好	路	揩	右(象)								
		˩													斟集								
tʂʻ	tʂʻ	˥									(扑)												
		˦			甜	街					(给吃)	锡											
		˧			凳子				螺	(蛀虫)		嚼	奶	咬		大							
		˩			癞痢				(铁)		蚁(窝)		串										
dʐ	dʐ	˥			摩擦																		
		˦			揶				全部(和)			第九个(出来人)	(筷子)	(水牛)		咱							
		˧				缝(衣)						蜘蛛		(腰带)		腰							
		˩			床				才				挚										
ʂ	ʂ	˥			捏								蕨		(山梁)								
		˦			虱						金	沙	找										
		˧			死							伞	杏(齐)	少									
		˩			七								钻										

[illegible]声韵调配合表

(表5)

音位 \ 辅音 \ 调类 \ 意义 \ 元音			ɿ	ɿ̱	ʅ	ʅ̱	i	i̱	ɛ	ɛ̱	a	a̱	ʋ	ʋ̱	ʌ	ʌ̱	ɣ	ɣ̱	e	e̱	(m)u		备注
			ɿ	ɿ̱	ʅ	ʅ̱	i	i̱	æ	æ̱	a	a̱	ʋ	ʋ̱	ɯ	ɯ̱	ɣ	ɣ̱	ɯ	e̱	m̩		
气	气	˥			[illegible]								渁		匙								
		˧			满						银	烟(圈)			(烟)								
		˨											角	件(囊)	蜂子	翁(筊)							
		˩																					
bb	bb	˥					敢	记忆												蒸			
		˧					酸	拔												耙			
		˨					酒	急												(锅巴)			
		˩					快																
bb'	bb'	˥						[illegible]												烟囱			
		˧						[illegible]			啥									村庄			
		˨					(小)	冷												鞭			
		˩					借																
dd	dd	˥																					
		˧					开													冷			
		˨						摄												光(哪)			
		˩					铜																
b	b	˥					草	[illegible]															
		˧					瘦	[illegible]												[illegible]			
		˨					[illegible]	新												[illegible]			
		˩					[illegible]																
		˥					[illegible]													[illegible]			
		˧																		[illegible]			
		˨					水	蝗												线			
		˩					钱																

[illegible]声韵调配合表 (续6)

音位	音位变体	声调	ɿ	ɿ̱	ɿ	ɿ̱	i	i̱	ɛ	ɛ̱	a	a̱	ʋ	ʋ̱	ɯ	ɯ̱	ɣ	ɣ̱	e	e̱	(m ɯ)		备注
			ɿ	ɿ̱	ʅ	ʅ̱	i	i̱	æ	æ̱	a	a̱	ʋ	ʋ̱	ɯ	ɯ̱	ɣ	ɣ̱	ie	e̱	m̩		
n	n	˥					(蝴蝶)	[illegible]											深				
		˦					看	断											蓝				
		˧					生	饿											早				
		˩					斗																
k	k	˥							(古代)		(果子)	[illegible]	鼓(敲)	渡	([illegible])		睡						
		˦									(可能)	[illegible]	生(爱)	到	[illegible]		他	叫(人)					
		˧											坚固	[illegible]	[illegible]		完						
		˩																					
k'	k'	˥									靠(紧)												
		˦										解(开)			[illegible]								
		˧											喊	刻	[illegible]	[illegible]							
		˩									苦		[illegible]		[illegible]		偷						
g	g	˥																					
		˦											做		[illegible]		进	桥					
		˧									衣服	[illegible]	做			[illegible]							
		˩									[illegible]		([illegible])		([illegible])		(身体)						
ŋ	ŋ	˥											见([illegible])		要	鸟叫	(分[illegible])						
		˦									[illegible]	(喉咙)			[illegible]		哭						
		˧									[illegible]		我			[illegible]	[illegible]						
		˩									[illegible]		五										
x	x	˥					[illegible]		[illegible]		[illegible]		[illegible]				洗						
		˦							长			([illegible])	小麦				[illegible]	热		鸟			
		˧						八	鼻子	([illegible])	[illegible]	[illegible]	大[illegible]	[illegible]			[illegible]			(夜)			
		˩							[illegible]		[illegible]		[illegible]				[illegible]						

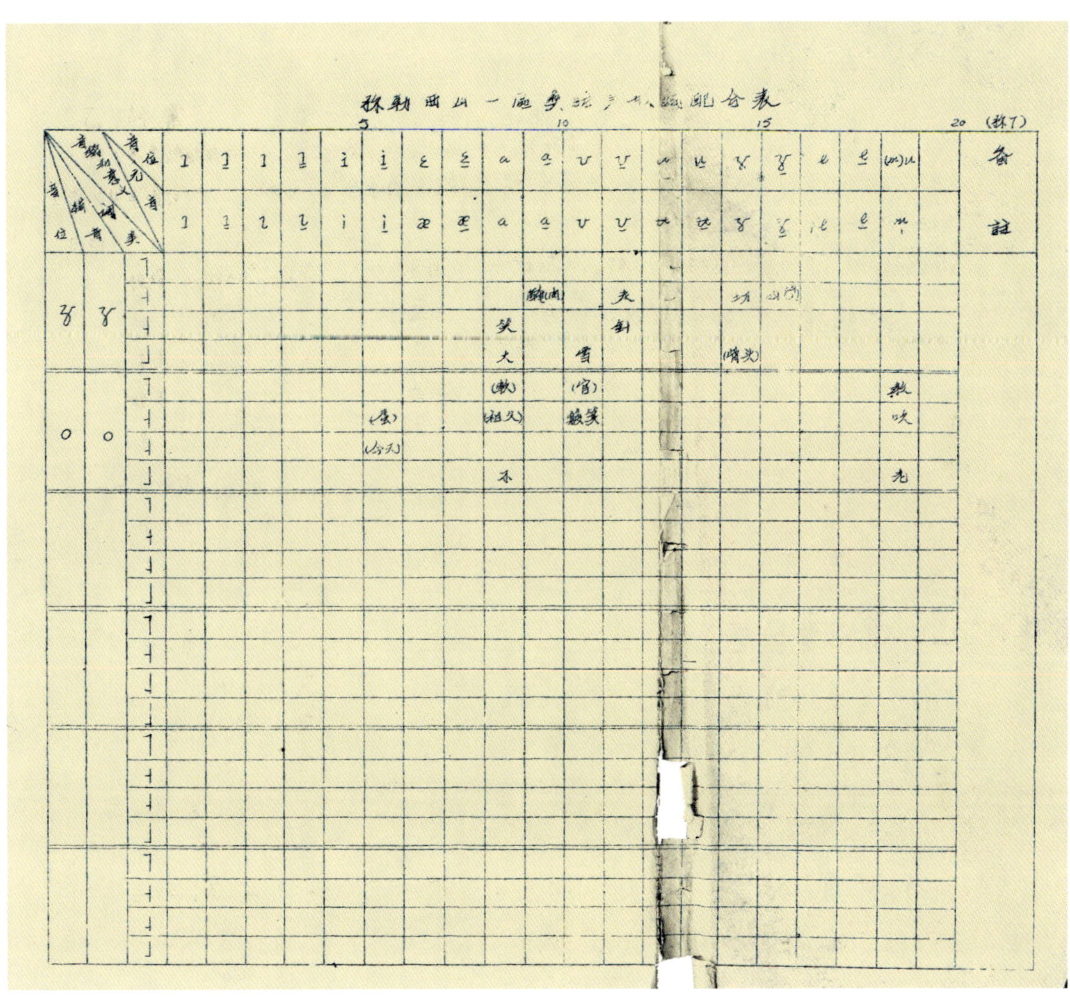

弥勒西山一區[illegible]配合表

(续7)

音位	音值	调类	ɿ	ɿ̱	ʅ	ʅ̱	i	i̱	ɛ	ɛ̱	a	a̱	ʋ	ʋ̱	ɯ	ɯ̱	ɤ	ɤ̱	e	e̱	(ɯ)u		备註
			ɿ	ɿ̱	ʅ	ʅ̱	i	i̱	æ	æ̱	a	a̱	ʋ	ʋ̱	ɯ	ɯ̱	ɤ	ɤ̱	ie	e̱	ɯ		
ɣ	ɣ	˥																					
		˧										鞭(肉)		夫			方	(山洞)					
		˨									笑			针									
		˩									大		雪				(嘴光)						
o	o	˥									(数)		(官)								熬		
		˧						(蛋)			(祖父)		簸笑								吹		
		˨						(今天)															
		˩									不										光		
		˥																					
		˧																					
		˨																					
		˩																					
		˥																					
		˧																					
		˨																					
		˩																					
		˥																					
		˧																					
		˨																					
		˩																					
		˥																					
		˧																					
		˨																					
		˩																					

乙 詞彙

大姚五區彝語的特点之一是汉語借詞較多，在2,100多个詞彙中，全借汉和半借汉的有220多個，約佔總數的10.4%。

例如：

狡猾	tɕʰAu⁴ xuA⁴	支援	tɕɿ² ʑe⁴
找	tɕʰɒ¹	抵抗	tʻi⁴ kʻã¹
準備	tɕũɪ⁴ pi¹	蚕	tsʻã⁴
調羹	tʻiɒ⁴ kɤ̃³	椋子	tɕ⁴ tsɿ³
造	tsʻɒ¹	書	su¹

借詞結構：

(1) 全借汉的：

分	fɤ̃³	違背	uɪ⁴ pɪ¹
領导	lĩ⁴ tɒ¹		

(2) 半借汉的：

祖宗	tsu³ tʻu⁴	釣魚	ŋo¹ tiɒ¹
抄寫	tɕʻɒ³ va⁴	床	tɕʻuã⁴ gɤ⁴
紙幣	dʑɿ⁴ pʻɪ⁴ pʻiAu¹ tsɿ⁴		

丙 語法

1、名 詞

(1) 名詞的不定单数，必須在副名詞前面加tʻɪ（一）来表示。

一条牛　　ŋɯ⁴ t'i⁴ p'ɛ⁴
　　　　　牛　一　条

一棵樹　　si² ka¹ t'i⁴ pʋ²

一個石頭　lu² di³ t'i³ t'a³
　　　　　石　頭　一　個

(2) 名詞的特定單數須在名詞后面加指代詞"k'ʋ³"(那)或"xe²"(这)来表示。

例如：

那条牛　　ŋɯ⁴ k'ʋ² t'i⁴ p'ɛ³
　　　　　牛　那　一　条

那棵树　　si³ ka¹ k'ʋ³ t'i⁴ dzi³
　　　　　樹　　那　一　棵

那個石頭　lu² di³ k'ʋ² t'i⁴ t'a³
　　　　　石　頭　那　一　個

这条牛　　ŋɯ⁴ xe² t'i⁴ p'ɛ³
　　　　　牛　这　一　条

(3) 名詞的所有格靠詞序表示，沒有形态变化，也不加助詞。

例如：

牛的角　　ŋɯ⁴ k'ɯ⁴
　　　　　牛　角

馬的尾巴　　dzɛ⁴ mʋ⁴ mɛ¹ p'ʋ⁴
　　　　　　馬　　尾

媽媽的衣服　　ɒ⁴ mʋ³ pɛ¹ ts'i⁴

④在两相同的名詞之间加連接詞"tʂ'ɒ¹"（和）表示同族類相互之间的意思。

人和人相愛　　ts'ɒ³ tʂ'ɒ⁴ ts'ɒ³ ŋi̠³ gɒ³ le̠⁴
　　　　　　　人　和　人　愛

馬和馬互踢　　mu⁴ tʂ'ɒ⁴ mu⁴ t'ɛ² te̠⁴
　　　　　　　馬　和　馬　踢

只副名詞

①副名詞很丰富，副名詞與事物性質形象特点之间，有一定的联系，副名詞也隨着名詞的性質形象的不同而不同。

一条路　　dzʋ³ mʋ³ t'i⁴ tʂɤ̠³
　　　　　路　　一　条

一条布口袋　　dzi⁴ mɛ² lɯ̠¹ t'i⁴ tʂɤ̠²
　　　　　　　麻　布　口袋　一　条

一条绳子　　tʂi̠¹ dza̠⁴ t'i⁴ tʂɤ̠²
　　　　　　绳　子　一　条

一条蛇　　ʂɛ² t'i⁴ p'ɛ³
　　　　　蛇　一　条

一件上衣	pɛ¹ tsʻi⁴ tʻi⁴ kʻɣ² 上 衣 一 件
一隻碗	si¹ tʻi⁴ pʻe̠⁴ 碗 一 個
一所房子	ʋ³ kʻɯ³ tʻi⁴ ʐe̠¹ 房 子 一 所
一扇门	ʋ¹ du⁴ tʻi⁴ pʻi⁴ 门 一 扇
一枝槍	tʂʻu² tʻi⁴ pa̠⁴ 槍 一 枝
一塊豆腐	nʋ² bo⁴ tʻi⁴ kʻa⁴ 豆 腐 一 塊
一片肉	xʋ⁴ tʻi⁴ bʋ⁴ 肉 一 片
一張紙	tʻʋ⁴ ʐe⁴ tʻi⁴ tʂu¹ 紙 一 張
一本書	su¹ tʻi⁴ pɣ̃⁴ 書 一 本
一口湯	vʋ⁴ ʐi³ tʻi⁴ tʂʻe⁴ 湯 一 口
一罈酒	dʑɛ³ pʻɛ⁴ tʻi⁴ vu¹ du⁴ 酒 一 罈
一年	tʻi⁴ kʻɔ̠⁴ 年

(2) 副名詞"些"可以受二以的数詞修飾。

例如：

一些傢俱　$dz\varepsilon^3$ $m\varepsilon^4$ $dz\varepsilon^3$ $k\gamma^2$ $t'i^4$ vu^1
　　　　　家　　　俱　一　些

兩些傢俱　$dz\varepsilon^3$ $m\varepsilon^4$ $dz\varepsilon^3$ $k\gamma^2$ ni^4 vu^1
　　　　　傢　　　俱　兩　些

一百些傢俱　$dz\varepsilon^3$ $m\varepsilon^4$ $dz\varepsilon^3$ $k\gamma^2$ $t'i^4$ $x\upsilon^3$ vu^1
　　　　　傢　　　俱　一　百　些

③ 双音節形容詞詞尾重叠与不重叠時意义不同，詞尾重叠表示程度更深。

紅通通　ηi^2 $x\upsilon^4$ $x\upsilon^4$
　　　　紅　通　通.

綠菌菌　$\eta ш^2$ $z\imath^2$ $z\imath^2$
　　　　綠　菌　菌

軟綿綿　$n\upsilon^4$ me^3 me^3

3　形容詞

① 形容詞不能重叠起来表示疑问。表示疑问時須在兩個相同的形容詞之间加否定詞"η^4"（不）或在形容詞后面加"ε^4 ε^4"（嗎）。

例如：

多嗎？{ mv^4 多 n^4 不 mv^4 多 / mv^4 ε^4 ε^3 }

好嗎？{ gv^3 好 n^4 不 gv^3 好 / gv^3 ε^4 ε^3 }

② 形容詞比較各級的表达方法，如在形容詞之前加"$K\varepsilon^2$"或"$K\varepsilon^2$……m^3"（更或最）。

大	$V\varepsilon^4$
更大	$K\varepsilon^2$ $V\varepsilon^4$
最大	$K\varepsilon^2$ $V\varepsilon^4$· m^3 $V\varepsilon^4$

③ 意義相反的形容詞没有形态标誌。

長	$\c{s}i^2$	短	ηu^1
多	mv^4	少	ηi^1
高	mv^2	低	$m\underline{\varepsilon}^1$
深	$n\underline{e}^1$	浅	$t'e^3$
厚	$t'u^3$	薄	bv^4
粗	$V\varepsilon^4$	細	$ts'i^3$

4 代詞

(1) 人称代詞的我和引述語中的"我"沒有区别，我们和"我们"也没区别。

例如：

他对我說我不来。 ʔɒ^4 ŋʊ^3 tʻe̱^{4} be̱^{3} ŋʊ^3 n̩^{4}
他 我 上 說 我 不
lɒ^3 ɒ^2。
来 了

他们对我们說我们不来。 ʔɒ^4 vɒ^3 ŋʊ^3 vɒ^3 tʻe̱ be̱^{3}
他 们 我 们 說
ŋʊ^3 vɛ^3 n̩^{4} lɒ^3。
我 们 不 来

(2) 人称代詞在三人以上才用我们、你们、他们，两個人只能說我俩個你俩個、他俩個。

我俩 ŋʊ^3 n̩^{4} nɤ^1。
我 俩 个

你俩 ŋi^3 n̩^{4} nɤ^1。
你 俩 个

他俩 ʔɒ^4 n̩^{4} nɤ^1。
他 俩 个

(3) 人称代詞后面加"bɛ^2"構成物主代詞第二式。

這條牛是我的 ŋɯ^4 xe^3 tʻi^4 pʻɛ ŋʊ^3 bɛ^3。
牛 這 一 條 我 的

那條牛是你的 ŋɯ^4 kʻʊ^2 tʻi^4 pʻɛ^3 ŋi^3 bɛ^3。
牛 那 一 條 你 的

那些牛是他的 ŋɯ^4 kʻʊ^2 tʻi^4 kʻʊ^1 ʔɒ^4 bɛ^3
牛 那 一 些 他 的

(4) 強調返身代詞第一式的結構是在代詞的重疊式中间加"bɛ"(的)。

我自己来骂　　ŋʊ³ bɛ³ ŋʊ³ lɒ³ va⁴。
　　　　　　　我 的 我 来 骂

你自己来骂，　ŋi³ bɛ³ ŋi³ lɒ³ va⁴。
　　　　　　　你 的 你 来 骂

他自己来骂，　ʑɒ⁴ bɛ³ ʑɒ⁴ lɒ³ va⁴。
　　　　　　　他 的 他 来 骂

(5) 在人称代詞后面加tɕʰi² tsɿ¹(借汉)構成強調返身代詞第二式。

你親自去　　ŋi³ tɕʰi² tsɿ¹ ʑi³。
　　　　　　你 親 自 去

他親自去　　ʑɒ⁴ tɕʰi² tsɿ¹ ʑi³。
　　　　　　他 親 自 去

(6) 疑问代詞"什么"放在名詞之前

什么花兒更香？　ɒ³ tsɒ² ʑi² lu³ kɛ² mi¹ su⁴。
　　　　　　　　什么　花 更 香

5. 动詞

(1) 动詞的使动式没有形态标誌，必要時在动詞后面加助詞"nʊ¹"(使)表示动体。

拿給我看　　ve³ ŋʊ³ xɒ³ nʊ¹，
　　　　　　拿 我 看 使

牽給他騎　　si³ ʑɒ⁴ dʑɛ⁴ nʊ¹。
　　　　　　牽 他 騎 使

变干

使 穿　　ʐi^{4} nʋ^{1}
　　　　穿 使

使 听　　bʋ^{3} nʋ^{2} nʋ^{1}
　　　　听 使

使 吃　　dzo^{4} nʋ^{1}。
　　　　吃 使

使 喝　　dʋ^{3} nʋ^{4}。
　　　　喝 使

(2) 被动語态的構成是将宾語提前。

我被狗咬了，　　ŋʋ^{3} t'e^{4} ʋ^{1}no^{4} k'ɣ。
　　　　　　　　我 (助) 狗 咬

我被他背回来了，　　ŋʋ^{3} t'e̠^{4} ʐʋ^{4}bɯ^{4}k'ʋ̠^{4}lʋ^{3}gɣ^{4}。
　　　　　　　　　　我 (助) 他 背 回 来給

(3) 动詞不能重叠起来表示疑问，表示疑问的方式是在两個詞之间加否定詞"n̩"。

来 嗎？　　lʋ^{3} n̩^{4} lʋ^{3}。
　　　　　来 不 来

吃 嗎？　　dzo^{4} n̩^{4} dzo^{4}
　　　　　吃 不 吃

你去玩嗎？　　ɲi^{3} tʂe̠^{2}gu^{3} ʐi^{3} n̩^{4}ʐi^{3}。
　　　　　　　你 玩 去 不 去

(4) 否定副詞位于动詞之前，如果动詞是双音節的，否定副詞也須放在第一個音節之前。

不 来，　　n̩^{4} lʋ^{3}
　　　　　不 来

不 吃，　　n̩^{4} dzo^{4}
　　　　　不 吃

不幫助，　　n̩^{4} dʐʋ^{3} le̠^{4}
　　　　　　不 幫 助

莫幫助，　　$t'ɒ^4$ $dʐʋ^3$ $1e̠^4$。
莫　帮　助

莫折斷，　　$t'ɒ^4$ $k'a^2$ $t'ɤ^3$ 。
莫　折　断

他不想念我，　　$ʐɒ^4$ $ŋʋ^3$ $t'e̠^4$ $n̩^4$ $dʐʋ^4$。
他　我　不　想念

他不起来，　　$ʐɒ^4$ $n̩^4$ $tʋ^3$ $1ɒ^3$。
他　不　起　来

狗没有鑽進来，　　$ɒ^2$ $nʋ^4$ $n̩^4$ $1ɤ^4$ $tɯ^1$ $1ɒ^3$。
狗　没　鑽　進　来

(5) 动詞后面加"$tʋ^2$"（起）表示"始动"。

他们开始割荞子了，　　$ʐɒ^4$ $vɒ^3$ yo^4 $kɛ^1$ $tʋ^2$ $ɒ^3$。
他　们　荞子　割　起　了

6，句法

(1) 主謂句：主語在前，謂語在后。

他来了，　　$ʐɒ^4$ $1ɒ^3$ $ɒ^3$。
他　来　了

天氣漸漸冷起来了，　　$ɒ^1$ $mɯ^4$ $ɣo^3$ $dʐo^3$ $ɣo^3$ $dʐo^3$ $dʑe^3$ $tɯ^2$ $1ɒ^3$。
天氣　漸　ㄴ　冷　起　来

(2) 双宾語句中，间接宾語在前，直接宾語在后。

他給我一個荞粑，　　$ʐɒ^4$ $ŋʋ^3$ $t'e̠^4$ yo^4 $ŋɤ^1$ $t'i̠^4$ $p'e̠^4$ $gɤ^4$。
他　我　荞　粑　給

我还他三個銀子，　　$ŋʋ^3$ $ʐɒ$ $t'e̠^4$ $p'u^4$ $sɒ^3$ $1ɤ^4$ $k'ʋ̠^4$。
我　他　銀　三　個　还

布依族语言文字问题科学讨论会纪要
曹广衢
民族语言调查通讯创刊号
1956年11月26日

布依族语言文字问题科学讨论会纪要

语言调查是创制文字工作的第一步，这次布依族语言文字问题科学讨论会便是在充分掌握了语言材料之后召开的。

有了语言材料就有可能提出关于创制文字问题的意见，但是解决文字问题是千百年没有的大事，要经过本民族充分地讨论才能做出决定。

为了做到充分酝酿、讨论，这次大会一共开了16天，在正式会议以前进行了12天的预备会议，11月4日转入正式会议。参加会议的有138位代表，有中共贵州省委和贵州省人民委员会的负责同志、中央民族事务委员会文教司尹育然副司长、中国科学院和中央民族学院语言学顾问格·谢尔久琴柯、中国科学院少数民族语言研究所筹备处副主任傅懋勣教授和其他语言学专家以及民族事务机构、民族语文工作机构和文化教育机构等方面的代表。

4日上午正式会议开幕，贵州省周林省长致开幕词。他说：创立、改进和改革民族文字工作是一个严肃的政治任务，也是一件细致的科学工作，根据中央指示，必须采取比过去更加积极但又稳步前进的方针。在文字的选择上，必须坚持本民族自愿自择的原则。所创立的文字必须最大限度地适应它所代表的语言，便于学习使用和普及推广，这样本民族人民才容易接受。他希望代表们根据本民族的愿望和要求，广泛地交换意见，进行协商，寻找出解决布依族文字问题的正确途径，使这次会议获得圆满成功。

中央民族事务委员会文教司尹育然副司长致辞，他说：少数民族语言文字工作是一项细致的科学研究工作，同时又是一项群众工作和民族工作。科学研究必须和群众要求和民族问题保持密切的联系，从各民族的要求、各民族的长远的最大的利益出发去进行。布依族文字方案将要提到会议上讨论，相信在党和人民政府的领导下，经过各地代表的热烈讨论和反复研究，一定能取得丰硕的成果。

接着，中国科学院少数民族语言调查第一工作队副队长喻世长作了《布依语调查汇报》。这个报告分两个部分，第一部分介绍布依语的情况。布依语各个地方的基本词汇和语法构造基本上是一致的，因此应该首先肯定布依语内部的一致性，同时也指出各地不同的词占了一个相当的数目。这些不同的词按词汇异同的性质分为5类11条，拿几个地方的材料来比较，完全不同的词平均占17.73%，如果把多音节词当中有一个音节相同但听起来不同的也加上去，就共占30.41%。还有语音，各地也有一定的差别。根据词汇的不同和语音的差别，把布依语划分为3个土语区。各土语区的语音特点分别介绍如下。

（1）第一土语区有a、w、i、u、e、o 6个单元音，这6个单元音在m、n、y、p、t、k等辅音尾前面的有长短的分别。这一土语区的绝大多数地方只有一个塞擦音tb，没有送气音，有颚化唇化辅音。

（2）第二、第三土语区虽然也有a、w、i、u、e、o 6个单元音，可是e和o不能出现在辅音尾前面，辅音尾前面的e变为ia了、o变为ua了。这两个土语区的多数地方除了有塞擦音tb外，还有和第一土语区b相当的塞擦音ts。

（3）第三土语区还有它自己的语音特点，就是有送气音p′、t′、k′、ts′、tb′。这些送气音多出现在第三调，但第三调也有不送气的声母，因此p等和p′等构成不同音位。第三土语区除a分长短外，长的i、u、w都和短的i、u、w合并了。

第二部分主要汇报了壮语、侬语、沙语的情况以及布依语和壮语的关系。他说：布依语和壮语是很近的，尤其是和壮语的北部方言相近。布依语和壮语比较的结果：

从语法上看，布依语和壮语的主要语法构造是相近的。像下面这些句子的说法，布依语和壮语都是相同的：

本书这是本我（这本书是我的）。

只牛吃草饱那是只他（吃饱草的那只牛是他的）。

汇报中也说明了布依语和壮语在某些个别的语法现象上的不同，如：

“河这边”，布依语说“河边这”，壮语说“边河这”。

“十一月四日开会”，布依语和汉语次序相同，壮语说“月十一日四开会”。

但是这些语法上的歧异现象并不是很多的，并且在互相了解上阻碍也不是很大的。

从词汇上看，拿布依语内部各地完全相同的710个词和壮语标准语比较时，壮语标准语也相同的占93.1%。如果把全部3500多个词和壮语标准语相比，相同的词的平均数占64.28%。如果把布依语内部比较时，相同的词的平均数69.52%和布依语同壮语比较相同的平均数64.28%相比来看，布依语内部相近的程度比布依语和壮语相近的程度不过高5%多一点。

从语音上看，武鸣话和布依语各地读音也有比较整齐的对应规律。

汇报也指出了汉语借词的问题：布依语内部各地（贵筑、望谟为代表）借词读音基本上一致，而和壮语借词读音相差较多。如果把这些读音和汉语普通话的标准音来对比，布依语中的借词读法和汉语普通话更近一些。

贵州省民族语文指导委员会副主任陈永康作了《关于布依族文字的意见》的报告，他说布依语和壮语相近的事实，使我们在决定布依族的文字问题时不能不同时注意到壮语、侬语、沙语的情况；从语言发展前途来考虑，提出了布依族文字和壮族文字采取文字联盟的办法。

中国科学院少数民族语言研究所筹备处副主任傅懋勣教授作了《布依语和壮语的关系及布依文字创制工作中的几个问题》的报告。

他指出，布依语和壮语的关系是密切的。这种密切的关系首先表现在语音、词汇和语法上的共同性，其次是布依语内部的差别、壮语内部的差别以及布依语和壮语的差别都有类似的情况。

在谈到文字联盟工作中的一些问题时，他说，几种语音很接近的文字建立联盟，就是不只在字母形式和拼写方法上，而且要在标准语语音、词汇和语法的规范上尽可能地取得一致，以便于目前在相当程度上互相利用文化工作的成果，在将来达到书写形式和标准语的完全统一。在文字联盟中几种文字接近的程度要根据语言具体情况来决定，在发展过程中逐渐接近到什么程度，也要受语言文字发展的具体情况和有关方面所可能采取的共同措施的制约。

中国科学院和中央民族学院语言学顾问格·谢尔久琴柯教授作了《关于布依族的文字和标准语问题》的报告。

顾问认为，为了搞清壮、布、侬、沙在语言上的真实的相互关系，应该把语言的研究和历史人文的研究配合起来。

顾问在他的发言里还详尽地分析了布依语各土语的词汇和武鸣话的词汇的异同。他指出，布依语和壮语之间的这些严重的词汇差别是客观事实，不考虑它们是不行的，而一考虑就意味着目前容许一种具有共同基础的布壮标准音暂时有两个变体。

在讨论了布依语贵筑土语的语音和壮语标准音之间的异同以后，他建议在推行文字的初期必须小心谨慎，并且不要急于一下子统一布依语和壮语各种不同词汇的发音和正字法。

在小组讨论中，代表们对每一个问题都讨论得既热烈又细致。

代表们对于布依语和壮语建立文字联盟的方针表示完全拥护，同时也对于目前语言上存在的一些差别，特别是借词的读音上的差别，一致同意采取具体措施，适应目前的学习使用，并为将来文字的完全一致准备必要条件。

6日下午开始大会发言，来自自治州、专署和县的各单位的负责同志在会上发言，他们反映了各地区各单位对文字的要求，也反映了100多万布依族人民的愿望，并且对会议做出的结论表示热烈的赞同和支持。

7日下午的闭幕会议上，全体代表一致通过《布依族语言文字问题科学讨论会决议》。

会议根据决议精神讨论并通过拟定布依族文字方案草案，同时建议贵州省民族语文指导委员会经常和壮族文字研究指导委员会联系，会商有关布依文和壮文共同发展工作中的一些具体问题，促使布依文和壮文逐渐更加接近，最后达到使用共同的标准语。

解决布依族文字问题的方针和原则都在决议中说得很清楚了，初步文字方案草案也拟定了，至此，布依族语言文字问题科学讨论会胜利闭幕。

布依族语言文字问题科学讨论会决议

民族语言调查通讯创刊号

1956年11月26日

布依族语言文字问题科学讨论会决议

布依族语言文字问题科学讨论会从11月4日到7日在贵阳举行，出席的布依族和有关机构代表138人。会议由中共贵州省委第一书记、贵州省省长周林同志致开幕词后，听取了中国科学院少数民族语言调查第一工作队副队长喻世长的《布依语调查汇报》，贵州省语文指导委员会副主任陈永康的《关于布依族文字问题的意见》，中国科学院、中央民族学院语言学顾问格·谢尔久琴柯的《关于布依族的文字和标准语问题》，中国科学院少数民族语言研究所筹备处副主任傅懋勣的《布依语和壮语的关系及布依文字创制工作中的几个问题》的报告和代表们的发言，热烈地进行了讨论。布依语和壮语的关系密切，地区相连，为了便于文化教育工作的交流和联系，会议决定采取布依文和壮文建立文字联盟的方针，布依文在字母形式、拼写规则和语言规范上尽可能地和壮文取得一致，但也照顾到布依语的特点，以便于布依族人民的学习和使用。规定具体办法如下。

（1）布依语和壮语固有的词，双方相同的（包括读音上有对应规律的同源词）都采取和壮文相一致的形式书写，但是读音在初期不强求和武鸣一致。

（2）本民族语言里固有的词，在布依语里普遍性较大而又和壮语不同的，可以在布依文当中使用，并且陆续地、有选择地用以扩大共同的部分。书写这一部分词的时候，也使用壮文中相当的字母。

（3）布依语中的汉语借词在靠拢汉语普通话的原则下，布依文基本上按实际读音拼写。为了书写这些借词，增加一个表达舌尖塞擦音的字母z和一个表达舌尖韵的字母i。舌面塞擦音用拼写方法来解决。

（4）在布依族地区选择一个读音参考点，第二项所说的布依语中固有的并和壮语不同的词，以及第三项所说的汉语新借词，就根据读音参考点的读法书写。

会议讨论并通过了根据上述办法的精神拟定的布依族文字方案（草案）。会议建议贵州省民族语文指导委员会经常和壮族文字研究指导委员会联系，会商有关布依文和壮文共同发展工作中的一些具体问题，促使布依文和壮文逐渐更加接近，最后达到使用共同的标准语。

青族语音概况

调查人：罗品艰　张廷献

合作人：王义芝

地点：鹤庆县姜营

日期：1958年12月

青族语音概况

青族语音概况

調查人 罗品艰

張廷献

合作人 王义芝

地点 鶴庆縣姜营

日期 1958.12.

第四工作隊語言調查發音合作人和記音人表

發音合作人	姓名	籍貫：省	自治州(專區)	自治县(县市)	區	鄉(鎮)	村
民族語							
汉语	王文芝	云南省	大理白族自治州	鹤庆县	[illegible]星公社	姜营	中村.

年龄	性别	学校教育(几年)	現有文化程度	職業
46	女	没有读过書	现不识字	务农.

住在山上或平原？跟离县城，區鄉政府所在地多远	在坝区，离乡政府一里左右.
会説那些方言或语言	会汉语及青族语.
父母是否和本人说一样语言	和本人说话一样

民族和民族語			
本人的语言是否受过其他方言或语言的影响	主要是受汉语影响。在家庭中主要说汉语.		
民族支系名称	語言和方言名称	這种语言(或方言)分佈地	
民族語	pɤɯ˧ ʔi˧		鹤庆，邓川，永胜等，据说还有四川会理，西昌等地都有.
汉语	青族		

記音人	姓名	民族	已参加了几年语音调查训练	过去调查研究过何种语言(或方言)
	罗[illegible]	白	二年半	主要是白语
	張廷獻	白	〃 〃	〃 〃

記音类别：(重点　　　代表点　　　副点)

记音地点：姜营中村.

记音及研究时间(自1958年12月9日至1958年12月16日；实际记音及研究时间共40小時)

備註：

1. 全乡青族有43户，213人.
2. 本村有8户27人，
3. 青族有的称青族，有的称仲家族，他们自称为pɤɯ˧ ʔi˧，可能是贵州布依族。

鹤庆县羞营钟村青蠖语音概况

一、辅音共32个

p p' b m f v
t t' d n l
ts ts' s z
ȡ ȵ
tʂ tʂ' ʂ ʐ
tɕ tɕ' ȵ ɕ ʑ
k k' ŋ x ɣ
ʔ

二、元音共59个

1. 单元音11个

ɿ i e ɛ a ɔ o u ʮ
ɣ ɯ

2. 复元音13

ie ia iu eɚ ɛi ɔo ɔu ui ue
ua ɣu iɔu uei

3. 鼻音韵尾n 6个

in an ɣn ien uen uan

4. 鼻音韵尾ŋ 9个

iŋ eŋ aŋ oŋ ɣŋ ieŋ iaŋ eɚŋ uaŋ

5. 塞音韵尾 t 9个

et ɛt at ot ɤt iet eɜt uet uat

6. 塞音韵尾 k 11个

ɪk ik ɛk ak ok ɤk iek iak eɜk uak

ɔk

三、音系例证

1. 辅音

音位	例	证
p	po˧ 山	pɣan˧ 鱥马尾松
pʻ	pʻe˦ 呕吐	pʻuaŋ˧˩ lɣk˧ 肚脐眼
b	baŋ˧ 薄	bɔu˧ 轻
m	mua˧ 灰色	maŋ˨ 老
f	fie˧ 伏掛	faŋ˧ 灵魂
v	va˨ 铁	vɛ˨ 火焰
t	taŋ˧ 舂	taŋ˩˥ 跺
tʻ	tʻɣn˧˩ 短	tʻan˧˩ 伙穿
d	deɜt˥ 燎(吃)	
n	nuaŋ˧ 虫	naŋ˧ 皮子
l	leɜ˧ 多	lo˧˩ 哄
ts	tsɣ˧˩ 贯	tsat˥ 七
tsʻ	tsʻat˥ 跳	tsʻaŋ˨ 玩
s	sak˧ 洗	sa˧ 我

z	zɛi˧ 長	
d	deət˥ 太阳	deə˥ 花（总称）
ȵ	ȵak˥ 重	ȵuaŋ˧ 瓢
tʂ	tʂaŋ˧ ɣɔu˨˩ 谷堆	tʂok˧ 熟
tʂʰ	tʂʰɣk˧ xa˨˩ 十五	tʂʰo˨˩ 闹
ʂ	ʂuak˥ 六	
ʐ	ʐo˨˩ 知道	ʐaŋ˧ 笋子
tɕ	tɕɣu˧ 桥	tɕiŋ˧ 拉
tɕʰ	ʔot˥ tɕʰie˧ 措搡	tɕʰiŋ˦ tɕi˧ 菁鸡（尾根长）
ȵ	ȵin˧ 筋	ȵia˧ 草
ɕ	ɕie˨˩ 黄	ɕiak˥ 啄
ʑ	ʑiak˧ 偷	ʑaŋ˨˩ 孔
k	keə˧ 卖	kɯ˧ 盐巴
kʰ	kʰɣu˨˩ 九	kʰa˨˩ 秧苗
ŋ	ŋuan˧ 日（天）	tʂʰɣk˧ ŋɛi˥˩ 十二
x	xaŋ˧ 埋	xɣŋ˧ 声音
ɣ	ɣɔu˨˩ 飯	ɣaŋ˧ 苦
ʔ	ʔɣŋ˨˩ 抱	ʔɛi˧ 咳嗽

2. 元音

音位	例	证
ɿ	ʐɔ˧ tsɿ˨˩ 肾（腰子）	

i	ʔi˨ 饿	
e	pe˥˧ 呕吐	se˥˧ 四
ɛ	tɕɛ˨ 打	pɛ˧ 去
a	ka˩ 领钱	ŋ̊a˧ 厚
ɔ	~~hie˥ fu˦ 云~~	tɕɔ˧ tsɿ˦ 肾(腰子)
o	po˧ 山	ȵo˩ 肉
u	hie˥ fu˦ 云	~~tɕu˨ 条(牛)~~
ʉ	kʉ˧ 盐巴	tɕʉ˨ 条(牛)
ɤ	tsɤ˦ 买	mɤ˩ 麯子
ɯ	kɯ˦ 隐蔽	
ie	fie˧ 伙伴	ʔie˧ 床
ia	ȵia˧ po˧ 茅草	
iu	ɕiu˧ 笑	ʔiu˥˧ 在
eə	deə˥˧ 花(苕麻)	keə˧ 卖
ɛi	pɛi˧ 年	lɛi˥˧ 追赶
ɔo	tɕɔo˥˧ 赔偿	xɔo˧ 白
ɔu	bɔu˧ 轻	kɔu˥˧ 旧
ui	kui˩ 骑	
ue	ɕue˧ tsɿ˧ 梯子	ma˧ lue˦ 迟(到)
ua	mua˨ 灰色	pua˧ 瘦
ɤu	pɤu˨ 肿	tɕɤu˧ 叫(牛叫)

iɔu	tɤ˩ ɿiɔu˥ 成功	
uei	ɣuei˩ 菓核	
in	pin˧ 爬（树）	
an	pan˧ 分配	tan˥ 伙穿
ɤn	pɤn˧ 弯尾猪	bɤn˧ 飞
ien	ɿien˩ 灵（神灵不灵）	
uen	ʑuen˧ 爬（小孩）	suen˩ 蒜
uan	ɣuan˩ 日（天）	
iŋ	piŋ˩ 坝子	tɕiŋ˧ 牵（牛）
eŋ	ɳeŋ˥ 染（布）	
aŋ	xaŋ˧ 埋	baŋ˧ 薄
oŋ	poŋ˩ 遇见	
ɤŋ	ʔɤŋ˥ 抱	kɤŋ˧ 吃
ieŋ	ɳia˧ vieŋ˩ ɤɔu˥	tɕɚ˥ tieŋ˩ 蚌儿
iaŋ	ʑiaŋ˥ ta˧ 眼泪	tiaŋ˥ ʑi˩ 耳根
eaŋ	va˧ feaŋ˥ 斧子	
uaŋ	ɣuaŋ˧ 脓	kuaŋ˥ fa[illegible]˥ 裤子
et	tuan˩ fet˥ 粉	
ɛt	ko˧ vɛt˥ 牵（牲）	
at	tsat˥ 跳	nat˥ 麻木（手脚）
ot	ʔot˥ tɕie˧ 揩擦	kɔu˥ ɤo˩ ɿot˥ 瘦瘪（大脖子）

ɤt　bɤt˥ ɣɤt˩˧ 翅膀

iet　piet˥ 八　tiet˧˥ 剪(动)

eət　peət˧˥ 滑(路)　teət˥ 摘

uet　luet˩˧ 血

uat　kuat˥ 捆(动)

ɿk　sɿk˥ 裂(木板裂)　sɿk˥ 撕

ik　tɕik˥ 懒惰

ɛk　tɔu˥˧ sɛk˥ 屁

ak　kak˥ 盖　ȵak˧ 深

ok　nok˥ 鸟　tɕok˧ 熟

ɔk　pɤu˥˧ pɛ˧ tɤ˧ kɔk˥ 麂鹿

ɤk　tɤk˥ 射弹

iek　ŋuaŋ˧ ȵiek˥ 大后天

iak　ɕiak˥ 咏

eək　xɔu˥˧ tɕeək˧ 辣子　teək˥ tɕaŋ˧˨ 赛跑

uak　kuak˥ 捆(动)

四、声调共6个

˥ 55调　˥˧ 53调　˧ 33调　˧˥ 35调　˩˧ 13调

˧˨ 32短调

五、声调例证

˥ 55调　pak˥ 菜

˥˧ 53调　pɣu ˥˧ 擔(土匪)　mu ˥˧ man ˧˩ 灰塵(灰尘)

˧ 33调　po ˧ 山　mua ˧ 灰色　ka ˧ kɛi ˧˩ 旗子

˧˥ 35调　po ˧˥ 父　mie ˧˥ 田埂　ka ˧˥ 爆米花

˧˨ 32短调　poŋ ˧˨ 遇见　ma ˧˨ 老

˧˩ 短调　pa ˧˩ 撓(地)　maŋ ˧˩ 胖　ka ˧˩ 傍晚

六、语音特点

甲、辅音

1. 辅音 b. ɗ. ɗ 三个音前面带有喉塞的色彩，

2. 辅音 ɗ. ɗ 两个音有时互相换读，很难分别，但实际音是两个音位的，如：dəət ˧˥ 太阳 dəət ˧˥ 烧(吃的东西)，但出现次数不多，只有几个别的，因此大多个都记成了"ɗ"。

乙、元音

1. 该语言元音也较多，有带鼻音韵尾 n. ŋ 两个，塞音韵尾 t. k 两个。

2. 元音没有松紧之对立。

3、ɿ. ien 两元音大都用于借汉中，本语言中很少出现。

4. ɔo 元音在落音时其实际音质是"ɔ"而口的形状是"o"，这不是复元音。

5. eə. eəŋ. eət. eək 四个元音其实际质为"e"元音带有"ɿ"化韵，

丙、声调

1. 该语言中声调对立的不多，只有少部分对立，

青族语法概况

调查人：罗品艰　张廷献

合作人：王义芝

地点：鹤庆县姜营

日期：1958年12月

青族语法概况

青族语法概况

调查人 罗品粮
　　　 张廷献

合作人 王义芝

地点 鹤庆姜营

日期 1958.12.

第　　頁

彝族语法概况

这次记录语法是用彝语语法调查大纲记的。所以彝族语法特点会有记漏之处。我们在记录时虽然时间较短，可是彝族群众和当地政府的支持，终于胜利地完成了。但是材料会有许多错误之处，请同志们多提出批评。

4. 复合词的构成

tsɿ˧ kay˧ 荞粑
粑 荞

8. 性的范畴是用词汇表达

mie˨˩ mou˥ 母猪（下过儿） tsʰo˨˩ mou˥ 母猪（未下过儿） lan˨˩ mou˧ 公猪
母 猪 母 猪 公 猪

mie˨˩ kei˥ 母鸡（下过子） ɣan˨˩ kei˥ 母鸡（未下过子） pou˧ kei˥ 公鸡
母 鸡 母 鸡 公 鸡

11. 数的范畴是用数词表示。单数可以只用副名词表示。

xay˧ tu˨ 五个 ɕuak˥ tu˨ 六个
五 个 六 个

tsɿ˧ tɕi˨ to˨ 一条黄牛。 ko˧ vɕi˧ 一棵树
黄 牛 条 棵 树

sua˧ zoŋ˧ kei˧ 二窝鸡。 san˧ tsʰay˧ vɕi˧ tsɿ˨
二 窝 鸡 三 丛 竹子

13. 名词和形容词連用时位置

po˧ san˧ 高山 pɚu˩ ʔle˧ 好人.
山 高 人 好

ʔle˧ zeɚŋ˩ lɔk˩ 大房子. qeɚ˩ lɚŋ˧ 红苍.
房 子 大 苍 红

15, 名词和介词連用時的位置

kɚu˧ tɕi˥ tɕoŋ˧ tsɚŋ˧ ma˧ 我从中村来.
我 走 中 村 来

ʔio˧ ɣɔu˩ po˥ kɚu˧ kɚŋ˧ 舒飯给我吃.
舒 飯 给 我 吃

ʔiu˥ zeɚn˩ poŋ˧ ɣɔu˩ 女家煮飯.
女 家 煮 飯

19. 名词作宾语

kɚu˧ kuei˩ ma˩ 我骑马.
我 骑 马

kɚu˧ pe˧ tɔ˩ lɔu˩ 我去倒酒,
我 去 倒 酒.

kɚu˧ tie˧ pɚu˩ ʔi˩ 我是青族.
我 是 青 族

kɚu˩ tie˧ mei˩ ɣɚk˩ 我是妇女.
我 是 妇 女

第 頁

23. 名词作状语

kɤu˧ ŋuaŋ˩ tɕʰo˥ ma˧ 我明天去。
我 天 明 去

25. 充名词既有格

kɔu˧ veɤ˩ 牛角。 ʑeɤ˩ pia˧ 草房。
角 牛 房 草

26. 动宾关系

~~[illegible]~~ teɤ˩ ma˧ ɣak˩ mɤu˧ 狗咬猪。
狗 咬 猪

27. 副名词可兼量词

Iɤk˩ ɣɔu˧ 一个小孩。 tuei˩ ɣɔu˩ 一碗饭
小孩 (一)个 碗 饭

28. 副名词可以和名词连用

tu˩ teɤ˩ veɤ˩ nɛ˩ 这条牛。
条 牛 这

tu˩ teɤ˩ veɤ˩ lie˧ 那条牛。
条 牛 那

29. 副名词有表示动量和时间的

tɛ˩ ʂuaŋ˧ pɛ˩ 打二下。 kɤŋ˧ saŋ˧ taŋ˥ 吃三口。
打 二 下 吃 三 口

第 頁

30. 副名词因子数词而不同

san˧ ko˧ vɤn˨ 三棵菜
三 棵 菜

san˧ tʂa˨ vɛi˨ ɿɛʂ˨ 三丛竹子
三 丛 竹子

ʂua˧ pou˨ tɕəʂ˨ vɤn˨ 二个人
二 个 人

ʂua˧ zon˨ kɛi˨ 二窝鸡
二 窝 鸡

31. 名词可兼量词

tuei˨ 碗　kuei˨ ʐou˨ 一碗饭
碗　(一) 碗 饭

35. 无介结之类词

ʂua˧ po˥ ɿɤk˥ 二父子
二 父 子

37. 副名词与指示代词连用时的位置

ko˧ ven˨ nɛ˨
棵 树 这　这棵树

ko˧ ven˨ lie˧
棵 树 那　那棵树

38. 副名词与形容词连用时位置

pou˨ ɪe˧ 一个好人　san˧ pou˨ ɪe˧ 三个好人
人 好　三 个 好

第　頁

40. 副名词可以和名词连用。要表示数量时加数词

tu˨ tɕɘ˧˩ vɘ˧˩ 一条牛. pɘu˨ tɕɘ˧ vɘ˧ 一个人
条 牛 个 人

41. 副词和动词连用时的位置

tɛ˨ ɕua˧ pɛ˨ 打二下.
打 二 下

51. 形容词重叠表示程度的加深。表示否定时中加否定词

ʔɘ˧ ʔɘ˧ ʔe˧ 红红的. ʔɘ˧ mɛ˨ ʔɘ˧ 红不红?
红 红 的 红 不 红

54. 形容词的词次

kɛi˨ xɔ˧ 白的. kɛi˨ ʔɘ˧ 红的.
的 白 的 红

56. 形容词和指示代词连用时的位置

kɛi˨ pan˥ nɛ˧ ʔe˧ 这件布好.
件 布 这 好

57. 形容词和副词连用时位置

tu˨ tɕɘ˧˩ vɘ˧˩ nɛ˧ ʔe˧. 这条牛好.
条 牛 这 好

58. 无复音节形容词。形容词和否定副词连用

ma˨ 牢. mɛ˨ ma˨ 不牢.
不 牢

59. 没发现多音节动词。书面语法会情况

mɛ˧ ku˧kaŋ˩ 不倍抗。
不 倍 抗。

61. 形容词与副词连用时位置

puaŋ˧ kɯ˥ tɛ˩ 很瘦。
瘦 的 很

maŋ˥ kɯ˥ tɛ˩ 很胖。
胖 的 很

62. 形容词转副词情况

mɔŋ˧ kui˧ dɛ˧ dɛ˧ nɛn˧ 你好好地睡。
你 (地) 好 好 睡。

63. 代词情况

kɔu˧ 我　　kɛ˩ tɔu˧ 我们

mɔŋ˩ 你　　kɛ˩ sɔu˧ 你们

lie˧ 他　　kuaŋ˩ lie˧ 他们。

64. 人称代词就有格的构成

ɣɔu˧ ka˥ kɔu˧ 我的谷子。
谷子 我

tɕɔ˧ vɛ˧ kɔu˧ 我的牛
牛 我

kɛ˩ kɔu˧ 我的
的 我

kɛ˩ mɔŋ˧ 你的
的 你

第　　頁

66. 无引进形式的代词

lie˧ nou˧: kou˧ me˧ pe˧ 他说：我不去？
他 说 我 不 去

67. 代词主宾格的区别

lie˧ me˧ tɕi˧ kou˧ 他不肯借给我。
他 不 借 我

nɔŋ˧ tɕiŋ˧ ma˧ kou˧ kui˥ 你拉马给我骑。
你 拉 马 我 骑

68. 指处所的指示代词与其它词连用位置

mɔŋ˧ zou˥ ne˧ tɔ˧ ke˥ ma˧? 你在这里做什么？
你 里 这 做 什么

ta˧ pe˧ ɿuen˧ ziu˧ lan˧ de˧ po˧
河 边 那 有 座 山。
河那边有一座山。

69. 各种比较方式的指示代词不来富。连用情况如下

mɔŋ˧ lak˧ so˧ lie˧ tɔ˧ 你莫那样做。
你 莫 样 那 做。

mɔŋ˧ lak˧ kaŋ˧ ke˧ so˧ tsaŋ˧ ne˧
你 莫 说 些 话 这
你莫说这些话。

70. 指示代词与副词之间不能插入数词"一"

第 页

tu˩ tə˧˩ ve˧˩ nɛ˩ 这条牛.
条 牛 这

kuaŋ˧˩ nɛ˩ 这一件衣服.
衣服 这

71. 指示代词与名词连用位置

tu˩ tə˧˩ kɛi˥ nɛ˩ ɪak˧ ŋuaŋ˩ tɔu˩ ɪaŋ˧ kɛi˩
个 鸡 这 天天 下 蛋 鸡.
这个鸡天天下鸡蛋.

72. 疑问代词的其他连用位置

pəu˩ ɪa˩? 哪个.
个 哪

mɔŋ˩ pɛ˧ kəu˧ ɪa˩? 你去哪儿?
你 去 里 哪

tɔ˩ ke˩ ma˩ 做什么?
做 什么

mɔŋ˩ ʒɔu˧ pie˩ ɪa˩? 你要多少?
你 要 多少

73. 指示代词第一式的构成

tə˧˩ ve˧˩ kəu˧ 我的牛.
牛 我

74. 指示代词第二式的构成

tu˩ tə˧˩ ve˧˩ nɛ˩ ke˩ pəu˩ saŋ˧ pəu˩ ɪe˧
条 牛 这 我们 三 个 的.
这条牛是我们三个的.

75. 返身代词

kɤu˧ kɛ˨ keɤn˨ tɤ˩ 我自己做。
我 〃 己 做

76. 反身代词强调式

mɤŋ˨ pu˨ taŋ˧ ɕi˧ 你各人去（你自己去）。
你 人 各 去

77. 无连接代词

78. 代词重叠无意义

79. 表示远近是用词来表示

tu˧ tɕɤ˧ vɤ˧ ʔie˧ 那条牛。
条 牛 那
tu˧ tɕɤ˧ vɤ˧ ʔie˧ kɤ˧ kɛ˧ ʔɔu˨. 隔远那条牛。
条 牛 那 隔 远 了。

80. "我们"排除式和包括式

ke˩ ʔɔu˨ 我们 ke˩ ʔɔu˨ ta˩ tɕia˧ 咱们。
我们 大家。

81. 代词能作主语

kuaŋ˩ ʔie˧ san˧ pou˨ mɛ˨ ma˧ ʔɔɤ˨
他们 三 个 不 来 了
他们三个不来。

第 頁

82. 代词在动词后作宾语

tɕe˧ ma˧ ɣa˧ kɤu˧ 狗咬我

狗 咬 我

lie˧ tɕɤ˨ kɤu˧ 他打我

他 打 我

83. 代词在介词前作主语，在介词后作宾语

~~[illegible]~~ ?

~~[illegible]~~

moŋ˨ laŋ˧ pɤu˨ ɪa˨ kaŋ˨？ 你跟哪个说？

你 和 个 那 说

84. 代词能作谓语

[illegible] pɯ˨ ʂɿ˧ ke˨ kɤu˧ 这本书是我的

这 本 书 我的

85. 代词作修饰时的位置

ɣe˨ ʂɿ˨ ke˨ kɤu˧ 他是我的.

他 是 的 我

tɕe˧ bie˨ ʂɿ˨ ke˨ kɤu˧ 羊是我的.

羊 是 的 我

89. 无复音分词

92. 动词不能重叠，表疑问要加否定副词

pɛ˧ mɛ˧ pɛ˧ 去不去？

去 不 去

第 頁

93. 連动式的構成

moŋ˨ pɛ˧ ku˨ tsaŋ˨ mɛ˨ pɛ˧˩? 你去要嗎?
你 去 要 不 去

95, 动詞無傾动使动态

kɔŋ˧ 吃. kɯ˧ mɔu˧ 食畏猪.

96. 及物动詞带宾語，非及物动詞不带宾語

pɔu˨ kɛi˥ xaŋ˧ 公鸡叫.
公 鸡 叫

dɛ˥ ɿo˥ 太阳云.
太阳 云

98. 单音动詞被否定性詞修飾时位置

mɛ˨ kɔŋ˧. 不吃.
不 吃

99. 無双音动詞。只有成語

mɛ˨ ku˨ kaŋ˨ 不估抗.
不 估 抗

101. 連动式位置

lie˧ mɛ˨ pɛ˧ vak˧ vɔŋ˨
他 不 去 砍 柴
他不去砍柴.

kɔu˧ pɛ˧ sa˧ lie˧
我 去 找 他
我去找他.

第 頁

102、动词被副词修饰时的位置

ʔne˧ ne˧ pe˧˥ 慢慢走
慢 么 走

ʔie˧ kɤ˧ ɤ˧ 他很吃得
他 吃 得

105、直接宾语和间接宾语的位置

ʔie˧ xa˧ kɤu˧ ʔan˧ ɤɔu˧ tse˧ ka˧
他 给 我 个 把 恭

他给我一个恭把么

109、表态方式

1) 分析式

kɤ˧ ʔiɔu˧ 吃完
吃 完

2) 经验态

kɤu˧ kɤ˧ kua˧ 我吃过
我 吃 过

3) 进行式

kɤu˧ tɕɤ˧ tsei˧ kɤ˧ 我正在吃
我 正 在 吃

4) 未完成式

kɤu˧ kei˧ ve˧ kɤ˧ 我还没有吃
我 还 未 吃

第 页

110. 动词做谓语时的位置

lie˧ tɛ˨˩ tesɿ˥ vɤŋ˩
他 打 人　　他打人。

111. 动词做补语

ʔɔu˧ ma˧
会 来　　会来。

pa˥ tesɿ˥ vesɿ˧ lɛ˨˩ pɛ˧ ʔueŋ˥ ne˧
把 牛 赶 去 那 边

113. 助动词不能重叠表疑。‖把牛赶到那边去

114. 能否助动词表否定

117. 助动词在动词的位置。

kɤu˧ zo˥ tɔ˧ lie˧
我 会 做 的。　　我也会做。

kɤu˧ ʔa˩ koŋ˧ ɟɔu˩ lɔ˧　　我要吃饭了。
我 要 吃 饭 了

120. 副词无级状词尾

mɤŋ˥ ku˥ dɛ˧ dɛ˧ zaŋ˧
你 的 好 好 坐　　你好好的坐。

121 无否定副词

122. 副词在形容词之后。动词之前

dɤɤt˥ ke˥ ʔe˧
热 太　　太热。　mɯ˨˩ ma˧ 不来。
　　　　　　　　　不 来

125，否定词"mɛ˨"（不）只起否定作用，没有指之意

126. 介词的位置

ɯɔŋ˨ tɛ˥ ʔɔu˥ ʔai˨ ma˧
你 从 是 哪 来　　你从那儿来？

kɔu˧ ʔu˧ xai˨ tɛ˨
我 被 他 打　　我被他打。

134，連接詞的位置

tɕɔ˨ vɛɔ˨ xo˨ tɕɔ˨ mɔu˧
牛 和 猫　　牛和猫。

liɛ˧ tɕiɛ˥ ʔɔ˨ ku˨ zɔu˩ mɛ˨ pɛ˨ tɔ˩ xuaŋ˧.
他 病 了 所以 不 去 做 活
他病了所以不去做活。

143，语气词出句末、未发现象声语气词

liɛ˧ ma˧ ʔɔ˨　他来了。
他 来 了

liɛ˧ paŋ˩ mɛ˨ pɛ˧ pa˩！他怕不去吧！
他 怕 不 去 吧！

154，象声词的位置

tɕɔ˨ miɔu˩ ɲiɛ˩ mi˩ mi˩ mi˩ tɕiu˧.
猫 小 咪 咪 咪 叫。
小猫咪咪咪的叫。

159，主语的位置

tɕɤ˨ vɛɤ˨ kɤŋ˧ ɓia˧ 人吃草.
牛 吃 草

kɤu˧ ʂɿ˧ pɔu˨ ʔi˨ 我是布依族.
我 是（布 依）

160，谓语的位置

ŋuan˧ nɛ˨ tɕɤ˨ kɔk˥ 今天虎回.
天 今 虎（回）

kɤu˧ ka˨ mɤu˧ 我杀猪.
我 杀 猪

tu˨ tɕɤ˨ vɛɤ˨ nɛ˧ man˧ 这条牛胖.
条 牛 这 胖

162，宾语的位置

~~ʔu˧ na˧ pia˧~~
kɤu˧ kɤŋ˧ ʔɔu˨ 我吃酒，
我 吃 酒

kɤu˧ ʔɔŋ˧ pɛ˧ ʔiɔu˨ 我忘记了，
我 忘 去 了

163，双宾语的词序

kɤu˧ ʔɔu˧ xaŋ˨ mɤŋ˨ pɤn˨ sɤ˧
我 给 给 你 本 书.

我给给你一本书.

164，补语的位置

第 页

结果：pɤu˨ so˧ nɛ˨ kɤu˧ zie˨ kua˥ ɭiɔu˨
本 书 这 我 看 过 了。
这本书我也看过了。

程度：ku˧ xaŋ˥ kɯ˥ ʑe˧ kɤŋ˧ mɛ˨ tsɤ˨
盐 咸 得很 吃 不 成。
盐咸得吃不成。

趋向：lɛ˨ ɭiɔu˨ pɛ˧　赶起走。
赶 起 去

时间：kɤu˧ taŋ˨ ʔu˩ nɛ˨ saŋ˧ pɛ˧
我 到 是 这 三 年
我到这里三年了。

165，定语的位置

~~[illegible]~~ pɤu˨ tɛɤ˨ vɤŋ˨ ɭe˧ nɛ˧。这个人好。
个 人 好 这

deɤ˥ dɤŋ˧ 红花，　kua˧ pu˩ bɤŋ˧ 毛衣
花 红。　衣服 毛

pɤu˨ tɛ˨ va˨ 铁匠。tɤɤ˨ veɤ˨ kɤu˧ 我的牛
个 打 铁　牛 我

166，状语的位置

mɛ˨ ma˧ 不来。　kak˧ ma˧
不 来　莫 来。

mɛ˨ bu˧ sa˧ 不快。
不 快

第　頁

ʔu˦ li̠e˦ ʐaŋ˨˩ 那矣尖.
矣 那 尖

li̠e˦ laŋ˨˩ ʔa˦ ma˦. 他将才来.
他 刚才 来

li̠e˦ kɤ˧ tʂʰɿ˥˧ kɤŋ˦ɣɔu˨ 他躲起吃饭.
他 躲 起 吃 饭.

kɤu˦ ʈɿ˨˩ ʂɿ˨˩ nɔu˨˩ tsan˨ nɔu˨˩
我 只 是 说 句 话.
我只说一句话.

kɤu˦ dɛɤ˧˥ ʐiaŋ˦ ʔyi˨ kɤŋ˦
我 烧 芋 芋 吃. 我烧洋芋吃.

lɛɤ˦ ku˥ ʐe˦ 很多.
多 得 很

173, 主语宾语换位时情况

tɛɤ˨ ma˦ ɣa˦ kɤu˦ 狗咬我.
狗 咬 我

kɤu˦ tʂɿ˨ tɛɤ˨ ma˦ ɣa˨ 我被狗咬
我 被 狗 咬

调查人 罗品根 张廷献

合作人 滕仕魁

1958.12.

第　　頁

白语简况

白语是汉藏语系藏缅语族彝语支的一种语言。在白语中有数量不少的和彝语支其他语言同源的词，在语法方面也有和彝语支其他语言相同或相近的成分，这说明白语和彝语支其他语言联系密切。英帝国主义分子戴维斯作《云南：联结印度与扬子江的链环》，把白语列入孟高棉语族是错误的。在他所举白语和孟高棉语族语言同源的例子里，有很多是较早的汉语借词，例如：ngue“眼睛”、ga（原书作ka）“乾”、ga“说”，仔细研究一下，就可以知道这是从汉语的“眼”（古音读ngan）、“乾”（古音读gan）、“讲”（古音读gong，后读gang）借来的。这些词在白语南部方言里字尾的鼻音已经失掉，在中部方言里在末尾的元音上还保留着半鼻音。他在“二”字下只举了“gou”（原书作gaw），但是如果再看看“十二”的“二”说“ne”，“二十”的“二”说“ni”，就可以发现这个ne、ni不只和彝语支的其他语言的“二”同源，而且和藏缅语族的绝大多数语言的“二”都是同源词。因为戴维斯的证据是不符合事实的，是片面的，所以他的结论是错误的。

在我们伟大祖国的大家庭里，有许多兄弟民族语言受汉语的影响很深，白语就是其中之一。在语法方面白语比其他彝语支的语言所受汉语的影响都大一些，尽管在某些方面它还保留着彝语支语言的词序，但在许多情况下，已经采用了汉语的词序。

在词汇方面，汉语的影响更为突出。在历史上很早的时期白语就开始大量地吸收汉语借词，这些借词有许多是日常生活上的用语，例如：纸、衣、针、土、草、桃、心、胆、金、铁、盒、鸭、鼠等名词，白、黑、蓝、难、尖、深、苦等形容词，煎、编、夹、叠、挖、说、拔、接、拜、死、弹等动词，都早已进入了白语。解放以后，从汉语借入的词更多了，所有表达政治、社会和科学技术的词，几乎全部从汉语借入。除了个别地区创造了少数的词，如把“飞机”说成“飞房”、把“汽车”说成“滚房”以外，都采用音译的办法，如“政治”“经济”“文化”“教育”“科学”“共产党”“共产主义”“人民”“机关”“团体”“人民公社”“人造卫星”“宇宙”“火箭”等，都用音译的办法借入了白语。有很多短语也用音译，如“土地改革”“清匪反霸”“抗美援朝”“百花齐放”“百家争鸣”等都是照汉语音译的。

我们可以在白语原语词和汉语借词相互关系的研究上发现语言间相互影响和逐步融合的许多有价值的规律。在白语中，同一个意义的词往往有三四种不同的说法，如“好”qiou（高平调）、xiou（低降调）是原有语词，hu（中平调）是在较早的时期借的汉语“好”，现在白族觉得说hu和现代汉语hau距离有些远，又产生了ho（这个o比一般的o更开些，拿它和现代汉语的au相对）。又如“一”在白语里也有3种说法：a（低降调）是本族原有的词，yi（次高平紧喉）是在较早时期借的汉语“一”，现在有许多人又新借入了yi（升调）。这就说明了不只某些借词有代替本族原有语词的可能，而且一种语言从另外一种语言吸收借词的语音有新旧交替的趋势。由于两种语言不断的影响，有些老借词在语言发展过程中已有逐渐被新借词所代替的可能。

用音译汉语（直接借用汉语）的办法来使自己的词汇得到不断的丰富，已经成了白语历史发展中的一条规律。白族人民一向乐意借用汉语语词来丰富本族语言，所以大量的汉语借词就成了白语基本词汇的组成部分，这就使白语有能力表达一切新事物，并且完善地为社会主义建设和阶级斗争服务。

白语内部的语音分歧很大，词汇差别较小，语法结构基本一致。因此，可以以语音为主要根据，适当地参考词汇和语法，把白语划分为3个方言，每个方言又分为两个土语。在3个方言中以南部方言人口最多，约有35万人，包括大理土语和祥云土语，分布在大理、洱源、凤仪、宾川、下关、昆明、祥云、漾濞、永建、永平、保山、南华、巍山及云龙、邓川的大部分，这个方言以大理地区为中心。中部方言约有22万人，包括剑川土语和鹤庆土语，分布在剑川、鹤庆及云龙、邓川、兰坪、丽江、泸水的一部分，这个方言以剑川和鹤庆为中心。北部方言人口最少，约有4万人，包括兰坪土语和碧江土语，分布在兰坪及维西、云龙的一部分，以兰坪和云龙的人口较多。大体上说，大理白族自治州的白语主要是白语南部方言和中部方言，北部方言除云龙部分属大理白族自治州以外，其他在怒江傈僳族自治州和迪庆藏族自治州境内。在3个方言当中，南部方言和中部方言比较接近，两个方言区的人不需要事先学习就能听懂70%以上。这两个方言都和人口较少的北部方言差别较大，而南部方言和北部方言差别还更大一些。南部方言和中部方言合起来的人口，约占白族人口的93%，汉语影响对这两个方言区也特别大。人民公社化运动以后，大理白族自治州的行政区划也随着改变，原有的15个县市已合并为6个，原来属于两个方言区的人现在有的已成为一个公社的社员，大家在共同生产、共同生活当中，方言间的差别一定会逐渐缩小。白族人民在党的领导下，在建设社会主义和向共产主义过渡的过程中，绝大部分地区的白语必然在汉语的影响下，逐步向着更加统一的方向发展丰富，这是可以肯定的。

现在把白语的一般特点简要地介绍一下。

1. 语音方面

（1）在中部方言里的清塞音（b、d、g）和清塞擦音（z、j、zh）已经没有相应的浊音，但在南部方言里，像ba（中平调）“泡沫”、ba（低降调）“调拌”、ji（中平调）“拉”、ji（低降调）“田”等词里的b和j虽然都读成和它们相应的浊音，但是这是有一定声调作条件的，不能构成独立的浊音音位。因此，在南部方言和中部方言里，辅音的数目不多，一般从19个到23个；在北部方言里因为有浊塞音和浊塞擦音，还有小舌音，所以辅音有30个以上。

（2）中部方言和北部方言有口元音和鼻化元音的分别，汉语借词原来有鼻辅音韵尾的，都在元音上保留了鼻化成分；南部方言没有鼻化元音，汉语借词音节末尾的鼻辅音都丢失了，但是多了一个卷舌元音。因此，南部方言的元音较少，一般有8个单元音（包括1个卷舌元音），中部方言有16个元音（包括鼻化元音），北部方言有15个元音（包括鼻化元音）。3个方言都有一些以i或u起头的复合元音。

（3）声调一般是7个到8个，少数地区是5个到6个。各地区的声调系统中一般有3个调的元音带紧喉作用。3个方言念现代汉语借词都用5个声调，各地完全一致。

（4）在同一个音节，全部辅音只能出现在音节的开头，不能出现在音节的末尾，因此白语里只有开音节没有闭音节。

2. 语法方面

（1）人称代词有形态变化，使用元音和声调的变化或再加上助词来表示“数”和“格”的范畴。例如：

①ngo“我”、no“你”、bo“他”是3个人称代词的基本形式，元音o变a，声调低降变高平，就由单数变复数；o变e（和u相当的展唇元音），就变成限制语的领格。

②限制语的领格加vu变成谓语的领格，加no变成宾格。

③人称代词做宾语在动词后边用单多数的基本形式，但在动词前边一定要加no。

④第一人称的多数还有“我们”和“咱们”的分别。在彝语支的其他语言里人称代词上也有形态变化和附加助词的现象。

汉语				白语			
指代——	数词——	量词——	名词	名词——	指代——	数词——	量词
这	两	条	牛	牛	这	两	条
那	三	本	书	书	那	三	本

句子成分的次序一般用“主语—谓语—宾语”的次序，但是使用了宾语助词或在否定句里，宾语就和彝语支的语言一样放在谓语的前边。例如：

	汉语			白语		
肯定句：	主——	谓——	宾	主——	谓——	宾
	我	找	他	我	找	他
否定句：	我	不找	他	我	他（助词）找不	

3. 词汇方面

①大量地使用音译的方式吸收汉语借词。同一个意义有新老借词并用或新老借词和本民族原有语词并用的现象，前面已经谈过。

②表示动物性别的bo（或do）“公”、mo“母”（较小的用zi“子”和niv“女”）

都放在动物名称的后边，和彝语支的其他语言相同。例如：

汉语	白语
公猪	猪公
母猪	猪母

③在亲属称谓里对称的时候加词头a，引称的时候不加词头，这也和其他彝语支的语言有类似的地方。例如：

	汉语	白语
对称：	爸爸	阿爹
	姐姐	阿姐
引称：	你爸爸	你爹
	你姐姐	你姐

④名词、动词和形容词里都有“四字格”的形式，例如：gu—ni—gu—ci“老人家”、zi—zi—ga—ga“赶快做”、qi—ho—qi—yi“哈欠连天”。

白族人民在日常生活中一般都以白语为主要交际工具。在政治生活中，县以下区乡的白族聚居区开会、宣传党和政府的政策法令、人民法院的诉讼都用白语。在文娱生活中，除了历史上流传下来的诗歌以外，用白语创作了无数的反映社会主义大跃进的诗歌，还用白语演大本曲。跟白族人民杂居的傈僳族、彝族、纳西族、回族和汉族也有一些人会说白语。在这些地区的白族中，有一些人会说傈僳语、彝语或纳西语。会汉语的人就不限于和汉族杂居地区，在聚居区也有很多人会汉语。白族会汉语的比例各地区不同。在青壮年男子中大多数会汉语，年纪较大的妇女和未入学的儿童会的比较少。根据1957年的初步调查，白族中会汉语和粗通汉语的占全族人口的50%以上。随着文化革命运动的开展，这个比例数字已经更加提高了。

白族一向用汉文作书面交际工具。历史上传说的“白文”，事实上是借用汉字来书写白语。现在大理圣源寺的明代“词记山花咏苍洱境”和其他几块碑文，就是用这种“白文”写的。在碑文中使用了4种方法来表达白语。首先是按照汉字的意义来发白语的音，如“天”读he、“河”读go、“风”读bi；其次是用汉字来表达白语的音，如用“侣你”表达“这个”的意思，用“阿触触”表达“一阵阵”的意思；再就是直接使用汉语借词，读音和意义都和汉语相同或相近，如“东”“西”“南”“北”“青龙”“白虎”；最后是在个别情况下也利用汉字偏旁造了少数的新字，如以“拚”表示“拜”，以“睹”表示一个语尾助词，以“㗁㗁”表示蝉声。这种办法只在记录诗歌和大本曲中使用，一般社会交际和学校教育都使用汉文，在需要的时候用白语来解释。去年在大跃进的新形势下，白族地区也掀起了文化革命的高潮，人民群众在党的领导下，一方面积极进行生产建设，一方面热情地学习汉语文，现在大理白族自治州已经用汉文基本上扫除了青壮年文盲，以后还要在这个基础上进一步巩固和提高。

附注：音标都用汉语拼音方案的字母。

白族语法部分

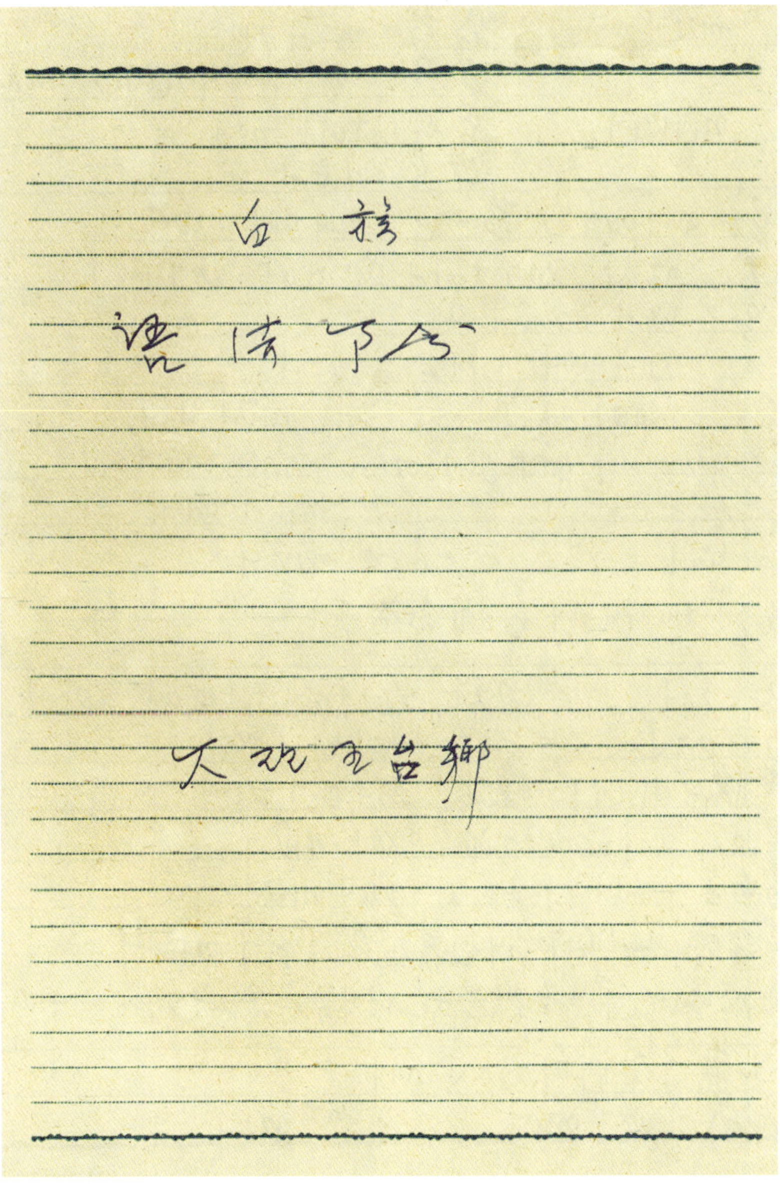
白族

语法部分

大理五台鄉

语法部分

1、动物和人的性别怎样表示？

猪 tɑ˧˥　　公猪 tɑ˧˥ po˥
　　　　　母〃〃 mo˧
鸡 kɑ˥　　公鸡 mɑ˨˩ kɑ˥
　　　　　母〃 kɑ˥ mo˧
马 mã˧　　公马 mã˧ po˥
　　　　　母马 〃 mo˧（kho˥ mɑ˨˩）
人 ni˨˩kã˥　　男人 tɕi˧ ni˨˩
　　　　　母人 nĩ˧ 〃
老男人 ku˧po˥　　老〃〃 ku˧ jo˧˥ mo˧
丈夫 ntɑ˧˥ xo˥ tɕi˧ 或 ntɑ˧˥ xo˥ po˥
妻子 vɑ˧ nĩ˧ 或
哥哥 ko˧ ko˧　　姐 tɕi˧
弟弟 mpɑ˧˥ thi˧ tsi˧　　妹 nĩ˧ thi˧
青年男人 ni˧ ɕɑ˧˥ sɑ˧˥ no˧ ntɑ˧˥ xo˥ tɕi˧
青年女人 〃 〃 〃 〃 nĩ˧ tɕi˧
子 tɕi˧　　女 nĩ˧

2、族别和性别怎样表示？

汉 xɑ˧˥　　汉族 xɑ˧˥tɕi˧（xɑ˧˥ xo˧˥）
白 pɑ˨˩　　白族 pɑ˨˩ tɕi˧ xo˧˥
傈僳 li˧ ɕi˥　　傈族 li˧ ɕi˥ xo˧
男汉人 xɑ˧˥ tɕi˧　　女汉人 xɑ˧˥ nĩ˧
男白人 pɑ˨˩ tɕi˧　　女白人 pɑ˨˩ nĩ˧
男傈僳 li˧ ɕi˥ tɕi˧　　女傈人 li˧ ɕi˥ nĩ˧

3　人和物从属格谓词在前时是不是要加一个词缀？

祖母 si˥ jo˧˥ jɑ˨˩ nɑ˧˥
母亲 ɑ˥ mo˧　　父 ɑ˥ ɑi˧

姐 a˥ tɕi˧　　妹 a˥ niɛ̃˧ thi˧
弟 〃 pa˦ thi˧　　侄子 a˥ tɕi˦ tɕi˧
孙子 〃 ɕue˥
[illegible] thia˦ mi˥

4. 人称代词有没有格的变化 ①人称代词分不分单数和复数.

①我 ŋo˦　我是白族 ŋo˦ ji˥ pa˨ tɕi˧
你 ni˥　你是汉族 ni˥ ji˥ xa˦ tɕi˧
他 mpo˦　他是彝族 mpo˦ ji˥ ji˦ tshu˥

我们 ŋa˥　我们[illegible] ŋa˥ tɕu˥ tso˦ ɕi˦
你们 na˥　你们读书 na˥ (ji˧) ŋʌ˦ su˥ (写字)
他们 mpa˥　他们写字 mpa (ji˧) ɯã˦ su˥
咱们 niã˥　咱们都是好朋友 niã˥ tɕhã˥ ji˧ xo˩ pʌ˥ jo˩

② 人称代词有没有领属格?
我的　ŋʌ˥　我的书桌 ŋʌ˥ su˥ tiɛ˥
你的　nʌ˥ 或 ni˥　你的书桌 nʌ˥ (或 ni˥) su˥ a˩ tiɛ˩
他的　mpʌ˥　他的书桌 mpʌ˥ su˥ nta˦ tiɛ˦

我们的 ŋa˥　我们的书桌 ŋa˥ su˥ tiɛ˦
你〃〃 na˥ ka˥　你们的书桌 na˥ (ka) su˥ a˩ tiɛ˦
他们的 mpa˥ ka˥　他们的书桌 mpa˥ ka˥ su˥ tiɛ˦
咱们的 niã˥　咱们的书桌 niã˥ su˥ tɕhã tiɛ˦

③ 作谓语的领格是不是要加 va˦ ?
ʐʌ˦
我的 ŋʌ˥ ʐʌ˦　这本书是我的 su˥ mʌ˥ thyɛ˦ ji˥ ŋʌ˥ ʐʌ˦
你的 nʌ˥ ʐʌ˦　那〃〃〃你〃 su˥ mʌ˩ thya˦ ji˥ nʌ˥ ʐʌ˦
他的 mpʌ˥ ʐʌ˦　那本书是他的 〃 〃 〃 〃 mpʌ˥ ʐʌ˦
ŋa˥ ʐʌ˦；na˥ ʐʌ˦；mpa˥ ʐʌ˦；niã˥ ʐʌ˦

④ ʌ̃˥ 表示宾格？它和 nɔu

不要叫他　1. mpʌ˥ mʌ˥ niɑ˥ mʌ˥
　　　　　2. 〃 no˧ 〃 〃

我去叫他　1. ŋo˩（ŋʌ˥）ŋa˦ ʌ̃˥ pʌ˥ mʌ˥
　　　　　2. mpʌ˥ no˧ ŋo˩（ŋʌ˥）ŋa˦ ʌ̃˥ ka˥
　　　　　我去叫他了吧。

我的脚下有个虫　ŋʌ˥ ka˥ je˧（或mʌ˥）dʑi˧ to˥ tɕo˩ a˩ ti˦
〃 〃 〃 上 〃 〃 〃　〃 〃 no˧ 〃 〃 〃 〃 〃

我身上有钱　ŋʌ˥ tɕhi˥ kʌ˧ no˧ dʑi˧ tse˦
钱在我这儿　tse˦ dza˧ ŋʌ˥ mʌ˥
〃 〃 你 〃　〃 〃 a˥ ta˦

⑤ 代词尊称的形式有那些？
no˩ 你（或 ni˥）　　ni˥ 您
nã˥ 你们　　na˥ ka˥ ue˦ 您们几位
mpa˥ 他们　　mpa˥ ka˥ ue˦ 他们几位

⑥ 宾语在动词前面，是不是一定要在人称代词后加 nɔu˧ 表示？

~~我们说汉语，你们也说汉语，他们大家说汉语。~~
~~ŋa˥ ɣʌ˦ xa˦ ɣo˦，na˥ li˥ ɣʌ˦ xa˦ ɣo˦，nia˥ xa˦~~
~~dʑi˧ ni˦ ɣʌ˦ xa˦ ɣo˦.~~

ŋʌ˥ no˧；nʌ˥ no˧；mpʌ˥ no˧；nia˥ no；
ŋʌ˥ no˧ niã˥ ʌ̃˧ 不要叫我。
mpʌ˥ no˧ niã˥ di ʌ˧ ja˥ 不要等他了（ja˥=[illegible]）

5. 人称代词的第一称人称复数有没有排除式和包括式的分别？

我们说汉语，你们也说汉语，他们大家说汉语。
ŋa˥ ɣʌ˦ xa˦ ɣo˦，na˥ li˥ ɣʌ˦ ɣo˦，nia˥ xu˦
dʑi˧ ni˦ ɣʌ˦ xa˦ ɣo˦.

我们是彝族，你们是苗族，咱们都是少数民族。
ŋa˥ dʑi˧ pa˩ xo˧，ŋa˥ dʑi˧（或dzɿ˧）tsã˥ tsho˥.

niɑ˥ xa˨ dzɿ˧ ni˦ ɕo˨ su˥ miɑ˦ tsho˧

6. 在称呼人的名词后边有没有表示复数的词尾？

学生们 ɕu˥ sɿ̃˥ xo˦　小孩们 ɕyã˧ tu˧ xo˧

朋友们 phɑ̃˥ jo˨ xo˦　大人们 do˦ no˧ xo˧

人们 ni˦ kɑ̃˥ x˧　老师们 lo˨ sɿ˥ xo˧

白人们 pa˦ xo˧　姐姐们 tɕi˧ tɕi˧ xo˧

汉人们 xa˦ xo˧　妹妹们 niũ˧ thi˧ x˧

7 指示代词修饰名词时是不是在被修饰的名词后边？数词、计数词（量词）又在指示代词后边？

这个人 nʌ˨ ni˦ 或 ni˦ kɑ̃˥ nʌ˨ ni˦

那个人 mʌ˨ ni˦ 或 ni˦ 〃 mʌ˨ 〃

这两个人 nʌ˥ ko˧ ni˦

那两个人 mʌ˥ ko˧ ni˦

8. 指示代词分不分单数和复数？

这人是谁 nʌ˨ ni˦ tsɑ̃˧ a˥ ma˦ ni˦

那些人是谁 ni˦ kɑ̃˥ mʌ˨ tɕɿ˦ tsɑ̃˧ a˥ ma˦ xo˧

那些是不是我的 nɛ˦ʌ˦ mʌ˨ niɑ̃˦ tsɑ̃˧ ŋʌ˥ ɣʌ˦

这些人是学生 nʌ˥ ka˥ ni˦ tsɑ̃˧ ɕu˦ sɿ˥ tɕi˧

那些人是老师 mʌ˥ 〃 〃 〃 lo˨ sɿ̃˧

这些人 nʌ˨ xo˧

那些人 mʌ˨ xo˧

这几个人 nʌ˧ kuɑ˧ ni˦ (kuɑ˧ = ka˧)

那几个人 mʌ˧ kuɑ˧ ni˦

9. 指方地点的指示词怎么表示

我站在这儿 ŋo˨ ti˥ to˧ a˧ ta˥

你站在那儿 ŋʌ˧ (= no˨) ti˥ to˧ ɣʌ˧ (mpʌ˧) n ta˥

他 " " " mpo˥ ti˥ to˧ to˧ ta˥ (to˧ 旁边)

10. 表示根据数量方式的指示词是怎么样表示的?

我有这么多的书 ŋʌ˧ dpi˦ ti˧ ti˥ no˨ su˧

他拿着那么多的花 mpʌ˧ khɑ˧ ta˥ ti˧ ti˥ no˨ xo˧

这么说好 niã˥ sɿ˨ tso˥ ti˦

那么说不好 piɛ˨ sɿ˨ tso˥ a˨ xo˧

11. 地点指示词是不是在动词的前边?

来这儿 ɣʌ˧ a˧ ta˥

从那儿走 za˧ mpʌ˧ ta˥ pa˥

来这儿吃 ɣʌ˧ a˧ ta˥ ji˥

去那儿玩 ŋa˦ mpʌ˧ ta˥ lua˨

12. 是不是词在习惯上都要加名词或量词?用的时候你能知道"一"和"个"是不是分开的?

一只羊 ŋi˦ a˨ pho˥

一本书 su˧ a˩ thya˥　一间房 xa˥ a˩ khu˥
一件衣裳 ji˧ a˩ kho˧

13. 请填写以下的副名词：

一文钱 tse˦ a˩ li˧
一件棉衣 pi˥ a˩ ɕa˥
一块钱 tse˦ a˩ kho˧
一件衣裳 ji˧ a˩ kho˧
一面镜子 ku˥ a˩ mi˥
一把茶壶 tio˦ a˩ kho˧
一条裤子 ɡɯ˧ ji˧ a˩ kho˧
一條帕子 tiɛ˧ tɕi˧ a˩ tio˧
一个（圆）月亮 bi˧ tsi˩ a˩ tio˧
一个石碗 ka˥ a˩ pa˦
一口锅 thiɛ˧ a˩ mi˥
一棵树 ti˥ a˩ ti˥
一枝花 xo˧ a˩ kɯ˧
一顶帽子 ta˥ mau˦ ka˥（ka˥ ka˩）

14. 名词修饰名词是不是修饰的在前面，被修饰的名词在后？

草房 tɕhu˧ xa˥　瓦房 ua˥ xa˥
铜盆 tɯ˦ pa˦（或 tɯ˦ pa˦）
玉米谷粒 yi˥ ti˦

15. 同位语的形式修如何表示？是不是范围小的名词在前，范围大的名词在后？

我们同志 yi˥ ɕe˧ tho˧˥ tsɛ˥

16. 在名词和量词中间有没有表示指小、即可爱的人或物的形式（tsi˧）

一件好衣服 ɕo˩ no˧ ji˥ a˩ kho˥

一件衣裳 ji˥ a˩ kho˥

一件（小的可爱的）衣服 sɛ˩ ji˥ tse˧（tsi˧）kho˥

一个好小孩 xo˧ no˧ ɕyã˧ tu˧

一个小的可爱的小孩 ɕyã˧ tu˧ tse˧ ni˧˩

17. 什么名词和它的指示代词修饰语能否组成谓语和宾语？

这个大好，那个好的。nʌ˩ tiʌ˧˩ a˩ tiɛ˧˩，mpʌ˥ ta˥ tiʌ˧˩ tiɛ˧˩

我说这个大的，你说那个小的。

ŋʌ˥ ji˧ [illegible]˩ kho˧ do˧˥，nʌ˥ ji˧ nʌ˩ kho˧ sɛ˧˥

18. xa.tsi˧和什么名词连用表示"每""个个"的时候是不是在什么名词后边再tsi˧重复一次？

这窝小猫，只只都跑。

tɛ˧˥ tsi˧ nʌ˩ tso˧，mʌ˩ tiʌ˧˩ mʌ˩ tiʌ˧˩ fɛ˧˥

或 xa˩ tɕi˧ tiʌ˧˩ fɛ˧˥

他们个个都爱读书

ma˥ mʌ˩ ni˧˩ mʌ˩ ni˧˩ ɕi˧˩ xuã˥ ɣʌ˧˩ su˥

或 ma˥ xa˩ tɕi˧ ni˧˩ ɕi˧˩ xuã˥ ɣʌ˧˩ su˥

19. 什么词能不能单独修饰名词（前面不接数词，后面没有指示词）？

你把镰刀给我 ~~nʌ˥ ɕa˦ mi˥ uã˦ phĩ~~

nʌ˥ ji˥ ta˥ tsi˧ zɿ˨˩ ŋo˨˩

今晚的月亮很圆

ka˥ ɕa˦ mi˥ uã˦ phĩ˨˩ tɕa˧˥ ɕʌ˥ uẽ˨

（ka˥ ɕa˦ 今晚，ka˥ ni˦ 今天）

你的牛比我的牛大

nʌ˥ ŋʌ˨ tiʌ˨ pi˨˩ ŋʌ˨ tiʌ˨ do˦（do˦ = da˦）

20. 相当于"这里""那里"的词的位置是怎样的？

这里有一头牛，那里有两匹马

a˥ ta˦ dʑi˧ ŋʌ˨ a˨˩ tiʌ˨，mpʌ˥ ta˦ dʑi˧ mã˧ ko˧ tiʌ˨

山上的人唱歌

ɕo˦ no˧ dʑi˧ ni˨ kã˥ thiã˥ ko˧

你的书在哪里？nʌ˥ su˥ thya˦ dʑi˧ a˥ ma˦（或 a˥ na˦）

你从哪里来？no˨˩ za˧˥ a˥ ma˦ ɣʌ˧˥？

请你回到这里来 tɕhã˧ no˨˩ ja˦ kɯ˥ a˥ nta˦

你是哪里的人？no˨˩ dʑi˧ a˥ ma˦ no˧ ni˨ kã˥？

左边的窗户，右边的窗户

tsue˥（= pi˥）fe˧ no˧ thɯ˧ khua˦，tia˦ fe˧ no˧ thɯ˧ tia˦.

21. 形容词修饰名词，是不是在被修饰的名词之前？

心好的孩子，uɯpo˨˩ nʌ˨˩ ni˨ no˧ ɕo˥ sã˧，

今天刮大风，天气不好。

ka˥ ni˦ pi˥ da˦ thu˥，xɯ˥ tɕi˩ thiʌ˧。

河里涨大水了。

kɯ˧ xʌ˩ ɕyi˧ da˦ tɕi˥ la˥

他有一件红衣服。

po˦ dʑi˧ thiɐ˦ no˧ ji˥ a˩ kho˥

你有绿铅笔吗？

no˦ dyi˧ tɕhɐ̃˦ no˧ tɕhe˧ pi˥ ka˦ mo˧？

或 no˥ ʑʌ˦ dʑi˧ tɕhɐ˦ tɕhe˧ pi˥ ka˦ mo˧？

22. 形容词能否重叠？重叠以后在词义上发生什么变化？

他的脸红红的

mpʌ˥ tɕu˧ uẽ˧ thiɐ˦ thiɐ˦ no˩

你们的房子高高的

na˥ xa˦ lia˦ tsɿ˥ kã˥ kã˥ no˧

23. 形容词有无带描写词尾的形式（叙述不发达）。

白森森 pa˦ sua˥ sua˥ no˧

红通通 thiɐ˦ tʌ˦ tʌ˦ no˧ 或 thiɐ˦ sue˥ sue˥ ji˩

绿油油 tɕhɐ̃˦ lɤ˥ lɤ˥ ji˩

黑压压 xʌ˦ tɕhyi˦ tɕhyi˦ ji˩

热乎乎的 ʔuẽ˥ nõ˦ nõ˦ ji˩

24. 形容词有没有表示不肯定或模糊游移等意义的附加形式？

这朵花似红不红的。

xo˥ nʌ˩ to˧ sa˥ yi˦ thiɐ˦ mpo˩ la˩ a˩ thiɐ˦

人来来往往象赶街一样

ni˦ kã˥ ŋa˦ ŋa˦ ɣʌ˧ ɣʌ˧ sa˥ yi˦ ~~ka˨~~ a˨
~~thi˧~~ tɕu˥ dʑi˧ no˧ a˨ ja˦
或 ni˦ kã˥ ŋa˦ tɕi˥ ŋa˦ ta˦ sa˥ yi˦ tɕi˦ dʑi˧
sʌ̃˧ sʌ̃˧

25. 名词和名词的领属关系是不是用 mɯ˥ 来表达？

树子的盖儿 tɕu˥ pi˦ mʌ˥ kɯ˦ kɯ˦
书的壳子 su˥ thya˦ mʌ˥ pi˦

26. 形容词和副词修饰形容词和动词的关系是不是用 lɯ˧ (nou˧) 或 tɕi˨ 来表达？在那些情况下用 lɯ˧，哪些情况下用 tɕi˨，哪些情况下用 lɯ˧ 和 tɕi˨ 都可用？

重重地打他 tɕo˧ tɕo˧ no˧ tsa˦ mpo˨
渐渐地热闹起来了 tɕhi˨ tɕhi˨ lʌ˧ ʔuẽ˥ ni˦ khɯ˧ la˦
好好地说给他 tɕho˥ tɕho˥ lʌ˧ (或 ji˨) sua˦ zɿ˨ mo˨

27. 形容词短语，形容词…修饰名词时是在被修饰的名词前面还是后面？如果在名词后面修饰名词，是否用助词 nou˧ 来表达修饰语与被修饰语的关系？

这个大的碗是他的。
da˦ no˧ sue˥ ɕi˥ nʌ˦ kho˧ dzɿ˧ nʌ˥ va˦.

能够写字的人也能够读书

ua˦ tʌ˦ ta˦ ʂu˥ nʌ˩ ni˦ li˥ ɣʌ˦ tʌ˦ ta˦ ʂu˥

刚漂亮的那个女的喜欢[illegible]

tia˧ phia˥ no˧ ni ɣ˧ tsi˧ ni˦ ɕi˩ xua˥ tɕo˦
tshɿ˩

他昨天拿来的那把斧子是你家的不是

no˩ tsi˦ ni˦ khɛ˥ ka˥ no˧ pʌ˧ ɕa˥ na˥ kã˥
zʌ˦ a˩ jo˧？

28、动词和形容词后边有没有表示状态的修饰语，这些修饰语与被修饰语的关系在什么情况下也用助词 nou˧ 来表述？

我们觉得他俩很说得来

ŋo˩ nʌ˧ tɕhi˥ no˧ lo˧ zo˥ xʌ˩ tue˧ la˦

他跑得真快得很了

mɯ˩ thia˧ tʌ˥ mio˧ tsue˥ tik˦ la˧

衣服红红的 lɛ˩ tɕi˦ nia˦ thiɛ˥ no˧

或 lɛ˩ tɕi˦ nia˦ thiɛ˥ ʂue˧ ʂue˧ ji˩

29 nou˧ 和它的前边的词或词组能不能构成定语，它和形容词、动词、人称代词结合时能不能起名词的作用？

红的很好吃 thiɛ˥ no˧ tɕi˦ kã˧

弯弯曲曲的 或 khu˥ lo tɛ˥

khu˥ lo˥ tɯ˥ la˥ no˧ thɯ˧

或 khu˥ khu˥ tɛ˥ tɛ˥ no˧ thɯ˧

（扭曲的 ji˦ li˦ khu˥ lɛ˥）

这层衣是红的 xo˥ nʌ˩ to˧ ji˥ thiɛ˥ no˧

这根竹子是绿的 tɕo˦ nɯ˨˩ kua˦ ji˥ tɕʰɛ̃˦ no˧

他是挑柴的 no˨˩ tsa˧ kʰɛ̃˧ tsʰa˧ no˧

衣服是用来缝的 ji˥ pa˦ ɲiũ˦ ɲjõ˦ mo˦ ɕyi˦ no˧

他是送书的 mpo˦ ji˧ ma˧ ɣɯ˦ no˧

30. 动词有哪些主要词尾？

(甲) 单纯的过去式怎样表示的？

我学了 ŋo˨˩ ʐuã˦ la˥

我吃了 〃 ji˦ 〃

他说了 mɯ˥ tso˦ la˥ 或 mo˨˩ cua˦ la˥

他去了 mɯ˥ (= mo˨˩) ja˦ la˥

我学过了 ŋo˨˩ ʐuã˦ ko˦ la˥

我吃过了 〃 ji˦ 〃 〃

他说〃〃 mɯ˥ tso˦ 〃 〃

他去〃〃 〃 ja˨ 〃 〃

(乙) 行为的一般的完成和行为的彻底完成怎样表示？

我学完了 ŋo˨˩ ʐuã lo˦ la˥

我吃〃〃 〃 ji˦ 〃 〃

我说〃〃 〃 tso˦ 〃 〃

他去掉了 mpɯ˥ (= mɯ˥ = mo˨˩) ja˦ la˨ la˥

我学完了 ŋo˨˩ ɣɯ˨ ʐuã˦ la˥

我吃〃〃 ŋo˨˩ ɣɯ˨ ji˦ la˥

他说完了 mpo˨˩ ɣɯ˨ tso˦ lo˦ la˥

他们去掉了 mɯa˥ ɣɯ˨ ja˥ la˨ la˥

（丙）动词的进行式是不是在动词后边加 khɯ˧
（或 kɯ˦）来表达？

他在写着字 ɯo˩ ɯã˦ khʌ˧ （ɯʌ˥ no˧
=to˥） sɯ˥

他在吃着饭 ɯo˩ ʑi˥ khʌ˧ mʌ˥ no˧ tv˥
tshɛ˥ to˥

我在送着衣服 ŋʌ˥（=ŋo˩） ɕi˧ khʌ˧ to˥ ʑi˥

31 动词连用限于哪些词？

他被打了 ɯpo˩ ʂõ˥ nʌ̃˧ la˥
树砍" tia˦ tia˦ nʌ˥ pa˥ la˦
墙倒"" ʑõ˧ phiɛ˥ pã˥ thiʌ˥ la˥
或 " " pa˥ " "

打倒了 tsa˥ nʌ̃˥ thiʌ˥ la˧

他走进学校 ɯpo˩ pa˦ ni˦ ɕo˥ tha˥ xʌ˩

我走到他们的家
ŋo˩ pa˦ phia˦ ɯpa˥ xa˩ tv˥

我进到花园里
ŋo˩ kuɛ̃˧ ni˦ xo˥ ɕyɛ̃˥ xʌ˩

我拉进来一节木料
ŋo˩ kha˦ ni˦ phia˦ tsha˧ lio˥
a˩ tsɛ˦

他走出学校 ɯo˩ za˥ ɕo˥ tha˥ xa˩ pa˦ tɕhi˦

他走出花园 ɯpo˩ za˥ xo˥ ɕyɛ̃˥ xʌ˩
kuɛ̃˧ tɕhi˦

我走出他们的家

ŋo˨˩ za˦ ɯpa˥ xa˨˩ tv˥ pa˧˦ tɕhi˧˦

拉出来 khɛ˥ tɕhʌ˥ kʌ˥

走出来 pɛ˧˦ tɕhʌ˥ kʌ˥

拉进来 khɛ˥ ni˧˦ kʌ˥（或 kʌ˦）

走进来 pɛ˥ ni˥ kʌ˥
飞来 fʌ˥ kʌ˥
飞进来 fʌ˥ ni˥ kʌ˥

指进去 khɛ˥ tɕhʌ˥

走进去 pɛ˥ ni˥ kʌ˥

走出去 pɛ˥ tɕhi˥ ja˥

飞出去 fʌ˥ tɕhi˥ ja˥

32 重叠动词含动修饰语的形式有哪些？
小孩子们跑来跑去 ɕyã˧ tyu˧ tɕi˧ xo˧ pho˧ tɕhʌ˥ pho˧ ni˥
他们出出进进的做什么？ mpa˥ tɕhʌ˥ tɕhʌ˥ ni˥ ni˥ tɕu˥ a˥ xa˥？
他把天上下下拉得很 mpa˥ ka˥ ni˥ no˧ thiʌ˥ thiʌ˥ tio˧ tio˧ xʌ˩ tɕi˥

青蛙的肚子一胀一缩的可好看。tɕhɛ˥ (ʎu 调特殊的调) ʔo˥ ma˥ tiʌ˥ pa˥ fo˥ kho˧ ka˥ phʌ˩ ka˥ phʌ˩，tsue˥ ʔɛ˧ ɕi˥

人来人往象赶街一样 ni˥ kã˥ xo˧ ŋa˥ tɕi˥ ŋa˥ tã˥ sã˥ yi˩ tɕu˥ tɕʌ˧ ni˧ a˧ ja˥

33 不全的动词也用相同的修饰语的有哪些形式？
他又哭又喊 mo˧ ni˥ ji˥ ni˥ ʔã˧

不要乱搔乱闹　a˨˩ ŋɯ˧˥ kue˥ mɛ̃˧ kue˥ pa˨˩
（如）又哭又跳　mo˨˩ ni˧˧ thiã˧ ni˧ to˦
（或 ta˦˨）（麻婆 ni˧ 又像为 niɯ˧˥）

34. 助动词的位置在主要动词的前边还是后边？
我愿意做　ŋo˨˩ ŋyẽ˧ ji˧ tɕu˧
我敢做　ŋo˨˩ kã˨˩ tɕu˧
我会做　ŋo˨˩ tɕu˧ ~~a˨˩ ko˨˩~~ kho˧
~~你做~~ 我不会做　ŋo˨˩ tɕu˧ a˨˩ kho˧
你做的好　ni˧ tɕu˧ no˧ ɕo˨˩
你不能做　ni˧ tɕu˧ ta˥ a˨˩ ta
我不敢做　ŋo˨˩ tɕu˧ a˨˩ ni˧

35. 被动式是不是用 tsou˥ 表达？
如被狗咬了　mo˨˩ tɕo˦ ~~to~~ tɕə˧ ŋa˦ la˥
如当人的羊被狼吃了　ma˧ ŋio˦ tɯ˥˦ tɕo˦ ŋa˥ ŋã˦ ji˦ xʌ˧
现在我们不再受骗了　na˨˩ pɛ˦ ka˦ ŋia˧ tso˦ li˧ tɕo˦ ni˦ kã˧ ja˧ mʌ˧ la˥

36. 表达动作行为时间、处所的短语放在什么位置？
我从家里来　ŋo˨˩ za˧ xa˨˩ tɯ˧ ɣʌ˧
太阳从东边出来。　ni˥ phi˨˩ to˧ fɛ˧ no˧ tɕhʌ˦ ɣʌ˧
把谷子收好　ka˦ so˦ ŋa˥ ɕi˧ khʌ˧

他被我打了， mpo˨ tɕo˦ ŋo˨ tsa˥ la˧
把狗打出去， ka˥ ukua˧ tiʌ˦ tsa˥ tɕhi˥
我跟他说， ŋo˨ ko˥ mo˨ tso˦
我说给他， ŋo˨ tso˦ zɿ˨ mo˨
我去到乡里看人， ŋo˨ pɛ˦ ʁhia˦ ɕo˥ ji˧ xʌ˨
老师在桌子上写字， lau˨ sɿ˧ dʑi˧ tiɛ˥ tsi˧ tiʌ˦ no˧
uã˦ su˥
我问你们的学习， ŋo˨ xã˥ na˥ no˧ ɕo˧ ɕi˧
奶奶在家带小孩， a˨ nɛ˦ ku˦ xa˨ tiu˥ xa˥ sɿ˥ tsi˧
niũ˧
白天热晚上冷， pə˨ tiʌ˦ ni˦ pi˦ ɕa˦ xʌ˨ kʌ˥

37 名词或代词为名词的形容词作谓语的时候带不带系词，tsɯ˧？
你是白族吗？ ni˨ ji˧ pa˨ tɕi˧ mo˥
我是白族 ŋo˨ la˨ tɕ˧ a˨ jo˧
这不是我写的， nʌ˨ ju˥ ŋo˨ uã˥ no˧ a˨ jo˧
这碗水是冷的， ɕy i˧ nʌ˨ kɛ˥ ji˥ kʌ˥ no˧
这扇门是大的 mɛ˦ nʌ˨ ɕɛ˥ da˦ no˧
我是学生 ŋo˨ ji˧ ɕo˥ sʌ̃˧
他是木匠 mo˨ ji˧ mʌ˦ tɕo˥
雪白，白花花的， sue˥ pa˦ sye˥ ɕye˥ ji˨
桃红 柳绿， to˦ thiɛ˥，ŋʌ˧ tiʌ˦ lia˥ tɕhɛ˥
我手麻脚软， ŋo˨ ku˦ tsue˦ ɕi˧ nɛ˥

38 疑问词是不是、可以出现在句子的开头？
是你的吗？ nia˥ nʌ˥ ʐʌ˥ dia˧？
是我的 ŋʌ˥ ʐʌ˥ tia˧
是红的花吗？ nia˥ thiɛ˦ no˧ xo˥ mo˥？

39. 实词组合的连词，

我和你去，ŋa˥ ta˦ nʌ˥ ni˧ ŋa˦

他和我谈话，mo˧ ko˥ ŋo˨˩ sua˦˨ to˦

我和爸爸去吹笛，ŋo˨˩ ta˦ ŋʌ˥ di˧ no˧ ŋa˦ tu˦˨ ɕi˧

我的爸爸和妈妈都工作 ŋʌ˥ di˧ ŋʌ˥ mo˧ tɕhɛ˥ ko˧ tso˧

他的弟弟和妹妹都来了，mʌ˥ thi˧ tsi˧ ta˦˨ mʌ˥ ni˧ thi˧ pɛ˦˨ ɣʌ˧

我去或不去？ŋo˨˩ ŋa˦ la˧ a˨˩ ŋa˦

我去看见他了，可是他不知道 ŋo˨˩ ŋa˦ ʔɛ˧ tʌ˧˥ mo˨˩ la˦˨. tso˧˥ zo˧˥ mo˧ a˨˩ sue˧

40 什么词修饰动词形容词时，它的位置是在被修饰的动词或形容词的前边或后边？

今天很冷 ka˥ ni˦ tɕa˥ ʂɿ˥ kʌ˥

这房子很高 xa˦˨ nʌ˨˩ kã˥ tɕa˥ ʂɿ˥ kã˥

赶快走 tɕi˦ ~~ta~~ tsua˦ ŋa˦ 或 la˦ sɿ˥ pɛ˦˨

拉走 thiv˧ ŋa˦˨

差不多来了 tsha˥ pʌ˥ tɕi˥ phia˦˨

刚才来，~~tse pa˨˩~~ mpʌ˥ ti˧˥ phia˦˨

还没有来，tse˦ a˨˩ phia˦˨

不要去 a˨˩ mia˦˨ ŋa˦

不吃 a˨˩ thiɛ˦˨

越走越远，lʌ˧˥ lʌ˧˥ ŋa˦ lʌ˧˥ lɯ˦ tue˧

慢慢走 khua˥ khua˥ lʌ˦˨ ŋa˦

轻轻地说 thiɛ˥ thiɛ˥ lʌ˧˥ tso˦

热热地吃 ni˦ ni˦ no˧ ji˥

重重地打 dɤv˧ dɤv˧ no˧ tsa˦˨

紧紧捆上 tɕi˦ tɕi˦ no˧ kʌ˥ khʌ˧（kʌ˥ 将紧捆）

好好地收 pa˦ pa˦ no˧ tɕa˥

再做一些 tse˥ tɕu˥ a˨˩ tɕa˦˨

他忽然走了 mo˧ a˨ kʰa˧ pʰia˥
他也来了 mo˨ li˧ pʰi˥
他又来了 mo˨ lɛ˨ pʰia˥ kʰʌ˧

41. 表示时间的修饰语词用法怎样？

这儿天天热，nʌ˥ ka˧ ni˥ pʌ˨ ni˥ pʌ˥ ni˥ ni˥

每天吃不饱，ko˧ ni˥ kʰʌ˨ tɕu˥ lo˥

从前没有吃穿，现在衣食丰足，将来的日子还会更好，
tiʌ˥ pɛ˥ jiʔ˧ʔi˥ no˧ ja˧ mʌ˧ nʌ˨ tɕʰi˥
ʔi˥ ji˥ fʌ˧ tso˧，ɣʌ˧ no˧ ni˥ ɕa˥ tsɛ˥
lʌ˥ lʌ˥ ko˥ tɕʰõ˥

去年他们在这里见过，na˥ tɕɛ˥ nia˥ kvʌ a˥ nta˥
ka˥ ko˥

42. 常用的叹词

啊呀！他不来呀了 tio˥ tɕʰi˥ mo˨ ja˧ kɑ̃˥ mo˥
啊呀！怎么弄到这样，ɛ˧ jo˧ tsi˥ ki˥ ka˥ so˥
pʰia˥ la˥ no˧
不得了呀！他说今晚不来了；pʌ˧ tʌ˧ lo˨，mo˨ tsʰu˧
nio˧ sua˥ tʰiʌ˥ la˥
不得了呀！我怕得很！pʌ˧ tʌ˧ lo˨ ŋo˨ kɑ̃˥ tɕɛ̃˥
tua˥
噢！这不好，ʌ˥，lia˥ ju˧ ɕo˨
〃 我不高兴去 ʌ˥，ŋo˨ na˥ a˨ ɕi˥
噢！这太好 ji˥，lia˥ a˥ tɕa˧ ʂɛ˥ ɕo˨ la˥
〃 他也来了 ~~lia˥ tɕa˧ ʂɛ˥ ɕo˨ la˥~~
ji˥ mo˨ lɛ˨ ɣʌ˧
是呀！咱们也这样了 ɛ˧，nia˥ tsʰu˧ a˨ ja˨
la˥
是呀！你们的我们教过，ɛ˥ na˥ pi˥ ŋa˥ ti˨ no˧
ko˥ ɕo˨

唉说不完了 ɛ˩ tso˦ lo˦ o˩ ta˦
唉怎么吃得下去呀' ɛ˩ tsi˧ kɛ˦ ji˧ thiʌ˧ ta˦
43. 疑问语气怎么构成的?
(1) 用肯定加否定表示(了解)构成:
你去不去, no˩ ŋa˦ ni˧ a˩ ŋa˦
你吃不吃 no˩ ji˦ ni˧ a˩ ji˦
你们知道不知道. na˧ sue˧ ni˧ a˩ sue˧
(2) 用疑问助词构成
①用 mo/ʌ˧ 表示普通的"吗"
你去吗? no˩ ŋa˦ mʌ˧ (或 mɛ˦)?
"吃"? no˩ ji˦ mɛ˦
你们知道吗? nʌ˧ (=na˧) sue˧ ni˧ a˩ mʌ˧
②用 tso/ʌ˥ io/ʌ˧ 表示"呢吗"
你去了吗? ŋo˩ ŋa˦ ni˧ tso˦ mʌ˧ ;
这个你吃过了吗? nʌ˩ uã˩ nʌ˧ ji˦ no˩ mo˧ ;
你们不知道了吗? na˧ a˩ sue˧ ni˧ tso˦ mʌ˧ ?
③用 ma˧ 表示"没有"
他走了没有. mo ŋa˦ ni˧ tso˦ mʌ˧
他们吃了没有, ma˧ ji˦ la˦ ni˧ tso˦ mʌ˧
你们知道了没有. na˧ sue˧ la˦ ni˧ tso˦ mʌ˧
④用 me˧ 表示已知的疑问, "吗"
你不去吗? no˩ a˩ na˦ la˦
你吃了吗? nʌ˧ ji˦ la˧ la˦
你们他们也知道了吗? na˧ sue˧ la˧ mo˧
⑤用 tsi˩ ta˦ 表示"得吗"或"的吗"
你帮我一点行吗, no˩ ta˦ ŋʌ˧ ɣʌ˦ a˩ ni˦ tiʌ˩ ta˦
你们教我一会儿吗? na˧ kã˧ ŋo˩ a˩ pa˦ tiʌ˩ ta˦
不可叫他们的吗? ma˧ no˧ a˩ mio˦ ʔa˧ tiʌ˩ ta˦

⑥ 用 a˥ mou˧ 表示"了吗"

你的客人打了吗？ nʌ˥ ko˦ pʌ˧ la˥ la˦

你们的田犁了吗？ na˥ tɕi˦ nia˦ tsu˥ la˥ la˦

他做完事了吗？ mpo˨ tɕu˥ tɕhi˦ la˥ la˦

(3) 用疑问词构成

这个人是谁？ nʌ˨ ni˦ a˥ ma˥ ni˦

那…… ta˨ uã˦ ni˦ a˥ ma˥ ni˦

这是什么？ nʌ˨ nɛ˦ a˥ ɓa˥

这个要多少？ nʌ˨ nɛ˦ un˦ ti˥ tin˦

这种怎么卖？ nʌ˨ tsuã˥ tsi˥ ka˦ kʌ˦

你去哪儿？ no˨ ŋa˥ ma˦

你什么时候去？ no˨ a˥ ma˥ pa˦ ŋa˦

你什么地方人？ no˨ a˥ ma˦ tɕi˦ ʂv˥ no˧ ni˦ kã˥

44 疑问指示代词修饰名词的时候，放在被修饰名词的前边还是后边？

这朵花是什么花？ ~~xo~~˥ nʌ˨ to˧ a˥ ɓa˦ no˧ xo˥

我什么事也不想做 no˨ a˨ ja˦ ʐɿ˨ vo˧ li˥ tɕu˥ a˨ ɕi˥

你找我做什么？ nʌ˥ (= no˨) ʐa˦ ŋʌ˥ ɣʌ˧ tɕu˥ a˥ ɓa˥

45、否定语气怎么构成的？ (1) 用否定词 ia˥ "不" "没"

我不去，ŋo˨ ja˥ ŋa˦

他不吃，mpo˨ ja˥ ji˦

他们不知道 mpa˥ ja˥ ʂɛ˧

用 a˨ mia˦ 或 iɑ̃ mou˨ 表示 "勿" "别"

你不要去 no˨ a˥ a˨ mia˦ ji˦

你不要叫他们知道 no˨ a˨ mia˦ ʐɿ˨ mpa˥ ʂɛ˧

(2) 用助动词表示：用 xɑ̃˧ 表示 "不能"

你不能去 no˨ ŋa˦ a˨ xʌ˧

你不能吃 no˨ ji˦ a˨ xʌ˧

用tua˥表示"不得"

你去不得 na˨ ŋə˧ a˩ ta˥

他" " m po˩ ŋa˧ a˩ ta˥

你们吃不得 na˥ ʒɿ˧ a˨ ta˥

46. 推测的语气是怎么构成的？ ʑi˥suẽ˧ 表示"也不知"

也许他去 mpo˨˩ ŋa˦ li˥ a˨˩ suẽ˧（或 sɛ̃˧）

" " 我 " ŋo˨˩ " " "

" " 他吃 mpo˨˩ ji˦ " " "

ɕã˧ "了吧"。

他去了吧？ mpo˨˩ ŋa˦ la˥ a˨˩ ɕʌ˦

你吃饱了吧？ no˨˩ ji˦ pã˧ la˥ a˨˩ ɕʌ˦

你们知道了吧？ na˥ sue˧ la˥ a˨˩ ɕʌ˦

kã˥ "恐怕"：

恐怕他去了？ ke˥ mpo˨˩ ŋa˦ la˦

" " 他们知道了？ ke˥ ma˥ sue˧ la˦

" " 你们读过了？ ke˥ na˥ ʑʌ˦ ko˦ la˦

47. 比较的句子是如何构成的？

我比你高 ŋo˨˩ pi˨˩ no˨˩ kã˥

你 " 我矮 nʌ˥ pi˨˩ ŋo˨˩ dzke˧（tsue˧）

他比我大一岁 mpo˨˩ da˦ ŋʌ˥ tʌ˦ no˧ a˨˩ sua˦

他 " " 小 " " mpo˨˩ pi˨˩ ŋo˨˩ sɛ˦ a˨˩ sua˦

这两根一样长 ʂɛ˦ nʌ˥ ko˧ kũ˦ a˨˩ ja˦ tio˦

你两个一样胖 na˥ ko˧ ni˦ a˨˩ ja˦ ʂa˦

他更高 mpo˨˩ lʌ˦ lʌ˦ kã˥

" 最 " " tsue˧（tiʌ̃˨˩）kã˥

他比我高一点儿 mpo˨˩ pi˨˩ ŋo˨˩ kã˥ a˨˩ tɕɛ̃˧

他最不好 mpo˨˩ tsue˦ a˨˩ tɕhõ˥

48. 相似的比较是不是用"差不多""相同"等词构成？

他的头发和你的头发差不多一样长

nʌ˥ ti˨˩ ma˥ ko˥ ni˥ ti˨˩ ma˥ tsha˥ nʌ˥

tɕi˥ a˨˩ ja˦ tio˦

你和他相似 na˥ ko˥ mo˨˩ sa˥ zue˦

你象他 ni˥ pɦio˥ mo˨˩

49. 主语和谓语的词序怎样？是不是主语在谓语的前边？

我写字 ŋo˨˩ tɕɯ˥ tsɯ˦ ɕi˧

他写字 mo˨˩ uɑ˦ sɯ˥

你们做饭 na˥ tɕɯ˥ sʌ˥ ji˦

50. 宾语是不是在谓语的后边？有些时候宾语是不是也可以在谓语或动词前边？

他打到了一只狗 mo˨˩ tsɯ˦ (xa) ɕi˧ la˦ khua˧ a˨ tɕʌ˦

我打他 ŋo˨˩ ɣʌ˦ mʌ˥ no˧（或mʌ˥ mʌ˥）

他告诉我了 mo˨˩ tso˦ zɿ˨ ŋo˨˩ la˦ 或 mo˨˩ sua˦ ŋʌ˥ mʌ˥ la˦

我们见过毛主席了 ŋa˥ kɛ˦ ko˦ mo˦ tɕɯ˨˩ ɕi˥ la˦ 或 mo˦ tɕɯ˨ ɕi˥ no˧ ŋa˥ kɛ˦ ko˦ la˩

51. 什么时候宾语放在谓语的前边才是正确的？

你的早饭吃了吗？ na˥ tsha˥ ji˦ la˦ li˥ mʌ˧？

他的衣裳洗过了吗？ ma˥ tsʌ˦ khɯ˥ ko˦ la˦ mʌ˧

菜炒了吗？ tshɿ˦ thiu˧ la˦ mʌ˧

52. 在否定的句子里宾语是一定要在动词的前边？以下的三种说法对不对？

你不要打他 mo˨˩ mʌ˥ no˧ nia˥ tsa˥

mʌ˥ no˧ no˩ nia˥ tsa˥

我不吃饭了。ŋo˩ fv˥ tshɛ˥ a˩ ji˧ la˥
fv˥ tshɛ˥ ŋo˩ a˩ ji˧ ja˥

你不要告诉他 no˩ pʌ˥ mʌ˥ nia˥ ka˥
pʌ˥ mʌ˥ no˩ nia˥ ka˥

我们不去保山了 ŋa˥ po˩ sê˧ ja˥ ŋa˥ la˥
po˩ sê˧ ŋa˥ ja˧ ŋa˥ la˥

53，在否定句中宾语在动词后面时，宾语是不是常必由主有副式加 no˧ 而构成的？
说给我 tso˥ zɿ˩ ŋo˩
不要说给我 ŋʌ˥ no˧ nia˥ tso˥ zɿ˩
我打你 ŋo˩ khɛ˥ no˩ 或 ŋo˩ dʑi˧ no˩
我不打你 nʌ˥ no˧ ŋo˩ ja˥ khɛ˥ 或
nʌ˥ no˧ ŋo˩ ja˥ dʑi˧
你看他 no˩ zɛ˧ mpo˩
你不要看他 no˩ mpʌ˥ no˧ nia˥ zɛ˧

54，表示领属的所有名词的词序是不是修饰的代词（物主代词）或名词加在被修饰名词的前面？
我父亲的牛在吃草 ŋʌ˥ di˧ mpa˥ ŋʌ˥ ti˥

~~mʌ˥ no˧ no˩ nia˥ tsa˥~~

~~我不吃饭了 ŋo˩ fv˥ tshɛ˥ a˩ ji˧ la˥~~
~~fv˥ tshɛ˥ ŋo˩ a˩ ji˧ ja˥~~

~~你不要喊他~~ ~~ma˧ no˦ no˨ ȵia˧ zu˧~~
~~no˦ ma˧ no˦ ȵia˧ zu˧~~

他 ji˦ tɕhu˦

我伯母的土锅在那里 ŋa˧ ta˦ mo˦ mpɐ˧ thu˦
mɯ˦ kho˦ dʑi˦ to˧ uã˧

他们邻人的狗咬了他们的鸡 mu˧ ka˦ pi ɛ˦ mɯ˨
xa˨ mpa˧ khɯ˦ ti ʌ˦ ŋa˦ lo˦ mu˧ kɛ˧

55. 表示动作的可能和表示时态趋向或结果的补语在句中是怎样构成的？

这本书你看不了 su˧ nɯ˨ thyɑ˦ no˨ zɛ˦ tɑ˦ tɑ˦
这样东西吃得 nɯ˨ ja˦ vɛ˦ tɕi˦ ji˦ tɑ˦
他的话我是听得懂的 mu˧ ɕi˧ ŋɑ˦ ŋo˨ tɕhã˧ tʌ˦
tɑ˦
我看得见模糊的 ŋo˨ zɛ˦ tʌ˦ tɑ˦, ŋɑ˦ tɯ˦ tɑ˦

他母亲到80多岁从来没有生过病 a˨ nɛ˦ xɛ˧ phia˦
pia˦ tɕʌ˦ no˧ sau˦, phia˦ nʌ˨ pa˦ so˦ ja˧ ko˦

他躺在床上看报 mpo˨ kho˦ tɕi ʌ˧ tjo˨ no˦ zɛ˦
pɔ˧

56 表示动作、行为的结果程度和趋向的补语在句中是怎样构成的？

人们都到齐了 ȵi˦ kã˧ xo˦ phia˦ tɕi˦ lɯ˦
我真是很倦极了 ŋo˨ ʂɿ˧ ʂɿ˧ ɕo˧ kha˦ lɯ˦
别人都过去了 so˦ ȵi˦ mɛ˦ khʌ˦ la˦
他拿一本书出来 mpo˨ khɛ˦ tɕɯ˧ su˧ a˨ thyɑ˦

把他赶出去 ka˧ mpo˩ tɛ˧ tɕhi˩

57. 连动式的主谓词和动词之间有没有什么词的连接成分？
老年人的记性不好，随听随忘。
ku˧ no˧ ni˩ tɕi˧ ɕʌ˥ ja˥ ɕo˩，tɕhã˥ li˥ tɕhã˥ tsʌ˥ phɛ˧ ma˩ ɕi˥

你休息一会儿再走 ŋo˩ ɕu˥ lu˩ pa˩ ta˩ ti˧ ŋa˩

他进来看看，又走了 mpo˩ pɛ˧ ni˩ ka˧ ʔɛ˧ lu˧ mʌ˥ tiʌ˥ pɛ˩

58. 有没有那个动词不属于一个动词，但前一个动词带有宾语而这个宾语同时又作后一个动词的主语的（兼述式）？

我们叫他来这里 ŋa˥ ʔu˥ nʌ˥ mʌ˥ ɣʌ˥ u˥ ta˩

他们要请他一个人做晚饭 ma˥ niʌ̃˧ lio˥ mpo˩ a˩ ni˩ tɕu˥ ʂv˧

我听见他说出这件事情 ŋo˩ tɕhã˥ ta˩ mo˩ tso˩ ko˩ ʂʅ˩ vo˧ nʌ˩ pi˥

59. 如果几个词来修饰名词的时候，它们的次序是怎样的？
他们是这个寨里的两个好学生
ma˥ ɕo˥ tha˥ nʌ˩ kɑ̃˥ xʌ˩ no˧ tɕhõ˥ no˧ ɕu˥ ʂʌ̃˧ ko˧ ni˩

我们是我们家里的两个年纪最小的孩子

dʑi˧ tɕo˥ 有

ŋa˥ ŋa˥ ka˥ xa˨˩ tiv˥ ni˧ ɕɑ˥ tsue˥
ʂɛ˩ no˧ ɕɤɑ˧ tu˧ ko˧ ni˦

我的伯娘的跛脚的大黑狗咬了我一口

ŋʌ˥ ta˧ mo˧ xa˨˩ tiv˥ khɑ˦ ku˥ no˧ da˩ xɑ˥
khua˧ a˨˩ tiʌ˦ ŋa˧ lu˧ ŋo˨ a˨ bɑ˧

一层层白的骨花的黑灰落下来

a˨ tsi˦ a˩ tsi˦ no˧ tsã˧ no˧ xɯ˦ ɕu˥
lo˥ thiʌ˥ phia˦。

白族词汇部分

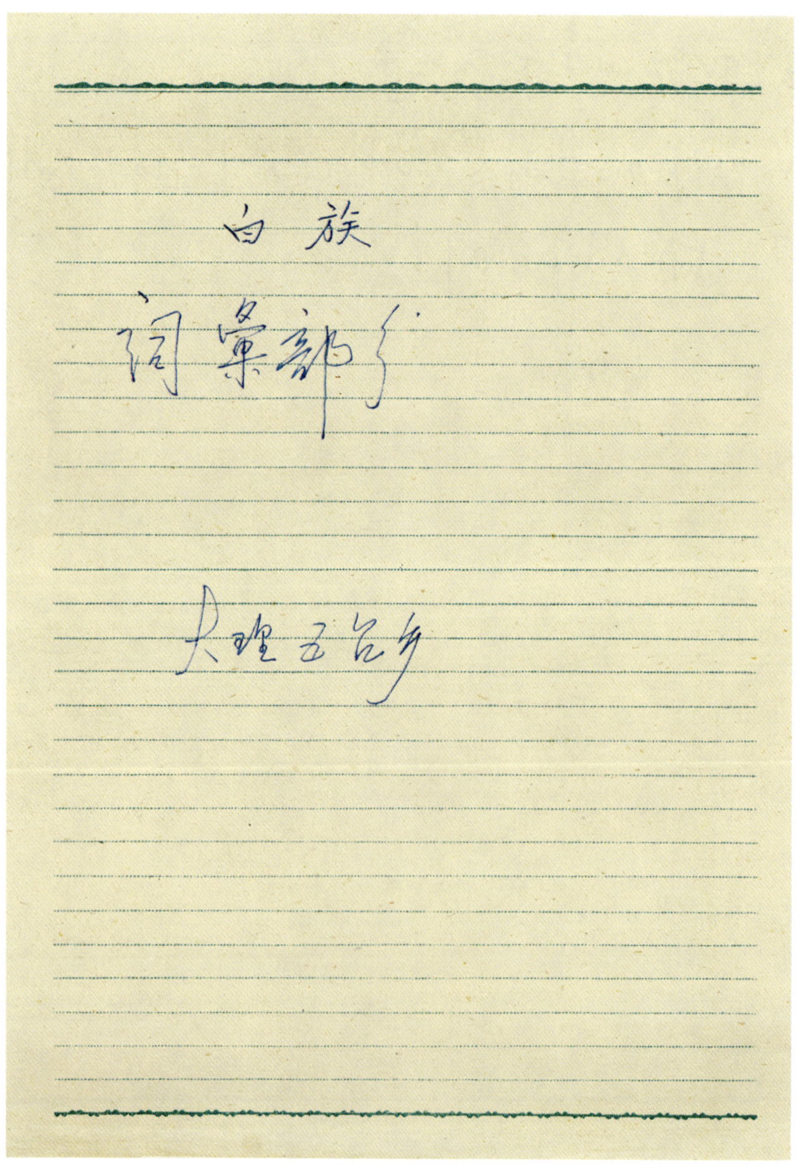
白族
詞彙部分
大理五台乡

1. 身体 tʂʰɿ˥ kʌ˦
2. 头 tu˧ pɔ˨
3. 头髮 tu˩ m˥
4. 一根頭髮 tu˧ mɛ˥ ʔa˩ tʂɛ˥
5. 臉 tɕu˧ ŋue˧
6. 額頭 ŋa˦ tɛ˦
7. 眼睛 ŋue˧
8. 一隻眼睛 ŋue˧ a˩ pʰɔ˦
9. 一雙眼睛 〃 〃 ɕa˥
10 眼珠 ŋue˧ lɛ˩
12 瞳孔 ŋue˧ ~~mɛ̃˥~~ ʐɛ˩
13 眉毛 ŋue˧ mə˥
14 兩道眉毛 ŋue˧ vo˧
15 皺眉 ŋue˧ tsua˥
16 睫毛 ŋue˧ me˨
17 眼皮 〃 pi˨
18 上眼皮 do˧ ŋue˧ pi˨
19 下眼皮 jẽ˧ 〃 〃
20 鼻子 tsʰo˦ ko˥ tiʌ˨
21 一個鼻子 tsʰo˦ ko˥ tiʌ˨ a˩kʰo˧
22 鼻梁 tsʰo˦ ko˥ tiʌ˨ vo˧
23 鼻孔 tsʰo˦ ko˥ tiʌ˨ ŋue˧
24 人中 〃 〃 〃 ka˦
25 嘴 tɕu˧ kũa˥
26 一張嘴 tɕu˧ kũa˥ a˩ kʰo˧
27 嘴唇 tu˩ pi˨
28 上嘴唇 do˧ tu˩pi˨
29 下嘴唇 jẽ˧ 〃 〃
30 鬍鬚 ʰv˨

31 鬓（頰鬓） ɲia˩ piʌ̃˧ xo˥
32 下巴頰 jẽ˧ ji˦ ko˥
33 耳朵 ŋu˧ tsuɛ˦
34 两隻耳朵 ŋu˧ tsuɛ˦ ko˧ phɿ˥
35 左耳 tsuɛ̃˥ 〃 〃
36 右耳 tia˥ 〃 〃
37 耳壳 ŋu˧ tsuɛ˦ ka˥
38 耳[illegible]垩 ŋu˧ tsuɛ˦ kiɛ˦
39 耳孔 ŋu˧ tsuɛ˦ nue˧
40 腮 mi˥ pɔ˩
41 太阳穴 ŋa˥ ntsɛ˥
42 眉心（两眉中间） ŋue˧ （或 ka˥）
43 牙齿 tɕu˧ pa˥
44 一個牙 tɕu˧ pa˥ a˩ kua˥
45 门牙 tiʌ˦ tɕu˧ pa˥
46 犬牙 ɣʌ˧ 〃 〃
47 臼齿 〃 nta˥ niɛ˦
48 上齿 do˧ tɕu˧ pa˥
49 下齿 jẽ˧ 〃 〃
50 齿龈 ~~jẽ˧~~ tɕu˧ pa˥ ku˥
51 舌 tiɛ˩
52 舌尖 tiɛ˩ tã˥
53 舌面 〃 si˧
54、舌根 〃 tɛ˥
55、小舌 sɛ˥ tiɛ˩
56 上颚 do˧ ga˧
57 喉结 ko˦ kuã˥
58、气管 phia˥ kɑa˥
59 食道 ʔi˦ ʐʌ˥
60 脑 nõ˧ ga˥

61 脑 nõ˧
62 膝子 ko˧˨ tɛ˥
63 后颈 ɣʌ˧ tɕi˧˥
64 肩膀 po˧ tiʌ˧˨
65 两肩 po˧ tiʌ˧˨ a˨˩ ɕo˥
66 臂 ɣʌ˧ kɯ̃a˥
67 肘 ɕi˧ tsɛ˥
68 腕 〃 kɯo˥
69 手 ɕi˧
70 一隻手 ɕi˧ a˨˩ pho˦
71 一双手 ɕi˧ a˨˩ ɕo˧
72 手背 〃 pɛ̃˧ ntɔ̂˦
73 手心 〃 si˥
74 鼓掌 pʌ˥ ɕi˧ si˥
75 手指头 ɕi˧ tɕɿ˧ tiʌ˧˨
76 拇指 lɔ˨˩ mo˧ tɕɿ˧
78 中指 to˦ no˧ tɕɿ˧
79 ~~无名指~~小指 sɛ˨˩ lo˨˩ mi˥
81 手指甲 ɕi˧ tɕɿ˧ tiʌ˧˨ ka˥
82 拳头 ɕi˧ tɕhuɛ̃˥
83 胸膛 si˧˥ tiʌ˧˨
84 脊背 nta˦ pɛ̂˦
85 脊椎骨 〃 su˨˩ ŋu˥
86 肋骨 ɣʌ˥ tɕa˨˩ kua˦
87 乳房 pa˨˩
88 两個乳房 pa˨˩ ko˧ pho˦
89 乳头 pa˨˩ tu˧ pɔ˨˩
90 腋 ji˨˩ khu˧ mʌ˧˨ je˧
91 心口 si˥ kho˨
92 腰 ji˥ kũa˥

93 *腹 ʄo˥
94 肚臍 ʒʌ˧˩ ʄo˥ tɛ˥
95 小腹 sɛ˧˩ ʄo˥
96 *心 si˥
97 *肝 kã˥
98 *肺 phiã˥
99 *胃 ʄo˥
100 脾 tsuɛ˧˩
101 *肾 dʮʒ˧ dʒʌ˧
102 *膽 tiê˧
103 *腸 tio˧˩
104 大腸 ntâ˦ tio˧˩
105 小腸 sɛ˦ tio˧˩
106 *膀胱 ɕyi˧ phʌ˥
107 男生殖器 du˧
108 女生殖器 pi˥
109 交配 ɳia˥
110 睾丸 kua˧
111 *臀 to˦
112 肛门 ʂɿ˧ ŋue˧
113 *腿 khuâ˦
114 大腿 nta˦ khua˦
115 小腿 sɛ˦ ‥
116 膝盖 kha˦ tsa˧˩ ka˥
117 迎面骨（小腿直骨） ŋkâ˦ ka˥ tho˥
118 腿肚子 tɕa˧˩ pa˧˩
119 *脚 kû˦
120 脚踝 kû˦ tsɛ˦
121 脚底 ‥ ti˧
122 脚心 ‥ si˧

123 脚背 ku̯˦ ~~tse˧~~ pe˧ ntɔ̯˥
124 脚趾头 ku̯˦ tɕɿ˧ tiʌ˦
125 脚趾甲 〃 〃 ka˥
126 皮肤 pi˨˩ ka˥
127 猪皮 tɛ˨˩ pi˨˩
128 牛皮 ŋʌ˨˩ 〃
129 生皮 xie˥ 〃
130 熟皮 tɕo˦ 〃
131 *纹 (tiʌ˥)
132 指纹 tɕɿ˧ tiʌ˥
133 螺纹 tsua˥ tiʌ˥
134 旋纹 ɕuɛ˥ tiʌ˥
135 *骨 kũa˦
136 一根骨头 kũa˦ a˨˩ tsɛ˥
137 骨髓 kũa˦ sue˧
138 骨节 〃 tsɛ˥
139 *筋 tɕi˥
140 脉 ma˥
141 *血 sũa˦
142 肥肉 fɛ˨˩ ka˦
143 瘦肉 thia˦ ka˦ tɕɿ˥
144 *脂油 tɕɿ˧˥
145 *毛 mɛ˦
146 一根毛 mɛ˦ a˨˩ tɕɿ˥
147 汗毛 ŋo˦ mɛ˦
148 *羽毛 ji˦ ko˧ mɛ˦
149 *翅膀 lɔ˨˩ ji˦ kho˥
150 一双翅膀 ji˦ kho˥ a˨˩ tso˦
151 *爪 tɕi˥
152 後爪(腿后小爪 ɣʌ̂˧ tɕi˥

153 * 蹄 tso˧ 或 po˦
154 喙 tɕyi˧
155 * 角 kɔ̭˦
156 触角（虫类） tɕhɛ˦ kɔ̭˦
157 鸡冠 ke˥ thuɛ˥
158 冠毛 thuɛ˥ mɛ˦
159 * 鬃 ɕã˦
160 猪鬃 tɛ˩ ɕã˦
161 马鬃 mã˧ ～
162 * 尾巴 mẽ˧ kuã˥
163 尾根 〃 〃 tɛ˦
164 膝 tshu˩
165 领肉 jɛ˦
166 头皮屑 tu˧ pɔ˩ kʌ̃˧
167 * 眼泪 mi̭˥ ji˩
168 流眼泪 mi̭˥ ji˩ lɛ˩
169 眼屎 ŋue˧ tɕhi˥
170 耳屎 ŋu˧ tsuɛ˩ tɕhi˥
171 鼻涕 mpi̭˥ ɕyi̭˥
172 流鼻涕 kɛ˩ mpi̭˥ ɕyi̭˥
173 擤鼻涕 xʌ̃˧ mpi̭˥ ɕyi̭˥
174 * 唾液 tho˥
175 吐唾液 tɕhɿ˥ tho˥ tɕɛ˥
176 涎 tho˥
177 流涎 kʌ˩ tho˥
178 * 痰 mpʌ̭˥
179 吐一口痰 kho˥ sɔ˦ mpʌ̭˥
180 * 汗 ŋa˦
181 出汗 tɕhɿ˥ ŋa˦
182 流汗 kʌ˩ ŋa˦

183 屎 ʂɿ˧
184 放屎 ʂa˨˩ ʂɿ˧
185 大便（名） ʂɿ˧
186 大便（动） ji˧ ʂɿ˧
187 粪（牲畜） tɕʰi˥
188 一泡粪 tɕʰi˥ a˨˩ pɛ˦
189* 小便（名） a˧ ʂɿ̂˥
190 小便（动） ʂɿ˧ a˧ ʂɿ̂˥
191 精液 kɔ˥ ɕyi˧ 或 v˨˩ ɕyi˧
192 月经 pʰia˥ suã˥
194* 胎 tʂʰʌ˥
195 怀胎 dʑi˧ tʂʰʌ˥
196 打胎 ta˥ tʂʰʌ˥
197 脐带 ʔi˦ tʂʰʌ˥

二、数目

198 * 一 ʔit˧
199 * 二 kot˧
200 * 三 sa͂t˧
201 * 四 sit˧
202 * 五 ŋ̂ut˧
203 * 六 tɕo̭t˧
204 * 七 tshit˧
205 * 八 piat˧
206 * 九 tɕit˧
207 * 十 tɕʌ˩
208 十一 ʔi˥
209 十二 ‥ nɛt˧
210 十三 ‥ sa͂t˧
211 十四 ‥ sit˧
212 十五 ‥ ŋ̂ut˧
213 十六 ‥ ɕot˧
214 十七 ‥ ɕot˧
215 十八 ‥ tshit˧
216 十九 ‥ tɕit˧
217 * 二十 ni˩ zi˩
218 二十一 ‥ ‥ ʔit˧
219 二十二 ‥ ‥ nɛt˧
220 二十三 ‥ ‥ sa͂t˧
221 二十四 ‥ ‥ si˥
222 二十五 ‥ ‥ ŋ̂ut˧
223 三十 sa͂t˧ ɕʌ˩
224 三十一 ‥ ‥ ʔi˥
225 三十二 ‥ ‥ nɛt˧
226 三十三 ‥ ‥ sa͂t˧

227 三十五 sã˧ tɕʌ˩ ŋu˧

238 四十 sã˧ si˩ zi˩

239 四十一 " " ʔi˥

240 四十二 " " nɛ˥

240 四十五 " " ŋu˧

241 五十 ŋu˧ tɕʌ˩

242 五十一 " " ʔi˥

243 五十二 " " nɛ˥

244 五十五 " " ŋu˧

245 六十 tʂo˧ tɕʌ˩

246 六十一 " " ʔi˥

247 六十二 " " nɛ˥

248 六十五 " " ŋu˧

249 七十 tshi˧ tɕʌ˩

250 七十一 " " ʔi˥

251 七十二 " " nɛ˥

252 七十五 ~~tɕ tshi~~ ŋu˧

253 八十 pia˧ tɕɜ˩

254 八十一 " " ʔi˥

255 八十二 " " nɛ˥

257 八十五 " " ŋu˧

258 九十 tɕi˧ tɕɜ˩

259 九十一 " " ʔi˥

260 九十二 " " nɛ˥

261 九十五 " " ŋu˧

262 二十九 ·· ·· tɕi˧
263 一百 a˨˩ pa˦ ··
264 一百零一 a˨˩ pa˦ ʔi˥
265 一百零五 ·· ·· ŋu˧
266 一百一十 a˨˩ pa˦ ni˧ a˨˩ tɕɜ˨˩
267 一百五十 ·· ·· ·· ŋu˧ ··
268 二百 ku˧ pa˦
269 三百 sã˦ ··
270 五百 ŋu˧ ··
271 五百一十 ŋu˧ pa˦ ni˧ a˨˩ tɕɜ˨˩
272 五百五十 ·· ·· ·· ŋu˧ ··
273 九百 tɕi˧ pa˦
274 九百九十九 tɕi˧ pa˦ tɕi˧ tɕɜ˨˩ tɕi˧
275 一千 a˨˩ tshi˥
276 一千零一 a˨˩ tshi˥ ni˧ a˨˩ pa˦
277 一千五百 ·· ·· ·· ŋa˧ ··
278 二千 ku˧ tshi˥
279 三千 sã˦ ··
280 五千 ŋu˧ ··
281 九千九百九十 tɕi˧ tshi˥ tɕi˧ pa˦ tɕi˧ tɕɜ˨˩
282 一万 a˨˩ vã˥
283 一万零五百 a˨˩ vã˥ ni˧ ŋu˧ pa˦
284 五万五千五 ŋu˧ vã˥ ŋu˧ tshi˥ ŋu˧ pa˦
285 十万 tɕʌ˨˩ vã˥
286 十二万 ·· nɛ˦ vã˥

287 五十万 ŋu˧ tɕɔ˧˩ vã˦˨
288 一百万 a˨˩ pa˦ vã˦˨
289 一千万 a˨˩ tshi˥ vã˦˨
290 一万万 a˨˩ vã˧ vã˦˨
291 一個人 ʔa˨˩ ni˦
292 两个人 ku˧ 〃
293 三个人 sã˦
294 四个人 si̯˥
295 五个人 ŋu˧
296 六个人 ʂo˦
297 七个人 tshi˦
298 八个人 pia˦
299 九个人 tɕi˧ ni˨˩
300* 十个人 tɕɔ˧˩ 〃
301 十一个人 〃 ʔi˥ 〃 ni˨˩
302 十二个人 〃 nɛ˥ 〃
303 一百个人 a˨˩ pa˦ 〃
304 二百个人 ku˧ 〃 〃
305 两千个人 ku˧ tshi˧ ni˨˩
306 三千人 sã˦ 〃
307 两万人 ku˧ vã˥ 〃
308 三万人 sã˦ vã˥ 〃
309 五万万人 ŋu˧ vã˥ vã˥ ni˨˩

2. 序数

310 第一 ȵi̯˦ ʔi˦

311 第二 nɛi̯˧˥˧ nɛ˦

312 第三 .. sã˦

313 第四 .. si˦

314 第五 .. ŋu˧

315 第六 .. ɫo˦

316 第七 .. tshi˦

317 第八 .. pia˦

318 第九 .. tɕi˧

319 第十 .. tɕʌ˨˩

320 第十一 .. .. ʔi˥

321 第十二 .. tɕɜ˨˩ nɛ˦

322 第十三 .. .. sã˦

323 第二十 .. ni˨˩ zi˨˩

324 第五十 .. ŋu˧ tɕɜ˨˩

~~3 25 倒数第 .. ..~~

3 6、数和其他

329 二分之一 kã˧ ɫʌ˦ xʌ˨˩ ʔa˨˩ fʌ˦

330 * 一半 a˨˩ pɔ˨˩

331 一大半 ʔa˧ da˧ pɔ˨˩

332 一小半 ʔa˧ sɛ˦ pɔ˨˩

333 三分之二 sã˦ ɫʌ˦ xʌ˩ ko˧ ɫʌ˦

334 四分之三 si̯˦ .. .. sã˦

335 十分之一 tɕʌ˨˩ .. .. a˨˩

336 百分之一 a˨˩ pɛ˦ ɫʌ˦ xʌ˩ a˨˩ ɫʌ˦

337 一加三等于四 ʔi̯˦ tɕa˥ sã˦ tʌ˧ xʌ˦ si̯˥

338 三九五的千八 sã˦ tɕã˥ ŋu˧ tʌ˧ xʌ˦ pia˦

339 十藏三的千七 tɕʌ˨˩ tɕẽ˧ sã˦ tʌ˧ xa˦ tshi˦

340 十藏七的千三 tɕʌ˨˩ tɕẽ˧ tshi˦ … … sã˦

341 四个亿两倍的千八 si˥ ua˦ nõ˧ kõ˧ mpɛ˦ ta˦ yi˦ pia˦

342 八个亿五倍的千四十 pia˦ ua˦ nõ˧ ŋu˧ mpɛ˦ … … si˨˩ zi˨˩

343 九个八的千四十 nu˧ ua˦ no˧ pia˦ ua˦ si˨˩ ta˦ yi˦ si˨˩ zi˨˩

344. 二陪八的千四 ko˧ ʂʌ˥ pia˥ pia˦ ta˦ yi˦ si˦

345 二十个分感四个万亿是五个 . ni˨˩ zi˨˩ ʂʌ˦ nõ˧ te˧ ʂe˧ tia˨˩ si˦ ʂʌ˥ me˧ ʂʌ˥ ji˥ ŋu˧ kho˧

346 几个 ti˥ nɛ˨˩

347 多少 ti˥ tiʌ˨˩

348 值多少钱? ka˦ ti˥ tiʌ˨˩

349 你有多少? ni˥ dʑi˧ ti˥ tiʌ˨˩

三.代词.

350. 这是什么? nʌ˦ uã˨˩ a˥ xa˦

351(甲) ta˥ uã˨˩ na˨˩ a˥ xa˦ (那是什么?

35l(乙) 这儿高 a˥ nta˥ kã˥

352 那儿底 a˥ uã˥ dzuɛ˧

353 *我站这儿 ŋo˦ tiʌ˦ to˥ a˥ ta˥

354 *你站那儿 ni˥ tiʌ˦ to˥ a˥ ua˥

355 *他站那儿(更远一点) mpõ˦ tiʌ˦ to˥ a˥ uã˥

356 *他站那儿(再远一点) … … … ai˥ …

357 他站哪儿? mpo˦ … … ma˥?

358 他在哪儿 … ku˦ a˥ ma˥

359 山羊话 mpo˦ ji˧ a˥ na˥ ni˦.
360* 这些不好 nɐ̃˦ uã˩ a˩ ti˨
361* 那些也不好 a˥ uã˥ na˩ a˩ tia˩
362* 哪些好？ a˥ ma˥ ba˩ pa˥ tia˦ tia˦
363* 那么做不好 a˥ ma mpa˩ pi˥ tɕu˥ a˩ tia˨
364* 这么做也不好 nɐ̃˦ pi˥ tɕu˥ ʔi˧ ʔa˩ tia˨
365* 怎么做好？ tɕɛ˥ mɛ̃˧ tɕu˥ tia˩
366* 你们来玩 na˥ phiã˦ ɛa˥ ɛa˩
367* 他们没来 mpa˥ a˩ phia˦ lɛ˩ la˩
368* 你在坐会儿我们走了 ni˥ ka˦ kɐ̃˦ ŋo˦ ja˦
~~370* 这是谁 na˩ uã˦ a˩ ta˧？~~
369* 他们叫不在哪儿是？ mia˥ mã˥ na˦ a˥ ma˥
370 这是谁 na˩ uã˦ a˩ ta˧？
371 那是谁 a˥ uã˥ a˩ ta˧？
372 这个 nɐ̃˩ nɛ˦
373 那个（[illegible]离远一点）a:˥ uã˥ nɛ˦.
374 哪个！ a˥ ma˥ nɛ˦.
375 这些 nɐ̃˩ ja˧
376 那些 a˥ uã˥ mpa˩ ja˧
377 那些（更远一点） a:˥ uã˥ mpa˩ ja˧
378 那些（再远一点） ta:˥ uã˥ mpa˩ ja˧
或 to:˥ uã˥ mpa˩ ja˧）
379 哪些？ a˥ ma˥ bia 或 a˥ ma˥ ja˧
380 我 ŋo˩
381 你. ni˥ no˦（有时读成 no˩）

382 你. ~~ni˥~~ nipop（有时读成 mɲɿo˩）

383 您 nː˥

384 我们 ŋɑ̃˥

385 咱们 ~~xx~~ nhɑ̃˥

386 你们 nɑ̃˥

387 他们 mɲa˥

388* 自己 tsɿ˦ tɕi˥

389 我自己 ŋo˩ mi˥ nɔ̃˧

390 你自己 nʌ˥ .. ..

391 他自己 mɲʌ˥ .. ..

392 您自己 ni˥ .. ..

393 我们自己 ŋɑ̃˥ zɿ˩ tsɿ˦ tɕi˥ mi˥ nɔ̃˩

四 人的名数

394. 人 ni˦ kɑ̃˥

395 一个人 ni˦ kɑ̃˥ a˩ ni˦

405 ~~每个人~~ 一帮人 nʌ˩ ni˦ kɑ̃˥ a˩ tɕʌ˦

406 这个人 ~~a˥ uɑ̃˥~~ nʌ˩ ni˦

~~407 这些人 ni˦ kɑ̃˥ nʌ˩ xo˧~~

407 那个人 a˥ uɑ̃˥ ni˦

408 这些人 ni˦ kɑ̃˥ nʌ˩ xo˧

409 那些人 .. .. mɲʌ˩ xo˧

410* 别人 khue˦ nɔ̃˧ ni˦ 或 khue˥ tɕi˧ ni˦

411 某人 a˥ ma˥ ni˦

412 男人 nɛa˦ xo˥ tsi˧ ni˦

413 已结婚男子 nɛa˦ xo˥ po˥ ni˦

414 未婚男子 nla˦ xo˥˧ po˥˧ ni˦
415 女人 niɑ̃˧ ni˦
416 已婚女子 niɑ̃˧ xo˥˧ mo˧
417 未婚女子 niɑ̃˧ ɕyɑ̃˧ tɕyu˧
418 鳏夫 kuɑ̃˧ vɛ˧ po˥˧
419 ~~寡~~寡妇 〃 〃 mo˧
420 大人 nɑ̂˦ ni˦
421 老人 ku˧
422 青年人 ni˦ ɕa˦ sɛ˥ nɑ̃˧ ni˦
423 小孩儿（儿童） ɕuɑ̃˧ tu˧ tsi˧
424 孤儿 kuɑ̃˧ tsi˧
425 婴儿 thiɑ̃˦ mi˧
426 人民 pa˦ ɕa˩
427 百姓 〃 〃
428 农民 kû˥ xɔ˩ nɑ̃˧ pa˦ ɕa˩
429 聪知 tsa˩ xo˧ tsɿ˦ ni˦ 或 tɕhyɛ˥ tɕo˥˧
430 听知 thiɑ̃˥˧ xo˧
431 观知 ʔɛ˧ xo˧
432 官 kuɑ̃˥˧
433 县官 ɕa˥ kuɛ˧
434 英雄 kɑ̃˧ ɕa˥ ʂiniɑ̃˧ ɕo˥
435 战斗英雄. sɑ̃˥˧ xa˦ no˧ kɑ̃˧ ɕa˥
（或坚白信捧者）
436 模范 mo˧ ʂɑ̃˥˧

437 劳动模范 tɕu˧ uɛ˦ n̩˨ o˧ ʂɑ̃˥

438 代表 tɛ˧ piɑ˦

439 本地人 ŋ ɕi˦ ʂo˥ tiʌ˧ ni˨ kɑ̃˥

440 外地人 ɕi˥ tɕhu˥ nɑ̃˩ ni˨ kɑ̃˥
khuɛ˥ pi˥ nõ˧ ni˨ kɑ̃˥

441 中国人 tɕo˧ kuɛ˦ nõ˧ ni˨ kɑ̃˥

442 外国人 uɛ˥ ‥ ‥ ‥ ‥

443 苏联人 u˦ kuɛ˦ ‥ ‥ ‥

444 德国人 tʌ˦ ‥ ‥ ‥ ‥

445 朝鲜人 tshɔ˩ ɕɛ̃˧ nõ˧ ni˨ kɑ̃˥

446 日本人 zɛ˦ pʌ̃˧ ‥ ‥ ‥

447 美国人 mɛ˧ kuɛ˦ ‥ ‥ ‥

448 法国人 fa˦ ‥ ‥ ‥ ‥

450 印度人 niʌ˧ tu˥ ‥ ‥ ‥

451 缅甸人 mi˧ tiɛ˥ ‥ ‥ ‥

452 泰国人 thɛ˥ kuɛ˦ ‥ ‥ ‥

453 越南人 ye˦ na˨ ‥ ‥ ‥

(边民族加称.)

454 汉族 xa˦ xo˧

455 白族 li˦ xo˧

456 苗族 mio˦ xo˧

457 皇帝 ŋo˨ tɛ˩ po˥

458 贵族 kuɛ˥ tshu˦

459 奴隶 niṽ˨ po˥ niṽ˨ mo˧

460 奴隶主 ȵi ṽ˥˩ tiʌ˧

461 仆人 ʂɿ˧ nio˥ no˧ ni˥˩

463 主席 tɕu˧ ɕi˧˥

463 总理 tso˧ li˧

464 部长 pʌ˥ tɕa˩

465 委员 uɛ˧ nuɛ̃˩

466 会员 xɛ˥ nuɛ̃˩

467 专员 tsuɛ˧ nuɛ̃˩

468 土司 thu˩ kuã˧

469 头目 tho˥ mo˧˥

470 书记 ʂɿ˥ tɕa˩

471 付县长 ʂu˥ ɕɛ˥ tɕã˧

473 局长 tɕu˧˥ tɕã˧

474 科长 kho˧ ‥

475 科员 ‥ nuɛ̃˩

476 会长 xɛ˥ tɕã˧

477 区长 tɕhy˧ tɕã˧

478 乡长 ɕã˧

479 村长 tsuɛ˧

480 小组长 ɕo˧ tsu˧ tɕã˧

481 领袖 lʌ˩ ɕo˥

482 军人 ɕye˧ zʌ˥

483 解放军 kɛ˩ fa˥ tɕuɛ̃˧

484 总司令 tso˩ sɿ˧ ni˧˥

485 司令员 sɿ˧ ni˧˥ nuɛ̃˩

486 军长 tɕye˧ tɕã˧
487 师长 sɿ˧ 〃
488 旅长 lue˧ 〃
489 团长 thue˨˩ 〃
490 营长 ɲi˨˩ 〃
491 连长 ɲiɛ˨˩ 〃
492 排长 phɛ˨˩ 〃
493 班长 pɛ˧ 〃
494 公安部队 ko˧ ŋã˧ pu˥ tuɛ˥
495 队长 tuɛ˥ tɕã˧
496 大队长 ta˥ tuɛ˥ tɕã˧
497 中队长 tɕo˧ 〃 〃
498 分队长 fʌ˧ 〃 〃
499 小队长 ɕo˩ 〃 〃
500 队员 tuɛ˥ ɲuɛ̃˩
501 警察 tɕʌ˧ tsha˦
502 [illegible] lã˦ sɿ˦
503 工人 ku˧ jã˨˩
504 木匠 mʌ˥ tɕo̤˨˩
505 [illegible]匠 tɕhi˥ 〃
506 石匠 tɯ˦ 〃
508 篾匠 mi˩ 〃
509 桶匠 tho˧ 〃
510 金匠 tɕi˥ 〃
511 银匠 ɲi˦ 〃

512 金银匠 tɕʰu˨ tɕo˥
513 锡匠 si˧ ‥
514 瓦匠 ŋo˥ ‥
515 [illegible]匠 tsɿ˥ ‥
516 理发匠 tse˥ tu˧ po˨ [illegible]
517 裱糊匠 pio˩ tɕo˥
518 漆匠 tsʅ˧ tɕo˥
519 鞍匠 ʔe˥
520 帽匠 tʰɯ˥ na˩ ka˥ tɕo˥
521 鞋匠 ŋɛ˨ tɕo˥
522 裁缝 tsʰe˧ fo˧
523 石匠 xo˧ tɕo˥
524 屠夫 ɕo˧ kɛ˧
525 猎户 xo˥ kʰuã˧ xo˧
526 樵夫 tu˥ si˥ ni˥
527 牧人 xa˧ ŋa˨ ni˥
528 渔夫 kɛ˥ ŋu˧ ni˥
529 车夫 kʰɛ˥ tsʰɛ˧ xo˧
530 船夫 tɛ˧ ŋa˦ ni˥
531 挑夫 tie˧ no˧ ni˥
532 牧夫 je˥ v˧ ni˥
533 轿夫 tɕo˥ ʂɛ˧ ni˥
534 厨子 tã˧ tɕʰu˧ ni˥
535 助手 tsu˥ ɕo˥ ni˥
536 学徒 ɕie˥ tsɿ˧ ni˥

537 农民 no˥ fv˥ ni˨˩

538 商人 tɕu˥ sɿ˥ ji˧ ni˧˥

539 掌柜 lo˨˩ pɛ̃˧

540 学生 ɣʌ˧˥ su˥ tsi˧

541 教师 ɕɛ̃˥ sɿ˥ ni˧˥

542 专家 tsue˧ tɕa˧

543 卜卦者 phu˨˩ kua˧˥ ni˧˥

544 看面相者 kha˥ ɕa˧˥ ni˧˥

545 看八字的 ʔa˧ ɕi˧ si˦ ni˧˥

546 变戏法的 sua˨˩ pa˨˩ ɕi˥ ni˧˥

547 [illegible] kha˥ tiʌ̃˧ ni˧˥

548 佃户 ku˧˥ mpɑ˥ xa˧˥ xʌ˨˩ ni˧˥

549 主人 mpʌ˥ tiʌ̃˧ ni˧˥

550 客人 kha˥ [struck out] ni˧˥

551 地主 ti˥ tɕu˧

552 恶霸 kuɛ˧ nõ˧ ni˧˥

553 富农 ko˨˩ ni˨˩ po˦ ni˧˥

554 中农 tɕo˧ nõ˧˥

555 贫农 nĩ˦ ku˨˩ ni˧˥

556 雇农 ku˥ no˧˥

557 长工 tsha˧˥ ku˧ ni˧˥

558 乳妈 pa˨˩ mu˧

~~559 俗~~

559 救星 kʌ˧˥ ɕɛ̃˥

560 朋友 pha˥ jo˨˩

562 仇敌 tsho˧˥ ti˥
563 邻居 ka˧ piɛ˧ xo˧
564 债务 ʂo˦ lu˨˩
565 蚕桑 tɕi˧ ʂv˧
566 蚕妇 〃 ʂo˧
567 流氓 vo˥ lio˥ khuã˧ kua˧
568 土匪 thu˨˩ fe˨˩
569 小偷 xo˧ tsi˧ tsa˥
570 扒手 thi˧ põ˧ tsi˧
571 乞丐 ~~thi˧ põ˧ tsi˧~~ tsa˨˩ i˧ ni˥
572 [illegible] tɕho˨˩ ʂa˥
573 二流子 ʔa˧ lio˥ tsɿ˧
574 帝国主义 ti˧ kuɛ˥ tɕu˧ ʑi˧
575 反动派 fa˨˩ to˧ phɛ˧
576 反革命分子 fa˨˩ kɛ˥ mĩ˧ fə̃˧ tsɿ˧
577 特务 thɛ˨˩ vo˧
578 奸细 tɕi˧ ɕi˧
579 走狗 ko˨˩ thwe˨˩
580 帮凶 pa˧ ɕo˧
581 凶手 ɕo˧ so˨˩
582 事主 sɿ˧ tɕu˧
583 原告 ye˥ ko˧
584 被告 pi˧ ko˧
585 夫 ntai˦ xo˧ tsɿ˦ ni˥
586 妻 vɛ˧ ni˥

587 嫂 sɛ˥ vɛ˧ ni˦
588 夫妻 pʌ˨ tɕʰi˥
589 父 di˧
590 对称 a˥ di˥
591 父母 di˧ mõ˧
592 继父 ..
593 养父 ..
594 ~~干爹~~ 养母 mõ˧
595 干爹 kɑ̃˧ di˧
596 干妈 .. mõ˧
597 祖父 ʑi˥ ni˦
598 祖母 nɛ˨ ni˦
~~598 曾祖母 .. ʑo˥~~
599 曾祖父 tɕi˥ po˥
600 曾祖母 .. ʑo˥
601 高祖父 sɛ˦ po˥
602 高祖母 .. nɛ˦
603 子 tsi˧
604 长子 nɛa˦ tsi˧
605 次子 lɔ˦ ʔɑ˨
606 三子 .. sõ˧
607 四子 .. si˦
608 几子 .. [illegible]
609 幼子(小儿) sɛ˥ tsi˧
610 女 niũ˧

612 长女 ntaɿ˦ ni ũ˧
618 [illegible]子女 tsi˧ ni ṽ˧
619 继子 ‥
620 继女 ni ũ˧
621 养子 tsi˧
622 养女 ni ũ˧
623 干儿 kã˥ tsi˧
624 干女 ‥ ni ũ˧
625 侄子 tʌ˨˩ tã˥ tsi˧
626 侄女 ‥ ‥ ni ũ˧
627 孙 ɕuɛ̃˥
628 孙女 ni ũ˧ sɿɕuɛ̃˥
629 重孙 sɿ˦ ɕuɛ̃˥
630 重孙子 ‥ ‥ tsi˧
631 重孙女 ‥ ‥ ni ṽ˧
632 曾孙 tɕi˥ ‥
633 曾孙子 ‥ ‥ tsi˧
634 曾孙女 ‥ ‥ ni ũ˧
635 父子俩 kʌo˦ tsɿ˧ pʌ˧
636 父女俩 ‥ ‥ pʌ˧
637 父子仨 sã˥ tsɿ˧ pʌ˧
638 父子四个 si˦ ‥ ‥
639 母子俩 kʌo˦ tsɿ˧ mʌ˧
640 母女俩 ‥ ‥ ‥
641 母女仨 sã˧ ‥ ‥

642 兄 ko˧
643 弟称 a˨˩˦ ko˧ ko˧
644 妹称 〃 〃
645 弟 thi˧
646 长兄 ntɑ̂˦ ko˧
647 次兄 ʔa˥ 〃
648 三兄 sɑ̃˧ 〃
649 四兄 si˦ ko˧
650 大弟 ntɑ˦ thi˧
651 二弟 nɛɸ̥˥˧ 〃
652 三弟 sɑ̃˧ thi˧
653 四弟 si̭˦
654 幼弟（小弟）sɛ˥˧ thi˧
655 弟兄 niɵ˥ thi˧
657 堂兄弟 tha˥˧
658 姐姐 tɕi˧
659 弟称 ʔa˥ tɕi˧
660 妹 niɑ̃˧ thi˧
661 大姐 ntɑ̭˦ tɕi˧
662 二姐 ʔa˥ 〃
663 三姐 sɑ̃˧ 〃
664 四姐 si˥ 〃
665 大妹 ntɑ˦ nũ˧ thi˧
666 二妹 nɛø̭˥˧ 〃 〃
667 三妹 sɑ̃˧ 〃 〃

668 四妹 sɛ˧ mɛ˧
669 七小妹 sɛ˥ ŋiã˧ thi˧
670 姊妹 tɕi˧ niɯ̃˧ thi˧
671 兄妹 kõ˧ ni˧ niɯ̃˧ thi˧
672 姊弟 tɕi˧ ni˧ ni˧
673 亲姊妹 tshi˧ niɯ̃˧ thi˧
674 堂姊妹 tha˥ ·· ··
675 伯父 tã˧ di˧
676 大伯父 ta˥ tã˧ di˧
677 二伯父 ʔa˧ ·· ··
678 三伯父 sã˧ ·· ··
679 伯母 tã˧ mõ˧
680 大伯母 nta˥ tã˧ mõ˧
681 二伯母 ʔa˧ ·· ··
682 三伯 ʔsã˧ ·· ··
683 叔父 ʔa˧ ɯ˩
684 大叔父 nta˥ ɕɯ˩
685 二叔父 ʔa˧ ·· ··
686 三叔父 sã˧ ··
687 小叔 sɛ˥ ··
688 侄 tɕi˥
689 侄子 tɕi˥ tsɿ˧
690 侄女 niɯ̃˧ tɕi˥

691 叔侄 ɕu˩ ni˥ tɕi̭˦
692 叔祖父 jɛ˦
693 〃〃母 nɛ˦
694 侄孙 tɕi̭˦ ɕuɛ̃˥
695 侄孙子 〃 〃
696 〃〃女 niɛ̃˧ tɕi̭˦ ɕuɛ̃˥
697 姑母 ku˧ ku˧
698 姑夫 〃 mɑ̭˦
699 祖姑 ku˥ nɛ˦
700 〃〃夫 jɛ˦
701 嫂 tɕhu˧
702 兄〃 ntɑ̭˦ tɕhu˧
703 弟妇 thi˧ vɛ˧
704 弟与弟妇 thi˧ ni˥ thi˧ vɛ˧
705 翁（丈夫的父亲） ntɑ̭˦ ɕi˦ bʌ˧
706 姑（丈夫的母亲） 〃 〃 mʌ̃˧
707 儿媳 vɛ˧ niũ˧
708 妯娌
709 大姑（丈夫的姐姐） ntɑ̭˦ ku˥
710 小姑（〃妹妹） sɛ˦ ku˥
711 大伯（〃哥哥） ko˧
712 小叔（〃弟弟） mpʌ˥ ɕu˩
713 内兄 mpʌ˥ tɕo˥
714 大姨子（妻的姐姐） tɕi˧ tɕi˧
715 小〃〃（〃妹妹） niɛ̃˧ thi˧

716 岳父 nta˩ ɕi˧ bi˥˧
717 〃母 〃 〃 mĩ˥˧
718 女婿 ku˧ ji˧
719 连襟 lu˥ ɣi˥˧
720 舅父 tɕo˥ tɕo˥
721 〃母 〃 mõ˧
722 外祖父 a˧ ji˩
723 〃〃母 〃 nɛ˩
724 外甥 ʔa˥ tɕi˩
725 〃〃女 ɲiũ˧ tɕi˩
726 外孙 ʔa˥ ɕuɛ˥
727 〃〃女〃 ɲiũ˧ ɕuɛ˩
728 姨父 nta˩ pu˩
729 〃母 ʔa˥ ji˥
730 姑表兄 pio˩ ko˧
731 〃〃弟 〃 ɲiõ˥ thi˧
732 〃表姊 〃 tsɿ˧ mɛ˥
733 〃〃姐妹

734 姨表兄
735 姨表姊
736 祖先 tɕa˧ tha˧
737 后代 ɣʌ˧ ʑʌɣ 或ɣʌ˧ pɛ˥
738 兜孙 tsi˧ ɕuɛ˥
739 世代(辈) a˧ ku˧ tɕʌ˧ mpʌ˩ pɛ˥
740 长辈 ntɑ˥ mpʌ˩ pɛ˥
741 晚辈 sɛ˥ mpʌ˩ pɛ˥
742 平〃 phi˥ pɛ˥
743 同族 a˩ tshu˥
744 族长 tshu˥ tɕa˧
745 亲戚(穷亲) tshi˥ tɕa˥
746 姑表亲 ku˧ pio˥ tshi˥
747 姨表亲 ji˥
748 远亲 tuɛ˧
749 近亲 dʑi˧
750 亲家 tɕhi˥ tɕa˥
751 亲家公 tshi˥ tɕa˧ di˧
752 亲家母 〃 〃 mo˧
753 衣裳 ʔi˥
754 一套衣裳 ʔi˥ a˧ nti˥
755 一件衣裳 〃 〃 kho˥
756 穿衣裳 ʔi˥ khʌ˧ ʔi˥
757 脱衣裳 la˥ ŋu˧
758 缝衣裳 tiɕ ʔi˥

759 裤子 jɛ˧ ʔi˥

760 一条裤子 je˧ ʔi˥ a˩ kho˥

761 套裤 tho˥ khu˥

762 穿裤子 ʔi˦ je˧ ʔi˥

763 帽子 ta˦ mʌ̂˦ kâ˦

764 一顶帽子 ta˦ mʌ̂˦ a˩ ka˦

765 绒帽 xʌ˧ ta˦ mʌ̂˦ kâ˦

766 毡帽 tsẽ˧ mɔ̂˥

767 皮帽 phi˩

768 风帽 tsuɛ˥ ta˦ mʌ̂˦ kâ˦

769 戴帽子 tʌ̂˦ " " "

770 脱帽子 la˦ " " "

771 包头 kho˧ ɕi˦ tɕi˥

772 一个包头 kho˧ ɕi˦ tɕi˥ a˩ tʌ̂˦

773 线袜 vɛ xʌ˧ va˥ tɕi˥

774 毛袜 mo˧ va˥

775 毡袜 tse˧ va˦ tsi˧

776 長〃 tio˦ 〃 〃

777 短〃 tsho˥ 〃 〃

778 穿袜子 tiu˥ 〃 〃

779 长衫 tio˦ ɕã˧ tsi˧

780 一件长衫 〃 〃 〃 a˩ kho˥

781 裙子 tɕhuɛ˦ tsi˧

782 一条裙子 〃 〃 a˩ kho˥

783 布裙 sɛ˥ tɕhuɛ˦

784 绸〃 tɕho˩ 〃

785 穿〃 ʔi˦ khʌ˧ tɕhuɛ˦ tsi˧

786 裤带 ʔi˥ tsʌ˥ ʑje˧

787 腰〃 〃 tsʌ˥

788 紧〃 kho˥ ʔi˥ tsʌ˥

789 手巾带 bi˧ tsi˩ ʐʌ˦

790 围腰 〃 〃

791 兜肚 to˩ to˦

792 一付裹腿 po˧ thue˩ a˩ fo˦

793 …… 〃 〃

794 打裹腿 ta˦ po˧ thuɛ˩

795 袜带 va˦ tɛ˦

796 一付袜带 〃 〃 a˩ fo˦

797 汗衣 xa˥ ji˧

798 背心 tɕhi˥ ji˦

799 汗裤 xa˥ khu˥

800 夹衣 tɕa˥ ji˧
801 棉〃 mĩ˥ xua˥ ʔi˥
802 〃襖 mĩ˩ o˧
803 〃袍 〃 pho˩
804 〃裤 〃 khu˥
805 皮衣 phi˩ ji˧
806 〃裤 〃 kuã˥
807 毛衣 mo˩ ji˧
808 皮鞋 phi˧ tɕe˧
809 外套 ue˥ thɔ˥
810 穿（披外套） ji˩ ue˥ thɔ˥
811 脱外套 la˩ ue˥ tho˥
812 披肩 po˧ phʌ˩
813 毛裤 mɔ˩ kuã˥
814 围脖 ue˩ po˥
815 围〃围脖 kue˧ ue˩ po˥
816 围〃〃 〃 ke˩ 〃 〃
817 手套 ɕi˩ thɔ˥
818 戴手套 tiu˥ ɕi˩ thɔ˥

819 脱手套 laɾ ɕi˩ thɔ˥
820 雨衣 ʏi˩ ji˧
821 蓑衣 mpio˥
822 披蓑衣 pɛ˥ mpio˥
823 脱蓑衣 la˥ 〃
824 斗笠 tshɿ˩ ko˥
825 一顶斗笠 tshɿ˩ ko˥ a˩ tʌ˥
826 领子扣（用金银等做的）
827 袖子 lɔ˩ ji˥
828 两个袖子 lɔ˩ ji˥ ko˧ phɔ˥
829 袖口 lo˩ ji˥ tiʌ˥
830 袖筒 lo˩ ji˥
831 衣衣襟 tiʌ˥ ʔi˥
832 大衣襟 ntaɾ ʔi˥
833 小衣襟 sɛɾ zi˥
834 口袋（大袋） no˩
835 一个口袋 nõ˩ a˧ khu˧
836 纽子 ŋo˧ tsɿ˧. 或 so˧ pha˧
837 纽口 tsi˧ ko˥
838 扣纽子 so˧ so˧ pha˥
839 包纽子 thuaɾ ……
840 裤腰 je˧ ʔi˥ tiʌ˥
841 裤裆 kũa˥ ti˧
842 〃腿 je˧ ʔi˥ ku˥
843 鞋面 ŋɛ˥ niõɾ

844 茄子 ŋɛ꜔ zi˧
845 纳茄查 nã꜔ ŋɛ꜔ ti˧
846 〃 jo˧ 〃 〃
847 裡子 li˧ tsɿ˧
848 面子 mi˧ 〃
849 镶边 tio꜔ piẽ˥
850 首饰 ɕo꜔ ʂɿ꜔
851 项圈 xa˥ tshyẽ˧
852 珠子 tɕu˧ tɕu˧
853 钻石 tɕi˧ ka˧ tsuê
854 玉石 yi˦ ɛi˦
855 翡翠
856 珍珠 tsĩ˥ tɕu˧
857 玛瑙 kho꜔ mi˧
858 琥珀 xo˩ phɿ˦
859 珊瑚 sɛ̃˦ ŋuɛ˩ ku˦
860 耳环 ŋu˧ ko꜔
861 戴耳环 tu˥ ŋu˧ ko꜔
862 手镯 ɕi˧ ti꜔
863 一只手镯 ɕi˧ ti꜔ a˩ pho꜔
864 一付〃 〃 〃 ɕo˥
865 金〃〃 tɕi˥ ti꜔
866 银手〃 ni꜔ 〃
867 玉〃〃 yi˦ 〃
868 戴〃〃 tu˥ 〃

869	戒指	tɕo˩ ʂɛ˩ kho˧
870	簪子	thuɛ˦ tsi˧
871	金簪	tɕi˥ thuɛ˦ tsi˧
872	银 〃	ni˦ 〃 〃
873	别 〃	
874	别梳	ɕu˥
~~875~~		
876	头个布	tu˧ po˩ no˧ ve˧
877	发辫	tu˩ mẽ˥ pɛ˦ tɕi˦
878	辫系发辫	tsuɛ˥ tu˩ mẽ˥ pɛ˦
879	长辫	thuɛ˦
880	发网	tu˩ mẽ˥ ɣo˦
881	鱼泡糕	
882	荷包	je˧ nõ˦
883	胭脂	ni˥ tsɿ˧
884	搽胭脂	tsha˥ ni˥ tsɿ˧
886	粉	tɛ˦
886	抹粉	tsha˥ fɛ˦
887	雪花膏	ɕuɛ˥ xã˧ ko˧
888	发油	su˧ fa˥ jo˩
889	布	sɛ˦
890	一尺布	sɛ˦ a˩ tʂhɿ˧
891	一匹布	〃 〃 eiuɛ˧
892	织布	ti˄˦ sɛ˦
893	蓝布	niã˥

894 裁布 ka˨˩˦ sɛ˧
895 土布 tɕhu˧ 〃
896 洋布 nia˨˩
897 白布 pa˩ sɛ˦
898 青布 tɕhã˥
899 染青布 ʐɿ˧ tɕha˥ sɛ˦
900 蓝布 pie˦ sɛ˦
901 花布 fã˥
902 红布 thia˦ sɛ˦
903 粗布 tɕhu˧ 〃
904 麻布 pʌ̂˥
905 呢子 nie̯˥
906 粗呢 tɕhû˧ nie˥
907 细呢 mô̯˥ 〃
908 绸子 tûɛ˦ 〃
909 缎子 tuɛ˦ 〃
910 线 xʌ˧
911 一根线 xʌ˧ a˨˩˦ tɕ̥ʌ˦
912 一绺线 〃 〃 liō˧
913 一团线 〃 〃 khue˥
914 细线 mo̯˥ xʌ˧
915 粗线 tɕhu˧ 〃
916 棉线 mi˥ ɕe˦
917 毛线 mô˥ 〃
918 纺毛线 to˧ mã˨˩˦ xʌ˧

919 丝线 si˥ xʌ˧
920 麻线 pʌ˦ 〃
921 线结 xʌ˧ tɛ˦
922 纺线 to˧ xʌ˧
923 麻绳(纳鞋底用的) si˧ sʌ̂˥
925 搓麻绳 tshu˦ si˧ sʌ̂˥
926 被子 pɛ˩ tɕi˦ 或 lo˩ po˩
927 盖被子 thuā˦ pɛ˩ tɕi˦
928 被里 pɛ˩ tɕ̂i˦ si˧
929 〃面 〃 〃 pi˦
930 棉絮 mi˦ ɕyi˦
931 弹被絮 to˩ mi˦ ɕyi˦
932 褥子 ju˦ tsɿ˧
933 一床褥子 ju˦ tsɿ˧ a˩ to˥
934 毡子 tha˩ tsi˧
935 一张毡子 tha˩ tsi˧ a˩ tio˧
936 垫单 tie˦ tã˥
937 铺垫单 khō˥ tie˦ tã˥
938 枕头 tʂɿ˧ tiʌ˦
939 一个枕头 tʂɿ˧ tiʌ˦ a˩ kho˧
940 枕头心 〃 〃 si˥
941 〃〃套 〃 〃 thɔ̄˥
942 绣花枕头 ɕi˦ tʂɿ˧ tiʌ˦
943 枕枕头 tʂɿ˥ tʂɿ˧ tiʌ˦

944 蚊帐 tɕã˧ fã˩
×945 一顶蚊帐 tɕã˧ fã˩ a˩ kha˧
×946 帐钩 tɕã˧ fã˩ kʌ˥
×947 帐架 tɕã˧ tɕã˧
×948 挂蚊帐 kuã˧ khʌ˧ tɕã˧ tsɿ˧
949 花边 xo˥ piɛ˥
950 手巾 ɕi˥ tɕu˧ ɣue˧ sɛ˧ (洗脸用)
951 包袱 po˧ fo˧
七.饮食
952 饭（一般饭的饭） fv˥ tshe˥
953 一天吃三顿饭 a˩ ni˧ ji˥ sã˧ tuɛ˧ [tshe˧˥]
954 早饭 tshe˧˥
955 午饭 bẽ˧
956 晚饭 fv˥
957 消夜 jo˧ fv˥
958 点心 tiẽ˩ ɕi˥
×959 蛋糕 tɕi˧ ta˥ ko˧
×960 饼干 piʌ˩ ka˧
961 面粉 mi˧ ɟo˧
962 面条 kuã˧ mi˧
963 面包 mi˥ po˧
964 米 mi˧
965 一粒米 mi˧ a˩ kho˧
966 糙米 tɕhɛ̃˥ ɣua˩ mi˧
967 白米 phe˩ mi˧
968 糯米 su˧ 〃

969 碾米 mĩẽ˩ mi˧
970 米饭 mi˧ fv˥ tshe˥
971 稀饭 pha˧ jo˧
972 盛饭（添饭） kʌ˥ fv˥ tshe˥
973 炒米 ŋo˧ mi˧
974 炒面 〃 mi˧˥
975 米線 mi˧ ɕe˧˥
976 馒头 mi˧˥ duɛ˧
×977 一个馒头 mi˧˥ duɛ˧ a˩ khue˥
978 包子 po˧ tsi˧
×979 二个包子 po˧ tsi˧ ku˧ kho˧
980 饺子
×981 一个饺子
×982 馄饨
983 糕 ko˥
984 糌粑 tsã˧ pã˧
985 糍粑 ta˥ su˧
986 饼 pĩʌ̃˩
987 一个饼 pĩʌ̃˩ a˩ phɛ˩
988 麦饼 mʌ̃˥ phɛ˩
989 荞饼 ku˧˥ phɛ˩
990 饵块 ɛɪ˩ khuɛ˧
991 馅 ɕi˥
992 元宵 ye˧˥ ɕo˧
993 粽子 tɕo˧ tsi˧

ˣ994 一个粑子 tɕo˦ tsi˧ a˩ kho˧
995 油條 jo˦ thio˦
ˣ996 一个油条 jo˦ thio˦ o˩ thio˥
997 麻花 ma˦ xua˧
998 湯 xã˥
999 肉湯 ka˦ xã˥
ˣ1000 菜湯 tʂhɿ˩
1001 汁 tʂʌ˦
1002 油 ji˦
1003 香油（菜油） tɕhã˥ ji˦ 或 tshɿ˩ ji˦
1004 醬油 tɕa˥ jo˦
1005 豬油 tɛ˦ tʂɿ˥
1006 芝麻油 tʂɿ˦ ma˦ ji˦
1007 核桃油 u˦ tu˩ ji˦
1008 酥油 su˧ jo˦
1009 作料 tsu˦ lio˥
1010 鹽 tsuɛ̃˥
1011 糖 tɕã˦
1012 醋 tshu˥ 或 ka˥ ɕõ˥
1013 辣椒 la˥ tsɿ˧
1014 胡椒 tiʌ˩ la˩
1015 花椒 ɕu˥
1016 芥菜 tshõ˥
1017 茴香 tshɿ˦ lɛ˩ ɕu˦
1018 糖 ɕo˥ to˦

1019 白糖 pa˩ ɕo˥ to˦

1020 红糖 tʰiɑ˦ 〃 〃

1021 冰糖 pi˧ tʰa˩

1022 糖水 ɕo˥ to˦ ɕyi˧

1023 糖菓 tʰa˩ ku˧

1024 釘々糖 pa˩ ka˥ tsi˩

1025 核桃糖 xʌ˩ tʰo˧ tʰa˩

1026 茶 tio˧

1027 一杯茶 tjo˧ a˨˩ pe˥

1028 一壶茶 〃 〃 ku˧

1029 酥油茶 su˧ jo˨˩ tɕha˨˩

1030 烤茶 xuo˥ tjo˧

1031 沏茶（泡茶） phɔ˥ tio˧

1032 喝茶 ˧ tio˧

1033 烟 je˧

1034 一支烟 je˧ a˨˩ kuã˧

1035 水烟 ɕyi˧ je˧

1036 旱烟 tsho˩˥ je˧

1037 纸烟 tʂʅ˨˩ 〃

1038 烟叶 je˧ ʂɛ˧˥

1039 烟丝 〃 xʌ˧

1040 鼻烟 pi˥ je˧

1041 抽烟 ʔʌ˧ 〃

1042 鸦片烟 ȵia˨˩ phĩ˥ je˧

1043 吹鸦片烟 tsi˥ ȵia˨˩ phĩ˥ je˧

1044 烟袋 je˧ ko˥

1045 烟杆 〃 ko˥ kuo˧˥

1046 烟嘴 〃 kuã˥ tsuɛ˨˩

1047 〃 汁 〃 〃 tsɛ˨˩

1048 水烟筒 ɕyi˩˥ pĩ˥ tho˩˥

1049 火柴 ȵia˨˩ fɛ˨˩ tɕhu˨˩

1050 一根火柴 ȵia˨˩ fɛ˨˩ tɕhu˨˩ a˨˩ kua˧˥

1051 一盒火柴 〃 〃 〃 〃 ʃa˩˥

1052 擦火柴 tshã˧˥ ȵia˨˩ xo˨˩

1053 酒 tso˧

1054 甜酒 ɕo˥ tso˧

1055 酒汁 tso˧ tʂʌ˧˥

1056 杂酒（水和粮食合制的）tsa˥ tso˧
1057 喝酒 ʔʌ˧ tso˧
1058 喝血酒（盟誓时）ʒʌ˧ ke˥ sua˦ tso˧
1059 酒醉 tso˧ zi˧˩
1060 豆腐 ntʌ˦ zɿ˧ vo˧
1061 一块豆腐 ntʌ˦ zɿ˧ vo˧ a˧˩ kho˥
1062 一片 〃 〃 〃 〃 phi̯ɛ̃˦
1063 豆腐皮 〃 〃 〃 pi˨
1064 臭豆腐 tɕho˦ to˦ fʌ̃˧
1065 豆汁 ntʌ˦ tɕʌ˦
1066 豆花 to˥ xuõ˧
1067 豆渣 ntʌ˦ phɤ˦
1068 〃豉 tsi˦ tɕi˨
1069 〃沙 ntʌ˦ ɕo˥
1070 乳 pa˧˩
1071 人乳 ni˨ kã˥ po˧˩
1072 牛乳 ŋʌ˨ pa˧˩
1073 羊乳 nio˧˩ 〃
1074 马〃 ma˧ 〃
1075 酸奶 ɕỹe˥ 〃
1076 乳扇 pa˧˩ sɛ˧˩
1077 〃饼 〃 phɛ˦
1078 菜（下饭的）tshʌ˦
1079 海菜 tɕɿ˥ 〃
1080 素〃 so˦ 〃
1081 青〃 tɕhã˧˩ 〃
1082 肴（下酒的）tso˧ tsi˦
1083 火腿 xɔ˧˩ thuɛ˧˩
1084 香肠 kã˨ tio˨
1085 咸鱼 kã˥ ŋṹ˥

1086 腊肉 la˥ ka˩
1087 冻 〃 ka˩ tɕo˥
1088 牛乾巴 kã˥ ŋʌ˩ ka˩
1089 肉 ka˩
1090 牛肉片 ŋʌ˩ ka˩ phĩ˥
1091 猪 〃 塊 tɛ˧ 〃 kho˥
1092 牛肉 ŋʌ˩ ka˩
1093 猪 〃 tʂ˩ 〃
1094 羊 〃 ɲio˩ 〃
1095 鱼 〃 ŋũ˥ 〃
1096 排骨 ɣʌ˧ tɕa˩ kuã˥
1097 蛋 sɛ˥
1098 鸡蛋 ke˥ sɛ˥
1099 鸭 〃 ʔa˥ 〃
1100 鹅 〃 ʔo˥ 〃
1101 鸽 〃 ko˥ tsi˧ sɛ˥
1102 咸 〃 kv˥ sɛ˥
1103 皮 〃（松花）phi˥ tã˥
1104 蛋黄 ko˩ si˥
1105 〃 白 pa˩ sɛ˩
1106 咸菜 kv˥ tshã˥
1107 乳腐 lu˧ to˥ ʈv˧
1108 燒 ʈv˥
1109 燒火 tio˥ xue˧
1110 〃 肉 ʈv˥ ka˩
1111 蒸 phio˥
1112 〃 肉 〃 ka˩
1113 〃 鱼 〃 ŋũ˥
1114 烤 ko˥
1115 〃 肉 ɲkɤ˥ ka˩

1116 烘 khõ˦
1117 炕 〃
1118 煮 tɕu˧
1119 燉 tuɛ˦
1120 煨
1121 熬 ko˩
1122 蒸 tiã˥
1123 焖 mʌ̃˦
1124 炸 tsa˦
1125 煎 tsi˥
1126 炒 tɕu˧
1127 〃菜 tɕu˧ tshʌ˦
1128 醃 ʔa˥
1129 卤 lu˩
1130 泡 pho˦
1131 〃菜 pho˦ tshʌ˦
1132 炼 lɛ˩
1133 〃油 lɛ˩ ~~tɛ~~ tɕɯ˥
1134 调拌 tɕu˥ mpɛ̃˦

~~一三~~ 八 建築居住

1135 城 tiã˦
1136 〃墙 〃 ŋʌ̃˧
1137 〃门 〃 mɛ˦
1138 〃里 〃 khʌ˦
1139 〃外 〃 uã˦
1140 乡村 ɕo˥ ʔi˦
1141 村庄 〃 〃
1142 一个村庄 〃 〃 a˩ʔi˦
1143 什么 〃〃 a˥ xa˥ ɕo˥ ʔi˦

1144 村内 ʔi˥ xʌ̃˩
1145 〃外 〃 uã˦
1146 房屋 tia˩ xa˩
1147 一座房屋 〃 〃 a˩ tɕɛ˩
1148 一间房子 xa˩ a˩ kha˦
1149 一所房屋 〃 〃 tɕɛ˩
1150 屋内 xa˩ khʌ̃˥
1151 〃外 〃 uã˥
1152 〃顶 〃 tiʌ˥
1153 〃尾 〃 mɛ̃˦
1154 住房 ku˥ xa˩
1155 客房 kha˦ 〃
1156 砖 〃 duɛ̃˥ 〃
1157 石 〃 tiu˦ 〃
1158 木 〃 ntiʌ̃˥ 〃 或 kʌ˦ tsi˧ xa˩
1159 草 〃 tɕhu˧ 〃
1160 洗澡房 tɕu˧ lɛ˩ xa˩
1161 盖房子 phʌ˩ 〃
1162 帐蓬 pʌ˥ phʌ˩
1163 搭〃 ta˦ 〃 〃
1164 拆〃 tshɿ˥ 〃 〃
1165 楼 nʌ˩
1166 一层 〃 a˩ tshi˩ nʌ˩
1167 楼上 nʌ˩ da˧
1168 〃下 〃 jẽ˧
1169 〃板 〃 pã˧
1170 〃梯 〃 thɛ̃˥ 或 nʌ˩ ku˦ thɛ̃˥
1171 梯子 thi˥ tsi˧
1172 一间 〃 〃 〃 a˩ t tɕu˥
1173 台级 ji˧ thɛ̃˥

1174 门 mɛ˦˥
1175 一扇门 mɛ˦˥ a˨˩ sɛ˨˩
1176 两〃〃 〃 ko˧ 〃
1177 门口 〃 kho˥˧
1178 〃内 〃 ɕo˥˧
1179 内上门 ɕo˥˧ khʌ˧ mɛ˦˥
1180 门槛 mɛ˦˥ ʔje˧
1181 〃槛 〃 ɕu˧
1182 〃枋 〃 sɛ˨˩
1183 〃臼 〃 po˨˩
1184 〃框 〃 kho˥˧
1185 〃帘 nĩ˥˧ tsi˧
1186 上门 mɛ˦˥ do˧
1187 下〃 〃 je˧
1188 窗 tɕhuã˥˧ xo˥˧
1189 一窗 〃 〃 to˧
1190 一扇〃门 〃 〃 mɛ˦˥ sɛ˨˩
1191 窗格 tɕhuã˥˧ ka˥˧ tsi˧
1192 栅杆 nã˥˧ kã˥˧
1193 梁 ŋuɛ˦˥
1194 檩
1195 椽子 ko˥˧ tsi˧
1196 柱子 diʌ˧
1197 一根柱子 diʌ˧ a˨˩ kho˧
1198 础 tshu˨˩ kʌ̃˧
1199 基础 tɕi˧ tshu˨˩
1200 屋脊 niã˥˧ tɛ˥˧ tɛʌ˦˥
1201 屋檐 nĩ˥˧ kho˦˥
1202 走廊 tso˨˩ nã˥˧
1203 墙 ŋũ˧

1204 四面墙 sɿ˥ mi˥ ŋũ˧
1205 墙脚 ŋũ˧ ku꜒
1206 墙角落 〃 ko̰꜒
1207 围墙 ue˥ ŋũ˧
1208 筑墙 tsu꜔ ŋũ˧
1209 砌〃 tɕã˥ 〃
1210 刷〃 mɿ꜒ 〃
1211 刷〃 phi˥ 〃
1212 篱笆 tɕo꜒ piɛ꜒
1213 篱〃 mi꜔ 〃
1214 木料 ntiɿ꜒ kuo꜒ 或 tsha˥ lo꜒
1215 板子 pã˧
1216 天花板 nʌ˩ pã˧
1217 地〃 ti˥ lo˩ pã˧
1218 土坯 thu˧ due˥
1219 做土坯 tɕu˥ thu˧ due˥
1220 砖 due˥
1221 烧砖 f̱v˥ due˥
1222 瓦（烧的）ŋua꜔
1223 一片瓦 〃 a˩ phiɛ̃꜒
1224 木瓦 ntiɿ꜒ ŋua꜒
1225 烧瓦 f̱v˥ ŋua꜒
1226（甲）盖瓦 phʌ˩ 〃
1226（乙）窑（烧砖瓦的地方）ju꜔
1228 一個窑洞 ju꜔ uẽ˧ a˩ kho˧
1227 窑洞（住的）〃 〃
1229 烟囱 niʌ˥ tho˥
1230 水槽 tɕi˩ ɣʌ˩
1231 厨房 tɕhu˥ f̱ã˥
1232 灶 tsu꜒

1233 支灶 ta꜓ tsṵ꜒
1234 打灶 〃 〃
1235 厕所 tshe˥ so˨˩
1236 草棚 tshu˧ xa˨˩
1237 亭 thiʌ̃꜒ tsɿ˧
1238 碑 pɛ̃˥
1239 牌坊 phɛ̃˥ fɑ̃˥
1240 搭牌坊 ta꜓ phɛ̃˥ fɑ̃˥
1241 名胜
1242 古迹
1243 店铺 tiɛ˥ phʌ̃˥
1244 合作社 xɔ˨˩ tsɔ˨˩ sɛ꜒
1245 酒店 tso˧ tiɛ˥
1246 旅馆（店子） tiɛ꜓ tsɿ̃˧
1247 工厂 ko˧ tshõ˧
1248 机关 tɕi˧ kuɛ˧
1249 学校 ɕo˧ thõ˧
1250 警察 niʌ˨˩ ta˨˩
1251 银行 〃 xa˨˩
1252 戏院 ɕi꜓ thɛ˥ （戏〃）
1253 电影院 tiʌ̃˥ niʌ˨˩ uɛ̃˥
1254 托儿所 tho˥ ɣɛ꜒ so꜓
1255 仓 ntɕʌ꜒
1256 货仓 xo꜓ tshɑ̃˧
1257 谷仓 so꜓ ntɕʌ꜒
1258 市场（街子） dʑɿ˧
1259 赶街子 tɕĩ˧ dʑɿ˧
1260 街子上去 dʒɿ˧ tɕu˥ khʌ˧ la꜒
1261 〃〃散了 〃 sa꜓ la˥
1262 模型 mɔʌ˥ niɑ̃˥ tsɿ˧

1263 猪圈 tɛ˨˩ u˨˩
1264 羊〃 njo˩ u˨˩
1265 马厩 mã˧
1266 牛栏 ŋʌ˩ 〃
1267 鸡埘 ke˥ tɿ˥
1268 土 nɛ˩
1269 一块土 nɛ˩ a˨˩ kho˥
1270 一堆土 〃 〃 tɛ˧
1271 石灰 ʂɿ˥ xue˥
1272 水门汀
1273 茅草 mo˥ tɕhu˧
1274 道路 thu˧
1275 一条道路 thu˧ a˨˩ tʂɿ˦
1276 大路 nta˦ thu˧
1277 小路 sɛ˦ 〃
1278 直〃 duẽ˥ 〃
1279 弯〃 kho˥ 〃
1280 平〃 pã˩ 〃
1281 崎岖路 tɕɛ˦ tsɛ˦ ko˦ thu˧
1282 十字路 ʂɿ˨˩ tsɿ˥ lu˥
1283 叉路 tɕhã˥ lu˥
1284 路口 lu˩ kho˨˩
1285 水路 ɕyi˧ thu˧
1286 旱路 kã˥ thu˧
1287 铁〃 thiɛ˥ lu˥
1288 〃轨 thiɛ˥ kue˩
1289 过路 ko˩ lu˩
1290 找路 pɛ˩ dʑi˧ thu˧
1291 徒步 ku˩ pɛ˩
1292 领路 ɕo˥ thu˧

1293 街 dʐɛ˧
1294 一条街 dʐɛ˧ tɕho˥
1295 大街 nta˦ dʐɛ˧
1296 小〃 ʂɛ˦ 〃
1297 上〃 tɕu˥ 〃
1298 巷 tɕho˥ ka˦
1299 桥 ku˨˩
1300 一座桥 ku˨˩ a˨˩ tɕu̯˦
1301 桥柱 ku˨˩ di̯˧
1302 〃墩 〃 tuẽ˥
1303 〃洞 〃 ŋue˧
1304 木桥（板 ntɕi̯˦ pã˧ ku˨˩
1305 独木桥 a˨˩ kuã˦
1306 石桥 tɕiu˨˩ khuɛ˥
1307 吊桥 tio˦ ku˨˩
1308 铁索桥 tɕhi˦ su˦ ku˨˩
1309 过桥 ko˦ ku˨˩
1310 搭桥 tɕu˦ 〃
1311 溜索 lo˦ su˦
1312 过溜（从溜索过渡） ko˦ lo˦
1313 关口 kue˧ kho˧
1314 闸 ka˨
1315 铁闸 tɕhi˦ ka˨
1316 木〃 ntɕi̯˦ 〃
1317 开〃 khẽ˥ 〃
1318 关〃 ʂɿ˥ 〃
1319 车 tshẽ˧
1320 一辆车 tshẽ˧ a˨˩ tɕã˥
1321 牛车 ŋa˨ 〃
1322 马车 ma˨˩ 〃

1323 赶马车 xa˥ mã˩ tshẽ˧
1324 火车 xo˩ tshẽ˧
1325 汽 " tɕhi˥ "
1326 开 " " khẽ˥ tɕhi˥ tshẽ˧
1327 脚踏车 tɕo˥ tha˥ tshẽ˧
1328 链条 ȵie˥ tsɿ˩
1329 车铃 tshẽ˧ ȵiʌ˥
1330 骑脚踏车 kʌ˦ tɕo˥ tho˥

拉人力车

1331 货车 xa˥ tshẽ˧
1332 车厢
1333 车轮 nuɛ˩ tsɿ˧
1334 轮船
1335 车轴 tshẽ˧ tɕu˥
1336 坐车 ku˦ tshẽ˧
1337 上 " ŋa˦ ni˦ tshẽ˧ tɕa˥ xʌ˩
1338 下 " thiʌ˥ tshẽ˧
1339 船 ȵia˩
1340 一只船 ~~ȵia~~ ȵia˩ a˩ ɕu˥
1341 划子 pʌ˦
1342 帆船
1343 船头 ȵia˩ ta˧ po˩
1344 " 尾 " mẽ˧ khuã˦
1345 " 舵 " tshɿ˥ ŋka˦
1346 闸板 ka˦ pã˧
1347 船底 ȵia˩ ti˧
1348 " 舱 " ka˧
1349 " 舵 pa˦ ȵia˩
1350 坐船 ~~ŋa˦ ni˦~~ ȵia˩ ɕu˥ xʌ˩
ku˦ ȵia˩

1351 上船 ŋa˨ ni˧ ŋia˩ ɕu˥ xa˩
1352 下 〃 ŋia˩ ɕu˥ xa˩ pɛ˧ tɕhi˧
1353 划 〃 tɛ˥ ŋia˩
1354 撑 〃 tia˧ 〃
1355 筏 pa˩
1356 桨 ŋia˩ pi˥
1357 桥 ŋia˩ kã˥
1358 篷 phõ˩ tsi˧
1359 帆 tɕi˧
1360 撑帆 tia˧ tɕi˧
1361 卸帆 ɕi˥ tɕi˧
1362 桅 ɖi˧
1363 绳 su˧
1364 舵
1365 跳板 ta˩ pã˧
1366 飞机 fɛ˧ tɕi˧
1367 一架飞机 fɛ˧ tɕi˧ a˩ tɕa˧
1368 飞机场 〃 〃 tɕha˩
1369 开飞机 khɛ˥ fɛ˧ tɕi˧
1370 坐 〃 〃 ku˧ 〃 〃
1371 电话 tie˥ xua˥
1372 打电话 ta˩ 〃 〃
1373 接 〃 〃 tɕie˧ 〃 〃
1374 电报 tɛ˧ po˧
1375 拍电报 ta˩ 〃 〃
1376 收 〃 〃 ɕi˥ 〃 〃
1377 电线 tie˥ ɕẽ˥
1378 〃 杆 〃 kã˧
1379 电池 〃 tsha˧
1380 邮局 jo˧ tɕu˥

1381 邮票 ˄˩ phio˥

1382 贴〃〃 thie˥ jo˩ phio˥

1383 邮箱 jo˩ ɕã˧

1384 行李 ve˧ ntɕi˩（物件） （甲）

1384 一件行李 ve˧ ntɕi˩ a˩ jã˩ （乙）

1385 收拾〃〃 ɕi˥ ʂʅ˩ ve˧ ntɕi˩

1386 捆行李 kã˩ ve˧ ntɕi˩

1387 打开〃〃 ta˩ khe˥ 〃 〃

1388 检查〃〃 ʂʅ˧ se˧ 〃 〃

1389 护照（路条） xu˥ tɕo˥

1390 关卡 ɡo˥ tɕi˥

1391 挂路牌 ʈʂʰ˧ eu˥ phɛ˩（合路牌

十 天象地理

1392 天 xɛ̃˥

1393 天上有一个太阳和一个月亮 xɛ̃˥ nõ˧ dʑi˧ ni˩ a˩ phɛ˩ ta˩ bʌ˧ nõ˧ dʑi˧ mie˥ uã˩ a˩ phɛ˩

1394 天下有一类万物 xɛ̃˥ je˧ dʑi˧ ni˩ kã˥ ni˥ tshi˥ ve˧ vo˧ ntɕi˩

1395 他 ntɕi˩

1396 地球 ti˥ tɕho˩

1397 地方 ntɕi˩ to˥

1398 一个地方 ntɕi˩ to˥ a˩ tɕɛ˩

1399 地上有山河 ntɕi˩ pa˩ ti˩ nõ˧ dʑi˧ ʂʅ˥ ni˥ ko˥

1400 地府下 ntɕi˩ pa˩ je˧
1400 〃振 ntɕi˩ ju˩
1401 平地 pa˥ no˧ ntɕi˩
1402 凹〃 dzue˧ no˧ ntɕi˩
1403 平坝 nta˩ pa˥
1404 高地 kõ˥ ntɕi˩
1405 〃坝 〃 tɕho˩ no˧ ntɕi˩ fo˥
1406 草地 tɕhu˧ ntɕi˩
1407 壩子 po˩ tsi˧
1408 沙漠 ɕo˥ tsi˧ ntɕi˩
1409 荒地 kha˧ ntɕi˩
1410 开荒 kuo˧ kho˧
1411 太阳 ni˥
1412 〃〃光 ni˥ ~~si˧~~ kã˧
1413 日蚀 〃 si˧
1414 日晕 〃 mie˩
1415 月亮 mie˥ uã˥
1416 月光 〃 〃 kã˧
1417 新月 si˧ mie˥ uã˥
1418 半边月 mie˥ uã˥ a˩ po˩
1419 圆月 ue˩ mie˥ uã˥
1420 月蚀 uã˥ si˧
1421 月晕 〃 mie˩
1422 星 ɕã˥
1423 一颗星 ɕã˥ a˩ kho˧

1424 北斗星 pʌ˦ tʌ˦ ɕã˥
1425 南〃〃 na˨˩ 〃 〃
1426 北极〃 pʌ˦ tɕi˥ 〃
1427 流星 ɕã˥ ʂʅ˧
1428 光星 ɕõ˧ ɕʌ̃˧
1429 启〃 tɕi˥ 〃
1430 彗〃 xue˥ 〃
1431 天河 thiẽ˧ xo˥
1432 云彩 ŋɛ˦ ẽ˦
1433 一块云彩 ŋɛ˦ ẽ˦ a˨˩ kho˥
1434 白云 pa˨˩ ŋɛ˦
1435 黑云 xa˥ 〃
1436 雾 mʌ˦ ko˥
1437 下雾 kɔ̃˥ u˨˩
1438 雨 ʐʅ˧
1439 一阵雨 ʐʅ˧ a˨˩ ʂʅ˥
1440 大雨 ntɑ˦ ʐʅ˧
1441 小〃 ɕɛ˦ 〃
1442 雨点 ʐʅ˧ tɕĩ˧
1443 下雨 〃 u˨˩
1444 雷 ɣẽ˥ ma˦
1445 霹雷 〃 tha˥
1446 打〃 〃 ma˦
1447 电 tiɛ˦
1448 闪 ʂa˦

1449 雪 suɛ˥
1450 一阵雪 suɛ˥ a˩ ʐɛ˥
1451 雪片 suɛ˥ phiɛ̃˥
1452 下雪 〃 u˩
1453 雪化了 〃 sɛ˩ la˧
1454 霜 ɕõ˥
1455 下霜 〃 u˩
1456 霰
1457 雹 po˩
1458 下〃 〃 u˩
1459 露 ko˥ ɕyi˧
1460 一滴露 ko˥ ɕyi˧ a˩ tɕi˧
1461 霞 thia˥ ŋɛ˩
1462 虹 sɛ˥ ko˥ ŋɔ˧
1463 一道虹 kɛ˥ ko˥ ŋɔ˥ a˩ qua˧
1464 〃 冰条 ɕo˧ ŋtiɔ˥
1465 结冰 ɕo˧ ŋʌ˩
1466 冰化了 ɕo sɛ˩ la˧
1467 天气 thiɛ˧ tɕhi˥
1468 晴 xo˧
1469 〃 天 xɛ̃˥ xo˧
1470 天晴了 〃 〃 la˥
1471 阴 ʔa˥
1472 天阴了 xɛ̃˥ ʔa˥ khʌ˧ la˥
1473 热 ŋi˥

1474 热天 ni˥ ni˦
1475 今天热 kã˥ ni˦ ni˥
1476 冷 kʌ˥
1477 今天冷 kã˥ ni˦ kʌ˥
1478 温暖 uɛ˥ xo˩ xo˩
1479 凉 so˥ ʂi˧
1480 凉快 so˥ ʂi˧
1481 亮 ma˦
1482 暗 miɛ̃˦
1483 气 tɕhi˦
1484 空气 kho˧ tɕhi˥
1485 大风 ntaɪ˦
1486 狂风 ʔo˥ tsuɛ̃˥
1487 旋风 ɕuɛ˦ tã˧
1488 春〃 tshuẽ˧
1489 秋〃 tɕho˧
1500 北〃 pã˦ tsuɛ̃˥
1501 南〃 no˩ 〃
1502 西〃 ɕi˧ 〃
1503 东〃 tõ˥ 〃
1504 东南〃 tõ˥ no˩ tsuɛ̃˥
1505 西北 ʔo˦ tsuɛ̃˥
1506 山 ʂɛ˥
1507 一座山 ʂɛ˥ a˩ khue˥
1508 大山 ntaɪ˦ ʂɛ˧

1509 小山 ʂɛ˦ ʂʅ˥

1510 高〃 kã˥ 〃

1511 深〃 ɡʌ̃˧ 〃

1512 尖〃 xue˧ 〃

1513 山顶 ʂʅ˥ tiʌ˨

1514〃坡 〃 po˨

1515〃腰 〃 ji̯˥ kua˦

1516〃脚 〃 i<u̯˦

1517〃洞 〃 ŋue˧

1518〃峡 〃 ka˨

1519 山岭 ʂʅ˥ jẽ˧

1520 一道山岭 〃 〃 a˨˩ tʂhɔ˧

1521 土墩 nɛ˨ tuẽ˦

1522 谷 kɔ̯˦

1523 溪 sɛ˦ ɕyi˧ ko˥

1524 涧 ɕo˦ ɕyi˧

1525 沟 kho˥

1526 一条沟 kho˥ a˨˩ tʂʌ˥

1527 池塘 tʂhɔ˧ thã˥

1528 深潭 ɕo˥ tsi˧ pɛ˨

1529 潭 tʂhɔ˧ thã˥

1530 泉 kʌ˨ khʌ˧ no˧ ɕyi˧

1531 温泉 ɛʌ˦ ɕyi˧

1532 井 tɕã˧

1533 一眼井 tɕã˧ a˨˩ kho˥

1534 井水 tɕã˧ ɕyi˧
1535 挖井水 ʔuaɪ˥ 〃
1536 掏井 〃 tɕã˧
1537 江 ku˥
1538 一条江 〃 a˩ ku˥
1539 河 tio˩
1540 一条河 〃 a˩ tia˩
1541 河水 〃 ɕyi˧
1542 〃边 〃 pĩ˥
1543 〃岸 〃 〃
1544 湖 ko˩
1545 一个湖 ko˩ a˩ ko˩
1546 海（同池塘） ko˩
1547 〃水 ko˩ ɕyi˧
1548 〃岸 〃 pĩ˥
1549 口〃 tuɪ kho˥
1550 渡口 〃 〃
1551 岛 ɕo˥ nto˥
1552 一个岛 〃 〃 〃 a˩ khuɛ˥
1553 半岛 nto˥
1554 堤 vo˧
1555 一道堤 vo˧ a˩ tɕɛ˧
1556 筑堤 tsuɪ vo˧
1557 瀑布 ɕyi˧ tsɛ˥
1558 水 ɕyi˧

1559 一条水 ɕyi˧ a˩ ko˥
1560 一杯 " " " kɛ˥˩
1561 水里 " xʌ˩
1562 " 面 " pi˩
1563 " 底 " ti˧
1564 " 渠 " kho˥ tsʌ˧
1565 " 流 " tiʌ˩
1566 上游 " do˧
1567 下 " " je˧
1568 死水 mĩ˧ ɕyi˧
1569 浩 " kʌ˩ "
1570 冷 " kʌ˥ "
1571 凉 " " "
1572 温 " uɛ˧ "
1573 热 " ni˥ "
1574 开 " xua˧ "
1575 这条水流得急 nʌ˥ kõ˥ ɕyi˧ kʌ˩ tɕi˥
1576 浪 põ˥ nõ˩ 或 tse˥
1577 火 xue˧
1578 真火 nkɛ˥ xue˧
1579 火星 xue˧ ɕã˥
1580 烧火 tio˥ xue˧
1581 烤 " kɔ˥ "
1582 火焰 xue˧ si˥
1583 " 光 " kuã˥

1584 一片瓦片 xue˧ kuã˥ a˩ phiɛ˧
1585 柴 si˥
1586 一块柴 si˥ a˩ kho˥
1587 一挑 〃 〃 〃 thio˧
1588 一背 〃 〃 〃 vɛ˧
1589 砍 〃 tu˥ si˥
1590 泥 nɛ˦
1591 〃 泞 nɛ˦ pha˩
1592 淤泥 ɕẽ˥ nɛ˦ ɯã˥
1593 和(动)泥 ŋo˦ nɛ˦
1594 沙 ɕo˥
1595 尘土 thu˧/ɕu˥
1596 灰 ɕu˥
1597 石 tu˩ khuɛ˥
1598 一块石 tu˩ khuɛ˥ a˩ kho˧
1599 青石 tɕhẽ˥ tu˩
1600 大理石 ta˧ li˩ tu˩
1601 锡 kõ˦
1602 金锡 tɕi˥ kõ˦
1603 铜 〃 tu˩ 〃
1604 金 tɕi˥
1605 一块金 tɕi˥ a˩ kho˥
1606 一条金子 〃 〃 thio˥
1607 砂金 sã˧ tɕã˧
1608 银 ni˦

1608 铜 tu˩
1609 红 〃 fhiɑ˥ tu˩
1610 黄 〃 ɣɔ˩ 〃
1611 青 〃 tɕhã˧ 〃
1612 铁 tɕhi˧
1613 铸铁 tɕo˧ tɕhi˧
1614 铁锅 tɕhi˧ xɑ˩
1615 铁器 〃 ve˧ ɑtɕi˥
1616 锻铁 tɛ˥ tɕhi˧
1617 铁钉 tɕhi˧ kɑ˥
1618 〃 〃 kue˥ tɕhi˧ kɑ˥
1619 钢 kõ˥
1620 炼钢 lɛ˥ kã˥
1621 钢刀 kã˥ ji˥ ti˥
1622 锡 si˥
1623 〃壶 〃 ko˧
1624 铅 tɕhẽ˥
1625 汞 ɕyi˧ ji˧
1626 朱砂 tɕu˧ sa˧
1627 锑 thi˥
1628 硝 ɕo˥
1629 碱 tha˧ tɕi˧
1630 煤油 mɛ˩ jo˩
1631 汽〃 tɕhi˥ 〃
1632 煤 mɛ˩ thã˥

1633 煤块 mɛ˩ kho˧
1634 烧煤 ɬy˥ mɛ˩
1635 盐井 tsuɐ˥ tɕã˧
1636 〃田 〃 ntɕi˩
1637 〃湖 〃 ɕyi˧

十一 时节

1638 时期 tsɿ˩ ka˥
1639 日〃 nji˥ ɕa˥
1640 年 suã˥
1641 一年 o˩ suã˥
1642 半〃 pɛ˥ nie˥
1643 一年半 a˩ suã˥ pa˥
1644 年头 suã˥ ti˥˩
1645 〃尾 〃 mɛ˧
1646 旧年 nka˥ suã˥
1647 新〃 si˥ 〃
1648 今〃 ko˥ tsi˧
1649 明〃 ɣʌ˧ suã˥
1650 后〃 nɒʌ˥ ɣʌ˧ suã˥
1651 去〃 nah tɕʌ˥
1652 大前年 nla˥ ti˥˩ suã˥
1653 前年
1654 每年 xa˩ dzã˧ suã˥
1655 年到 pa˥ tiã˥ uã˥

1656 哪一天过年 a˥ ma˥ ni˦ ko˦ tiã˥ uõ˦

1657 月 uã˦

1658 一个月 a˩ uã˦

1659 月初 ũa˦ tia˦

1660 〃中 〃 tɕo˦

1661 〃底 〃 mɛ˧

1662 上旬 同

1663 中〃 上

1664 下〃

1665 上半月 tia˦ uã˦ pã˦

1666 下〃〃 ɣʌ˧ 〃 〃

1667 本月 nʌ̃˦ uã˦

1668 下〃 ɣʌ˧

1669 再下月 tsɛ˦ ɣʌ˧ uã˦

1670 上月 tiʌ˦ uã˦

1671 前〃 mɯʌ˥ tiʌ˦ uã˦

1672 每月 xa˨ dʑã˧ uã˦

1673 闰〃 ʑi˦ 〃

1674 大月 nta˦ 〃

1675 小月 sɛ˦ 〃

1676 一月 tia˥ 〃

1677 二〃 zʌ˦ 〃

1678 三〃 sã˥ 〃

1679 四〃 si˥ 〃

1680 五〃 ŋu˧ 〃

1681 六月 ɬo˦ uăt˦
1682 七〃 tshi˥ 〃
1683 八〃 pia˥ 〃
1684 九〃 tɕi˧ 〃
1685 十月 tʂʌ˩ 〃
1686 十一〃 〃 ʔi˦ 〃
1687 十二〃 ja˦ uăt˦
1688 日（天） ni˧
1689 一天 a˩ ni˧
1690 三〃 sã˥ 〃
1691 九〃 tie˥ 〃
1692 今天 kã˥ 〃
1693 明天 mã˥ 〃
1694 后天 ɣʌ˧ 〃
1695 大〃〃 pʌ˦ ɣʌ˧ ni˧
1696 大大后天 pʌ˦ ɣʌ˧ ɣʌ˧ ni˧
1697 昨天 tsi˧ ni˧
1698 前天 tiʌ˦ 〃
1699 大〃〃 nta˥ 〃 〃
1700 大〃〃 nta˥ [tap] pʌ˧ tiʌ˦ ni˧
1701 每天 xa˧ dʑã˧ ni˧
1702 一日 a˩ ni˧
1703 二日 ko˧ 〃
1704 三〃 sã˥ 〃
1705 四〃 si˦ 〃

1706 五日 ŋũ˧ ni˧
1707 六〃 to̭˦ 〃
1708 七〃 tshi˦ 〃
1709 八〃 pia˦ 〃
1710 九〃 tɕi˧ 〃
1711 十〃 tʂʌ˦ 〃
1712 十一〃 ji˦ ni˧
1713 十二〃 ŋɛ˦ 〃
1714 十三〃 sã˥ 〃
1715 十四〃 si˦ 〃
1716 十五〃 ŋũ˧ 〃
1717 十六日 to˦ 〃
1718 十七日 tshi˦ 〃
1719 十八日 pio˦ 〃
1720 十九〃 tɕi˧ 〃
1721 二十〃 ni˩zi˩ 〃
1722 二十一〃 ~~ji˦ ni˧~~ 〃 ji˦ ni˧
1723 二十二〃 〃 〃 ŋɛ˦ 〃
1724 二十三 〃 〃 〃 sã˥ 〃
1725 二十四 〃 〃 〃 si˦ 〃
1726 二十五 〃 〃 〃 ŋũ˧ 〃
1727 二十六 〃 〃 〃 to˦ 〃
1728 廿七 〃 〃 〃 tshi˦ 〃
1729 二十八 〃 〃 〃 pia˦ 〃
1730 二十九 〃 〃 〃 tɕi˧ 〃

1731 三十日 sã˥ tɕʌ˥ ni˧
1732 三十一日 〃 〃 ji˥ ni˧
（注意 月初十六月终的特别说法有些语言自十六日起
1733 白天 pe˩ ti˥ ni˧
1734 黎明 to˥ xo˥ khʌ˥
1735 早晨 kha˥ ti˥
1736 中午 ni˥ nt˥
1737 上午 〃 〃 ti˥
1738 下午 〃 〃 ja˧
1739 黄昏 xua˥ xu˥
（注意 每日时间依照各民族的习惯分法）
1740 晚上 ni˥ v˧
1741 今晚 ka˥ ɕa˥

1742. 明晚 ma˥ ɕa˦.
1743. 後晚 ɣʌ˧ 〃
1744. 昨晚 tsi˧ 〃
1745. 前晚 tiʌ˦ 〃
1746. 半夜 a˨ po˨ jo˦.
1747. 每晚 xa˧ dʑa˧ ɕa˦.
1748. 上半夜 tiʌ˦ po˨ jo˦
1749. 下半夜 ɣʌ˧ 〃 〃
1750. 时候 tʂʌ˨ ka˦.
1751. 什么时候来 a˥ ma˥ tʂʌ˨ ka˦.
1752 挂钟. tɕu˥.
1753 手表 ɕo˨ pi˧˨
1754 一点钟. ji˥ tie˧ tɕu˧.
1755 一点半. 〃 〃 pɛ˥.
1758 世代 ʂɯ˦ tɛ˦.
1759 一代 ɕɯ˨ tɛ˦.
1761 星期 ɕa˦ ni˧.
1762. 星期一 ɕã˧ tɕhi˧ ji˥.
1763 星期二 ɕã˧ tɕhi˧ ʔa˥.
1764 星期三 ɕã˧ tɕhi˧. sã˧.
1768 星期日 ɕã˧ tɕhi˧.
1769 季 tɕi˦.
1770 春 tshuɛ˥
1771 夏 ɣa˦.
1772 秋 tɕho˥

1773 冬 tõ˦˥.

1774 四季 si˦˥ tɕi˦˥

1776 雨季 ʑi˨˩ tɕi˦˥

1777 節气 tɕe˥ tɕhi˥

1778 国庆节 kuɛ˨˩ tɕhĩ˥ tɕhe˥.

1779 除夕 ja˨˩ uã˥ tsi˧ ɕa˥.

1780 元宵节 ye˦˥ ɕo˧ tɕe˥.

1781 动土 to˦˥ thu˧.

1782 立春 li˥ tshuẽ˧

1783 清明 tɕhĩ˥ mĩ˥

1784 火把節 xo˨˩ pa˨˩ tɕe˥

1785 立夏 li˥ ɕã˥
1786 夏至 ɕã˥ tɕɿ˧˥
1787 立秋 li˥ tɕho˧
1788 七夕 tɕhi˥ uã˥ tɕhi˦
1789 中元节 tɕhi˦ uã˦ tɕɯ˥ si˦
1790 秋分 tɕho˦ fɯ̃˧
1791 中秋节 tɕo˧ tɕho˧ tɕe˥
1792 立冬 lɯ˥ tõ˧
1793 冬至 tõ˧ tsɿ˥
1794 十二支 tsʌ˥ nɛ˦ tɕo˦
1795 子 ɕu˧
1796 丑 ŋʌ˩
1797 寅 lɔ˩
1798 卯 tho˥ lo˦
1799 辰 lu˩
1800 巳 tshɿ˦
1801 午 uã˧
1802 未 ŋio˦
1803 申 ɑɕuɛ˥
1804 酉 kɛ̃˥
1805 戌 khua˧
1806 亥 tɛx˥
1807 属鼠 tɕo˥ ɕu˧
1808 属牛 " ŋʌ˦
1809 十天干

1810	甲	tɕa˥
1811	乙	ji˥
1812	丙	piʌ˧
1813	丁	tiʌ˧
1814	戊	vo˥
1815	己	tɕi˧
1816	庚	kʌ˧
1817	辛	ɕʌ̃˧
1818	壬	ʒʌ˩
1819	癸	kuɛ˥
1820	方向	fã˧ ɕã˥
1821	四面八方	si˩ mi˩ piat˧ ku˩
1822	位置	uɛ˥ tsʌ˥
1823	地尾	ntɕi˩ to˥
1824	界限	sã˥ ka˥
1825	東	to˩
1826	西	se˥

1827 南 na˩
1828 北 pʌ˥
1829 东南 to˥ no˩
1830 西北 sẽ˥ pʌ˥
1831 中央 tɕo˧ niã˧ 或 ɛ˥ ɕi˥ mi˥
1832 左 tɕuɛ̃˥
1833 左边 〃 fɛ̃˧
1834 左手 〃 ɕi˧
1835 右 tia˥
1836 右边 〃 fɛ̃˧
1837 右手 〃 ɕi˧
1838 前 tiʌ˩
1839 〃边 〃 fɛ̃˧
1840 屋子前边 xa˩ tiʌ˩ fɛ̃˧
1841 前腿 tiʌ˩ khua˥
1842 后 ɣʌ˧
1843 〃边 ɣʌ˧ fɛ̃˧
1844 屋子后边 xa˩ ɣʌ˧ fɛ̃˧
1845 后腿 ɣʌ˧ khua˥
1846 上 do˧
1847 上边（正上 正下） do˧ fɛ̃˧
1848 上边（山坡的上边） dio˧ po˩
1849 桌子上（附着在桌面上） tiɛ˥ tsi˧ tiʌ˩ nõ˧
1850 〃 （离开桌面） 〃 〃 dio˧ no˧
1851 下 je˧

1852 下边（正上正下）e˧ tẽ˧
1853 〃（山坡的下边）po˨ je˧
1854 棹脚下（附着在木板上）tə˥ tsi˧ ku˨ no˧
1855 〃〃〃（离开了）〃 〃 je˧
1856 外 uã˨
1857 〃边 uã˨ pẽ˥ no˧
1858 屋子外边 xa˩ kha˨ uã˨ mi˦
1859 门外边 me˨ uã˨ mi˦
1860 里 khʌ˩
1861 〃边 〃 mi˦
1862 房子里 xa˩ tu˥ khʌ˩
1863 碗里 kɛ˨ khʌ˩
1864 中心（平面的）mpʌ˥ to˨ nõ˧
1865 周围 mʌ˥ pẽ˥ mʌ˥ tsʌ˦
1866 边缘（物体的边缘）põ˥ no˧
1867 旁边（在边缘附近）pẽ˥ no˧
1868 表面 pi˨ no˧
1869 棹子面 tiɛ˥ tsi˧ tiʌ˩
1870 正面 tɕʌ˦ miɛ˨
1871 反面 fã˧ mi˦
1872 底 ti˧
1873 碗底 ka˨ ti˧
1874 头部 tiʌ˨ pʌ˦
1875 尾〃 ʃʌ˧ pʌ˦
1876 中〃 to˨ nõ˧ pʌ˨

1877 尖 tɛ̃˥
1878 山尖 ʂɿ˥ tɛ̃˥ 或 ɕo˦ tɛ̃˥
1879 内部 khʌ˨˩ pʌ˦
1880 身体内部 tʂhɿ˥ ka˧ khʌ˨˩ pʌ˦
1881 外部 uã˦ pʌ˦
1882 身体外部 tʂɿ˥ ka˧ khʌ˨˩ pʌ˦
1883 平正 pa˦ tɕã˧
1884 歪斜 ~~pa˦ pa˦ nõ˧~~ khuã˥
1885 平行 pa˦ pa˦ nõ˧
1886 垂直 tue˥ tue˥ ji˨˩
~~1887~~

十三 动词

1887 有 dʑi˧
1888 没有 a˨˩ mʌ˧
1889 在 dʑi˧
1890 在哪儿？ dʑi˧ to˥ a˥ ma˦
1891 在屋里 〃 〃 xa˨˩ khʌ˨˩
（或 xa˨˩ tiu˥）
1892 住 ku˦
1893 住哪儿？（家住哪儿）ku˦ pɛ to˥ a˥ ma˦
1894 住……（暂时的）〃 〃 〃 〃
1895 是 dia˧
1896 是不是 dia˧ ni˥ a˨˩ jo˦
1897 是的 dia˧ la˦
1898 走 ȵa˦

1899 走路 ŋa˩ thu˧
1900 不走 a˨˩ ŋa˩
1901 走不动 ŋa˩ a˨˩ ta˨˩
1902 没走 niã˥ a˨˩ ŋa˩
1903 走哪条路？ thu˧ ŋa˥ mã˥ tʂɿ˨˦ ɣʌ˨˩
1904 散步 ɓã˥ ŋa˩ 或 ɓã˥ pɛ˦
（闲步、闲走）
1905 跟 kʌ˥
1906 跟我来 kʌ˥ ŋʌ˥ ɣʌ˧ ɣʌ˥
1907 〃不上 kʌ˥ mi˩˦ a˨˩ ta˨˩
1908 到 phiat
1909 到北京去 phiat pɛ˥ tɕã˧ mʌ̃˥
1910 去哪儿？ ŋa˩ a˥ ma˥
1911 来 phiat
1912 到北京来 phiat pɛ˥ tɕʌ̃˧ mʌ˥
1913 来过两次 ɣʌ˥ ko˥ ko˧ khuã˧
1914 回 ja˥ 或 ȶiat
1915 回家 ja˥ kho˨˩

1916 倒去 ja˦ le˧˩
1917 倒来 〃 kʌ˥
1918 上 ɕio˧
1919 上树 dio˧ ntiʌ̃˦
1920 上山 〃 ɕo˦ 或 ɕɛ˨˥
1921 上楼 〃 ɣue˦ kuã˦
1922 上油 ɕa˦ ji˦
1923 上了人的当 ɕa˥ mpʌ˥ ta˦
1924 下 tʰiʌ˥
1925 下山 tʰiʌ˥·ɕɛ˥
1926 下楼 〃 nʌ˦
1927 骑 mʌ˦
1928 再骑一趟 tsɛ˦ mʌ˦ kʰa˦（或 pʌ̃˥）
1929 骑（以骑在不骑） pʰõ˧
1930 跳 tʰiɔ˦
1931 向前跳 ʔe˧ tiʌ˦ mʌ˥ tʰiɔ˦
1932 跨 za˧˩
1933 跨过这条沟 za˧˩ ko˦ kʰo˥ tɕʌ˥ ŋõ˧
1934 爬 ma˥
1935 滚 lu˧
1936 飞 fɛ˥
1937 扇翅翅（鼓动翅膀） pʌ˥
1938 翔（翅膀不动） fɛ˥
1939 游 si˥
1940 游泳水 si˥ ɕyi˧
1941 玩 lua˧˩
1942 串 tɕʰʌ˥
1943 串门子 gue˧ ɕã˥
1944 逛 ɣa˦ 或 ɣʌ˥（古音）

1945	进去	ya˨ ni˦
1946	进来	ɣʌ˥ ni˦
1947	退	thuɛ˦
1948	退出来	thuɛ˦ tɕhʌ˦
1949	退回来	〃 taʌ
1950	出	tɕhʌ˦
1951	出去	pɛ˧ tɕhʌ˦
1952	出来	pɛ˦ tɕhʌ˦
1953	蹲	tsho˥
1954	磕头	tu˦ tu˧ po˨
1955	低头	niẽ˧ 〃 〃
1956	招呼	io˥ xo˥

1957 拜 pa↑

1958 合十 mi˧ khʌ˧

1959 作揖 tsu˥ ji˥

1960 敬礼 tɕʌ̃˥ li↓

1961 握手 kɛ↓ ɕi˧

1962 招手 ʃɿ˥

1963 挺 tsʌ̃˥

1964 挺着胸脯 tsʌ̃˥ si˥ tɿʌ├

1965 坐 kuΓ

1966 坐下 kuΓ tʰiʌ˥

1967 请坐 tɕhã˧ kuΓ

1968 坐在櫈子上 kuΓ do˧ pe↓ tʌ˥

1969 站 ntiʌ̰Γ

1970 站着说话 ntiʌ̰Γ khʌ˧ tso├ to├

1971 站岗 tsɛ˥ kã˧

1972 站在桥上 ntiʌ̰Γ to˥ ku├ tiʌ├ nõ˧

1973 靠 kho├

1974 靠近 khoΓ dʑi˧

1975 依靠别人 ji˧ khoΓ khuɛ̃˥ ni├ no˧

1976 躺 khoΓ

1977 躺在地上 khoΓ khʌ˧ ntɕiΓ pa├ tiʌ├ nõ˧

1978 睡 tɕhɿ˧

1979 睡觉 〃 fv˥

1980 睡觉了 〃 fv˥ laΓ

1981 睡不着 〃 a↓ tʌ˥

1982 梦 mʌ↓

1983 做梦 mʌ↓ ŋɔΓ

1984 梦见他 〃 tʌΓ npḛΓ

1985 打鼾 xo├ ka↓

1986 打盹 kã├ tɕho↓

1987	更先	si˧ ʂʅ˥ khʌ˧
1988	醒	ɕa˥
1989	睡醒了	tɕhɿ˧ ɕi˥ ɕa˥ la∧
1990	睁	khʌ˥
1991	睁开眼	khʌ˥ khʌ˧ ŋue˧
1992	眨	tsɿ꜔
1993	眨眼	tsɿ꜔ ŋuo˧
1994	瞄	ko꜕
1995	瞪	tiʌ∧
1996	伏	pia꜔

1997 伏在树上 pia꜒ do˥ tio꜓ tiʌ꜓ nõ˧
1998 仰 lɛ꜓
1999 仰起头来 lɛ꜓ khʌ˧ tu˧ po˨ ŋʌ˥
2000 侧 khɯã˥
侧着身子睡
2001 起 khʌ˧
2002 起来 khʌ˧
2003 起去 khʌ˧
2004 站起来 ntiʌ꜒ khʌ˧
2005 升 ɕi˧
2006 上升 ɕi˥ do˧
高升
2007 落 luo˥
2008 下落 lu˥ tɯʌ˥
2009 陷 xa꜓
2010 陷入泥中 xa꜓ ni꜓ nɛ꜓ xʌ˨
2011 沉 miã˥
2012 沉在水底 miã˥ ni꜓ ɕyi˧ ti˧ xʌ˨
2013 浮 pʌ꜓
2014 浮在水面 pʌ꜓ khʌ˧ ɕyi˧ pi˨ nõ꜓
2015 飘 · phio
2016 飘在空中 phio˧ to˥ kho˥ xʌ˨
2017 流 tsi˥
2018 流水 ɕyi˧ tsi˥
2019 涨价 tɕã˥ ka꜒

2020 溢 lɛo˦
泛溢 ɕyi˧ lɛ˦
2021 跌 tu˥
2022 跌倒 tu˥ pa˥ 或 tu˥ nĩ˧
2023 跌下来 thiʌ˥
2024 扶 tia˦
2025 扶起来 tia˦ khʌ˧
2026 提 thi˥
2027 提倡 thi˦ tshã˥
2028 提高 thi˦ ko˧
2029 垂
坠
2029 挎 kuao˦
2030 举 tɕyi˨
2031 扛（两个或更多的人） khã˨
2032 端 pia˦
2033 撑 thɔ˦
2034 背 iɛ̰˥˧
2035 抗 tɛ̃˥
2036 抗在肩上 tɛ̃˥ xɔ˨ po˦ tiʌ˦ nɔ̃˦
2037 挑 tho˧
挑在肩上
2038 做 tɕu˥
2039 做针线 tɕu˥ tɕɛ̃˥ xʌ˧
2040 做饭 tɕu˥ hɛ̃˧

2041 做工 tɕu˥ be^{2}˧

2042 做事 tɕu˥ ʂɯ˨˩ v˧

2043 办事 pɛ˦

2044 办事公 pɛ˦ ko˧

2045 搞 tɕu˥

2046 干 ka^{2}˦

2047 干活 tɕu˥ tsu˧˥ ɕi˦

2048 苦干 khɯ˨˩ ka^{2}˥

2049 造 tɕu˥

2050 造谣 tsho˥ jo˧˥

2051 制造 tɕu˥ tʂhʌ˦

2052 当 ta^{2}˥

2053 当兵 ta^{2}˥ ku˥

2054 当家作主 ta^{2}˥ tɕa^{2}˥ tɕu˥ tiʌ˧

2055 动 mo˦ lo˦

2056 不要动（自动） ȵiã˥ mo˦ lo˦

2057 不要动这些东西 tɕo˥ nʌ˨˩ ja˧˥ no˧ ve˧
ntɕi˧˥

2058 劳动 lo˧˥ to˥

2059 停 sɿ˦（暂息）

2060 停止 sɿ˦ khʌ˧ mpo˧˥（歇下把）
停顿

2061 休息 ɕa^{2}˥

2062 开始 tɕu˥ khʌ˧

2063 进行 tɕɿ˥ khʌ˧ mpʌ˥ no˧

2064	维持	vɛ˥˦ tʂhʌ˥˦
2065	提前	thi˥˦ tɕhɛ˥˦
2066	搁延	tiɛ̃˥ ko˧（耽搁）
2067	结束	tɕu˥ tʂhʌ˥（做完毕）
2068	倒	nʌ̃˧
2069	倒了	nʌ̃˧ thi˥ ʌ˥ la˥˦
2070	打倒	ta˧ to˧˦
2071	倒过来（上下地）	tɕi˧˦ ti˥ ʌ˧ zuɛ˥˦
2072	倒反（前后地）	lo˧˦ ʏʌ˧ zuɛ˧˦
2073	倒一杯水	tɕhi˥ ɕyi˧ a˩ kɛ˥˦
2074	竖	tuɛ˥
~~2075~~	竖起来	tuɛ˧ khʌ˧……
2075	摸	kua o˧˦
	摸过来	kua˧ ko˧˦
2076	转	zuɛ o˧˦
	转过来	zuɛ o˥˦ kʌ˥
2077	旋转	zuɛ˥˦ vo˧
2078	翻	fã˧
	翻过来	
	〃过去	
2079	翻土	fã˧ nɛ˧˦
2080	翻身	fã˧ tʂhɿ˥ kʌ˩
2081	开~~门~~	khɛ˥
2082	开门	khʌ˥ mɛ˧˦
2083	开不开	khʌ˥ a˩ khʌ˥

2084 开路 khʌ˥ thu˧
开晓
开火
2085 关 ʂɿ˥
2086 关门 ʂɿ˧ mɛ˩˥˩
2087 关不上 ʂɿ˥ a˨ tʌ˥
2088 揭 lo˥ 或 la˥
2089 揭开 lo˥ khe˥
揭收
2090 盖 kɛ˦
2091 盖上 kɛ˦ khʌ˧·
2092 蒙 phu˨
蒙蔽
2093 蒙上一块布 phu˨ khʌ˧ sɛ˦ a˨
2094 罩 | kha˥
2095 绷 tɕi̭˦
绷鼓面
2096 遮蔽 bi˧
2097 隐瞒 bi˧ tso˦
隐藏 tso˦ khʌ˧
2098 潜伏 pia˦ tso˦ khʌ˧
2099 检举 tɕe˨˧ tɕyi˧
2100 露（出现） thʌ˦ tɕnʌ˦
暴露
2101 泄露 tɛ˨ lu˦

	泄露秘密	
2102	揭穿	tɕhɛ˧ tɕhʌ˧
2103	照	tio˧
2104	照顾	tɕo̭˥ kɯ˥
2105	照像	tɕo̭˥ ɕa˥
2106	照抄	tɕo˧ tsho˥
•	照办	
2107	太陽照着	ni˧ phɛ˩ tio˧ tʌ˧
~~[illegible]~~	用灯照一下	
2108	逃	mʌ˧
2109	逃难	tho˥˧ nã˥
2110	逃脱	mʌ˧ tho˥
2111	躲闪	phi˩ tɕhɿ˥ kʌ̭˥˩

2112 跟 tiaɾ
2113 跟開 tiaɾ khe˥
2114 跟 ″ pʌɾ
他小孩跟他
2115 給 zʌ↓
2116 发給 saɾ zʌ↓
2117 供給 ko˥ ″
2118 献 tɕi˦
捐献
贡献
2119 賜 zʌ↓
2120 贈送 ɕo˧ zʌ↓
2121 讨要 tsa↓ ji˦ 或 kă˥
2122 接受 thâ˥ 或 tie˥
领受
2123 推辞 thue˦ tshʌ↓
赏
2124 罰 saɤ˦
处分
2125 摔(丢)(自动) pio˥
2126 扔摔(他动) pio˥ tɕnỹ˥(投掷标枪等)
2127 弃 pio˥ tshʌɾ
弃权
2128 接(承接) tɕe˥ 或 thâ˥

2129 迎 nie˨
迎接
欢迎
2130 送（如：送客）ɕo˧
欢送
2131 陪伴 phẽ˥ tɕa˨
2132 搭伴 ta˦ 〃
2133 拍 pʌ˦
2134 拍手 〃 ɕi˧
2135 打 tsa˦
2136 拿拳头打 ɕi˧ ne˧ khʌ˧ tsa˦
2137 拿手掌打 khɛ˥ ɕi˧ si˥ pʌ˦
2138 拿棍子打 khua˦ tsa˦
2139 拿棒打 〃 tɕho˦ tsa˦
2140 抽打（如：拿鞭子抽）tɕho˧ ta˦
2141 衝打（如：以拳向前打）tsa˦ nɛ˥ khʌ˧ tsa˦
2142 打中了 tsa˦ tʌ˦ la˦
2143 设中 〃 a˨ tʌ˦
2144 打架 sã˧ tsa˦
2145 打油 ta˦ ji˦
打更夜
2146 打人 tsa˦ ni˦ kã˥
2147 打粮食 pʌ̃˧ tshã˥ bẽ˧
2148 打畜牲 tsa˦ ŋʌ˦ mã˧
2149 打石头 tsa˦ tu˨ khuɛ˥

2150 拚 phi ˧
2151 拚命 phi ˧ mĩʌ ˥
2152 射 tiu ˦
射去
2153 撑 ʂɿ ˥
2154 撑开 ʂɿ ˥ ɕi ˧
撑刀
2155 搞 tɕi ˧
2156 捏 nɛ ˥
2157 摔 suɛ ˦
2158 揣 tshuɛ ˨
2159 扭 ji ˦
2160 抓 tsua ˦
抓住
2161 揪 dʑi ˧
2162 挠（搔 痒 tɕhi ˥
2163 按 ju ˦
2164 採 tia ˦
採花
2165 採买 mã ˦ ɕa ˦
2166 摘 pa ˦
2167 描 tia ˦
2168 弹 to ˦
2169 指（以手指或他物）tʂɿ ˧
2170 指示 tʂɿ ˧ ʂɿ ˦

2171 指导 tʂʅ˧ to˧˩
2172 摸 mo˧˩
　　摸[illegible]
2173 感觉 tia˧˩ tʌ˧˩
2174 摇 ju˧˩
2175 摇动 ju˧˩ to˥˩
　　摆动
2176 摆手 ju˧˩ ɕi˧
　　震动
2177 撒 lo˧˩ tʂhʌ˥
2178 扑 pã˧˩
　　扑灭
　　扑空
2179 扫 thu˧˩
　　扫荡
　　扫除文盲.
2180 搽 tsha˥
2181 摩擦 mã˥ ta˧˩
2182 磨 mo˨˩˦
2183 磨刀 〃 ji˥ tã˥
2184 研 ɣʌ˧˩
2185 研墨 ɣʌ˧˩ mʌ˧˩
2186 挤 ʂʅ˥
　　[illegible]
2187 丢掉（不要了） pio˥ xo˧

2188 捡（拾） tʂʌ˧˥˧
2189 揹 pio˥
2190 挽 khe˥
2191 攀 tia˧
携
2192 揚 piɛ˩ ; zɿ˧ tʂhʌ˧
2193 溢 piɛ˦
2194 拿 khɛɯ˥
拿 着
2195 端 tɛ˥
2196 放 xo˧˥˧
2197 放置 xo˧ tiʌ˥
2198 放心 ʦo˥ ɕʌ̂˧
2199 放哨 ʦa˧ ɕo˧
2200 摆 pɛ˧
摆在桌上
2201 取 khɛ˧
2202 取消 khɛ˧ xo˧ tʂhʌ˥
2203 用 ȵio˦
2204 簸 po˧
2205 簸糠 po˧ thio˥
2206 颠簸 khua˥ po˧
2207 舂 ta˩
2208 黏 ȵiẽ˥
2209 贴 tɕha˦

2210 蘸 pʌ̂˥
2211 流 kʌ˦
2212 流泪 kʌ˦ mi˥ ji˨˩
水向东流
2213 洗 ɕi˧ ʔi˥
2214 洗衣服 ɕi˧ ʔi˥ pɛ˥
2215 洗澡 tɕu˧ lɛ˨
2216 晒 xa˨˩
2217 晾 so˥
2218 冻 to˥
2219 漫 lɛ˥
2220 浇 ta˨

2221 洒 sa˧˥
2222 泼 tɕhi˥
2223 滴 tɕɿ˦
2224 漏 ɣʌ˧˥
2225 淹 ʔa˦
2226 渡 ko˦
2227 横 ɣa˨˩
2228 抱 bʌ˧
2229 打扬 tiu˥ ɕu˥
2230 踢 thue˧˥
2231 踩 ta˨˩
2232 践踏 ta˨˩ tso˥
2233 蹂躏 ȵi˦
2234 蹬 tʌ˧
2235 顶 tʌ˧˥
2236 撑 tia˦
2237 垫 ti˦
2238 压 ʔja˦
2239 压迫 ja˧ phɛ[illegible]˨˩
2240 杀 xa˦
2241 宰（指牲畜） xa˦
2242 砍 tṵ˦
2243 剁 to˨˩
2244 刮 kuã˥
2245 刺 tɕha˦

2246 擡 thɑ˥
2247 切 tɕhue˧
2248 剥 ɕa˨
2249 刻（雕刻） khʌ˥
2250 钻（孔） ʑe˨
2251 钻（进洞去） ʑe˨
2252 削 ɕu˨
2253 剔 ntse˨
2254 剔牙 ntse˨
2255 剁 pi˨
2256 夹 ka˨
2257 拆 tɕi˨
2258 摧 ɱɑ˥
2259 扒 khe˥
2260 拖 khe˥
2261 牵
2262 牵猪 khe˥
2263 抽 thuɛ˥
2264 拔 pia˨
2265 钩 kɿ˥
2266 搁置 tɛ˥
2267 卷 tɕuɛ˨
2268 包 po˥
2269 拟 tshɿ˥
2270 捣碎 tshɿ˥ xo˨

2271 掰 ʂa˦
2272 擗开 phi˥
2273 扯 tsuɛ˦
2274 隔开 ka˦ khi˥
2275 分开 ʂʌ̃˥ 〃
2276 分别（别离） sa˥ ʑʌ˥
2277 割线 ka˦
a˧ ta˥
2278 孩儿离开不了娘 ɕuæ˧ tu˧ tsi˧ mpʌ˥ mu˧
2279 连接 kua˥ kʌ̃˥
2280 扣（互用纽扣扣上） kha˦ 或 kho˥
2281 扣押 kho˥ ja˦
2282 挂 kua˦
2283 [illegible] t:o˦
2284 勒 lʌ˥ 或 tʌ˥
2285 敲诈 sẽ˥ tsa˦
2286 遗失 tso˧ ja˧
2287 抢夺 tɕha˨˩ pi˦
2288 侵略 tɕʌ̃˧ lo˥
2289 霸占 pa˦ tsɛ˦
2290 侮辱
2291 惹 to˧
2292 惹祸 to˧ xu˦
2293 逗 to˧
2294 偷 ntie˥
2295 偷懒 pa˦ jo˧ kʌ˧

2296 贪污 tha˧ u˧
2297 尖 tʂhʌ˥
2298 寻找 ʂɛ˨ ʐi˨
2299 迷 mi˦
2300 折叠 ɕɣe˥
2301 撬 tɕho˦
2302 挖 ua˦
2303 扒 pa˦
2304 掏 kɛ˦
2305 填 thie˦
2306 塞 tɕhi˥
2307 挡 tã˧
2308 捆 khuẽ˥
2309 捆上 khʌ˧
2310 拴 ʂo˨
2311 系 ʂo˨
2312 套 tho˦
2313 绊 phɛ̃˦
2314 结 tɕa˦
2315 缠绕 thiɛ˥ ʐo˥
2316 解 thɛ˦
2317 解开 thɛ˦ khi˥
2318 散（捆着的东西） sa˨
2319 享福 ɕã˧ ʂu˥
2320 受 ɕo˦

2321 受气 ɕo˦ tɕʰi˦
2322 受苦 kʰu˧
2323 受不了 ɕo˦ tʰiʌ˨˩ a˨˩ ta˦
2324 吃 jɯ˦ ji˦
2325 吃饭 jɯ˦ tsʰã˥ bɛ˧
2326 吃粮 tɕʰɛ̃˧˥ kʰɯ˥
2327 饿 uɛ̃˦
2328 羞 ɕo˧
2329 [illegible]养 ɲɯ˧ ja˧
2330 养鸡 ɕo˧ ke˥
2331 养羊 ɲio˦
2332 喝 ʔʌ˧
2333 喝水 ɣʌ˧ ɕyi˧
2334 咽 tsɿ˦
2335 吮 〃
2336 食钱 tɕi˥ kʰa˦
2337 酒 tso˧
2338 饱 pʌ˧
2339 咬 ŋa˦
2340 嚼 〃
2341 反胃 ŋa˦ ntsɛ˥
2342 燃 ji˥
2343 煮 ji˦
2344 吐 tʰu u˥
2345 呕吐 ti˦ tʰu˥

2346 嚼 ȶu 嚼 ȶio˧˩
2347 啣 ka˧˥
2348 咳嗽（毛病）kho˦ sʌ˧˩
2349 打哈欠 tɕhi˧˩ xo˦
2350 打喷嚏 a˥ tshɿ˦ ji˧˩
2351 打嗝 ta˧ kɯ˧˥
2352 喘气 ȶuɛ˧˩ tɕh˧˥
2353 呼 phu˧
2354 吸 si˥
2355 叹气 xo˧ tɕhi˦
2356 呻吟 xɛ̃˦ tʂhʌ˧˥
2357 吹 phʌ˦
2358 吹奏（乐器）phʌ˦
2359 舔 tʂɿ˧
2360 吻 tɕo˨˩
2361 接吻 sã˦ tɕo˨˩
2362 嗽 no˨˩
2363 嗽口 no˨˩ tɕu˧ kuã˦
2364 喷 phʌ˦
2365 说 tso˧˥
2366 说话 to˨˩
2367 说谎话 tso˨˩ xa˧˥ ŋo˧˥
2368 谈 tha˧˩
2369 讲 tɕa˧˩
2370 讲故事 tɕa˧˩ ku˦ sɿ˦

2371 翻蹄 fɛ˧ ʝi˦

2372 n˧˥ ma˨ [illegible]

2373 n˧˥他来 ʋu˥ pʌ˥ mʌ̃˥

2374 牛n˧˥ ŋʌ˨ mɔ˨

2375 猪n˧˥ tɛ˦ 〃

2376 马n˧˥ mə˧ 〃

2377 羊n˧˥ ɲiɔ˨

2378 公鸡n˧˥ ke˥ po˥ ma˨

2379 母鸡n˧˥ 〃 mo˧.

2380 吼（快乐地） ʔo˦
2381 闹 no˦
2382 吵架 tsho˩ tɕao˥
2383 响 ɕã˦ 或 xie˥ ma˦
×2384 唱 thiã˥
2385 唱歌 tshã˦ ko˧
2386 问 piɛ˦
2387 访问 tɕhi˦ piɛ˦
2388 会 xuɛ˦
2389 答 tie˦
2390 告诉 ŋkɑ̂˦ zɿ˨
2391 知道 suɛ˩ la˦
2392 懂
2393 认识 ŋ̂ɑo˥ tɕɛ̂˥ .
2394 我认识他 ŋo˩ ŋ̂ɛ˥ tɛ˥mɯ˦ɑ̂˦
2395 仪 si̭˩
2396 不仪 a˩ si˩
2397 解决 kɛ˩ tɕuɛ˥
2398 解释 ： ɛ˥
2399 和解 xo˦ kɛ̂˦
2400 调解 thio˦ ：
2401 劝 tɕhyɑ˦
2402 比喻 pi˩ yi˦
2403 举例 ： ：

2404 证明 tɕʌ˥ miʌ˥
2405 承认 tsʰʌ˨˩ zʌ˧˨
2406 否认 ŋa˥ zʌ˧
2407 忍 jʌ˧

脾气

2408. 安慰 ʔã˧ ʏi˦.
2409. 同情 tho˥ tɕhĩ˦
2410. 关心 kuẽ˧ ɕĩ˧
2411. 偏心 phiɛ˧ 〃
2412. 偏 khua˥
2413. 撑腰 tshĩ˧ jo˧
2414. 埋怨 me˦ ye˥
2415. 怪 kuɛ˧
2416. 责备 tsɛ˥ kuɛ˧
2417. 挑拨 thio˧ po˥
2418. 引诱 ko˥ ji˥
2419. 勾结 pi˥ kʌ̃˥ khʌ˧
2420. 妒忌 tɕe˩ tu˩
2421. 羡慕 ɕɛ˧ mõ˧
2422. 虐待 nio˩ tɛ˧
2423. 折磨 tsɛ˩ mõ˩.
2424. 控诉 kõ˩ sõ˧
2425. 夸 khua˥
2426. 叹 va˧
2427. 欺骗 tɕhi˧ phiɛ̃˥
2428. 说谎 lɛ˥ tɛo˧
2429. 猜 ntiʌ˧
2430. 猜谜 ntiʌ˥ tʌ˧
2431. 赌 tɕe˩
2432. 赌钱 tɕe˩ pia˧
2433. 赌咒 sa˧ mã˧
2434. 宣誓 ɕʏe˧ sɿ˥

2435 修罪 tʌ˦ dzuɛ˧

2436. 料理 phɛ˨ li˧

2437. 原谅 ɣe˥ n̠ia˥

2438 懊悔 o˦ xuɛ˨

2439 笑 sɯ˨

2440 微笑（不出声） khʌ˨ sɯ˨

2441 嘲笑 khʌ˨ tso˨

2442 哭（有声的） kho˦

2443 泣（无声的） tɕhi˦

2444 嚎 tia˦ ka˦

2445 交代（用语言） tɕo˧ tɛ˦

2446. 介绍 kɛ˦ so˩

2447. 邀约 sa˥ ko˥

2448. 宴请 tɕhɛ˧ kha˥

2449 招待 tɕo˧ tɛ˦.

2450 感激 kã˧ tɕi˥
2451 麻烦 ma˦ fɛ˦
2452 谢谢 ɕẽ˦ ɕẽ˦
2453. 客气 khʌ˥ tɕhi˥
2454. 协商 ɕe˥ ɕã˧
2455. 商量 ɕã˥ niã˥
2456 探讨 tɕe˧ thõ˧
2457 批评 phi˧ phi˥
2458. 开会 kue˧ xuɛ˥
2459. 参加 tshã˧ tɕã˧
2460. 讨论 tho˧ nuɛ˥
2461. 同意 tho˦ ji˥
2462 提议 thi˦ 〃
2463 决定 tɕuɛ˥ tiʌ˥
2464. 通过 tho˧ ko˥

2465. 散会 sa˥ xuɛ˥

2466. 宣佈 ɓuɛ˧ pɤ˥

2467. 散 kã˥

2469. 散步 kã˥ su˥

2470. 醒 ɣɯ˦

2471. 睡觉 ɓo˥ ɓi˥

2472. 看 ʔɛ˧ tɤ˦

2473. 看到 〃 tɕʰʌ˥

2474. 看見 〃 tɤ˦

2475. 斜视 kʰʌ˥ ʔɛ˧

2476. 轻视 ʔɛ˧ a˨ tɕʌ˥

2477. 盼望 ʔɛ˧ mpʌ˥ tiʌ˦

2478. 听 tɕʰã˥

2479. 听見 〃 tʌ˦

2480 偷听 khʌ˥˧ tɕhã˥

2481 探听 tha˥ thiʌ˥

2482 闻（嗅） thu˥

2483 闻见 〃 tʌ˦

2484 记（憶） tɕi˦

2485 爱 uã˦

2486 忘 khu˧ mʌ˨˩ si˥

2487 想 mi˧

2488 思念 sã˥ mi˧

2489 挂念 thʌ˨˩ mi˧ tʌ˧

2490 顾虑 khɯ˦ luɛ˦

2491 回忆 mi˧ khʌ˧

2492 回味 xuɛ˥˧ vɛ˥

2493 报仇 thuɛ˧ tshʌ˥

2494 测量 tshʌ˥ niã˦

2495. 计算 tɕi˧ suɛ˦

2496 平均 phi˦ tɕyi˧

2497. 计划 tɕi˥ xua˥

2498. 规定 kuɛ˧ tiʌ˥

2499 准备 tsuɛ˩ pi˥

2500 筹备 tsho˦ pi˥

2501 预防 yi˥ fa˦

2502. 配合 puɛ˧ xo˥

2503 催 kʌ˧

2504 催快 kʌ˧ nɛ˦

2505 恨 xʌ˥

2506 嫌

2507 讨厌 tho˩ niɛ˥

2508. 操 tsho˧

2509. 操心 tsho˧ pɯ̃˧

2510 锻炼 tuɛ˧ niɛ˦

2511 喜欢 ɕi˧ xuã˥

2512. 好 xo˦

2513. 好喝酒 xo˦ ʔʌ˧

2514 好读书 〃 ɣʌ˦ su˥

2515 怕 kẽ˥

2516 害怕 〃

2517 吃惊 tɕi˥ khʌ˧

2518 一般狂 mi˧ kuɛ˦ tɕ v˦

2519 嗐 xʌ˩

2520 吓唬 xʌ˩

2521 吓人 xa˩ ni˦ ka˥

2522 怒（生气） tv˦

2523. 人直 tɕʔ˥

2524. 这东西值多少钱 nʌ˩ jã˦ ve˧ ntɕi˦ ka˦ ti˥ tin˦

2525. 价值 mʌ˥ ka˦

2526. 估价 ku˥ mpʌ˥ ka˥

2527. 买 ma˧˥

2528. 卖 kʌ˧

2529. 赔 pa˧

2530. 赚 tsa̰˨˩

2531. 借（钱） tɕa˧

2532. 抵押借（无利息） la˥ tɕa˧

2533. 租 tso˧

2534. 租田 tso˧ ntɕḭ˥

2535. 租房子 〃 xa˨˩

2536. 出租 〃 tɕʰʌ˥

2537. 减租退押 tɕẽ˨˩ tsu˧ tʰuɛ˥ ja˥

2538. 赊 tɕi˧

2539. 欠 tɯnɛ˥ 或 vɛ˧

2540. 还 pa˦˥

2541 还钱 pa˦˥ tsi˦˥

2542. 还帐 〃 ~~tsã˧~~ ve˧ tɕi˥˩

2543 还债 〃 tsã˦˥

2544 押 ja˦˥

2545. 赎 tɕo˦˥

2546 赔偿 pa˦˥

2547 搬 pa˦˥

2548 搬东西 pa˦˥

2549 搬家 〃 xa˨˩

2550 搬东西 〃 ve˧ n tɕi˦˥

2551 联络 ɲiɛ˨˩ lo˥

2553 (甲) 交换 sa˥ mĩ˧

2553 (乙) 更换 xuɛ˥ 或 mĩ˧

2554 传递 tsuɛ̃˨˩ tẽ˦˥

2555. 要求 jo˧ tɕho˦
2556. 允许 ɕi˨
2557. 批准 phi˧ tsue˧
2558. 担 tã˨
2559. 担罪 tã˨ tsue˨
2560. 追赶 tɕi˨
2561. 赶牛 tɛ˧ ŋʌ˨
2562. 赶马 〃 ma˧
2563. 溶化 lɛ˨ ɕu˥
2564. 凝结 ŋʌ˨ kɯ˧
2565. 铸 tɕi˨
2566. 焊 ŋã˥
2567. 焊锡 ŋã˥ ɕi˥
2568. 镀 tu˥
2569. 镀金 tu˥ tɕi˧

2570. 镰 ɕo˧

2571. 镰把 ɕo˧

2572. 镰尖 〃 tɕi˧

2573. 镰弯子 〃 ɕo˩ ku˥

2574. 镰齿 〃 tɕu˧ pa˥

2575. 烧蜂 ɛ˥ tɕu˥

2576. 蒙雾 ɛ˥ ma˦

2577. 生锈 tɕhi˥ ɕo˥

2578. 破 pho˩

2579. 摔破 ɛi˥ pho˩

2580. 打破 ta˦ pho˩

2581. 破坏 pho˦ xuɛ˦

2582. 碎 ɕu˩

2583. 打碎 tsa˦ ɕu˩

2584. 粉碎 mõ˥ 〃

2585 飞 kɑ̯˧

2586 飞开 kɑ̯˧ khe˥

2587 飞缝 pã˥

2588 缺 tɕhuɛ̃˥ 或 khu˥

2589 缺口 ɕu˧

2590 管 kho˥

2591 管过来 kho˥ ɣʌ˥

2592 保险 ɕo˥ ɕi˧

2593 表 pio˥

2594 补 pɑ̯˧

2595 补锅 pɑ̯˧ thiɑ˥

2596 补衣服 〃 ji˥

2597 补充 pɑ̯˧ tsʰo˧

2598 改 kɑ̯˥

2599 改正 ke˧ tɕĩ˥

2600 改造 ke˦ tsho˥

2601 改革 〃 kʌ˥

2602 变 pɛ˦

2603. 改变 ke˦ piɛ˦

2604. 成 tia˦

2605 做成 tɕu˥ tia˦

2606. 订 tiʌ˦

2607 预订 yi˦ tiʌ˦

2608 经过 tɕĩ˦ ko˥

2609 错过 tso˦ 〃

2610 遇见 yi˦ tɕiɛ˦

2611 碰 pʰʌ̃˦

2612 超过 tsho˦ ko˥

2613 比较 pi˦ tɕo˥

2614 选择 ɕuɛ˦ tshə˥

2615 代替 tʰi˦ tɛ˦

2616. 董 tɕi˧

2617 派遣 pʰɛ˦ tɕʰɛ̃˧

2618 锻炼 ʐiʌ˧

2619. 留 lio˥

2620 保存 po˨˩ tsuɛ˦˥

2621 生活 sʌ˧ xo˥

2622 节省 tɕe˨˩ sʌ˨˩

2623 储蓄 tɕʰu˦˥ ɕu˥

2624 浪费 na˥ fɛ˥

2625 斗不了 nta˦˥ fo˥

2626 生养（生育） ɕo˧ xe˥

2627 难产 ɕo˧ nie˦

2628 流产 ɕo˧ u˦˥

2629 生小鸡 ɕo˧ sɛ˦ ke˥

2630 生小牛 ɕo˧ sɛ˦ ɣʌ˦

2631 解 ʔɛ˦

2632 解卵 ʔɛ˦ sɛ˦

2633 生长 ɕo˧ ntɑ˦

2634 像 phio˥ 或 sa˥ zue˦

2635 人也生得像你 ʔmpo˦ sa˥ phio˥ nʌ˥ mʌ˥
或 mpo˦ sa˥ zue˦ nʌ˥ mʌ˥

2636. 试 ʂɿ˨

2637. 试一试 ʂa˩ a˩ ʂɿ˨

2638 实行 ʂɿ˥ ɕʌ˦

2639 调查 thio˥ tɕha˦

2640 搜集 ɕo˧ tɕɛ˥

2641 研究 niɛ˦ tɕo˥

2642 统计 tho˩ tɕi˥

2643 服侍（如服侍病人）ʂu˦ sɿ˥

2644 为人民服务 ue˥ jʌ˦ f˩ vo˥

2645 提拔 tʰi˥ pã˥

2647 降低 tɕã˥ ti˧

2648 提高 tʰi˦ ko˧

2649 解放 kɛ˧ fa˥

2650 捉 kɛ̭˦

2651 捕 kɛ̭˦

2652 捕鱼 kɛ̭˦ ŋu˧

2653 捕鼠 ɕu˧

2654 搜查 so˧ tsʰa˥ 或 tsʰu˨˩

2655 释放 ʂɿ˥ fa˥

2656 看守 kʰã˥ ɕo˨˩

2657 保卫 po˨˩ ue˥

2658 保护 〃 xu˥

2659 选举 ɕye˨˩ tɕyĩ˨˩

2660 巡逻 ɕyẽ˦ tsʰa˦

2661 侦察 tɕʌ˧ tsha˥

2662 攻击 ko˧ tɕi˧

2663 包围 po˧ tɕi˥

2664 围困 uɛ˥ khuɛ˥

2665 陷落 ɕɛ˧ lo˥

2666 防 fa˥

2667 抵抗 ti˩ khã˥

2668 抗拒 kha˧ tɕyi˧

2669 反对 fɛ˩ tuɛ˥

2670 牺牲 ɕi˧ sʌ̃˧

2671 牺牲生命 ɕi˧ sʌ̃˧ sʌ̃˧ miʌ̃˥

2672 挑战 thio˧ tsɛ̃˥

2673 佔领 tsɛ̃˥ nĩʌ˩

2674 投降 tho˥ ɕã˥

2675 退出 thue˧ tɕhʌ˥

2676 轰炸 xo˧ tsa˥

2677 爆炸 po˥ 〃

2678 冒火 mo˥ xo˨˩

2679 救 kʌ˧˥

2680 帮助 pã˧ tsu̯˥

2681 互助 xu˥ tsu˥

2682 抹粒 to˧˥ tʂʅ˥

2683 合作 xo˥ tso˥

2684 团结 tʰuɛ˧˥ ~~xo˥~~ tɕi˥

2685 联合 ȵiɛ˧˥ xo˥

2686 发展 fa˥ tsɛ˧˩

2687 发动 fa˥ to˥

2688 发动群众 fa˥ to˥ tɕʰuɛ˧˥ tɕo˥

2689 吸收 ~~mo˥ ɕo˧~~ ɕɛ˥ ɕo˧

2690 没收 mo˥ ɕo˧

2691 收回 ɕo˧ xuɛ˦

2692 收获 tso˧ kʌn˧

2693 排列 phɛ˦ lɛ˥

2694 掌握 tɕã˧ u˥

2695 魄力 po˧ pɛ˥

2696 组织 tsu˧ tʂɿ˥

2697 号召 xo˧ tso˧

2698 响应 ɕã˧ niʌ̃˥

2699 领导 niʌ̃˩ to˥

2700 统治 tho˩ tʂɿ˥

2701 管理 kue˧ li˧

2702 治理 tʂɿ˧ 〃

2703 把持 po˧ tʂhɿ˦

2704 克服 kʌ˥ fu˥

2705 恢复 xuɛ˧ fu˥

2706 表现 pio˧˩ ɕɛ˥

2707 搀鞋 tshe˧ tsa˥

2708 违背 uɛ˦ pɛ˥

2709 人命 zʌ˦ miʌ˦

2710 劝告 tɕʌ̃ ko˦

2711 奖励 tɕã˧ li˦

2712 表扬 pio˧˩ jã˦

2713 镇压 tɕʌ˥ ja˥

2714 肃清 su˥ tɕhʌ̃˧

2715 消灭 ɕo˧ miɛ˥

2716 绝 tɕuɛ˥

2717 减少 tɕe˧ ɕo˧˩

2718 省略 sʌ̃˧˩ lo˥

2719 增加 tsʌ̃˧ tɕã˧

2720 绝望 v˧ tiʌ̃˥

2721 發明 fa˥ miʌ˧˥

2722 創造 tʂʰuã˥ tsʰo˥

2723 生產 sʌ˧ tsʰɛ˧

2724 進行 tɕɛ˥ sʌ˥

2725 發展 fa˩ niʌ̃˥

2726 願意 ȵiuɛ˦ ji˥

2727 繼續 tɕi˥ su˥

2728 必須 pi˧ ɕyi˧

2729 認當 ȵiʌ˥ tã˧

2730 可以 kʰo˩ ji˩

2731 會 xuɛ˥

2732 會說 kʰo˧ ɕua˥ 或 kʰo˧ tso˦

2733 會做 kʰo˧ tɕu˥

2734 敢 kã˧

2735 對 tue˦

2736 伺 ʔe˧

2737 燃 za˥

2738 浇 ta̭˦

2739 烧 ŋa˦

2740 有 ue˦

2741 比 pi̭˦

2742 要 niũ˦

2743 操 ʔɛ˥

2744 操打 ʔɛ˥ tsa˦

2745 操唱 ʔɛ˥ tia˦ ka˦

2746 谈 kɛ˦

2747 谈配 kɛ˦ si˧

2748 谈亲 kɛ˦ xa˦

2749 属 su˥

2750 颜色 ni˥ sʌ˥

2751 红 thiɑ˦

2752 黄 ŋo˦

2753 白 pa˩

2754 黑 xʌ˦

2755 绿 tɕhɛ˦

2756 青 〃

2757 蓝 piɛ˦

2758 花 xo˥

2759 紫 ʔo˧

2760 灰 xuɛ˧

2761 深 ʂɿ˥

2762 浅 po˩

2763 淑 tɕo˩

2764 淡 po˩

2765 稠 ȵi ˦
2766 稀 xã ˥
2767 稀饭 pʰa ˥ jo ˩
2768 高 kã ˥
2769 低（矮） dzuɛ ˧
2770 难 ŋe ˦
2771 易 u ˦
2772 大 nta ˥˧
2773 小 sɛ ˦
2774 多 ti ˥
2775 少 ɕu ˧
2776 相当 sã ˥ diʌ ˧
2777 长 tio ˦
2778 短 tɕʰi ˥
2779 粗 tɕʰu ˥
2780 粗 tɕʰu ˥
2781 细 mo ˥˧
2782 厚 gʌ ˧
2783 薄 po ˩
2784 宽 kʰuã ˥
2785 窄 tia ˦
2786 扁 pɛ ˩
2787 空 kʰo ˥
2788 方 fɛ̃ ˧
2789 圆 yuɛ ˩
2790 偏 pie ˧
2791 歪 vã ˥
2792 斜 kʰua ˥
2793 正 tʂɿ ˥
2794 反 fã ˧

2795. 耙 pa˨
2796 絲綢 su˧
2797 凸 kã˥
2798 凹 dzuɛ̃˧
2799 耙地 pa˨ tɕã˧
2800 凸凹 kã˥ kã˥ dzuɛ˧ dʐuɛ˧
2801 陡 phiɛ̃˥
2802 順 ɕuɛ˨
2803 逆 kua˨˩
2804 乾 kã˥
2805 尖 tsɿ̃˥
2806 濕 xiɛ̃˥
2807 鬆 so˥
2808 緊 tɕi̯˦˨
2809 彎曲 vã˧
2810 直 tue˥
2811 硬 nie˦˨
2812 軟 phã˥
2813 結實 kɛ˥ gʌ˧
2814 不結實 ja˥ kɛ˥ gʌ˧
2815 鬆脆 so˥ tshuɛ˥
2816 斜 si˥
2817 叶鬆 si˥
2818 旧 n̩ kʌ˦˨
2819 幼 sɛ˦˨
2820 老 ku˧
2821 衰 ɕyɛ˨
2822 旺 yuã˨
2823 残缺 khu˥ tha˨
2824 圓滿 yuɛ˨˩ mẽ˧

2825 满（如：水满） mɛ̃˧

2826 贵 ka˦ nto˧˩

2827 贱 phi˥ je˧

2828 生 xiɛ ˥

2829 熟 tɕo˨˩

2830 味道 mpʌ̂˦

2831 咸 tsho˨˩

2832 甜 ɕo˥

2833 苦 kho˧

2834 酸 ɕue˥

2835 辣 tʂhi˥

2836 可口（好吃） ji̥˥ mɛ̃˧

2837 油腻 tɛʔ˥ ŋʌ˨˩

2838 腥 ɕã˥

2839 鲜 ɕẽ˥

2840 香 ɕo˥

2841 臭 thu˨˩

2843 韧 ɣẽ˧（软）

2844 滑 tuɛ˨˩

2845 涩 ɛ̥ʔ˦

2846 毒 tɕu˥

2847 光 tẽ˧

2848 快 ji̥˦

2849 慢（不快） a˨˩ ji̥˦

2850 精 tɕʌ̃˥

2851 匀 yuɛ˨

2852 美 tɕho˥

2853 醜 xɛ˨

2854 嫩 mĩõ˩

2855 弱 jo˥

2855 瘸 jo˥
2856 驼背 ʐe˥ ku˩
2857 高 ko˩
2858 聪明 tsho˥ mĩ˥
2859 伶俐 ȵin˦ ~~thu˦~~ li˥
2860 糊涂 xo˦ thu˦
2866 无用 v˦ ȵio˥
2867 结实 tɕɛ˦ mɑ̃˥
2869 舒服 su˧ fo˥
2870 公平 ko˧ phi˦
2871 爽直 tsuɛ˦ tɯ̃ɛ˥（最直道）
2872 虚心 ɕyi˧ ɕɑ̃˧
2873 谦虚 tɕhẽ˥ ɕyi˥
2874 虚伪 ɕyi˧ vɛ˥
2875 刻薄 khɑ˥ po˥
2876 狡猾 tɕo˩ xua˥
2877 骄傲 〃 ɣɔ˥
2878 乖 tɕɛ˥
2879 大胆 tɕa˦
2880 诚恳 tshɑ̃˦ khɑ̃˧
2881 诚实 〃 ɛ˥
2882 可靠 kho˩ kho˦
2883 老实 lo˩ ɛ˥
2884 顽皮 lɛ˩ pi˦ 或 ʐɛ˧
2885 泼辣
2886 勇敢 ȵio˩ kɑ̃˩
2887 能干 tiɑ̃˧ sa˦
2888 笨 pa˩ vɑ˩
2889 惊慌 tɕi˥ xuɑ̃˥

2890 害羞 xa˥ ni˨˩ si˧
2891 萎靡 ue˨˩ mi˨˩
2892 亲切 tɕʰĩ˥ se˥
2892 温和 niõ˥ na˧˥
2893 安静 ŋa˧ tɕʌ˥
2894 乖 niõ˥ ni˦ kã˥ ko˦
2895 暴躁 po˥ tsho˥
2896 阴险 ɲɪʌ˧ ɕɛ˨˩
2897 猖狂 tshã˧ khuõ˧˥
2898 慈善 tshɿ˧˥ se˥
2899 残忍 tsha˧˥ zĩ˨˩
2900 凶狠 ɕi˥ xʌ˨˩
2901 凄惨 tɕʰi˦ tshã˦
2902 可怜 niã˥ kʌ˦
2903 可惜 ko˦ si˥
2904 可恶 kho˨˩ ɣo˥
2905 可恨 〃 xʌ˦
2906 沉默 tɕʰĩ˧˥ mĩ˥
2907 孤单 ku˥ tã˥
2908 [illegible] sɛ˧˥ si˥
2909 拘束 tɕyi˧ su˥
2910 疏忽 su˧ xo˥
2911 疏远 〃 ɲyẽ˧
2912 积极 tɕi˥ tɕi˥
2913 消极 ɕo˧ 〃
2914 [illegible] se˧ tɕʰɿ˧
2915 慷慨（大方）khã˨˩ khɛ˦
2916 吝啬 ɕo˨˩ tɕʰi˦
2917 清洁 kã˥ tɕi˧˥
2918 污秽（肮脏）tsã˧

2919 整齐 tsi˦ tsa˧˥
2920 杂乱 tsa˧˩ nuɛ˥
2921 努力 no˧ liɛ˥ 或 nio˧˥ ɣʌ˧˥
2922 勤快 tɕhʌ˧˥ khuɛ˥
2923 懒惰 pa˧˥ jo˧ kʌ˧
2924 [illegible] tɕi˧˥
2925 闲暇 ɕã˥
2926 仓皇 tshã˥ xuã˥
2927 [illegible]然 ʔo˦ tɕhi˦
2928 痛苦 tho˥ khu˧˩
2929 高兴 ko˧ ɕʌ˥
2930 快乐 khuɛ˥ lo˥
2931 痛快 tho˧ khuɛ˥
2932 透明 tho˦ miʌ˧˥
2933 光明 kuã˧ 〃
2934 灿烂 tshɛ˥ nã˥
2935 闪烁 ʂɛ˧˩ ʂo˥
2936 黑暗 mia˧˥
2937 模糊 mo˨ xo˧˥
2938 萧条 kʌ˥ piɛ˦
2939 荒凉 xuã˧ nia˥
2940 干枯 kã˧ khv˧
2941 茂盛 mo˥ pʌ̃˥
2942 平[illegible] niɛ˧˥ kʌ˥
2943 坚强 tɕɛ̃˧ tɕhã˧˥
2944 要紧 tsɛ̃˧ ʃo˧
2945 平安 phiʌ̃˧˥ tʌ˧
2946 危险 uɛ˥ ɕɛ˧˩
2947 合适 xo˧ ʂɿ:˥
2948 妥当 tho˧ tã˥

2949 巧 tɕho˧
2950 简单 tɕe˩ tã˧
2951 复杂 fo˥ tsa˥
2952 周密 tɕo˧. miɛ˥
2953 平常 pʰĩ˥ tshã˥
2954 普通 pʰʌ˩ tho˧
2955 特别 thɛ˥ pi˥
2956 英明 niʌ̃˧ miʌ̃˧˥
2957 伟大 uɛ̃˧ ta˥
2958 光荣 kuã˧ nio˧˥
2959 高尚 kõ˧ ɕã˥
2960 统一 tho˧ ji˥
2961 独立 tu˧ liɛ˥
2962 准备 tsuɛ˧ tɕho˥
2963 正确 tɕʌ̃˥ tɕho˥
2964 有趣 jo˧ tɕho˥
2965 生动 sʌ̃˧ to˥
2966 滑稽 xua˥ tɕẽ˧
2967 可笑 kho˩ ɕo˥
2968 枯燥 ku˧ tsõ˥
2969 悦耳（[illegible]） tɕhã˥ tia˧
2970 永远 nio˩ nueɛ˧
2971 长久 tɕha˧˥ tɕo˧
2972 暂时 tsa˥ ɛʐ˧˥
2973 预先 ʑi˥ ɕɛ̃˥
2974 随后 suɛ˧˥ xo˥
2975 偶然 ɣo˧ zɛ˨˩˦
2976 常常 tɕha˧˥ tɕha˧˥ 时常 thʌ˧˥
2977 屡次 kuɛ˥ khuɛ˧
2978 忽然 a˩ pa˧ kho˧ xʌ˨˩˦

2979 立刻（马上） thu˧ nio˥

2980 大概 tA˦ khɛ˦

2981 或许 xuɛ˥ ɕyi˩

2982 越越 lʌ˦ lʌ˦

2983 很 xʌ̭˧

2984 非常 fɛ̃˧ tɕha˥

2985 最 tsuɛ˦

2986（甲）太 thɛ˦

2986（乙）再 tsɛ˦

2987 又 lɛ˩

2988 也 li˥

2989 才 mpʌ̭˥ tiʌ̭˦

2990 刚才 mpʌ˥ tiʌ˦

2991 还 tsɛ˦

2992 就 thu˧

2993 不 ʔa˩

2994 没 ʔa˩

2995 勿（不要） a˩ mio˦

2996 远 tuɛ̃˧

2997 近 dʑi˧

2998 快 tsi˧ tsua˥

2999 加紧 tsi˧ tsua˥

3000 慢 tio lʌ˧ 或 khuã˥

3001 早 tɕyi˧

3002 迟 mɛ̃˧

3003 轻 thia˥

3004 重 dzo˧

3005 笨重 nio˦ tu˦

3006 好 xo˧

3007 坏 kuɛ˥

3008. 很 nuɛ˦
3009. 差不多 kha˧ za˨ li˥
3010 几乎 " " "
3011 总的 dʑi˧ lu˥
3012 每 mpʌ˦ 3ɿ xa˩ dʑi˧
3013 都 xa˩ dʑi˧
3014 完全 tɕã˥ tɕɛʌ˦
3015 共同 ko˥ thoʌ˦ 或 ta˨ xo˧
3016. 初步地 tshu˧ pʌ˥
3017 逐渐地 tɕhi˩ lʌ˦ tɕhi˩ lʌ˦
3018 一个一个地 a˩ nɛ˨ a˩ nɛ˨ no˧
3019 超额完成 tsho˧ ɣʌ˥ ɣuɛ˦ tshʌ̃˦
3020 突然 tsɿ˥ so˩
3021 仅只 tɕʌ̃˧ tɕɛɿ˧ thu˧ dʑi˧
3022 不过 li˥. thiu˧
3023 人也一进门就唱起来 mpʌ̥˦ thu˧ ma˦ ni˥ mɛ˨ xʌ˩ thu˧ thĩa˥ khʌ˦
3024 人也一面抽烟一面看书. mpʌ̥˦ ji˩ miɛ˥ tsi˥ je˧ ji˩ miɛ˥ ʔɛ˧ su˥.
3025 一点 ji˥ tiʌ˥
3026 一齐 ji˥ tɕhi˦
3027 一致 ji˥ tɕɛɿ˥
3028 一点儿 ʔa˩ tɕɛ˦ tɕɛ˦
3029 凡 fã˥
3030 次（回） khuã˧
3031 遍 pi˦
3032 趟 khuã˧
3033 下 ka˦
3034 顿 tue˦
3034 餐饭 tɕu˥ la˦ tɕu˥

3035 另外 khue˥ ɕi˥

3036 将要 thu˧ nio˥

3037 正在 tɕʌ˦ tsɛ˦

3038 已经 ji˧ tɕĩ˥

3039 相 sã˥

3040 相似 sã˥ phio˥ 或 sã˥ zue˩

3041 相隔 〃 ko˨

3042 相思 〃 mi˧

十五 家具器物

3043 家具 tshɛ˧ niɛ˥

3044 遗家 xo˦ tɕhɿ˥ nõ˧ ni˨ xie˥

3045 破家 kuɛ˦ ni˨ xie˥

3046 物品 ve˧ ntɕi˦ tiʌ˧

3047 货物 xa˩ tu˥ ve˧ ntɕi˦

3048 器具 ~~nio˦ nõ˧ ve˧ neɕi˦~~ ve˧ ntɕi˦

3049 用具 nio˦ nõ˧ ve˧ neɕi˦

3050 工具 po˩ ji˦ ve˧ ntɕi˦

3051 东西（物） ve˧ ntɕi˦

3052 凳子 tiɛ̃˥ tsɿ˧

3053 抽屉 tɕhuɛ˧ tho˧

3054 凳子 tʌ̃˦ tsi˧

3055 方凳 ko˥ tʌ̃˦ tsi˧

3056 椅子 ji˦ tsi˧

3057 茶几 tsha˦ tɕi˧

3058 床 tio˩

3059 箱 ɕo˥

3060 柜 tɕu˩

3061 锁 so˧

3062 钥 tv˩ kʌ̃˥

3063 镜子 ŋ kɑ̂˧˥
3064 眼镜 ŋue˧ tɕĩ˥
3065 望远镜 uã˥ nye˧ tɕʌ˥
3066 柜子 ka˦ tsi˧
3067 锣 thiã˥
3068 炉子 lu˨˩ tsi˧
3069 火盆 xue˧ pa˦
3070 缸 kã˥
3071 一口缸 kã˥ a˨˩ kho˧
3072 钵 pa˧˥
3073 盆 pɛ˦
3074 罐 kuɛ˦
3075 壶 ko˦
3076 便壶 pi˥ xo˧˥
3077 瓶 ʐɛ˨˩
3078 碗 kɛ̂˧˥
3079 盘子 phɛ̃˧˥ ~~phʌ̃˧˥~~ tsi˧
3080 磁盘 tshʌ̃˧˥ phʌ̃˧˥
3081 碟子 tiɛ˥ tsi˧
3082 匙（调羹） thio˧˥ kʌ˧
3083 锅子 ntɕu˧˥

3084 杯子 pe˥ tsi˧
3085 桶 tho˩
3086 痰盂 tʂɿ˥ tho˩ pa˦
3087 菜刀 tshɿ˦ jiɾ tieɾ
3088 刀子 jiɾ tieɾ
3089 剃刀 ntse˦ jiɾ tieɾ
3090 甑子 ɣuɛ˦ kho˧
3091 蒸笼 ɣuɛ˦
3092 砧板 tɕhuɛ̃˧ pã˧
3093 案板 ka˦ pã˧
3094 勺 me˥ tu˩
3095 漏勺 lio˥ ɕo˥
3096 筲箕 khu˧ mi˦
3097 簸箕 po˧ tɕi˥
3098 筛子 lo˩ ɕɛ˦
3099 扫帚 tuɛ˦ ŋko˩
3100 锅刷 thiu˥ thia˧
3101 抹布 mã˥ pʌ˦
3102 刷子 ɕuã˥ tsi˧
3103 牙刷 ja˦ ɕua˥
3104 梳子 ɕu˥ pi˩
3105 篦子 mo˦ ɕu˥
3106 毛巾 ɕo˥ lo˦
3107 肥皂 ji˥ tsi˧
3108 扇子 fɛ˦ sa˩
3109 团扇 thuɛ˩ sɛ˥
3110 火扇 xue˧ sɛ˥
3111 搧扇子 fɛ˦ fɛ˦ sa˩
3112 扇火 fɛ˦ xue˧
3113 吹火筒 phʌ˥ xue˧ thõ˥

3114 伞 sa˨˩
3115 剪子 tshɿ˨˩ tiẽ˥
3116 熨斗 lo˥ tiẽ˥
3117 烙铁 lo˥ tiẽ˥
3118 针 tʂɿ˧
3119 尺子 tʂhɿ˧
3120 锥子 ɣɛ˥˩ tsi˧
3121 机器 tɕi˧ tɕhi˥
3122 缝衣机 tɛ˨˩ ʔi˥ no˧ tɕi˧ tɕhi˥
3123 灯 tĩ˥
3124 桌灯 ŋkɛ˥˩ tĩ˥
3125 汽灯 phi˥
3126 烛（腊烛） la˦ tɕo˦
3127 火把 xue˧ ntuɛ˥˩
3128 钳子 tɕhẽ˥ tsi˧
3129 起子 tɕhi˦ tsi˧
3130 斧子 pĩ˧ tsi˧
3131 锛 pĩ˧
3132 锤 tɕhuẽ˨˩
3133 锯子 fə˥˩
3134 凿子 tsu˨˩
3135 钻子 ɣɛ˦ tsi˧
3136 锉子 tshu˦ tsi˧
3137 推刨 thuẽo˥
3138 墨斗 mʌ˦ tiʌ˥
3139 镰刀 ŋia˨˩
3140 锯子 tʂhɛ˧ tsi˧
3141 锹 tɕho˧
3142 泥刀 xue˦ pi˥
3143 削刀 ɕo˧ to˧

3144 绳 su˥
3145 铁链 tɕhi˥ su˥
3146 马鞍 mã˧ ʔe˧
3147 一付马鞍 mã˧ ʔe˧ a˩ kha˩
3148 马蹬(韂) mã˧ thi˥
3149 马鞯 mã˧ ʔe˧ tsi˥
3150 鞦铁 ɣʌ˧ tɕhɛ̃˥
3151 鞦绳 ɕo˧ ɕyi˥
3152 攀胸 tiŋ˥ tɕhɛ˥
3153 肚带 tə˥ tɛ˥
3154 坐垫
3155 马衔 mã˧ tsho˧
3156 马鞭 mã˧ pio˥
3157 马灯 ma˩ tʌ̃˧
3158 笼灯 tʌ̃˥ nʌ̃˥
3159 马铃 mã˧ lɛ˥
3160 马掌 mã˧ po˥
3161 马掌钉 mã˧ po˥ tɕẽ˥
3162 马兜嘴 mã˧ tho˥ tɕyi˧
3163 马料兜 mã˧ lu˥ tiŋ˥
3164 字 su˥
3165 一个字 su˥ a˩ ntsɿ˥
3166 一行字 〃 〃 tɕho˧
3167 写字 uã˥ su˥
3168 认字 sue˧ 〃
3169 抄写 uã˥ su˥
3170 书 su˥
3171 一本书 su˥ a˩ thua˥
3172 一章 a˩ phĩʌ̃˥
3173 一节 a˩ tsɛ˥

3174	一帖	a˩ tio ˧
3175	文章	vo˧ tio˥
3176	画	xua˧
3177	图	thu˥
3178	表格	pio˩ kʌ˥
3179	文具	su˥ nõ˧ ve˧ ntɕi˥
3180	纸	tsɿ˧
3181	一块纸	tsɿ˧ a˩ kho˥
3182	一帖纸	〃 〃 tio˥
3183	一刀纸	〃 〃 tã˥
3184	信	ɕʌ̃˧
3185	一封信	ɕʌ̃˧ a˩ fo˥
3186	信纸	ɕʌ̃˧ tsɿ˧
3187	信封	ɕʌ̃˧ fo˥
3188	笔	fɛ˧
3189	水笔	ɕẽ˧ pi˥
3190	铅笔	tɕhẽ˧ pi˥
3191	墨	mʌ̃˧
3192	砚台（砚瓦）	mʌ̃˧ pa˧
3193	印	niʌ̃˥
3194	一个印	niʌ̃˥ a˩ kho˧
3195	盖印	kɛ˧ niʌ̃˥
3196	印书	niʌ̃˧ su˥
3197	图章	thu˧ tɕã˧
3198	旗	tɕi˧
3199	衙	xue˧
3200	奖章	tɕã˩ tsã˧
3201	奖品	tɕã˧ phi˧
3202	水盂	ɕyi˧ thõ˥
3203	算盘	suã˥ pã˧

3204 帐簿 tsa˥ pɑ̃˥
3205 契约 tɕhi˥ ju˦
3206 凭据 phiɑ̃˥ tɕyi˥
3208 借條 tɕɛ˦ thio˥
3207 收條 ɕo˧ thio˥
3209 历书 liɛ˦ ɕu˧
3210 笔记本 pi˦ tɕi˥ pɑ̃˩
3211 标语 pio˧ yi˩
3212 口号 kho˩ xo˥
3213 喊口号 xɑ̃˧ kho˩ xo˥
3214 杂志 tsa˥ tsɿ˥
3215 鼓 ku˧
3216 一面鼓 ku˧ khu˧
3217 手鼓 ɕi˧ ku˧
3218 号 ~~xo˥~~ xɔ˥
3219 一枝号 ~~xo˥~~ xɔ˥ a˩ pi˦

编号	词	读音
3220	唢呐	sɛ˩ la˧
3221	锣	lɔ˥
3222	一面锣	lɔ˥ a˩ tɕɛ̃˧
3223	敲锣	tɑ˦ lɔ˥
3224	钹	tɕhyɑ˧˥
3225	一对钹	tɕhyɑ˧˥ fv˧˥
3226	口弦	tɕhi˥ khv˥
3227	~~弹弦~~笙	sʌ̃˧
3228	一个笙	sʌ̃˧ a˩ pi˥˧
3229	箫	ɕo˥
3230	笛	ti˥
3231	胡琴	ʔɑ˥ xu˧˥
3232	拉胡琴	lɑ˧ ʔɑ˥ xu˧˥
3233	三弦	sã˥ ɕĩ˥
3234	弹三弦	to˩ sã˥ ɕĩ˥
3235	月琴	ji˥ tɕhi˥
3236	琵琶	phi˧˥ phã˧
3237	牛角	ŋʌ˥˧ ko˦
3238	象棋	ɕa˦ tɕi˥˧
3239	围棋	
3240	游戏	ua˧˥ ze˥˧
3241	玩游戏	ua˧˥ ze˥˧
3242	捉迷藏	mo˦ ʔuɛ̃˧ khʌ˧
3243	一副纸牌	tɕɿ˩ phɛ˧˥ fv˧˥
3244	打纸牌	ta˧ tɕɿ˧ phɛ˧˥
3245	球	tɕho˧˥
3246	铁环	thi˥ xuɛ˧˥
3247	毽子	tɕhi˩
3248	风筝	tɕɿ˧ ua˧˥
3249	鞦韆	tiʌ˧˥ tɕhĩ˥

3250 魔術 mo˦ su˦
3251 歌 ko˧
3252 一首歌 ko˧ a˨˩ thiɛ̃˥
3252 戏 ɕi˥
3253 一出戏 ɕi˦ a˨˩ pʌ˦
3254 电影 tiɛ̃˥ niʌ˨˩
3255 评书 ŋiʌ˨˩ ŋỹe˦
3256 打拳 ta˦ tɕhỹe˦
3257 跳舞 thiɔ˥ v˨˩
3258 象棋 ʃɛ˥ phɔ˨˩
3259 象马 phɔ˨˩ mã˧
3260 打猎 ta˨˩ lie˥
3261 高跷 kɔ˥ tɕho˥
3262 花灯 ta˦ nõ˦
3263 照相机 tso˥ tɕa˥ tɕi˧
3264 收音机 ɕo˧ niʌ˧ tɕi˧
3265 录音机 lio˦ sʌ̃˧ tɕi˧
3266 剑 pɔ˨˩ tɕẽ˥
3267 弓 kõ˥
3268 箭 tsi˦
3269 箭镞 tsi˦ tiʌ˦
3270 药箭 tʌ˦ tsi˦
3271 弩 vo˦ kõ˥
3272 矛 mʌ̃˥
3273 标（标枪） miõ˥ tsi˧
3274 盾
3275 一面盾
3276 枪 tɕho˦
3277 宗教 tso˧ tɕo˥
3278 佛教 fo˥ tɕo˥

3279	伊斯兰教	fa˨˩ tsi˧ (1224)
3280	基督教	tɕi˧ tu˥ tɕo˥
3281	天主教	
3282	道教	to˥ tɕo˥
3283	上帝	xɛ̃˥ lã˥ ŋo˨˩
3284	菩萨	phu˧˥ sa˧
3285	神	zɛ˨˩
3286	仙	sẽ˥
3287	活佛	xɔ˧˥ fv˥
3288	圣人	ɕʌ˥ zʌ˧˥
3289	[illegible]	ʒi˧ su˧
3290	和尚	to˩ po˥
3291	尼姑	niɛ˧˥ ku˧
3292	道士	to˥ sɿ˥
3293	问罚	
3294	祈祷	to˩ kɔ˥
3295	祝福	to˩ kɔ˥
3296	斋戒	tsɛ˧ kɛ˥
3297	戒律	kɛ˧ dzue˧
3298	默念	mo˥ yi˧˥
3299	磬	tɕhʌ̃˥
3300	钟	tɕu˥
3301	铃	ti˥ tɛ˥
3302	天灯	thiɛ˧ tʌ˥
3303	预兆	tso˥ tho˧˥
3304	吉兆	tso˥ tho˧˥ tɕho˥
3305	凶兆	〃 〃 kua˧˥
3306	祭天	ɕi˥ xɛ̂˥
3307	祭田	ɕi˥ ntɕi˧˥
3308	祭谷	ɕi˥ ko˨˩

3309 祭祖 ɕi˥ to˩ po˥
3310 献 tɕĩʌ˥
3311 塔 tha˦
3312 一座塔 tha˦ a˩ kua˦
3313 庙 miɔ˥
3314 寺 sɿ˥
3315 祠堂 tshɿ˨ thã˨
3316 地狱 ntɕi la˥ ŋo˦
3317 轮回 nuɛ̃˨ xuɛ˩
3318 摩顶 mo˦ tiʌ˦
3319 神话 vɛ˦ to˦ (神之说的话)
3320 鬼 tɕɿ˧
3321 神灵 vɛ˦ liʌ̃˨ a˧ liʌ̃˨
3322 精 jo˥ tɕi˥
3323 灵魂 phɛ˦ mɛ˦
3324 魄 phɛ˦
3325 放生 fa˥ sʌ˧
3326 做斋 tɕu˥ fo˦ tu˦
3327 巫师(男) ɕi˥ po˥
3328 〃 〃 (女) ɕi˥ jo˨
3329 跳神 fa˦ ɕi˧
3330 打卦 phʌ˥ kua˥
3331 蛊 to˩
3332 妖怪 jo˥ tɕĩʌ˥
3333 水怪 ɕyi˧ tɕɿ˧
3334 僧帽 to˨ po˥ mo˦ tsi˧
3335 袈裟 phi˥ ji˥
3336 念珠 niɛ˥ tɕv˧
3337 蒲团 phʌ̃˥ thuɛ̃˨
3338 香 ɕo˥

3339 纵链 tɕi˥ ni˦ tʂɿ˧

3340 鞭炮 tʂɿ˧ phɔ˥

十八 礼俗姓名

3341 风俗 fʌ˥ ʂu˥

3342 习惯 ɕi˥ kuɛ˥

3343 喜事 ɕi˧ ʂɿ˦

3344 订婚 tiʌ˥ xuɛ˧

3345 结婚 ʔu˥ vɛ˧

3346 姻缘 ɲiʌ̃˧ ɲyẽ∧

3347 娶妻 tsa∧ vɛ˧

3348 嫁女 tɑ˦ fa˦ ɲio˧

3349 招赘 tso˥ ku˥ ji˥

3350 上门 ɕã˥ mʌ̃∧

3351 媒人

3352 择日 ʔã˧ ni˦ ɕa˦

3353 送亲 ɕo˧ tʃhi˥ 或 ʃo˥tɕhiʌ̃˧

3354 接亲 tɕi˥ tɕhiʌ̃˧

3355 祝贺 xu˦ mã˥ (mpa˥)

3356 新郎 ɕi˥ ku˥ ji˥

3357 新妇 ɕi˥ vɛ˧

3358 喜房 ɕi˧ fa∧

3359 回门 xuɛ∧ mʌ̃∧

3360 离婚 li∧ xuɛ˧

3361 分居 fɛ˥ kv∧

3362 分家 fɛ˥ tɕã˥

3363 丧事 sã˧ ʂɿ˥

3364 穿孝 ji∧ ɕo˦ ʔi˥

3365 孝衣 ɕo˦ ʔi˥

3366 族 tsho˥

3367 收殓 jo˥ kue˥

3368 出殡 tɕʰʌ˦ tɕo˥

3369 吊孝 ŋa˦ tɕo˦

3370 追悼 tsue˧ tio˥

3371 埋葬 ua˦˨ ʔo˥

3372 火葬 xo˨˩ tsã˥

3373 坟墓 mo˦˨ mo˦˨

3374 棺 tsʰɛ̃˥

3375 一口棺 tsʰɛ̃˥ kʰa˦

3376 咽绝 jo˦ tɕiɛ̃˥

3377 生日 xɛ̃˥ ni˦

3378 满月 ma˧ uã˦

3379 过岁 pʰia˦ a˨˩ ʂuã˦

3380 乳名 tuiɛ˧ mi˥

3381 大名 ta˦˨ miɛ̃˥

3382 [illegible] ɕã˦˨ a˥ xã˦˨

3383 卫生 ue˥ sɿ̃˧

3384 病 ʂo˦˨

3385 得病 to˦ pa˨˩

3386 养病 nia˦˨ pa˨˩

3387 痛 ʂo˦˨

3388 痒 nio˧

3389 咳嗽 ɕʏe˧ ʂo˧

3390 胀 tsʰʌ˧ tsʰʌ˥

3391 消 ji˦

3392 脓 nṽ˨˩

3393 发抖 fa˥ tʰiʌ˥

3394 昏迷 xuɛ̃˧ mi˦˨

3395 发晕 ʐʌ˦

3396 发热 fa˦ ni

3397 受伤 tɕõ˥ ɕã˧
3398 伤口 ɕã˥ kho˩
3399 脓血 pha˥ tʂʌ˥
3400 头痛 tu˧ po˧ so˧
3401 头晕 tu˧ po˧ zʌ˧
3402 牙痛 tɕu˥ pa˧ so˧
3403 喉痛 ku˧ so˧
3404 胃痛 fo˧ so˧
3405 眼睛痛 uẽ˧ so˧
3406 瞎眼 sã˧ jĩ˩
3407 聋子 ji˥ tsi˧
3408 风湿（伤口） ɕã˥ f˥
3409 百日咳 khɔ˥ a˧ pa˥
3410 瘸子 so˥ le˧ tɕi˧
3411 疹子 kã˥ phʌ˥
3412 出疹子 tʂʌ˥ kã˥ phʌ˥
3413 天花 xẽ˥ xo˥
3414 出天花 tʂʌ˥ xẽ˥ xo˥
3415 水痘 ɕyi˧ xo˥
3416 疟疾 thĩ˥ phio˥ v˧
3417 瘟疫 tɕa˧ tɕo˧
3418 麻疯 tu˧ fu˧ pa˧
3419 痨肚 fo˥ tɛ̃˧
3420 痢疾 li˥ tsɿ̃˥
3421 白痢 pʌ˧ li˥
3422 霍乱 xo˩ nuã˥
3423 疮 pɛ˥ ɕi˥
3424 疥疮 kɛ˥ jo˧
3425 生疥疮 xẽ˥ kɛ˥ jo˥
3426 癣

3427 瘿袋 jɛ˧ tɛ˥
3428 急病 tsho˥ so˦
3429 传染病 li˧ ni˦ ka˥ no˧ pã˨˩
3430 肺病 phia˦ so˦
3431 心脏病 ɕɛ̃˧ tsa˥ piɛ̃˥
3432 肺炎 fɛ˥ jɛ̃˧
3433 残疾 tɕi˦ ku˥
3434 麻疯 ɕo˥ pa˨˩
3435 内[illegible] xa˥
3436 秃头 tho˥ tho˦
3437 驼背 lu˧ ta˦ pɛ˦；lu˥ ji˥ kua˦
3438 聋子 tɛ̃˥ ue˧
3439 跛子 pɛ˥ ku˥
3440 缺鼻 thu˥ tu˨˩ pi˦
3441 哑巴 ko˥ ni˦；ʔɛ˧ po˥
3442 嗓子哑 ɕo˥ ko˩
3443 结巴(口吃) ka˨˩ tiɛ˦
3444 [illegible]子 ɯ kʂua˧ ko˥
3445 麻子 tɕa˥ mi˦ ka˥
3446 疯子 ʃɛ̃˧ ni˦
3447 雀斑 sã˨˩
3448 瘊子 si˥
3449 [illegible] pe˧ ma˥
3450 药 jo˥
3451 中药 tso˧ jo˥
3452 西药 ɕi˥ jo˥
3453 膏药 fo˥ ye˦
3454 打针 ta˥ tsɛ˥
3455 种痘 tie˧ xo˥
3456 医院 ji˧ uã˥

3452 有数 kho˥

3457	医生	jo˥ ɕa˥
3458	药方	jo˧ fã˥
3459	药粉	jo˧ mi˦
3460	药片	jo˧ phi˥
3461	药膏	jo˥ kau˧
3462	药丸	jo˧ uɛ˧
3463	药水	jo˧ ɕyi˧
3464	药引子	jo˧ niʌ˥ tsi˧
3465	火罐	xo˩ kuɛ˥
3466	膏药	ku˥ jo˧
3467	鹿茸	lu˥ jo˦
3468	燕窝	niɛ˥ uo˧
3469	虎胶	xo˦ tɕo˧
3470	甘草	ka˧ tshau˩
3471	麝香	ji˩ ɕo˥
3472	葛根	ku˥ kʌ˧
3473	半夏	pa˥ ɕa˥
3474	麦冬	
3475	大黄	ta˥ xua˦
3476	杏仁	ɕʌ˥ ua˦
3477	[illegible]	tsho˦ tʂhau˩
3478	红花	xo xua˧
3479	槟榔	pĩ˧ nã˥
3480	当归	tã˥ kue˥
3481	贝母	pɛ˥ mu˧
3482	[illegible]	tɕʌ˦ ɕu˥
3483	动物	a˩ tiʌ˧
3484	性别	pʌ˥ po˥ pʌ˥ mo˧
3485	公	pɔ˥
3486	母	mo˧

3487	獸	ɕo˥
3488	公獸	po˥ ti^˨
3489	母獸	mo˧ ti^˨
3490	馬	tsu˥
3491	公馬	tsu˥ po˥ ti˥˨
3492	母馬	tsu˥ mo˧ ti^˨
3493	駿馬	tɕa˧ ɕu˧
3494	牛	ŋ^˨
3495	一條牛	ŋ^˨ a↓ ti^˨
3496	水牛	ɕy˩˧ ŋ^˨
3497	黃牛	ŋô˨ ŋ^˨
3498	公牛	ŋ^˨ po˥ ti^˨
3499	母牛	ŋ^˨ mo˧ ti^˨
3500	閹牛	ɕa˥ ɕa˨ ti^˨
3501	牛犢	ŋ^˨ tsi˧ ti^˨
3502	馬	mã˧
3503	偏馬	kho ˨mã˧
3504	騎馬	k^˨
3505	騾	lo˥ tsi˧
3506	驢	tho˥ lo˧ mi˥
3507	駱駝	lo˥ tho˥
3508	羊	nio˨
3509	山羊	khu^ nio˨
3510	綿羊	tɕɛ˥ nio˨
3511	豬	tɕɛ^
3512	狗	khua˧
3513	貓	fa ˨lo˨
3514	家兔	tho˥ lo˧
3515	家禽	ko˥ ha˧
3516	鸡	ko˥

3517 公鸡 ma˨ ko˥
3518 母鸡 ~~ko˥~~ ko˥ ma˧
3519 鸭 ʔo˦
3520 鹅 ʔa˩
3521 鸽子 tɕi˥ ka˥
3522 野兽 lo˦ lo˦ pa˦ pa˦
3523 狮 ʂɿ˥ tsɿ˧
3524 虎 lo˦
3525 豹 pa˦
3526 象 jo˦
3527 狼 ma˦
3528 熊 tɕi
3529 狐 je˧ u˦
3530 鹿 vo˦
3531 麂子 tiɛ˧ vo˦
3532 麝 ji˨ ɓo˥ tiʌ˦
3533 獐麂 ntɕi˦ ɕi˧
3534 野猪 tɛ˦ ɕã˥
3535 野兔 je˨ thu˥
3536 野猫 mʌ˦
3537 松鼠 pa˥ ji˧
3538 猴 ʔo˦ suã˥
3539 猿 nɣe˦ xo˦
3540 豪猪 tso˦ tɛ˦
3541 豪猪毛 tso˦ tɛ˦ ma˦
3542 刺猬 ka˦ tiʌ˦
3543 穿山甲 ta˦
3544 蝙蝠 jo˦ pa˥ pʌ˦
3545 黄鼠狼 ɛu˨ tʂɿ˥ xo˦ mã˧
3546 老鼠 ɛu˧

3534 水獭 ɕi˧ tɕʰa˦

编号	词	读音
3545	松鼠	pi˥ ɕi˥ ʂu˧ 或 ʂu˧ pi˥ ɕi˥
3547	松鼠 鹰	ua˥
3548	猫头 雕	tio˧
3549	鹰 猫头鹰	ʔvi˧ kv˩ mo˧
3550	雕 头雉(野鸡)	ndtɕi˧
3551	禽 苍鹰	xo˥
3552	野鸭	ʔa˥
3553	乌鸦	xʌ˥ ʔu˥
3554	喜鹊	ʔu˥ tuɛ˥
3555	麻雀	lo˥ ʐʌ˩ tsu˥
3556	啄木鸟	dʑu˨ tiʌ˦
3557	杜鹃	
3558	布谷鸟	ka˥ pʌ˧
3559	鹰鸟	tsi˥ kʌ˧ li˩
3560	斑鸠	pe˧ tɕo˧
3561	燕	pa˥ pɤu˦
3562	雁	xɛ˥ ʔo˦
3563	鹭鸶	lu˥ sɿ˧
3564	白鹤	pa˥ ɣo˦ tsi˧
3565	凤凰	fʌ˥ xua˥
3566	画眉	xua˥ mɛ˦
3567	八哥	pa˥ ko˧
3568	鹦鹉	ʔa˥ tiʌ˦
3569	白头翁	pʌ˥ tho˥ ŋõ˥
3570	鱼	ʔṽ˥ tiʌ˦
3571	鱼鳞	tɕa˥ ka˥ ʔṽ˥
3572	鱼鳍	
3573	~~钓鱼~~ 鱼网	ʔṽ˥ ɣo˦
3574	~~鲫鱼~~ 钓鱼	tio˦ ʔṽ˥
3575	~~鲤鱼~~ 鲫鱼	ntɑ˥ ʔṽ˥ tsi˧
3576	~~白鱼~~ 鲤鱼	ɕi˩ ɣi˦

3577

3578 白鱼 pa˩ʔ∇˥

3579.	金鱼	tɕi˥ ʔṽ˥
3580	鳝鱼	ʔv˦ ȵjo˦
3581	泥鱼鳅	ʔv˦ tsɿ˧
3582	蚌	pɔ˥
3583	螺 蛳	tɕhi˥ kua˥
3584	蝦	ŋo˦ tsɿ˧ ti˦˥
3585	螃 蟹	pha˩ xɛ˩
3586	海 参	xɛ˩ sʌ̃˧
3587	龍	lɯ˦
3588	蛟	tɕo˧ ti˦˥
3589	蟒	thã˩
3590	蛇	tʂhɿ˧ ti˦
3591	毒蛇	tʂha˥ tʂhɿ˧
3592	乌龟	ʔu˧ kue˧
3593	鳖	
3594	蝌 蚪	ntɕa˩ o˥
3595	蛙	ʔo˦ mɛ̃˥
3596	田鸡	thie˩ tɕi˧
3597	蝦蟆	lɛ˥ khʌ˥ mã˧
3598	蟲	tɕo˦
3599	蠶	tsha˩ tsɿ˧ ti˦
3600	蛹	ȵo˩
3601	蛾	ko˥ li˦ tsɿ˧
3602	蜂	fõ˥
3603	蜜 蜂	tsɿ˥ fõ˥

3603 马蜂 mɑ̃˧ fõ˥
3604 蜂房 fõ˥ thõ˥
3605 蜂蜜 〃 mi˦
3606 蜂王 fõ˥ ŋo˦
3607 蜜蜡 fõ˥ ja˧˥
3608 土蚕 thu˧ tsha˧˥
3609 蝼蛄 mɑ̃˧ la˦ kɘ˧˥
3610 蚂蚁 pi˦ po˦
3611 萤火虫 xue˧ ji˦
3612 蝉 ta˦ ti˦
3613 蚱蜢 ʂua˩ ma˩
3614 蚂蚱 tsho˩ pɛ˦
3615 蟋蟀 thu˧ khua˧
3616 蜻蜓 kʌ˥ lʌ˥ piɛ˦
3617 螳螂 niɛ˦ ɕa˥ ɕi˧
3618 蜘蛛 to˥ so˥ ɣo˦
3619 蜈蚣 ʔṽ˥ ko˥
3620 蚂蟥 tɕʌ˦
3621 四脚蛇 xɘ˥ ʔv˥
3622 回虫 ko˥ tɕo˦
3623 蚯蚓 ʔṽ˥ tɕo˦
3624 蠹虫 tsa˥ tɕo˦ tiʌ˦
3625 蜗牛 ka˥ lu˦
3626 天牛
3627 孑孓 sɛ˥˧ tɕo˦ tsi˧

3628 蚊子 mo˨ tsi˧
3629 蛆 tɕhi˥ tɕo˨
3630 蒼蠅 ʑi˨
3631 跳蚤 khua˧ ɕu˧
3632 臭虫 tɕo˥ ɕi˥
3633 虱子 ɕi˥
3634 蟣（虱蛋） ɕi˥ ʂa˦
3635 植物 ɲiʌ˦ mo˦（树木）
3636 根 ma˦
3637 茎 kua˥
3638 芽 ŋa˥
3639 花 xo˥
3640 一朵花 xo˥ a˩ to˧
3641 花瓣 xo˥ pa˨
3642 花蕊 〃 ȵie˧
3643 花骨朵 xo˥ pa˩ tsi˧
3644 种子 tɕo˧ tsi˧
3645 芽 ȵiɛ˨
3646 苗 tsɿ˄˨
3647 稻 ko˨
3648 穀 ʂo˦
3649 穀桿 ko˨ kua˨
3650 〃穗 ko˨ tuã˧
3651 〃粒 ko˨ kho˧（so˥ kho˧）
3652 麦 mã˥

3653 麥芒 mâ꜒ mô˥
3654 大麥 mâ˥ zo꜖
3655 小 〃 mâ꜒
3656 燕 〃 ɕo˥ lo˧
3657 小米 tʂʅ˧ lo˥
3658 稗子 pa꜒
3659 高粱 mâ˧ nô꜒
3660 豆 ntɑ꜒
3661 豆芽 tʌ꜒ niɛ꜖
3662 荍 kv꜖
3663 甜荍 pa꜒ kv꜖
3664 苦荍 kho˧ kv꜖
3665 花 xua˥ kv꜖
3666 包谷（玉蜀黍） xa˧ mâ꜒ 或 ɣi˥ mâ˥
3667 向日葵 xa꜒ niɛ̃˧
3668 麻 ɕi˧
3669 芝麻 tʂʅ˥ mâ˥
3670 蓖麻
3671 棉 xo˥
3672 紡棉 fâ˧ xo˥
3673 菜 tshʅ꜒
3674 油菜
3675 白菜 pa꜒ tshʅ꜒
3676 蘿蔔 xe˥ tshʅ꜒
3677 胡蘿蔔 ŋo꜖ lo˥ v˧

3678 苤蓝 phi˥ na˥
3679 蔓菁 thu˧ piɛ˦ tshɿ˥
3680 韭菜 kʌ˧ tshɿ˥
3681 蕃茄 fe˧ tɕhʌ˥
3682 辣椒 la˦˨ tshɿ˥
3683 芫荽 ŋo˥ tɕi˧˥
3684 菠菜 po˧ tshɛ˦
3685 蕨菜 kua˥
3686 莴苣 ŋõ˧ sue˨˩
3687 桐蒿
3688 慈菇 tshɿ˥ ku˧
3689 芋蒈
3688 蒜 sua˥
3689 葱 tsho˧
3690 薑 ko˦
3691 茴香 uɛ̃˧˥ ɕo˦ tsi˧
3692 薄荷 pɔ˦ xɔ˥
3693 葫蘆 ku˧˥ pe˧˥
3694 瓜 u˧˥
3695 冬瓜 to˧ kua˧
3696 南〃 tiɛ˧˥ u˧˥
3697 西〃 ɕi˧ kua˧
3698 苦瓜
3699 丝〃 tio˥ u˥
3700 薫〃 phɔ˦

3701 冬菇
3702 洋芋 ja˧˥ yi˥
3703 芋头 phi˦ tho˥
3704 蘑菇 ȵio˥
3705 茄子 tɕhi˥ tsi˧
3706 薯 xua˧˥ tɕhu˧˥
3707 藕 ʔo˧
3708 芹菜 phi˦ tshɿ˧˥
3709 蓮花白 po˧ po˧ tshɛ˥
3710 洋花菜 ja˧˥ xua˧ tshɛ˥
3711 樹 ntiʌ˧˥
3712 一顆樹 ntiʌ˦ a˩ ntiʌ˦
3713 樹桿 ntiʌ˦ ka˥
3714 樹林 ntiʌ˧˥ kʌ˦
3715 松 ju˦
3716 松球 ju˦ ɲi˦
3717 松子 〃 si˥
3718 松香 mɛ˥ tɕɛ˥
3719 明子 mɛ˥
3720 柏 ɕo˥ pa˧˥
3721 白楊 pʌ˥ ja˧˥
3722 冬青
3723 棕櫚 tɕɛ˥ ɬu˥ tiʌ˧˥
3724 梧桐 u˥ tho˥
3725 桐油 tho˥ jo˥

3726 蓝靛 na˦ tiʌ˥

3727 皂荚 ko˥ ko˧

3728 桑 so˧ tiʌ˦

3729 桑椹 tsɿ˧ so˧

3730 银杏

3731 椿 tɕuã˥

3732 樟脑

3733 有加利（洋草果）nia˦ tshau˨˩ ko˧

3734 胡桃 ʔu˦ tu˧

3735 柳 ɣʌ˧ tiʌ˦

3736 垂柳 kɛ˦ ɣʌ˧

3737 榆 ʑi˦

3738 槐 xuɛ˦ ɕu˥

3739 栗树 xɛ˥ tiʌ˦

3740 杉 tho˧ ɕa˧ tiʌ˦

3741 梨树 tio˨˩ tiʌ˦

3742 竹 tɕo˦

3743 竹笋 tɕo˦ sue˧
3744 果 ko˩
3745 [illegible]果 phɯ˥
3746 果把 ka˥
3747 果托 lɔ˥
3748 果皮 ʔi˦
3749 果核 ua˧˥
3750 果仁 ɕi˥
3751 结果 ta˦ kho˧
3752 桃子 to˦
3753 李子 xʌ˧
3754 梅子 mɛ˧˥
3755 杏子 ɕi˦ tsi˧
3756 栗子 tɕhi˥ ji˦
3757 枣子 tso˩ tsi˧
3758 梨 sue˥ li˥
3759 橘子 tɕu˥ tɕi˧
3760 橘络 lu˥ ji˥
3761 黄果 xua˧˥ ko˩
3762 柚子 jo˥ tsi˧
3763 柿子 thiɛ˥ tsɿ˧
3764 香蕉 tiʌ˦ tio˥
~~3765 橄榄~~
3765 无花果 vo˧˥ xua˧ ko˩
3766 花生 lɛ˦ ti˥ so˧

3767 荔枝 li˥ tʂʅ˧
3768 龙眼 ye˧˥ ye˧˩
3769 石榴 sɪ˦ lio˥
3770 白菓
3771 山楂
3772 橄榄
3773 葡萄 phu˥ tho˥
3774 樱桃 se˥ to˦
3775 柠檬 nia˧˥ mɛ˧˥
3776 枇杷 phi˧˥ pha˧
3777 蘋菓 phi˧˥ ko˥
3778 花红 lɛ˦ tɕi˧˩
3779 百合 pʌ˥ xo˥
3780 梅花 mɛ˧˥ xua˧
3781 桂花 kuɛ˧˥ xo˥
3782 紫薇
3783 海棠 xe˧ tha˧˥
3784 山茶 ɕe˧ tɕha˧˥
3785. 杜鹃
3786 芍药 so˥ jo˥
3787 牡丹 mu˧˩ ta˧
3788 芙蓉 fv˧˥ jõ˧˥
3789 水仙花
3790 玉兰 yi˦ nã˥
3791 玉簪 i˥ tsã˧

3792 ~~象~~象牛花 ti˥ ta˧ xo˥
3793 蔷薇 tsʰa˧˥ va˧˥
3794 腊梅 mɛ˦ nã˥
3795 白兰花(铜槌) pʌ˥ na˧˥ xua˧
3796 丁香 tiʌ˧ ɕã˧
3797 栀子花
3798 绣球 ɕo˥ tsʰo˧˥ xua˧
3799 金银花 tɕĩ˧ niʌ˧˥ xua˧
3800 兰草 na˧˥ tsʰau˩
3801 荷花 nɛ˦ xɑ˥
3802 生姜 ɕyi˧ kã˥
3803 菖蒲 tɕʰiɑ˥ pu˦
3803 萍 pĩʌ˧˥ tsʰau˩
3804 茴 ɕã˧
3805 鸡葼 ke˥ tso˥
3806 牛肝菌 ~~pʌ˥ tʌ˥~~ nĩɑ˧˥ ka˧ tɕỹi˥
3807 白风菌 pʌ˥ tv˧ tɕỹi˥
3808 木耳 xʌ˦ ɕã˧
3809 银耳 xuã˧˥ mɑ̃˥ ɣɛ˩
3810 黑木耳 ɣʌ˥ mɑ̃˥ ɣɛ˩
3811 蘑菇
3812 藻 tso˩
3813 龙须菜 nɑ̃˧˥ ɕyi˧ tsʰa˥
3814 苔 se˥ tɕʰu˧
3815 草 tɕʰu˧

3816 一根草 tɕhu˧ a˩ tʂʌ˥
3817 一颗草 " " ti ʌ˦
3818 稻草 ma˦
3819 蒿 xa˥
3820 艾 xa˥
3821 仙人掌 tɕhi˦ piɛ˥
3822. 仙人球 " " lɛ˦
3823 地 ntɕi˦
3824 一块地 ntɕi˦ a˩ kho˥
3825 分地 tʌ̃˥ ntɕi˦
3826 田(水田) ntɕi˦
3827 一块田 ntɕi˦ a˩ kho˥
3828 一亩田 " " mo˩
3829 肥田 ta˦ ntɕi˦
3830 瘠田 kɜ˦ ntɕi˦
3831 种田 tɕo˦ "
3832 分田 tʌ̃˥ "
3833 土壤 thu˩ zã˧
3834 园 ɕyẽ˥
3835 菜园 tshɿ˦ ɕyẽ˥
3836 花园 xo˥ "
3837 果园 ko˩ yẽ˦
3838 种树 tɕo˦ nti ʌ˦
3839 种菜 " tshɿ˦
3840 播种 pa˦ mʌ˥ ku˥

3841 接木 tɕa˥ ti˄˥
3842. 瓜条 kue˥ ʑa˥
3843. 牧场 xa˥ ŋ˄˥ tɛ˥ t˄˥
3844 山野 ʂɿ˥ ɢo˥
3845 耕 tsu˥
3846 犁 〃
3847 一架犁 tsu˥ a˩ ɢo˥
3848 犁头 tɕi˥ kuɛ˥
3849 〃 箭 〃 〃 tɕo˥
3850 〃 弯 ɕi˥ kha˥
3851 〃 辕 〃 pɛ˥ ʑ˄˥
3852 耕索 la˥ ʑue˩
3853 犁田 tsu˥ ntɕi˥
3854 耙 pɛ˥
3855 一架耙 〃 a˩ ɢo˥
3856 耙田 pɛ˥ ntɕi˥
3857 链枷
3858 一架链枷
3859 链田
3860 扁担 pie˧ ta˥
3861 一根扁担 〃 〃 a˩ kho˥
3862 锹 tɕho˥
3863 叉 tɕha˧
3864 铡刀 tsa˥ to
3865 〃 草 kɛ˥ tɕhu˧

3866 钉耙 la˥ xɛ˥
3867 竹〃 tɕo˥ la˥ xɛ˥
3868 锄 tɕo˨˩
3869 一把锄 tɕo˨˩ a˨˩ se˥
3870 板锄 phie˥ tɕo˧˩
3871 条〃 pɛ˦ 〃
3872 锄地 to˦ tɕi˧˥
3873 送粪 ɕye˧ tɕo˧
3874 揹粪 sa˥ 〃
3875 轮粪 nuɑ̃˧˥ 〃
3876 伙粪 xu˥ 〃
3877 撒种 sa˦ tʂʌ˦
3878 拔〃 tɕẽ 〃
3879 撇〃 tʌ̃˥ 〃
3880 薅〃 khɑ˥ 〃
3881 除草 khɑ˥ tɕhu˧
3882 肥料 fa˧˥ liɑ˥
3883 猪肥 niɑ˥ fa˧˥
3884 蒿〃 ʔɑ˦ 〃
3885 堆〃 tsue˧ fa˧˥
3886 鸡〃 tɕha˧˥
3887 [illegible]〃 u˦ tɕhi˥
3888 浇〃 ʔo˦ 〃
3889 泼〃 pha˥ ɕyi˧
3890 龙锹 tsuɑ˥ tɕa˥

3891 谷草
3892 谷穗 tue˧
3893 收割 ɕi˥ ɕʌ˥
3894 秋收 tʌ˧ ɕo˧
3895 场院 pɛ˦ tɕɛ˩
3896 打场 " "
3897 晒谷 xa˦ so˥
3898 堆谷 tɛ˧ so˥
3899 撮" phio˦ so˥
3900 搞" tu˥ tsue˥
3901 打麦 pʌ̃˧ mʌ˦
3902 谷堆 so˥ tue˧
3903 麦堆 mʌ̃˥ tue˧
3904 肥料 ko˧ niã˦
3905 交肥料 tɕo˥ ko˧ niã˦
3906 连枷 tɕɛ˦ kɛ˥
3907 一付连枷 tɕɛ˦ kɛ˥ a˩ kha˦
3908 一个石滚 tiu˦ khue˥ lu˧ ti ʌ˥ a˩ khɑ˧
3909 石滚 tiu˦ khue˥ "
3910 拖拉机 tho˧ la˧ tɕi˧
3911 一个拖拉机 " " " a˩ tɕa˥
3912. 水碾 ɕyi˧ tue˦
3913 香米 ta˦ mi˧
3914 水磨 ɕyi˧ mie˧
3915 磨米 mie˧ mi˧

3916 风柜 fɤ̃˧ kue˥

3917 以风柜去夜谷 niɑ˦ fɤ̃˧ kue˥ tʌ˦ thu˥ tshu˥ mi˥ pi

3918 糠 thiɑ˥

3919 麦麸 ~~[illegible]~~ mʌ˧ lɑ˥ji˥

3920 水车 ɕyi˧ tshɛ˥
3921 龙骨 〃 〃 kə˥
3922 车水 xo˦ ɕyi˧
3923 臼 ŋgʌ˧
3924 杵 thaʌ˦
3925 磨 və˦
3926 一盘磨 və˦ tsu˦
3927 磨面 və˦ mi˦
3928 推 tha˥
3929 箩柜（筛面粉用）ɕo˥ lo˦）
3930 筛面 lo˦ mi˦
3931 牧 xā˥
3932 牧牛 xā˥ ŋʌ˦
3933 槽 tɕu˦
3934 马槽 mā˧ tɕu˦
3935 马料 mɔ˧ lu˦
3936 放羊 ɕi˧ nio˦
3937 揃绒 tsɿ˦ nio˦ ma˦
3938 剪羊毛 kɛ˦ nio˦ ma˦
3939 挤牛乳 tsue˥ ŋʌ˦ pa˦
3940 拾粪 tɛʌ˦ tɕhi˥
3941 积肥 ʔjɛ˦ tɕhi˥（背粪
3942 牲畜粪 yʌ˦ mā˧ tɕhi）
3943 灰粪 ɕu˥ tɕhi˥
3944 熟灰 ma˦ kua˦ ɕu˥

3945 粪桶 tɕhi˥ thõ˥
3946 粪筐 tɕhi˥ thi˥ pɛ˧
3947 粪瓢 tɕhi˥ phio˥ pɛ˧
3948 粪坑 tɕhi˥ to˥ nɛ˨˩
3949 除粪 thɛ˦ tɕhi˥
3950 倒粪 tɕhiʌ͡˥ tɕhi˥
3951 打粪 kʌ̃˥ tɕhi˥
3952 豆饼 tʌ˦ phɛ˦
3953 油枯（榨油的菜渣）ji˨ pha˦
3954 肥田粉 fɛ˦ thie˦ fʌ̃˩
3955 榨油 ʔa˧ jʌ˧
3956 羊毛团 nio˨ mã˥ khue˥
3957 榨房 ʔa˦ jʌ˨ xo˨˩
3958 榨甘蔗 ʔa˧ kã˥ tɛ̃z˥
3959 熬糖 ko˦·ɕo˥ to˧
3960 煮酒 tɕu˧ tso˧
3961 酒药（酵母） khv˧
3962 发酵 tɕhi˨˩ ɕo˦
3963 烤酒 ko˦ tɕo˧
3964 酒糟 tso˧ pha˥

十二 度量衡 货币

3965 里 li˧
3966 丈 tɕu˥
3967 尺 tɕhɿ˧

3968 寸 tɕhyi˦

3969 分 fɛ˥

3970 厘 li˦

3971 一方 a˩ fã˥

3972 一排（两臂向两边伸直连胸共的长度）
a˩ ɟi˧

3973 半排 pɛ̃˥ phɛ˩

3974 一肘 a˩ tsa˧（一节）

3975 一拳 〃 tɕhye˥

3976 一楂 〃 tho˩

3977 一步（脚步）a˩ ɓu˩

3978 半天路 pɛ̃˥ thie˧ lu˥

3979 半甲路 〃 tso˩ 〃

3980 一天路 a˩ ni˧ thu˧

3981 两天路 ko˧ 〃 〃

3982 *敢 mo˧

3983 *步 bu˨˩

3984 平放 phiɛ̃˦ fã˧ tɕa˥

3985 大小 do˨˩ se˧˥

3986 长短 tio˦ tɕhɑ˥

3987 *一团 a˨˩ khue˥

3988 *石 ta˦

3989 *斗 tiʌ˧

3990 *斛 ka˦

3991 *升 pã˥

3992 *半升 pɛ̃˥ ɕʌ˧

3993 *合 xo˧˥

3994 *筒 thõ˥

3995 *碗 kɑ˦

3996 *挑 tho˧

3997 *箩 lo˦

3998 *一捧（双手） a˨˩ ɲiã˧

3999 *一把 a˨˩ tshua˦

4000 一把米 mi˧ a˨˩ tshua˦

4001 重量 dʑo˧

×4002 天秤 tshue˥

4003 *秤 phi˥

4004 戥 tʌ˦ tsi˧

4005 *斤 tɕĩ˥

4006 半斤 pɛ̃˥ tɕĩʌ˧

4007 * 两 niã˧˥
4008 * 钱 tshe˥
4009 * 分 fʌ̃˧
4010 * 厘 li˧˥
4011 * 钱 tsɿ˦ tse˦
4012 多少钱 ti˥ tʌ˩ tsɿ˦
4013 纸币 tʂɿ˩ phiau˥
4014 银元 xua˧ tɕhɛ̃˧˥
4015 一块银元 xua˧ tɕhɛ̃˧˥ a˩ kho˥
4016 半开（花钱）xua˧ tɕhɛ̃˦
4017 一锭银 ni˦ a˩ thio˥
4018 * 人民币 zʌ̃˧˥ miʌ̃˧˥ pi˥
4019 元 kho˥
4020 一百元 a˩ pa˦ kho˥
4021 五万元 ŋu˧ va˥ kho˥
4022 角 xo˧˥
4023 分 fʌ̃˥
4024 * 价钱 mʌ˥ ka˧˥
4025 讲价 tɕa˧˥ mʌ˥ ka˧˥
4026 还价 zɿ˩ mʌ˥ ka˧˥
4027 汇票 xue˥ phiau˥
4028 一股 ji˥ ku˩
4029 钱 tɕhɛ̃˧˥
4030 铜币 tʏu˩ tse˦
4031 * 费用 fe˥ nio˥

4032 * 生活费 sɚ̃˧ xo˥ fɛ˥
4033 * 路费 lu˥ fɛ˥
4034 税 ʂuɛ˦
4035 * 收税 ɕi˥ ʂuɛ˦
4036 * 缴税 ɕa˥ ʂuɛ˥
4037 * 语言 ɕi˥ ɣo˦
4038 * ~句话 ɕi˥ ɣo˦ a˩ tʰiɛ˥
4039 * 一段话 " " " tuɛ˧
4040 * 声音 tʰiɛ˥ tɕʰi˥
4041 * 回音 ɣuɛ˦ ɲĩɑ̃˧
4042 * 报告 po˥ ko˥
4043 汇报 xue˥ po˥
4044 总结 tso˩ tɕi˥
4045 传达 tshue˦ ta˥
4046 阴 ʔa˥
4047 树阴 tiʌ˦ ʔa˥
4048 * 影子 ka˧
4049 树影 tiʌ˦ ka˧
4050 影响 ɲĩɑ̃ ɕa˩
4051 * 形状 nia˦ tʂɑ̃˦
4052 * 容貌 " "
4053 * 颜色 mɯ˦ pʰio˥
4054 态度 tʰa˥ tu˥
*4055 风度 fɚ̃˧ tu˥
4056 作风 tso˥ fɚ̃˧

4057		气魄	tɕhi˥ phʌ˦
4058		威望	ue˧ uã˥
4059	*	名望	mi˩ uã˥
4060		声势	sʌ̃˧ ʂɿ˥
4061		劲头	tɕiʌ˥ tho˩
4062		心情	ɕĩ˧ tɕhʌ̃˩
4063		性情	ɕĩ˥ tɕhiʌ̃˩
4064		脾气	phi˥ tɕhi˦
4065	*	好脾气	〃 〃 tɕhõ˥
4066	*	坏脾气	〃 〃 kua˦
4067		胸襟	ɕi˥ ŋõ˩
4068	*	胸襟宽大	ɕi˥ ŋõ˩ khuã˥ kho˩
4069	*	胸襟狭窄	〃 〃 tɕa˦ ka˩
4070	*	觉悟	tɕo˧ [illegible]˥
4071	*	事情	ʂʌ˩ v˧
4072		一件事	〃 〃 a˨ pi˥
4073		什么事	ʔa˥ ɕa˩ ʂʌ˩ v˧
4074		大事	do˩ ʂʌ˩
4075		小事	sɛ˩ 〃
4076	*	工作	ko˧ tsu˥
4077	*	一件工作	〃 〃 a˨ pi˥
4078	*	找工作	ʂa˩ ko˧ tsu˥
4079	*	职业	tʂɿ˥ ni˩
4080		副业	fv˥ ni˩
4081		专门	tsue˧ mʌ˩

4082 * 情况 tɕhʌ˦ xhuã˥

4083 * 制度 tʂɿ˥ tu˥

4084 * 法律 fa˥ li˥

4085 * 纪律 tɕi˩ li˥

4086 规律 kue˧ li˥

4087 原则 ỹi˦ tsʌ˥

4088 * 原因 ỹi˦ niʌ̃˧

4089 * 结果 tɕi˥ ko˧

4090 效果 ɕo˥ ko˧

4091 * 办法 pɛ˥ fa˥

4092 * 手段 ɕo˩ tue˥

4093 卑劣手段

4094 技术 tɕi˥ so˥

4095 计策 tɕi˥ tsha˥

4096 定计策 tiʌ˥ tɕi˥ tsha˥

4097 力量 li˦ ȵiã˥
4098 品行 phĩʌ˩ ɕĩʌ˥
4099 行为 ɕʌ̃˦ uɛ˦
4100 运动 yẽ˥ to˥
4101 活动 xɔ˦ to˥
4102 道德 to˥ tʌ˦
4103 成功 tshʌ̃˦ ko˧
4104 失败 ʂɿ˥ pɛ˥
4105 战争 tsɛ˥ tsʌ̃˧
4106 和平 xɔ˦ phi˦
4107 国家 kuɛ˦ tɕã˧
4108 祖国 tsu˩ kuɛ˥
4109 社会 sɛ˥ xue˥
4110 公 kõ˥ ȵõ˧
4111 公物 kõ˥ ȵõ˧ vɛ˧ tã˦
4112 私 sɿ˥ ȵõ˧
4113 私物 sɿ˥ ȵõ˧ vɛ˧ tã˦

4114 走私 sɿ˥ nõ˧ pɛ˦˨

4115 科学 kho˧ ɕo˧˥

4116 政治 tɕʌ̃˥ tʂʌ˥

4117 经济 tɕʌ̃˧ tɕi˥

4118 文化 vʌ˦˨ xua˥

4119 教育 tɕo˥ ju˧˥

4120 历史 liɛ˧˥ ʂɿ˨˩

4121 阶级 kɛ˧ tɕi˧˥

4122 工人阶级 ko˧ ʐʌ˦˨ kɛ˧ tɕi˧˥

4123 农民阶级 lõ˦˨ miʌ̃˦˨ 〃 〃

4124 主义 tɕu˨˩ ji˥

4125 社会主义 sɛ˥ xue˥ tɕu˨˩ ji˥

4126 共产主义 ko˥ tʂhẽ˨˩ tɕu˨˩ ji˥

4127 主意 tɕo˦˨ ji˦˨

4128 意思 ji˦˨ sɿ˦˨

4129 这句话什么意思？ sua˦˨ nʌ˦˨ thiɛ˥ a˥ sɛ˦˨ ji˦˨ sɿ˦˨

4130 意义 ji˥ ji˥

4131 意见 ji˥ tɕẽ˥
4132 利益 li˥ ji˥
4133 有益 dɑi˧ ɕo˨ tɕho˦
4134 害 xɛ˥
4135 有害 jo˨ xɛ˥
4136 思想 sɿ˧ ɕã˨
4137 想象
4138 乱想 la˥ mi˧（乱想）
4139 回想 ta˨ mi˧ tʌ˦
4140 体会 thi˨ xue˥
4141 水平 ɕye˨ phiʌ̃˦
4142 立场 li˥ tshã˦
4143 观点 kuẽ˧ tẽ˨
4144 任务 zʌ˥ v˥
4145 责任 tsa˥ zʌ˥
4146 身分 sʌ̃˧ fʌ̃˥
4147 地位 ti˥ ue˥
4148 位置 ue˥ tsɿ˥
4149 次序 tshɿ˥ ɕyi˥
4150 成分 tshʌ˦ fʌ̃˥

4151 証据 tsʌ̂˥ tɕyi˥

4152 起点 tɕhi˩ tê˩

4153 过程 ko˥ tshʌ̂˧˥

4154 终点 tso˧ tẽ˩

4155 目的 mo˧˥ ti˧˥

4156 消息 ɕo˧ ɕi˧˥

4157 公告 ko˥ kʌ˥

4158 灾 tse˧

4159 水灾 ɕyi˧ tse˧

4160 旱灾 xa˥ tse˧

4161 火灾 xue˧ xu˥

4162 秘密 mi˧˥ mi˧˥

4163 方便 fã˥ pĩ˦

4164 关系 kue˧ ɕi˥

4165 你和他什么关系？ no˩ ta˦ pʌ˥ no˧ tsʌ˧ a˥ ɕa˦ no˧ kue˧ ɕi˥

4166 恩惠 ŋʌ̂˧ xue˥

4167 恩情 ŋʌ̂˧ tɕhʌ˧˥

4168 自由 tsɿ˥ jo˧˥

4169 志愿 tsɿ˥ yẽ˥

4170 幸福 ɕʌ̂˥ fv˧˥

6171 谋幸福 kha˥ tʌ˦ ɕʌ̃˧ fv˥
6172 交情 tɕɑ˧ tɕhʌ̃˧
6173 绝交 ja˥ ko˧ sã˧ ŋɛ˦
6174 隔阂 kʌ˥ xʌ˥
6175 冤仇 yẽ˧ tɕho˥
6176 功劳 ko˧ lo˧
6177 过失 ko˧ ʂʌ˥
6178 错误 tsho˧ u˧
6179 缺点 tɕhye˥ tiẽ˩
6180 经验 tɕĩ˧ niɛ̃˧
6181 矛盾 mo˥ tue˧
6182 感情 ŋa˧ tɕhʌ̃˥
6183 刑罚 ɕʌ˥ fa˥
6184 问题 vʌ̃˧ thi˥
6185 主体 tɕu˦ thi˩
6186 阶梯 phɛ˧ ta˦
6187 机会 tɕi˧ xue˧
6188 作用 tso˦ nio˧
6189 标准 pio˧ tsuɛ˩
6190 风景 fʌ˧ tɕʌ˧
6191 精华 tɕĩ˧ xua˥
9192 渣子 pha˦

4193	工资	ɣʌ˦ ka˦
4194	资本	pʌ̃˨˩ tshɛ̃˥
4195	种类	tso˨˩ lue˥
4196	类别	lue˥ pie˧˥
4197	分n类7	fʌ̃˥ ti˥ lue˥
4198	权力	tɕhyɛ̂˦ li˧˥
4199	权利	〃 li˥
4200	义务	ji˥ · v˥
4201	註解	tɕv˥ kɛ˨˩
4202	厚薄（厚度）	kʌ˧ po˨
4203	深浅（深度）	ʂɿ˥ po˨
4204	宽窄（宽度）	khua˦ tiɛ˦
4205	虚实	ɕyi˧ ʂɿ˧˥
4206	对比	tue˥ pi˨˩
4207	智慧	tshõ˥ miʌ̃˥
4208	天才	thie˧ tshɛ˦
4209	本领	mie˦
4210	领悟	mie˦ xʌ˦
4211	耍领	suã˦ mie˦